CENGAGE
Learning®

学 前 教 育 经 典 译 丛

托幼机构管理

（第9版）

[美] 菲利斯·M.科里克 [美] 金柏莉·A.卡克斯 [美] 凯西·罗伯逊 /著
刘 莉 蒋鹰昊 韦小冰 等/译 张 燕/总审订

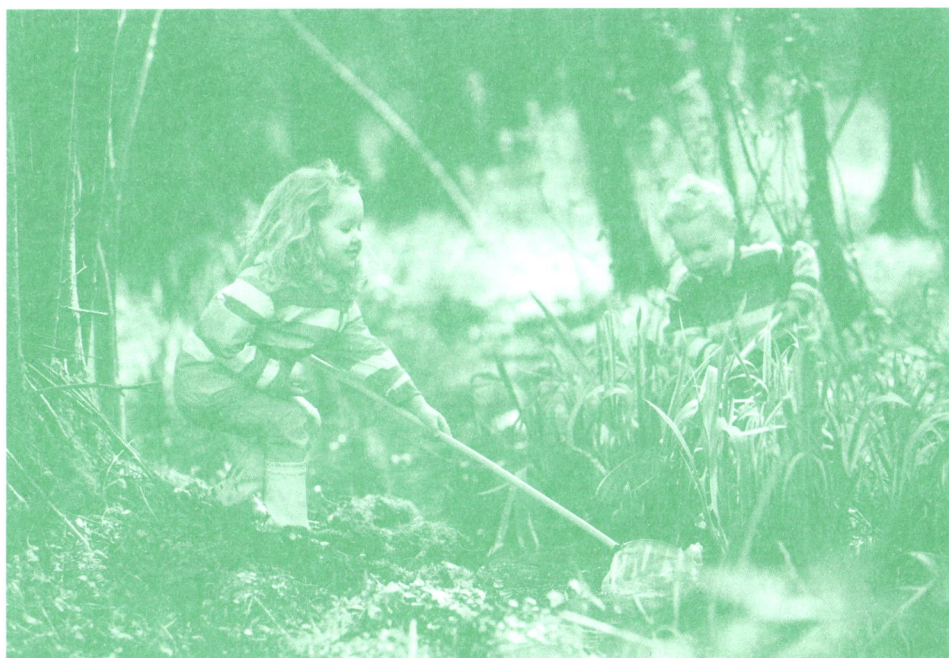

Administration of
Programs for Young Children

(Ninth Edition)

北京师范大学出版集团
BEIJING NORMAL UNIVERSITY PUBLISHING GROUP
北京师范大学出版社

一部值得借鉴的托幼机构管理的百科全书

——《托幼机构管理》(第9版)译者序

北京师范大学　张燕

2007年，第6版《托幼机构管理》由北京师范大学出版社初次引进出版。时隔十年，第9版《托幼机构管理》摆在了我们眼前。新版《托幼机构管理》适应美国时代要求、社会环境和幼教需求的变化，做出了相应的调整和改进，作者也由原来的一人增为三人。而这十年，中国的幼儿教育也因国家和社会的空前重视，发生了新变化，获得了加速发展。

第9版《托幼机构管理》读起来感觉视野更开阔，结构更清晰，内容方面做了进一步的梳理，观点更加明确。值得关注的是，这一版本对幼儿教育的本质有独到而深刻的见解，基于当下托幼看护的事实，更加着眼于细节——托幼看护最必要和最基本的内容。翻译第9版《托幼机构管理》的过程，也是我们再学习和重新认识幼儿教育的过程。综合来看，第9版在以下几方面表现更加突出，且具有独特价值，对当下飞速发展的中国幼儿教育有很大的启示和借鉴作用。

第一，明确托幼机构的办园理念。全书开篇以较大篇幅探讨管理者的角色和应担负的主要责任，着重突出了管理者的领导者角色。办教育、办幼儿园的首要任务是明确教育理念，领导者必须确立和引导组织发展的方向。举办托幼机构，要把明确办园目标作为园所规划的第一步。书中探讨了管理者如何确立办园理念和对园所进行目标定位的问题，并对组织的目标设立等提供了层层递进的技术性策略，进而呈现实例，以便于理解和具体实施操作。"一个领导者应该能够：阐明愿景，明确价值观，在稳定的基础上为机构创造一种文化，而他的追随者需在此基础上不断提升并能对相应的道德行为做出评判。"

在第二部分"计划：托幼机构和环境"中，专门用一章讨论了怎样通过设立目的和制定目标来策划课程，继而实现目标，获得成效。相关内容不仅有清晰的理论分析，而且阐明了实践策略和行动方案。

书中强调，管理者应根据每个机构的需求来履行相应的工作职责，这对思考当下处于大发展中的中国幼儿教育有深刻的意义。托幼机构的兴办，需要一定的物质条件，但对物质技术的过度尊崇和强调，反而会忽略最具核心意义的人的因素，忽略教育理念、思想的先导作用。一些机构也提出目标理念，给人的感觉多为穿靴戴帽，理论与实践两张皮。对托幼机构组织文化的研究近年也开始受到关注，但因缺乏对其内涵的深刻理解，人们往往满足于打造名词概念或是"唱流行歌曲"，并无实质性的内容。

第二，深思托幼机构到底是干什么的。第9版《托幼机构管理》中多将托幼机构称作儿童看护机构或家庭看护中心，还特别增加了"家庭式儿童看护"一章，介绍了这一独特的托幼形式。家庭看护中心可以在照顾幼儿的同时，帮助职场父母解决后顾之忧。家庭看护中心因其就近便利、能够持续性地照顾儿童，以及时间灵活等特点，越来越受到欢迎，数量也持续增加。据美国人口普查局统计，注册的家托数量占了所有幼儿托管的6%~16%，此外还有大量未注册的家托，"在过去十年左右的时间，家托已经被认为是这个国家儿童看护系统中的一个重要组成部分。"托幼机构具有不同于学校的独特性质，对孩子和母亲而言，机构的福利性功能无疑是第一位的，家托正好符合这一特征。

在本书中，各类机构（无论是面向婴儿、幼儿的看护机构，还是面向学龄儿童的课后看护机构）中与孩子一起生活的成人，更多是以看护人员称呼——"当看护人员将全部的注意力放在孩子身上时，他们可以满足婴儿对于安全感、关注和亲密的需求。"之所以采用看护人员这一术语，"因为它暗含了一个这类成年人的基本功能：为这些在课外时间不得不离家的儿童提供一个有益的、充满关爱的环境"。书中特别明确和突出强调，看护人员要能够带给孩子如"家"一样的氛围，而不是学校的氛围。

这一点对中国幼儿教育有重要启发。当下对标准化、正规化幼儿园的强调和整齐划一的管理方式，其背后折射出的认识上的误区，即把托幼机构等同于学校，而没有意识到它的特殊性，甚至出现了把幼儿园完全作为教育机构加以管理的倾向，忽略其福利性。这种情况值得警惕。再有，近年来幼儿教育加速发展，幼儿园工作人员对自身身份"我们是教师，不是保姆"的认定，也走向了一个极端，使得人们更多关注"教"而忽视"保"，造成了对托幼机构保教人员职业角色独特性的认识上的偏差。可见，在明确托幼机构性质定位的基础上，我们迫切需要对人员的称谓及其功能加以正名。

第三，强调对多元文化的尊重、对特殊需要群体的关注。第9版《托幼机构管理》体现了当今教育所强调的公平教育思想和教育民主化思想，同时体现了尊重与理解多元文化、关注与接纳特殊需求群体，特别是社会弱势儿童的理念，并提出了具体实施策略。第9版增加了专门一章，探讨多元文化与早期教育。一方面，这是现实的需要，美国是一个移民国家，幼儿教育必须面对这一重要现实；另一方面，对多元文化的尊重、对特殊需要等社会弱势儿童的关注，体现了幼教民主化的思想。"因此，对于教育者来说，至关重要的是将孩子们当作一个个根植于自身文化的独立个体去尊重、认识和回应。"要"审视自己的价值观和实践，并提升我们对多样性和平等问题的理解"；可以通过提升我们自己以及我们之间的关系来创造一个这样的世界，从而为幼儿树立榜样，让他们知道人们是怎样尊重彼此的差异并和谐共处的。托幼机构要接受不同能力的儿童，让"各方面发展健全的孩子与能力不健全的孩子一起分享所有的活动和经验"。要创办融合性机构，提供具有发展适宜性的幼儿看护方案，让有特殊需要的幼儿能够获得最大的发展，并让所有幼儿知道他们之间的相同点大于彼此的差异。

书中关于美国多元化托幼机构的介绍和分析给我们留下了深刻的印象。多样化幼儿教育的思想，对于正在加速发展的中国幼儿教育具有重要价值，值得我们很好地学习、借鉴。

幼儿教育的发展一定要实事求是，要从现实需要出发，考虑适合的形式，而不能以不变应万变，固化的思维方式和僵化的发展思路只会导致懒政、不作为，甚至把幼教引向歧途。与此同时，要注重营造公平、尊重的多元文化氛围，特别需要关注处于弱势地位，即非主流人群的需要，教育资源要向低端倾斜，要雪中送炭，而不是锦上添花，否则，会人为地加大教育的两极分化。

第四，这是一部百科全书式的托幼机构管理工作手册。本书探讨了托幼机构管理的诸多问题。比如，关于托幼机构的规划和环境，本书坚持儿童视角，从儿童出发，依据儿童的年龄特点和需要，探讨发展适宜性的教育规划的制定及环境创设。又如，本书分别以独立章节，阐述婴儿—学步儿、学龄前儿童、学龄儿童，以及家庭式儿童看护等不同形式如何进行环境规划和设计，并相应地分析了工作人员应具有的素质。本书针对有特殊需要儿童，提出了对现有环境条件做适当调整的办法。

当然，这部《托幼机构管理》第9版并非仅仅提供完美的理想化的范例，而是对现实中存在的营利性托幼机构、非营利性托幼机构、教会所属托幼机构、合办托幼机构，以及家托等不同类型托幼机构分别加以介绍，并客观分析各自的优势与不足，提供多重选择，以使读者了解事实真相。托幼机构有半日制和全日制，后者的需求在增大；托幼机构多为社会力量兴办，政府主办的早教项目包括开端计划，仅提供半日服务，儿童通常来自低收入家庭。书中还介绍了不同类型托幼机构的经营运转特点，阐述了托幼机构管理体制、领导关系问题，详细介绍了营利性托幼机构董事会制度的实施及法人制度等，可以为我们提供启示和借鉴。

用人和经营运转是园所管理的重要内容，二者占全书的比重较大，并分别作为独立的部分加以阐述。在"员工管理"这部分内容中，本书涉及员工的选聘与人事政策的制定、员工的监督与培训，并提供了比较具体的操作程序和方法。此版本取消了有关实习生和志愿者作为园所人力资源的相关章节，需要了解这部分内容的读者可以参阅第6版《托幼机构管理》（北京师范大学出版社，2007年），替换了"替补人员"一节。

在第四部分"经营管理"中，本书详细阐述了园所预算制订、营养膳食、健康与安全维护等内容，并以幼儿园的开办为例，比较全面、详尽地介绍了经营管理涉及的一系列具体事项及其操作流程，如资金启动和日常运营的工作程序等。本书综合讨论了如何维护一个安全的环境、如何确保幼儿的健康，以及如何制订一个应对文化敏感又经济可行的膳食方案。

托幼机构作为集体教养的组织，必须要有较强的防范风险的意识，本书特别就突发事件提出了应急预案和应对策略，如有关事故伤害、灾难、急救的应急预案，接纳病患儿需要注意的问题，以及儿童虐待的防范等。这些方面的内容正是我国的托幼机构比较忽视和欠缺的，也是值得我们好好学习和借鉴的。

在第五部分"园所外部公共关系"中，本书探讨了家庭和社区的参与，以及儿童看护质量维持的问题，书中特别强调要依法办园和实施教育，并从维护儿童权益的角度出发，对与幼儿园相关的法律法规做了介绍。

　　管理是一门做事的学问。本书涵盖了托幼机构管理的方方面面，每个方面都提供了极其具体而详尽的操作方法，包括如何面试申请人、如何制作三明治、如何开家长会、如何编辑宣传页……可以称为一部百科全书式的托幼机构管理工作手册。

　　本书适合广泛的读者：托幼机构管理者、幼儿教育工作者、行政人员，以及其他与幼儿教育和管理有关，乃至有兴趣的人，就连正在职前学习的学生，都可以从中找到自己需要的内容。例如，幼儿教师能学到如何组织课程，如何辨认幼儿不同类型的行为问题并采取相应的矫正干预措施，以及与家长交往的技能和策略。本书对于教育行政人员也具有重要的价值，有助于其明确托幼机构的性质、功能，认识管理体制问题，在相关政策制定方面提供了值得参考的视角与依据。

　　第9版《托幼机构管理》的内容和结构较第6版更加规范，并且提示了进一步学习参考的信息。在每章开头标明了所涉及的美国幼儿教育协会（National Association for the Education of Young Children，NAEYC）《职业道德规范》的相关规定，同时明确了这一章的教学目的和关键词，以便于阅读理解。新版本还加入了教学视频，提供了有关早期教育项目中看护人员、教师及儿童的一些片段并提出问题，引起思考。每章末尾照例附有案例研究，同时提出了思考问题，帮助学习者形成反思性思维。每章末尾还提供了更多选择性阅读的资料，还列出了相关的网站，方便学习者查找所需要的新信息。

　　第9版的翻译者主要是刘莉、蒋鹰昊、韦小冰、刘杨、寇丽娟和程敏，金凌伊和周轶群也做出了一定的贡献。

2017 年 12 月

前　言

《托幼机构管理》（*Administration of Programs for Young Children*）最早出版于1976年，那时，人们对儿童早期教育才刚开始产生兴趣。今天，人们对早期教育的重要性有了更深刻的认识，并已形成一种观念。高质量的托幼机构的教师，必须受过良好的训练，并具有广博的知识。管理者也必须要有足够的能力，来面对机构运转过程中所产生的各种挑战。每年都有研究人员洞察到幼儿原本不被了解的需求。托幼机构管理者的工作本身具有极强的复杂性，因而有必要了解最前沿的研究成果。因此，一套不断更新的教材是必不可少的。此新版本的出现就是为了实现这个目的。教材内容适用于两年制的学院教育，以及四年制的大学教育，也可以满足结业水平的人的需求。对于托幼机构的管理者、教育培训计划的制订人员，以及有意愿建立托幼机构的人员来说，本书也是合适的参考资料。

本书框架体系

作者对本书第9版的框架体系进行了修改，全书分为五个部分。

第一部分为"管理"。这部分讨论了管理者担负的主要责任，介绍了不同类型的托幼机构。第一章重点阐述了为员工创设一种民主的学术环境的重要性。第二章是本版本新增内容，着重解释了关于儿童早期教育的多样性及其重要性。第三章讨论了不同的教育机构，以及管理者应如何根据每一个不同机构的需求来履行相应的工作职责。

第二部分是"计划：托幼机构和环境"。这部分重点讲述了如何设计、组织并建造一个完备的托幼机构。第四章讨论了怎样通过设立目的和制定目标来策划课程，继而实现目标，获得成效。首先向读者介绍了制定目标的步骤，然后具体说明了要策划完成一个优秀的课程所必须采取的策略。第五章到第七章主要阐述了托幼机构针对婴儿和学步儿、学龄前儿童、学龄儿童三个不同年龄段幼儿的规划方案。这三个年龄段是幼儿成长发育过程中的里程碑，托幼机构应设置适宜课程来适应并促进这三个不同年龄段幼儿的发展，并给他们提供形式多样的丰富的活动。本部分的每一章都对方案标准有详细论述（包括健康、安全、发展适宜性实践等），同时还有对户内、户外幼儿活动的详细指导和建议。这有助于读者对如何规划各年龄段的托幼机构形成一个总体概念。

第三部分论及"员工管理"的问题，包括员工选聘与制定有助于保持员工稳定性的用人政策，以及员工监督与培训。第九章是员工选聘与人事政策，包括一系列过程，如确定员工的资格，招募、挑选员工等。还有相关章节讲述了如何制定用人政策，防止人员流失，以及编写员工培训手册。第九章有一节专门论及如何管理替补人员。第十章是员工监督与培训，讲述如何有效地监督和评估员工，以及如何策划员工的培训和发展。

第四部分是"经营管理"，包括成功运营一个托幼机构所必须采取的措施。第十一章详细描述了如何制订一个预算，其中包括一个分配适当的预算案例，以及成功运营托幼机构所需要采取的有效商业措施。新增的第十二章讨论了如何维护一个安全的环境，如何确保幼儿的健康，以及如何制订一个应对文化敏感又经济可行的膳食方案。第十三章以"开端：新机构和新学年"作为标题，讨论了新学期开始的具体方针。

第五部分是"园所外部公共关系"，可使读者将视野从机构内部转到机构的外部环境上来。第十四章是家庭和社区的参与，讨论了家庭在学前教育中的角色和周围的社区是如何影响托幼机构的。第十五章是儿童看护质量的维持，讨论了怎样确定质量标准，怎样对质量进行评估，以及如何维持质量的问题。本章也谈及了关于用人和家庭方面的法律。

附录 A 包含一个完整的由美国幼儿教育协会（National Association for the Education of Young Children，NAEYC）所制定的关于早期教育的《职业道德规范》。

附录 B 则介绍了美国幼儿教育协会关于在托幼机构中合理使用技术和互动媒体工具的指导原则。

此书更新版本的目的是让早期教育方面相关人员获得最前沿的信息。然而，它也许不能满足所有不同程度的学生或教师的需求。因此，每一章都有明确的标志，教师可以按照自己的课程设置更改教授内容的次序，以更好地达到教学目的。

本书特点

此版本的一个重要特点是，每一章所涉及的美国幼儿教育协会条例，都在章节开头全部一一标明，同这一章的教学目的和关键词相对应。

此版本的另一个特点是加入了教学视频。这一系列屡获殊荣的视频捕捉了早期教育节目中看护人员、教师及儿童的室内活动片段。每一章都含有一到两个视频片段，通过提问，让学习者在观看视频的同时深入思考，既可以让学习者思考解答，也能让他们对某一重点话题给予更多的关注。视频可以在教育网站（CengageBrain.com）观看。

本书还加入了新的数字下载资源，并在全书贯穿始终。读者会发现，在管理方案中所需的各种图表，在本书的各示例边上都有数字下载图标。学生和教师所需的各种图表也可以在教育网站的教育伴侣（Education CourseMate）板块中找到并下载。

此版本最后一个新特点是，每一个章节各小部分结束时都有"自我测验"。这些小问题可以测试学生们对此部分内容的理解，并鼓励他们去访问教育网站完成一个完整的测验。

在本书中，读者还可以看到这样的提示："……的生活片段"。这些关于园长行为的掠影，可以帮助读者了解在托幼机构中的园长常常在干什么。园长的这些活动有时也会增加读者的阅读兴趣，但这并不意味着他们的行为都是正确的。

每章末尾还有案例研究，并列出了有用的网站。每个案例后都提出了能帮助学生形成反思性思维的问题，网站则可以给学生提供新的信息。

互联网声明

由于互联网天然的流动性，虽然作者努力确保本书出版时所提供的网址是确切的，但也不能保证本书出版后所有网址的准确性。

本书新增内容

此版本反映了一些发生在幼教领域中的变化，新增重点有如下几个。

- 着重指明了管理者的领导者角色。
- 对托幼机构管理者的职业发展有更多关注及论述。
- 每一章都明确标示了美国幼儿教育协会职业道德标准的相关条例。
- 更新了版本引用的文献。
- 关注幼儿教育方案质量的提升，包括托幼机构的管理方案。
- 在教学目的及愿景方面提供了更多信息及参考。
- 全新的第二章，论述早期教育的多元化。
- 在系统课程上提供了更多、更全面的信息。
- 重点论述了针对幼儿的发展适宜性活动。
- 教材在多媒体互动和技术方面有明显提升。
- 将幼儿教育的健康、安全和膳食指导信息完整地收录到了一个单独章节。
- 更新了每一章末尾的"有用的网站"。
- 增加了关于早期看护和教育的最新趋势和详细信息。
- 更新了机构市场营销的信息。

可供使用的资源

教育伴侣（Education CourseMate）

教育伴侣引入了在生活中学习的理念，在普通的纸本教材之外，增加了互动学习和各种学习考试的小工具。教育伴侣包括一本完备的电子书，内容有自我测验、背诵卡片、小视频等。具体请访问 CengageBrain.com 这个网站。

教学资源视频案例（Teachsource Video Cases）

视频案例可以帮助学生将相关的重点章节与实际的生活场景相联系。批判性思维、模拟场景和补充视频可以帮助学生反思学习内容。

如何使用本书

在本书中，已经订正过顺序的章节可以为学生提供关于某个话题的合理化进程，这个进程已经由许多使用过本书的教师测试过了。读者可以根据特定的情节采用或更改这些次序。每章后面附设的问题和活动也可供个人自学使用。

在每一章节后都有相关网页的网址供学生获得更多信息。教师可以给学生提出问题或布置相关主题的作业，让学生到这些网站去寻找问题的答案。另外，前面提到过的CengageBrain.com这个网站，同样可以协助教师指导学生学习。可以从此网站上下载表格作为课堂讨论之用，或者作为课堂内容的补充。案例讨论可以丰富课堂内容，学生可以以组为单位来对这些案例进行讨论。作者在每个案例后附加了问题——当然，教师也可以根据自己的需要增加相应的问题。

致　谢

在此向所有对第 9 版《托幼机构管理》贡献了宝贵时间的专家致以最诚挚的谢意。特别感谢本书的组稿编辑马克·德·科尔（Mark D.Kerr），研发编辑凯特琳·考克斯和琳达·斯图尔特（Caitlin Cox and Linda Stewart,Developmental Editors）。还要向圣智学习集团（Cengage Learning）的工作人员致以谢意，由于他们的辛勤工作，本书才得以一步步修改成稿并最终出版。

最后，向以下抽出时间阅读旧版本并提出宝贵建议的专家表达我们的感谢。

特蕾莎·克拉克	塞达维尔大学
（Teresa Clark	Cedarville University）
黛布拉·戴尔	库克学院
（Debra Dyer	Keuka College）
黛布·法雷尔	宾州加利福尼亚大学
（Deb Farrer	California University of Pennsylvania）
科莉恩·福赛特	棕榈滩州立学院
（Colleen Fawcett	Palm Beach State College）
杰米·哈姆特	俄亥俄大学
（Jamie Harmount	Ohio University）
芭芭拉·琼	贝克学院
（Barbara June	Baker College）
考利·克恩	爱荷华州立大学—儿童发展实验学校
（Karri Kerns	Iowa State University–Child Development Laboratory School）
莫琳·奥尼尔	塔拉哈西社区学院
（Maureen O'Neil	Tallahassee Community College）
戴安娜·卢森	沙漠学院
（Dianne Russom	College of the Desert）
芭芭拉·塔米亚里斯	欧文谷学院
（Barbara Tamialis	Saddleback College）
克蕾莎·沃诺克	鲍尔州立大学
（Kresha Warnock	Ball State University）

目　录

第一部分　管理　1

第一章　管理者概述　3

美国儿童看护简史　4

今日的儿童看护　5

托幼机构管理　6

作为领导角色的管理者　8

作为管理角色的管理者　10

分派任务　15

时间管理　16

计划　18

作为沟通角色的管理者　18

书面沟通　21

道德管理实践　22

专业发展　23

管理者能力评估　25

管理者与董事会的关系　29

小结　32

第二章　多元化与早期教育　35

美国早期教育面临的变化　36

文化一致的服务需求　37

通往文化能力之路　38

为什么保持多元化很重要?　40

成为一个有文化能力的机构　40

管理者的角色　41

管理者指南   42

明确你的愿景和使命   43

尊重多元文化的班级   44

冲突管理   46

小结   49

第三章　选择：学校和托幼机构   51

今日的儿童看护   52

托幼机构的类型及特点   53

军队的托幼机构   64

全纳托幼机构：接受不同能力的儿童   64

学龄儿童托管   65

家庭寄养托管   66

婴幼儿看护机构   67

小结   68

第二部分　计划：托幼机构和环境   71

第四章　托幼机构规划   73

托幼机构规划   74

目标   77

课程   81

课程评估   85

制度和步骤   91

小结   94

第五章　计划：婴儿—学步儿   96

大脑研究   97

婴儿—学步儿的发展   98

婴儿—学步儿发展适宜性方案的特点   101

应对不同文化背景家庭的方式   109

教学方案：适合婴儿—学步儿的活动   110

空间：适合婴儿—学步儿的环境　112

特殊区域的空间规划　114

满足有特殊需求的婴儿—学步儿　119

小结　121

第六章　计划：学龄前儿童　123

学龄前儿童的发展　124

学龄前儿童发展适宜性托幼机构的特征　129

学龄前儿童发展适宜性托幼机构的支持　133

托幼机构的空间　140

托幼机构的多元化　144

室内区角空间规划　146

户外区域　152

适应有特殊需求的儿童　154

小结　156

第七章　计划：学龄儿童　158

学龄儿童机构　159

学龄儿童的发展　160

学龄儿童发展适宜性托幼机构的特征　164

学龄儿童发展适宜性托幼机构的支持　166

空间规划　169

特殊区域的空间规划　172

户外环境　177

小结　179

第八章　家庭式儿童看护　182

家庭式儿童看护：概述　183

家庭式儿童看护的监管　185

家庭式儿童看护的选择　186

家托提供者的特点　188

作为管理者的家托提供者　190

家庭式儿童看护的未来　　192

小结　197

第三部分　员工管理　199

第九章　员工选聘与人事政策　201

员工流动　202

员工选聘　202

员工招聘　207

申请信息　209

选聘过程　210

员工评估　214

员工试用　216

人事档案　224

替补人员　227

小结　228

第十章　员工监督与培训　230

员工监督　231

员工表现评估　232

员工专业发展　237

高效率会议的计划　241

职业倦怠　244

员工流动和保留　246

小结　248

第四部分　经营管理　251

第十一章　预算　253

预算　254

预算的制订　254

人员支出　259

可变支出　260

固定支出　261

收入　263

预算过程总结　265

预算分析　266

预算记录的保存　267

其他收入来源　268

小结　273

第十二章　托幼机构的营养、健康和安全　276

营养　277

儿童的烹饪体验　282

食品采购　284

食物烹饪　285

食品安全　285

儿童的膳食服务　286

体育活动　287

安全　295

小结　302

第十三章　开端：新机构和新学年　305

一个商业计划　306

机构位置　306

财务　312

员工选聘　317

工作清单　318

计划开学日　319

招生　320

家长　325

新学年　327

留住家庭　331

小结　332

第五部分　园所外部公共关系　335

第十四章　家庭和社区的参与　337

家庭角色的变化　338

家长参与　338

社区参与　345

家长教育　346

学校和社区　352

小结　356

第十五章　儿童看护质量的维持　359

提升托幼机构的看护质量　360

儿童虐待　365

与儿童看护设置有关的法律和议题　371

作为儿童看护质量监管人的园长　374

有远见的领导人　375

小结　376

附录 A　美国幼儿教育协会《职业道德规范》：早期教育行为的指南　379

附录 B　在托幼机构中合理使用技术和互动媒体工具　387

术语表　400

第一部分

管理

第一章　管理者概述

第二章　多元化与早期教育

第三章　选择：学校和托幼机构

目的

阅读完本章内容，您应该能够：

· 说明管理者的职责。

· 描述管理的类型和方法。

· 描述领导者的素质。

· 明确园长组织园所资源的方法。

· 探讨园长作为信息沟通者的角色。

· 设计并使用自我评价的工具。

· 探讨园长与董事会的关系。

naeyc 标准

本章中涵盖的 NAEYC 标准如下：

标准 1：促进幼儿发展和学习（1a）。

标准 2：建立家庭和社区的关系
（2a，b）。

标准 3：使用有利于发展的方法
来与儿童及其家庭建立
联系（4a，b，d）。

标准 4：成为一个专业人员（6a，
b，c，e）。

一个营利性中心园长一天的生活片段

6：30　到达中心，开始工作。一名教师来晚了，已经有一个家长在等候。电话响起，是一名教师打来请病假的。我和孩子们到教室玩了一会儿，这时另一名教师终于来了。

6：45　走进办公室之后，书桌上放着助理的便条：米歇尔（一个助理教师）请求早点儿下班；一位焦虑的母亲和两个将要入托的家庭参观园所的时间安排；还有订购纸巾、卫生纸等事项。在家长到达的同时电话也响了，接待工作需要做出相应的调整。我放下自己的日程安排，首先给名单上的一名临时教师打电话。她可以过来但是不能在一个半小时内赶到。没有可以替代的助理，因此，米歇尔就不可以早点离开，或许我稍后可以处理此事。

7：00　乔丹的妈妈来到办公室，她没关上门，要求跟我谈谈。"我认为幼儿园除了允许入学登记表上填写的人员可以接送孩子，其他人员是不可以把孩子带走的。"昨天她的女儿被她叔叔接走了，即使中心的工作人员认识她叔叔，但也不应该让他接走孩子。"我希望您能介入此事并给我一个答复，这件事让我非常不满！"

我向她道歉，保证会调查此事以及这件事跟我们的规定的关系，并保证在今天下班之前给她一个答复。

7：30　我在学步儿教室顶班迎接孩子们的父母，并向他们解释原来的老师病了，替补老师正在途中，会很快赶来。我花了 45 分钟帮助孩子们和父母分别。电话铃声响起，我离开教室接电话。又有三位家长打电话来说孩子生病了。厨师进来告诉我说昨天牛奶用完了，也没有做早点的薄饼糊了。我取了钱给她，让她去商店买一些材料。我还要提醒老师们将早点推迟 20 分钟。

关键词

种族　道德　领导能力　非言语信息　管理技巧　价值观

8：20　临时教师来了。我视察整个教室看是否一切就绪，数了一下孩子们的人数，确保师幼比合适。一位家长进来把学费单交给我，她等着要一个收据并要求和她孩子的老师谈谈，她还要我本人在场，说这是因为老师会吓着她。

8：40　我终于来到了办公室。一个员工申请下周休一天假。我和希望入托的家长聊了 10 分钟，把参观的时间定在下午 2 点。

9：00　副园长来了。我们就昨天下午乔丹的事件与今天的工作内容做了简单的交流。她查看了自动问答机上的留言。现在，有一间教室有了一名富余的教师。

我开始忙于工资报告、现金流通报告、支付情况的日志记录。如果中途不被打断的话，这些事情需要花一小时去处理。快结束的时候，家长提前 10 分钟过来了，于是我领他们参观了大楼，然后回到办公室交谈。

10：30　家长参观结束离开幼儿园，我又回到文稿处理的工作中。昨天让乔丹的叔叔领走她的那位教师，我找她谈了话，再三重申了我们的规定，确保她认识到自己的错误，并认清自己的职责。

11：00　电话再次响起，是另一位要送孩子入托的家长打来的，我记下电话号码，答应会给她回复。

12：00　我走出大楼前往银行存钱，并购置一些明天必需的生活用品。回到幼儿园，我吃了一点剩饭，之后再一次拿起日程表以确定是否可以让米歇尔早走。我决定让那名富余的教师到米歇尔那接班。米歇尔很高兴。

13：00　我开始制定明天的日程表，并检查单子上今天必须完成的事。我给乔丹的妈妈写了一份说明，给参加募捐会的家长写了致谢函，并让我的助手通知其他 10 位需要交学费的家长。我还给有意参观学校的家长回了电话，之后开始忙下周到期的拨款申请。

14：00　参观者来了，我们在一起待了 20 分钟。我把今天来不及完成的三件事写在单子上交给助手，并为明天制定了新的日程表。

15：00　我开始制定周五在职员工的日程表。我的私人医生电话通知我，说我错过了今天早上的预约，但费用还是得照付。

我看了看表，发现自己参加儿童看护计划委员会会议快迟到了。我跑出大楼，并提醒助手有紧急情况给我打电话。

——凯伦，肯迪学院园长

美国儿童看护简史

纵观历史，家庭常常依赖别人来照顾他们的孩子。日托运动起源于 19 世纪的福利与社会改革运动。托幼机构的创办是为了缓解工作的父母的育儿问题，以防止儿童流浪街头。"幼儿园前身是一个福利机构，其宗旨在于关爱移民和工人阶级的孩子，因为贫困，孩子们的母亲不得不外出工作。"（Boschee & Jacobs，2006）从 19 世纪 40 年代开始，在美国城市波士顿，一些安置用房被当作日间托儿所来使用，今天的日托中心正是由此演变而来。这些托儿所关注的人群是一些无经济收入的主妇、寡妇和一些外来移民。儿童托管在美国经历了重大的演变。在大萧条时期，联邦政府促使托儿所雇用很多失业的成年人。第二次世界大战（以下简称"二战"）期间，在联邦政府的大力干预下，这些托儿所一共接收了 40 万学前儿童，从而使得他们的母亲有时间进入工厂生产战备物资。战争结束后，政府撤销了对日间托儿所的补助，鼓励妇女们留在家里照看儿童。然而，很多妇女拒绝了这个提议，因此，自"二战"以来，职业女性的人数一直在稳步增长。（Boschee & Jacobs，2006）

自我测验

参观日托中心时，一个家长对园长说："这个中心真不错，跟美国早期的托儿所相比好太多了，那些只不过是一些福利运动。"

对美国早期托儿所的评论，你认为（　　）。

a. 是准确的

b. 是不准确的

c. 仅大城市才有日托中心，乡村是没有的

d. 仅乡村才有日托中心，而大城市是没有的

参与完整测验请登录网站 CengageBrain.com

今日的儿童看护

过去 40 年，由于急需劳动力，导致妇女离开家庭外出工作，对幼儿日间看护的需求也因此迅猛增长。目前，大多数美国家庭都有孩子，很多妇女在孩子蹒跚学步时就已外出工作（Glynn，2012）。2011 年，家庭就业特点是，有 69% 的已婚有子女的妇女和 75% 的单身妇女参与社会劳动 [劳动统计局（Bureau of Labor Statistics），2012]。900 万至 1100 万儿童，因为他们的母亲外出工作而被托给某种形式的日托中心 [美国人口普查局（U.S.Census Bureau），2011；儿童管理局（Child Care Aware），2012]。在身为母亲的妇女当中，有超过三分之一的职业妇女和四分之一无工作的妇女将孩子交给某个日托中心（Glynn，2012；Child Care Aware，2012）。美国劳工部（U.S.Department of Labor）认为，服务于儿童和他们的家庭的机构数量将会持续增加，而这些机构对管理者和教师的需求也会相应迅速增长。

其他影响日托中心儿童人数增长的原因有，单亲母亲的比例在增长和母亲成为供养孩子的主要经济者。此外，将幼儿托管脱离政府福利，使日托中心成为自负盈亏的机构，这是一个尚待讨论的问题。一个受益于社会福利的母亲，可能因为儿童看护的问题，很难进入劳动力大军。最后，关于低收入家庭的孩子是否可以受益于儿童早期发展计划，这也是一个正在讨论的主题。

随着过去几十年里妇女社会劳动参工率的增长，人们对于儿童看护的质量越发关注。儿童看护质量和儿童发展的关系也吸引了更多人的注意，尤其是幼儿父母、研究人员和相关政策制定人员。越来越多的研究机构致力于研究影响儿童看护质量的各种因素，以及它们对儿童短期和长期的影响。

儿童接受高质量的保教服务将为儿童发展打下良好基础，是他们今后在学校取得成功的基石。这一点共识将大大促进托幼机构提升他们各方面的标准。因此，一些相关机构，如美国幼儿教育协会（NAEYC），美国儿童看护协会（National Child Care Association，NCCA），美国课后协会（National After school Association，NAA），美国家托协会（National Association for Family Child Care，NAFCC），都在促进托幼领域的专业发展、认证，以及各方面的质量提升。当今的儿童早期启蒙和教育环境的标准是其中一个要素，美国幼儿教育协会已经为托幼机构管理者的职业发展和专业能力设定了标准，美国课后协会则针对儿童课后环境的质量设定了相关标准。一个新的托幼机构管理人员素质评定系统已经建成，可以在麦考密克中心（McCormick Center）的 2011 年托幼机构管理标准（Program Administration Scale 2011）中找到，网址为：http://cecl.nl.edu/evaluaton/resources/PAS_StandardsandCritia.pd.。还有其他质量保障跟踪系统，如"幼儿教育环境评量表"（Early Childhood Education Rating Systems，ECERS）和"学龄儿童看护环境评量表"（School Age Care Education Rating Systems，SACERS），这些将在其他章节中介绍。

自我测验

　　杰米是两个孩子的母亲，一个孩子 4 岁，另一个孩子才 1 岁，她每周工作 30 小时。她的工作时间和孩子看护的境况使她属于：（　　）。

a. 大多数人群

b. 少部分人群

c. 少部分人群，但是如果她有两个孩子并且每周工作 40 小时以上的话，她就会进入多数人的这一部分

d. 少部分人群，但是如果她有两个以上的孩子并且同时工作的话，她就会进入多数人的这一部分

参与完整测验请登录网站 CengageBrain.com

托幼机构管理

　　托幼机构管理是非常具有挑战性的工作，就像马戏团的高手抛球一样，任务复杂且涉及许多方面。托幼机构的管理者，我们通常称之为"园长"，园长首先要对这个职位有深入的理解，这一点，我们可以参照美国幼儿教育协会的托幼机构管理者的定义。

　　托幼机构管理者的职责，是对儿童看护机构、学前教育机构或幼儿园等机构进行规划、实施和评估。管理者的角色涵盖领导和管理两个职能。领导职能涉及整个托幼机构的组织和发展，包括阐明价值观，设定愿景，制定目标和方针，并完成一个可达成目标的明确的行动方案。管理职能则涉及对整个任务体系具体工作的实际组织和管理（NAEYC，2007）。

在视频中您将获知什么是高质量幼儿看护的关键因素。观看视频时请思考以下两个问题。

1. 请描述高质量幼儿看护的要素。

2. 为了保证幼儿看护的质量，园长的职责是什么？

园长需要深入参与的领域，也是其核心能力所在的领域，如人事管理、法律和财政管理、教育方案策划、家庭支持，以及领导和宣传。对管理者能力要求的完整列表，请登录网站 http://www.naeyc.org，查看美国幼儿教育协会关于托幼机构管理者定义及其能力要求的文件清单。

为儿童及其家庭提供优质服务的同时保证托幼机构的成功运营是一个非常复杂的任务，也是一项艰巨的挑战。你可以在提供一个杰出的教育方案的同时留住员工并管理好企业吗？在经济萧条的时期，各个不同规模的商业机构面临着停业、关闭或者重组的境况。员工所面临的则是缩短工时、缺乏加薪、降低工资、轮班，或者为了保证收支平衡不得不身兼数职的境况。

园长在建立和维持高质量的儿童早期教育方案中发挥着关键作用（Ryan et al., 2011）。他们清楚地知道现代社会的各方面对于托幼机构的影响，并在提升儿童看护质量时将它们纳入其中。最近的经济衰退影响了入学率，半托的比例增加，费用更难收取。此外，竞争加剧，成本增加，虽然"客户"数量是增长的，但实际资源却在减少。管理者要采取什么措施才能在保障托幼机构教育质量的同时使机构运营下去呢？对于管理者来说，只要严格依照规定的标准实施管理，并对幼儿托管有强烈的责任心，保证托幼机构的质量就不是难事。财务方面，依照小型企业完备的商业惯例去实施运营，就更容易收支平衡。所有的小型企业都面临着激烈的竞争、成本的增加和客源的不稳定，很多企业倒闭了，但也有很多企业在激烈的竞争中生存下来。而生存下来的企业都是因为他们能在控制成本的同时，随时把握并满足客户的需求。

一个成功的托幼机构管理者不仅仅要有一份对儿童及其家庭强烈的责任心，同时也必须是一个睿智的领导者和知识广博的经理人。

自我测验

一个托幼机构的园长注意到，在过去的 6 个月里，日托中心不仅有更多的儿童是半托入学，学费也比从前更难收取了。以下选项里哪一个是对此现象的正确解释：（   ）。

a. 园长对于托幼机构质量的维持并不重视

b. 在同一条街上开了另一家日托中心

c. 经济萧条影响了很多家庭

d. 家长们联合起来抗议日托中心的高收费

作为领导角色的管理者

理解领导和管理的概念及其区别是非常重要的。领导是选定一个方向或设定一个愿景，让这一团队的人跟随前进。一个领导者应该能够：阐明愿景，明确价值观，在稳定的基础上为机构创造一种文化，而他的追随者在此基础上不断提升并能对相应的道德行为做出评判。一个领导者要能为他的机构指引方向。管理则是根据已有的规范，如核心价值，来控制或分配资源。一个没有领导能力的管理者可以使事物按既定计划施行并维持现状，但看不到事物的改变、提升和发展。领导和管理相结合才能整合资源向指明的新方向前进。"今天的儿童早期看护和教育……领导者必须具备政治敏锐性，意识到变革的必要性并亲身参与推动。"（Whitebook et al., 2012）近年来，托幼机构管理者的领导能力被越发重视。一个真正有领导能力的园长应该可以塑造环境，并依靠想象力和创造力使其满足托幼机构的要求。卡特和柯蒂斯（Carter & Curtis, 2010）称这种类型的领导者是"富有远见的园长"，也可称之为"变革型领导者"。一个变革型领导者强调激励和培养人，这是在托幼机构中特别有益的行为。这种类型的领导人既能够应对不断改变的环境所带来的挑战，同时也能在情感上激励所有人参与项目。

变革型领导人的行为

- 创建和分享机构未来鼓舞人心的愿景。
- 让团队的整体和个人都达到最佳状态。
- 真诚地关心和尊重他人。
- 不断投资自己和他人的发展。
- 创建一种合作性的文化，欢迎所有人做出改进，与之相反则是一种命令式的控制文化，在后者当中，改变会被视作一种威胁。
- 认识到在很多时候，领导权需要展现给所有人看，一切都要组织有序。

除了以上行为特点，一个优秀的领导者还会有一些其他特质来让他的领导更加有效，并鼓励更多人追随。以下的特征则有助于一个领导者行使他的领导能力。

领导者的五个特征

- 品格：人们不会跟随一个不值得信任的人，作为一个领导者，必须要值得信任才能达成目标。
- 关爱：领导者对他的团队不论是在职业上还是在个人上都要表现出关心；要对个体需求保持敏锐。他应该具有耐心和创造性，懂得灵活变通，依靠自己广博的知识和公平的举措来赢得尊敬。除此之外，他还要能跟其他人分担责任和信用，能促进共识、妥协和权衡，集合不同观点。

- 承诺：领导人也是承诺者、实干家。高水平的承诺会激励员工去实现共同的目标。他们致力于让自己成为促使员工为机构效力的原动力。

- 信心：领导们对完成他们的职责要有足够的信心。此外，他们也希望其他人跟他们一块儿成功。他们会想方设法提升他人的信心，并让团队中的每一个人都感觉自己是个赢家。他们懂得如何在自己不在场的情况下将领导权暂时移交，并能在其他人身上培养需要的素质。

- 交流：领导者能够设定一个令人信服的愿景并将其清晰地传达给员工。他们具备良好的交流能力和群组互动能力。除了表达清晰，领导者们也是优秀的倾听者。一个园长如果拥有这些能力，他就可以创造一个良好的氛围，使他的团队心甘情愿地做更多的工作。

高效领导者的其他素质

人们如何看待一个领导者和在其领导下的表现有直接的关联。一个强有力的领导者可以使其团队形成一股力量，并让这股力量成为业务中的优势竞争力。领导者和管理者的明显区别，就是他们对待员工时所采用的方式之差别。这将成为他们在其他方面行为的一种基调。而园长如何行使其领导权——不仅仅是完成任务，而是领导整个团队成功完成一个项目，这是评估其领导能力的最终标准（Roberston，2011）。

领导者在整个系统层面上的工作是创造新的机会，必要时变换组织规则，提供愿景，调整战略，支持并帮助团队成员。他们是变革的推动者。领导者需要鼓励人们抛弃旧的陋习，并取得新的成效。因此，领导就是变革，就是启发人心，帮助和迫使人们做出改变。一个优秀的领导者清楚地知道，有时，变革需要一小步一小步来进行。一步一步朝向成功迈进，更能让人们清晰地看到它（Bella，2008）。

塔兰（Talan，2010）说："有一件事我可以肯定，在目前的全球经济危机下，对高效率的儿童早期教育机构的领导能力的需求从来没有这么严峻过，要有严格的实践基础，并能让托幼机构有所成效。"多种外部因素都在影响托幼机构和其领导者，并对他们提出要求。一个高效率的园长懂得高素质员工的重要性，他知道在某些情况下不得不将领导权暂时移交。同样，一个优秀的领导者也会意识到领导人、团队成员与现实境况这三者的独立性（Talan，2010）。一个民主的领导人会鼓励团队成员参与抉择，他们很多时候具备这样的知识和技能，这更能让他们感受到机构的风险以及身在其中。团队合作会让现状和变革更容易掌控，当团队成员参与机构抉择时，他们会感觉到拥有机构整个进程和结果的某种"所有权"。另外，在团队中培养领导能力，更能促进他们自身能力的增长。优秀的领导人应注重培养他们的接替者，当他们病了、退休或者换到其他岗位的时候，可以有人及时接替他们的工作（Sullivan，2009）。

园长是机构的组织者、管理者和交流者

国家人口的转变迫使托幼机构需要优秀的领导者，根据人口变动做出必要的改变。美国近30%的家庭的第一语言是非英语，超过80%的开端计划（Head Start）项目的儿童，他们所说的语言达到140种。托幼机构所面临的挑战是如何最好地服务于这些儿童及他们的家庭。一个变革型领导者将努力去理解这些复杂的状况，并将需要改变的原因传达给他的团队成员。引导员工意识到这种人口的变化——并了解这些变化——才能最好地服务于这些儿童。在此种境况下，合作是至关重要的：带领员工去设计针对不同人群的教育方案就是一种解决办法（见本书第二部分）。员工们可以为项目需求提供实际的想法和战略。另外，招聘母语为非英语的工作人员，与其他熟悉不同人群的机构合作也是良好的解决之道，让这些多样的家庭参与项目同样有助于寻找解决的办法。一个优秀的领导人善于创造合作的氛围，让股东们对现有境况发表看法，并让所有的人都参与到做出改变和适应的决策中来。

自我测验

　　一位教师来找园长，并解释说她丈夫因为肺炎住院了。在这位教师的丈夫住院期间，园长不仅让她每天提早下班，还经常关心她丈夫的病情。这位园长所展示的是哪一种领导特质：（　　　）。

　　a. 承诺

　　b. 自信

　　c. 品格

　　d. 关爱

参与完整测验请登录网站 CengageBrain.com

作为管理角色的管理者

　　传统的管理者以维持机构现有的状态作为目的，最大限度地降低风险，加强组织规则，引导人们往正确的方向行进，并提供指导。但管理是一个与领导息息相关的角色，同样深刻地影响其效率，它就像一台运转良好的机器上的螺丝钉。管理一个托幼机构的工作往往是耗费精力的，远远超出一周40小时的办公时间。压力和焦虑是家常便饭，其结果还可能导致儿童看护质量无法达标。21世纪的托幼机构管理者，必须学会聪明地管理，而不是更辛苦地工作。一个聪明的管理者需要做些什么呢？

　　一个成功的托幼机构管理者有价值的行为包括：

- 学会有效地经营业务。

- 将所有设施都尽可能自动化，以达到最高效率。例如，通过引入管理软件对儿童及其家庭的情况保持追踪，更新记录；对学费收取、账单支付和编写报告进行监管等，使用这些软件能让管理者更有效率地完成任务。

- 制订财务计划，包括维持预算平衡，预测盈亏，确定现金流和资金缺口；同时制定相对应的战略——如筹款、贷款或获取捐赠来补足资金缺口。
- 建立有效的市场营销和公共关系战略以促进服务；把握区域市场动向，保持竞争优势。
- 阐明标准，并依照实行，并且——通常是超标准完成任务。
- 评估影响儿童看护的相关法律，包括国际标准、健康和安全规范、消防安全和急救条例、儿童保护法、机会均等条例、雇佣法、保险法、环保卫生立法。
- 制订一个工作计划，包含角色和职责分配，工作时间表和一个SWOT分析。SWOT分析是一个用于评审组织及其环境的工具。这个缩写所代表的是优势（Strengths），劣势（Weaknesses），机会（Opportunities）和威胁（Threats）。优势和劣势都是内部因素，机会和威胁都是外在因素。
- 在一个稳定的基础上评估你的优势与劣势，制订行动计划，提升机构表现力。

园长需要管理托幼机构的很多任务。这些任务可能会在机构类型、儿童年龄、群组成员上有很多差异，但总的来说，它要求园长在一个机构中始终如一。下面的段落详细地列出了园长的义务与职责。

园长的一般职责（第一至三章）

有关决策必须符合国家和当地立法机构关于许可、健康、安全方面的规定，与相关机构合作以达到这些标准。

作为董事会的一员，参加必要的董事局会议。

指导托幼机构设计总目标。

根据董事会或公司要求提交园所报告。

对园长的工作进行自评，并且为自身的专业成长制订计划。

提供一个与文化适宜的方案。

高效的管理者会让员工参与计划

对机构中存在的多样性做出计划。

实践文化竞争力。

对文化方面可能引起的冲突提供解决方案。

园长对托幼机构的规划与课程设置（第四至七章）

深入了解有关儿童发展的知识，包括很多现今的信息以及最新的儿童研究成果。

阐述托幼机构的愿景、使命，发展托幼机构的教育哲学。

制订计划或方案。

为托幼机构的员工、入托儿童及其家庭，制订、实施或修改管理方案。

理解并应用相关标准规范、质量评估手段或其他能改进项目方案的策略。

显示出发展适宜性的实践性知识。

分析并帮助选择课程教学的最佳方式。

根据机构的愿景，指导员工制定发展适宜性课程的目标 / 评估成效。

与员工合作，一同实施并致力于达成和维持发展适宜性课程的目标。

领导团队评估课程。

在课程相关方面提供最新信息。

在教室设计上适应儿童年龄，发展适宜性课程方案。

为有特殊需求的儿童在教室设计、材料使用和课程方面做出相应调整。

园长在家庭育儿方面的职责（第八章）

了解并掌握儿童发展方面的知识。

了解并遵守地方及政府针对家庭育儿的法律法规。

在财政预算、市场营销和记录留存方面有良好的技能和实践。

安排合适的发展适宜性活动。

与员工有关的职责（第九、十章）

招募和雇用员工。

计划和指导员工培训。

制定不同工作岗位的职责制度。

阐明和履行人事政策。

为员工就业的各个阶段提供有效的人事政策和程序。

协助员工贯彻园所目标。

提供持续的员工发展需求评估。

安排员工在职期间的培训。

鼓励员工参与社区活动。

为解决问题与员工面谈。

准备一个员工手册，并保持更新。

保持人事记录。

园长的财务职责（第十一章）

制订预算。

控制开支。

收取学杂费。

进行工资、设备以及供需品的支付管理。

做详尽的收入和开支的记录。

处理小额现金开支。

准备最新的月度支出报告。

准备年终的预算和支出分析。

向董事会或公司汇报财务情况。

园长在托幼机构的膳食、健康和安全方面的职责（第十二章）

具备基本的营养学知识。

了解儿童及成人关怀食品项目（Child and Adult Care Food Program，CACFP）对食品项目资助的法律义务。

制订或协助制订膳食方案，包括日饮食菜单。

管理食品物资，按需订购。

保存记录，如库存、维修进度和购买信息。

做好所有注册幼儿的健康记录。

让员工了解每名幼儿的健康状况。

与需要了解孩子健康和营养状况的家长交流。

必要时把家庭交付给社区机构，寻求特殊帮助。

了解有关托幼机构承担的安全方面的法律责任。

为员工和幼儿的安全教育设计相关活动。

计划、分配，并有效地利用空间。

维护托幼机构的物理空间，安排监管和维修。

为园所今后对场地和设备的使用制订计划。

监管环境的健康与安全。

园长的招生任务（第十三章）

为幼儿注册入园并准确记录幼儿的名单。

与希望送孩子入托的家长面谈，提供关于园所的信息。

为新的家长确定育儿方向。

了解社区需求变化以维持全额注册。

设计和常备一些家长手册。

园长要保持与社区的良好关系（第十四章）

向来访者详细介绍园所及其办学理念。

维持建设性的公共关系和宣传程序。

在社区集会上代表园所出席。

与社区内机构建立联系。

与员工一起参与专业活动并制定相关制度。

园长在家长参与和教育工作中的领导职责（第十四、十五章）

实施促进园所与入托家庭之间关系的政策，尤其是针对符合园所多元化要求的家庭实施。

将托幼机构的目标传达给家长。

计划并实施家长教育活动。

与家长交流孩子的进步。

鼓励家长参与学校的各种方式。

对家长参与和教育活动做充分的记录。

自我测验

一个托幼机构的园长因为园所遇到财政危机不得不削减预算。但是裁员可能会导致托幼机构质量的下降，因此她最终决定采取对每个员工工资削减一小部分的办法。以下哪一个名词能够描述她所充当的角色：（   ）。

a. 管理者

b. 领导者

c. 财务总监

d. 职工监事

参与完整测验请登录网站 CengageBrain.com

园长的薪酬在不同的州之间差异很大，有些州是按时薪计算，有些州则是按年薪计算。2013年，一个园长的年薪大约在21 555美元到49 466美元，平均年薪为32 540美元。这个数额取决于每一年的岗位和区域情况。

来源：http://www.payscale.com/rearch/US/Job=Director%2c_Child_Care/Salary，2013-03

分派任务

为了同时完成多个任务，园长必须是个好的组织者，这意味着他们必须尽最大可能地利用手头的现有资源。第一步是学会将部分任务委托给其他人。这样做，园长将实现更多的自我，并因为有了员工的参与而取得更大的成就。不少机构的园长觉得将任务委托给他人是件困难的事，因为这样会让他们觉得将不必要的负担加在员工的身上，并且担心工作无法做好。一些园长可能会因为各种各样的原因无法很好地将工作委托给他人，这些原因中可能包括以下几种。

- 无法放手让事情脱离控制。
- 担心员工不能达到他们的期望值。
- 委托任务时，担心员工的反应和不满。
- 完美主义，担忧工作的完成质量。
- 园长谨小慎微的个性。
- 缺乏组织能力，无法及时获取帮助。

全托中心的园长都会有一个助理帮助处理一些管理方面的事务。如果幼儿园一天当中开放时间长，那么需要人手负责早晨的园所接待，制定白天的日程，在家长送幼儿时跟他们交流；在园所关门的时间，帮助家长接走孩子。这中间的时段，他们也可以共同分担许多管理任务。

园长与其助理之间的分工应根据他们的技能和兴趣来划分。有些人更喜欢做必要的日常文书工作，另一些人则偏爱在机构中与人交流。园长和助理应确定哪些工作做起来更感觉舒适，谁做得更好，及各自应负担起哪些工作职责。一旦基本分工确定下来，助理就可以独立地执行这些任务。园长对助理的工作承担最终的责任，因此，他们之间的沟通是非常重要的。

在现今的经济环境下，园长也许不能像从前一样都有一个助理来协助工作。在此种情形下，他的工作也可以委托给其他员工。比如，厨师可以订购消耗类物品，汇总所需购买的新设备的信息，或计划点心和正餐。维护和清洁人员则可以为清洁工作做计划，或者为回收再利用物品提供有价值的建议。秘书则能在教师建议的基础上，承担起规划教室空间利用的责任，或者临时调用一个空闲教室。园长需要选择那个能最佳完成分配任务的人。园长需要具备能力来评估各位员工，并找到最适合的人，还需要给完成任务的人相应的补助。任何人都没有义务承担分外的工作，如果这只是给园长帮忙的话。委派任务并不意味着一旦委托出去，就可以忘掉它或者指望它能被完成。建立一个时间表，用以监督任务的完成情况，这一点也相当重要。园长可以选择每周或每月与各位员工见面，或者让他们按期提交书面工作汇报。

最开始委托任务时，园长可能会发现，让员工去完成工作比自己亲自完成需要更多的时间。然而，随着员工不断熟练并从中获得自信，园长会发现自己已经从这些原以为只能亲自做的工作中脱身出来，还会发现不论是自己还是员工，都会从这种团队合作的形式中受益匪浅。

自我测验

　　一位园长将与家长沟通的这部分任务委派给了一个员工，之后每天他都要花半小时以上的时间来在感情上协助这位员工处理与家长相关的事宜。这位园长在委托任务上的不当之处在于：（　　　）。

　　a. 缺少组织能力

　　b. 指导性的风格

　　c. 过于关爱的个性

　　d. 对孩子的爱

参与完整测验请登录网站 CengageBrain.com

时间管理

对于忙碌的园长来说，时间是最宝贵的资源。如果每天能列一个清单，他们能完成更多工作，起始项应是紧急事项或者每日例行工作——这些都是首要任务。接下来的事项则是需要尽早完成的任务或者是每周例行的工作。排在末尾的，是他们想做的事情，或者是偶尔需要进行的工作。

园长需要设定一个专门的时间来完成每天的必要事项。比如，在园所开放之前的半小时开始工作，这样就可以在忙碌的高峰时间之前完成一些特定的工作。某些日常工作可以在当天晚些时候进行。或许很难去遵循一个精确的时间表，但如果坚持下去，其他员工就会开始尊重园长的时间管理，并去遵循它。

安排每周特定的一天，或每月的特定几天去完成不需要经常完成的任务，比如说，订购材料、编制财务报告、撰写业务通讯等。园长应该在日历上做出标记，排出时间，走进办公室，关上门专心工作。在没有打扰的情况下，工作的效率之高将会让人吃惊。

园长还应为他们想做的事规划出时间，比如说阅读专业资料、写一篇文章，或者做长期计划等。这些事也很重要，园长可以每个月安排一个下午去进行。

实际上，紧急情况也会出现在最合适的时间——但如果有所准备的话，它们会是可控的。在一个托幼机构中会出现什么紧急情况呢？这与一个忙碌的家庭中出现的情况是相类似的，比如抽水管道坏了或者出现漏水，工人前来修理；又有两位老师请病假；一个小孩摔倒了额头出血等。如果事先已经想好了解决问题的程序和办法，发生这些情况时就不会有人慌乱。

如建立一份维修人员信息清单并保持更新，以防建筑物或设备需要紧急维修。一旦购置了新设施设备，维修信息也要立即加到清单上。为防止员工发生紧急情况来不了，则需要准备一个可靠的替补人员清单。通过在当地报纸或互联网上登广告，也可以找到合格的人选。

可以通过当地的社区学院或大学招募学生。如果一个符合要求的教师申请学校的工作，又暂时没有合适的职位，则应该把她（他）列在替补名单上。

此外，应该有几位掌握急救知识的工作人员，最好获得红十字会认证资格。在显著位置粘贴儿童急救指导的说明，以便在紧急情况下任何员工都能按正确的步骤做出紧急救助。急救培训也应列入计划当中。

其他可能的紧急情况的出现，则因区域而定。在加利福尼亚州，学校都必须具备在火灾、地震发生时能随时撤离的计划。中西部地区，得克萨斯州和新英格兰区的学校则要求有面对龙卷风的临时紧急措施。东南沿海各州的学校，则需要做在暴雨来临时照顾好儿童的计划。其他恶性事件也可能发生，如社区暴力或炸弹恐吓，这时会要求疏散建筑物里的人群并封锁楼层。对于这些情况，不仅要做出计划，还要定期演习，使员工和儿童能在紧急情况下免于恐慌，迅速做出逃生反应。

信息化是托幼机构管理中不可缺少的一部分。它可以帮助保存财务记录、预算、人事档案和往来信件。一台计算机可以管理大量的园长与员工之间及与幼儿家庭之间的沟通信息。通过互联网，园长可以给幼儿家长发邮件，或者通过撰写通讯、建立网页来进行沟通。它还可以存储大量有用的信息，如家长、员工和社区机构的地址，或食物及设备的采购地。托幼机构或其他育儿机构可以获得大量软件程序使用。关于计算机的使用，后面的章节中会有详细论述，附录 B 则包含一个专注此方面的讨论。

自我测验

　　一个日托中心的园长每周都会安排一天，隔绝其他打扰，专心完成一些工作。她在这一天当中最有可能做的工作是：（　　　）。

　　a. 打电话给有意向的家长

　　b. 撰写每周通讯

　　c. 听电话留言

　　d. 阅读一些介绍日托中心最好的经验的文章

参与完整测验请登录网站 CengageBrain.com

计　划

每天都要面对很多繁复的工作，很容易漏掉一两项，这在托幼中心也很常见。每天都有这么多需要立即处理的小事件发生，让人很难找到时间去预想第二天的事情，更不用说下个月的事情了。

然而，为了机构的平稳运营，短期和长期的计划都是必要的。短期计划可以保障机构每天的顺利运行，并为意外发生的时候提供应急预案。在每天和每一个星期的开始，园长都必须知道有哪些工作要做，并在这一天或者这个星期内将任务完成。但不可避免的紧急情况仍会发生。预测哪些紧急事件会再度发生，并做出相应的解决方案，这一点很重要。尽管这种规划不能消除突发事件造成的暂时中断，但提前规划可以使托幼机构顺利运行和便于管理。

长期计划则能帮助园长促进托幼机构的环境和服务朝目标迈进。园长要规划目标的达成时间，并随后按期实施。比如说，某个日托中心的目标之一是为孩子提供进入园所需要掌握的技能。为了实现这一目标，员工需要知道这些技能是什么，在什么时候提供比较恰当，以及如何评估孩子的进步。园长应周密规划一系列的学习经验并传达给各个教师。这个过程可能需要几个月甚至一年来完成。

最有效的规划是将员工们尽可能地纳入其中，人手一份日计划和周计划安排，计划当中要包含雨雪天的临时变动的安排。此外，员工还要清楚在一段时间内致力于达到的长期目标。园长应该征求落实目标的建议，并想办法获得反馈意见，以评估计划的进展成效。

自我测验

一位园长意识到紧急状况的不断出现对中心管理有很大干扰，因此，他每天晚上都会花好几小时使工作跟上进程。他可以做以下哪一项来改善这种境况：（　　　）。

a. 指定一名员工来处理所有这些紧急情况，这样园长就可以专心于自己的职责

b. 对已经发生的事件做出分析，并据此制订预案

c. 指导所有的员工如何靠他们自己解决问题

d. 每天早几小时到达园所，这样他可以在学生入园之前完成一些工作

参与完整测验请登录网站 CengageBrain.com

作为沟通角色的管理者

园长要花费大量的时间与人交谈，为避免产生沟通障碍，培养沟通技能并为所有的员工树立榜样是非常重要的。每个人都在交流当中遇到过困难。我们清楚自己要表达的意思，并以为其他人可以理解。不过，很多情况下，我们都会惊讶于别人对我们所说的话的理解，

"他们怎么会从我所说的话中得出那个结论？"

言语信息

词语是把我们的想法传达给其他人的符号系统。虽然在语言当中，每个字都有意义，但是组合在一起的意思却是基于我们自己的经验。由于经历不同，相同的词语可能对每个人有不同的含义，听到我们说的话的人会按他们自己的方式来做出解释，误解就会随之产生，对于英语是第二语言的儿童及其家庭，或是员工来说，误解更为严重。沟通的关键是意识到可能产生的误解，并尊重来自不同文化背景的人。

有时候由于过去的某种经历，某一个词可以引发特定的情绪反应，并导致我们停下来专注于这个词而忽略话语的其他部分。说话人对于某一个字词的强调同样可以导致相类似的反应。比如说，"你今天怎么样？"这句话可以因所说的语气不同而表达很多不同的意思。它可以仅仅是一个礼貌的问候，也可以传达一种真正的关心，或者是一种带有质问的意思，"你确定你今天真的没事吗？因为平常你可都不怎么好。"

非言语信息

沟通问题产生的另一个原因是，我们还使用非言语的方式来交流。非言语信息包括面部表情、肢体动作，以及我们说话时的姿势。此外，目光的接触和躲闪，以及我们与听众的空间距离也都是重要的因素。

即使语言有限，指导者也能以一种非言语、关爱的方式与儿童交流

这些因素都能传达信息，我们通常没有意识到我们说的是一个意思，但是我们的行为却传达着完全不同的信息。有趣的是，在不同的文化里，这些行为会有不同的含义。并不是每个人都会注意到这些细微的表情，但是有人却可以清楚地辨识到并做出反应。非言语信息可以影响到听众对言语信息的理解。例如，在某些亚洲国家，说话的时候不看着对方的眼睛是不尊重人的表现。如果一个园长因为家长说话时目光看向别处而不高兴，他可能会得出与说话者完全不同的结论。

避免交流中可能产生的问题

由于园长的很多工作都是要通过与其他人沟通来完成的，因此，尽可能地避免交流中可能产生的问题显得非常重要。以下技巧和方法可以提供参考。

第一步，确定你想要传达什么。你只是想传达一些信息而不指望任何回应？如果你说："有两个想送孩子入托的父母今天要来参观你的教室。"你是仅仅指这件事还是期望得到一个回应？如果你说："我想知道你对放学后如何更容易地清理操场有哪些建议？"教师的反应是否会有所不同？

第二步，考虑传达信息的时间。如果内容很重要，那么当对方很忙碌而无法对你所说的投入全部注意力时就应避开这个时间。比如说，如果一个老师在教室里正忙着，园长就不应该选择在此时交代重要的事项。最好是等孩子们都离开了，或者是老师可以离开孩子腾出几分钟时间时单独交谈。

第三步，留出反馈的时间。"连续不断地说话"很容易引起误解，这样就要给听的人足够的时间去理解你的意思，如果他并没弄懂，他可以要求你做出说明，或者你可以询问对方自己的信息是否传达清楚。

第四步，选择信息传达的地点。如果是在一个关着门的办公室，气氛是保密的或是严肃的，就可以选择传达重要的信息。当谈话发生在操场上，或在员工休息室，说出来的话会让人觉得更随意。不同的地点适用于不同的交流。

第五步，决定传达信息的方式。有什么是需要写下来的？有时候让对方看到清晰的书面陈述是很重要的。如果这个信息是要传达给所有的员工，这可能是最为有效的方式。但是请记得，书面信息相对而言不是那么个人化，也没有即时反馈，所以必须陈述清晰。

有时，我们有必要跟进信息传递的情况。比如说，如果某一个发出的信息迟迟没有预期的回应，那么对方很有可能是误解了我们的意思或者仍然没弄明白。有时肢体语言会传达一个意思，而我们说的话却是另一个意思。是不是传达的方式有误？是不是有些词引起了某种情绪反应？征求反馈可以帮助我们确定信息是否已经传达给了对方。例如，你可以说"你看起来仍然很疑惑，你是怎么理解我所说的？"或者"我换个方式来陈述一下，我的意思是……"如果你建立了一个乐于沟通的氛围，员工们会更愿意要求你对他们没明白的地方做出更多解释。请记得，一个健康的讨论氛围会有助于消除误解并解除困境。

倾　听

倾听是一个有效沟通者的重要能力之一。有时候我们会一边心不在焉听别人说话，一边想其他似乎更要紧的问题；有时，我们只是关注那些需要回应的重点，产生共鸣、拒绝或者提供一个解决方案。对于一个园长来说，应该具备的最重要的沟通技能之一，就是在其他人说话的时候认真地聆听，直至他们表达出自己完整的想法，然后再做回复。以下列出了倾听的过程。

1. 停止说话。这点好像是显而易见的，但是人们通常都会忽略。不要打断别人的话语。
2. 做好倾听的思想准备。暂时不要想其他的事，让你的注意力集中在说话人身上。
3. 专心于说话的内容，不要被对方的外表或是说话的方式影响到。

4. 用肢体语言表明你对谈话的兴趣。保持目光接触，如果在双方的文化背景中，这都是一种积极的态度的话，你才可以这样做。以警觉的姿势站着或坐着，不要姿态懒散或者背对说话人。

5. 尝试确定说话者的意图。为什么对方要告诉你这件事？明白这一点可以帮助你对谈话的重心集中注意力。

6. 听谈话的要点。哪个信息或概念是最重要的，哪些是不相干的？

7. 留心哪些是没有说的。你有时可以从说话人刻意不说或者逃避的话题当中获取很多的信息。

8. 给予反馈。某些非言语的反馈，如点头或者微笑，可以鼓励说话人继续。或者你也可以使用一些简单的句子，如"继续，再告诉我更多。"或者"我理解。"

9. 确认你所理解的信息是否正确。你可以说"我刚才听你说……我理解得对吗？"

10. 对获得的信息做个小结或者概括。重申你的理解，就像这样"你所讲的观点是……"

随着园长不断提升自己的说话和倾听的技巧，他也会发现与谈话者的互动在改变。双方都会发现对对方的意见和问题有更深的理解，并更能表达自己的关注重心。园长与员工、家长，甚至与幼儿的关系都会得到改善。虽然问题并没有消失，但由于双方都对谈话更为认可，问题也会变得更容易解决。

书面沟通

教学资源 视频案例 1.2

使用技术与家长沟通

在视频中您将看到几位老师在讨论运用各种技术与家长沟通。观看视频时请思考以下两个问题。

1. 管理者使用这些技术都是有效的吗？为什么是或者不是？

2. 在这段视频中，有一个什么样的例子说明管理者是如何使用两种技术的？

观看完整视频请访问网站 CengageBrain.com

有时很难确定什么时候口头传达一个消息，什么时候应当写一份报告、备忘录或做笔记。如果这个消息很重要并影响到不止一个人，就应该用书面形式传达。书面记录是永久性的，相对而言不那么容易被误解。

书面交流的类型之一是，园长必须要准备的财务报告。董事会每月都必须要有一份财务报告，内容包括收入和支出以及当前的预算数额比较。董事会还会规定什么时候提交第二年的初步预算和最终预算。另一种类型的书面交流是园长每月给家长的简讯，这种方式对于广泛地传达信息非常有效。家长们想知道他们的孩子学了些什么，午餐和点心的时候吃些什么，以及要进行的野外郊游的内容。简讯可以带给他们一种参与感并帮助建立学校和家庭的沟通桥梁。一个节省成本的措施是给幼儿家庭发电子邮件，给没有电脑的家庭提供纸质复件。

另一个与幼儿家庭沟通的形式是通过托幼机构账号的社交网站主页发布信息，它可以频繁更新并加上每一天活动的照片。如果家长们都同意将他们孩子的照片公布在页面上的话，这完全是可以进行的。另外，通过备忘录或者通知，以书面形式告知老师或者家长有任何信息的变更也是非常方便的。比如说员工的人员更替，日程的更改，菜单或者节日活动的计划变更等。因为每个人收到的都是相同的信息，所以没有人会感到惊讶或感到被排除在外。另外，书面信息不太可能被遗忘，因为它可以被重读。在今天的科技背景下，园长用这种形式与他的员工交流是很常见的。

同样，还可以用书面的形式来表达对员工的鼓励。每个人都喜欢被认可，而书面形式是以一种有形的方式确定他们的价值。如果一个老师由于一个项目得到了纸面认可，他毫无疑问会非常看重。

自我测验

一个托幼机构的园长想告诉一个老师她无法按原定时间休假。最好是在哪个时间传达这个信息：（   ）。

a. 当这个老师早上到园所时

b. 当这个老师安静地坐着，在给她负责的一个幼儿喂饭时

c. 当这个老师完成一天的工作准备离开时

d. 当这个老师离开孩子们的时候

参与完整测验请登录网站 CengageBrain.com

道德管理实践

一个园长在任何一天所经历的紧张和压力都有可能在面临困难的时候加剧，尤其是在没有任何指导的情况下。如果一个苛刻的家长要求自己的孩子在犯了错误的时候受到适当的惩罚，托幼机构的管理者应当怎么做？或者如果董事会的一员要求自己的孩子优先入托呢？这种时候，他们所做的决策更多的是基于自己的道德观和是非观念。道德观同样包括我们所认为的，人的正确行为以及我们相互应如何对待。价值观也会在我们做决定的时候产生作用，尤其是在左右为难的情况下。价值观涉及我们认为可取的事物，或者力求去达到的目标。但问题是，并不是每个人都有同样的道德观和价值观。因此，需要在不同的人的道德观和价值观之间建立一条链带，并形成一个统一的职业行为标准。美国幼儿教育协会将核心价值观和核心道德行为结合在一起，编制了一套标准规范。该组织所定义的核心价值，是作为一个专业人员对于职业的承诺。而这个核心价值是在儿童早期教育和看护的漫长历史中提炼出来的。标准中核心价值的承诺包含如下方面。

- 将幼儿时期看作人的生命周期中一个独特而宝贵的阶段。

- 将我们的工作建立在对儿童学习和发展的认识之上。
- 看重并支持儿童与其家庭的纽带。
- 认识到在家庭、文化和社会当中，儿童都被很好地理解和支持。
- 尊重每个人的尊严和独特性，包括儿童、家庭成员和同事。
- 认识到儿童和成人都只有在受到充分相信和尊重的前提下才能发挥其潜力。

（NAEYC，2009）

naeyc　　伦理，是关于对与错、责任与义务的研究，它也试图提供一个决策之道。伦理与道德密切相关，通常可以互换使用。美国幼儿教育协会试图帮助教育者在面对道德窘境的时候找到答案。美国幼儿教育协会的职业道德标准收录了经调查研究、群组观察以及专业研究得出来的结论，首次出版于1989年，卡罗尔·科普尔和苏·布雷顿坎普（Carol Copple and Sue Bredenkamp）在2009年修订过。该标准侧重于与0~8岁的儿童及其家庭的交流互动，并为这当中的行为设置了职业规范。

该标准将道德行为分为四个部分：（1）儿童；（2）家庭；（3）同事；（4）社区和社会。每一方都有各自的责任、目标和原则。该规范的意图是呈现标准的职业行为样本，并对所要求的、禁止的、允许的行为做出了界定。每一部分都有对于各种人员行为的理念陈述，对他们行为的规范指导，帮助他们解决道德困境。附录A收录了一套完整的职业行为道德标准。

每个园长都应该熟悉此标准，并在与他人互动的过程中用来作为指导。此外，所有工作人员都应备有一份作为参考，还应有相关的培训和讨论以便将其用于日常的工作实践当中。员工会议的讨论常常围绕教师所面对的各种挑战，也可以将该标准作为解决问题的准则。更详尽的相关员工培训请见第十章。

自我测验

　　一个家长给日托中心的园长打电话，说她那天有个非常重要的面试，而她的儿子在发低烧。她想给孩子用一些减少疼痛的药物，然后把他放在日托中心待几小时。园长无法确定帮助这个母亲是否正确，因为她儿子的病可能是传染性的，那就会影响到其他的孩子。这个园长的困境是：（　　）。

a.价值观

b.道德观

c.宗教信仰

d.毫无根据的科学观

参与完整测验请登录网站 CengageBrain.com

专业发展

新手园长经常会表达他们对工作的无奈以及对自己能力的不确定。绝大多数的新任园长在他们入职的头几个月里会缺乏自信。莉莲·卡茨（Lilian Katz）是一个著名的儿童发展专家，她提出职业发展需要经历几个发展阶段。邓肯（Duncan，2010）认为，这份职业的第一个阶段发展更像是"求生"。这些新园长可能在课堂上成功，但获得的领导机会却极其有限。最终，他们会在实践中学会它，但这个过程却很艰难。

卡茨提到的这几个阶段是：求生、巩固、更新、成熟。求生阶段是指园长在这段时期需要费尽力气来应付每一天的工作，并且常常感到力不从心。

大约在第二年，随着园长学会如何完成他们的基本任务，他们会觉得自己更能干了。在巩固的这段时期，他们不断吸收新的知识，并提升自己的管理和领导能力。也是在这个时期，他们会认识到：成为一个好老师的素质与成为一个优秀的领导者所需的素质并不一定是相同的。

然后是迟迟到来的第三阶段，也就是更新的阶段。当工作已经变得不那么令人兴奋和具有挑战性，园长可能会陷入个人积极性的低迷时期。但是，可以通过个人反思和头脑风暴产生一种焕然一新的感觉。

当这种焕然一新的感觉带给你希望，并让你知道你可以做出改变，那么随之而来的就是成熟阶段。最后一个阶段是已经增强了能力从而获得更多成长的时期，也是寻找方式与他人来分享知识和见解的阶段。当这个阶段结束，你将成为一个园长导师。

对于一个园长来说，为了提升专业能力，还可以参加指定的课程或特殊培训。园长在未来或许可以进入其他相类似的机构，比如到小学当校长。虽然对于一个托幼机构的管理者来说，还没有这种普遍性的认可或接受，但是由于对这份职业不断提升的标准和素质要求，也可以将其纳入个人发展的考虑范围。

管理证书

伊利诺伊州创建了一个对园长专业能力认证的相关证书。在充分考虑了对园长这个职业各方面的要求之后，开发人员创建了一个园长证书（Director Credential），要获得它，必须符合以下五个方面的要求。

- 教育基础。
- 幼儿和学龄儿童相关的知识和能力，包括幼儿及学龄儿童的发展、保育与教育。
- 管理知识与技能：认证要求中所描述的10类管理知识和技能。
- 工作经验：实际工作的专门技能。
- 专业贡献：在至少6个领导或宣传职位上对这个领域做出成绩。

该证书有三个等级，每一等级的学历要求不同，一级要求是大专学历，或准学士学历；二级是本科学历；三级是硕士学历或其他高等学历。每一个等级证书的申请人都必须展现出以上五个方面的相关能力。

个人可以通过两种方式获得此证书。一种是在具备资格认证的机构，如在伊利诺伊州园长资格认证中心通过完成指定项目来获得。申请者通过在具备资格的高等学院注册，学习并完成相关课程，若成绩通过学院审核，则获得认证。另一种是在实际工作中达到认证中心所要求的各项标准，然后通过提交相关材料来获得认证。托幼机构管理者在实际工作中达到各方面的要求，然后向认证中心提交一份证明，包括工作经验证明，以及职业贡献的相关材料复件。该证书由伊利诺伊园长证书委员会委托伊利诺伊州儿童看护资源和推荐机构（Illinois Network of Child Care Resource and Referral Agencies）颁发。更多信息请参见网站 http://www.inccrra.org。

> ## 自我测验
>
> 　　作为一个园长，在工作的第二年，珍妮认识到，向其他老师表示出友好并不像她原来当老师的时候那样有助于工作。
>
> 　　那么，珍妮现在是处于职业发展的哪一个阶段：（　　　）。
>
> a. 成熟
>
> b. 求生
>
> c. 巩固
>
> d. 更新
>
> 参与完整测验请登录网站 CengageBrain.com

管理者能力评估

　　园长的工作具有多面性，因此，评估园长的能力是一项艰巨的任务。布鲁姆（Bloom，2000）认为，评估工作困难也在于这样一个事实，即所谓"能力"没有一个明确的定义。教育人员通常使用由费尼切尔和艾格比尔（Fenichel and Eggbeer, 1990）提出的关于能力的定义："为了合适的理由，在合适的时间做合适的事。"根据费尼切尔和艾格比尔的观点，具备某种能力，是一个人可以分析情况、考虑替代方案、评估结果并说明做出选择的原因。但是对于这些因素的衡量却完全是主观性的，因此难以量化。

　　造成园长能力难以评估的其他因素，则来源于不同的机构对于领导者能力的不同要求。一个小型日托中心的园长可能只有很少的管理任务，甚至可能在教室里兼职教学。这就要求园长必须具备儿童发展与课程规划的广泛知识。而拥有许多分部的大型托幼机构的园长则需要不同的技能，有效地与人沟通以及合理安排多样化工作的能力必不可少。本地商业性托幼机构的园长需要在合作的框架下与有商业背景而非教育背景人员共事。那么在此情形下，除了要具备基本的幼儿早期教育的背景之外，园长还需要具备利用商业方式运营托幼机构的能力。

　　布鲁姆认为，园长的能力由三部分构成：（1）各个领域的知识，诸如组织动力学，组织理论，儿童发展，教学策略和家庭系统的知识等；（2）各个方面的技能，涵盖了技术的、人文的以及从制订预算到解决问题所需要的技能；（3）具备特定的态度，包括人格和诸如信仰、价值观、爱好，以及对其他人良好表现的情感回应。

naeyc   园长可以自我评估，但很难做到客观、公正。园长可以列出一份清单，在清单中先列出完成得较好的任务，然后列上那些完成不足的事项。比如说，有些园长觉得他们在鼓励员工提升技能的方面做得不够。此时对他们来说，分析这个问题很重要：为什么没有做好？是因为没有时间，还有因为缺乏必要的知识？如果能很好地回答这些问题，就很容易找出解决问题的方案。

另一种方法是在每年的开始列出目标，然后定期检查是否达成。如果没有，要怎么去实现？在这一年年底检查清单，然后将没有实现的项目画出来。为什么没能完成？是因为缺乏技能还是知识？而其他项又是因为什么达成目标的？对这几个问题的回答会给园长带来有价值的信息，从而去做出改变。

自我评估工具

为了分析园长的表现，也可以使用类似于评估其他工作人员的书面评估工具。两种基本评估工具类型为一个包含数个问题的检核表与等级量表。

检核表的问题通常都是关于工作当中的各个具体方面，它们一般是基于每年年初所定的目标。如"我是否已经……"

一些问题样例包括：

- 我是否为所有的员工创造了一个开放的讨论环境？
- 我是否高效地利用了时间？
- 我是否很好地给家长传达了我对他们提出的问题和压力的理解？

等级量表同样也可以使用。它针对特定的职能，如组织、计划或主动性。还可以进行比较、划分等级，例如满意／不满意，或者是列出事情发生的频率。目前，很多园长使用的托幼机构管理等级量表有 10 大类和 25 个分类。主要类别包括：

园长需要花时间评估幼儿

- 人力资源发展。
- 人员成本与分配。
- 中心运营。
- 儿童评估。
- 财政管理。
- 方案规划与评估。
- 家庭伙伴关系。
- 市场营销与公共关系。
- 技术。
- 人员资质。

等级评估完成后会得出一个结论。这个结论有助于园长确定需要提升的领域。做出改进是一个不断改善的过程，包括根据量表评估得出分数与结论，根据结论确认优势，找出需要改进的领域，然后制订和实施计划（Bella，2008）。

同行评估

同行评估是最近的一个趋势，即园长的工作由员工进行评估。最好的办法是通过调查一段时间内员工们看待托幼机构的氛围，来获得员工对园长的评估结果。对于多个方面的综合调查，或是与工作环境各方面相关的个人态度调查，可以包含在一项调查中。样例（表1–1）当中，针对教师问卷关注的某些要求列出了具体选项。

根据需要，可以在调查表中添加其他项目。调查表的最后还应有一个空间，征求改善组织环境的意见或建议。

表 1–1 教师评估园长问卷示例

请勾选您认为符合实际的项	
园长是否……	**领导特点**
□ 鼓励提出问题和讨论问题？	园长是否具有以下特点？
□ 允许员工表达自己的感情？	□ 乐意支持。
□ 在员工中间创造了一个团队氛围？	□ 经常给予反馈。
□ 为了提升工作条件征求过意见？	□ 总是很挑剔。
专业发展	□ 愿意与其他人分享信息。
园长是否鼓励你去……	□ 很少查看教室。
□ 参加讲习班提升工作技能？	□ 评估员工很公正。
□ 与其他员工分享资源？	□ 需要他的时候都在。
□ 参观其他教室？	
□ 去学院讲课并获得酬劳？	
□ 阅读专业期刊和书籍？	
	资源下载请登录网站 CengageBrain.com

董事会评估

由董事会管理的托幼机构，对管理者的定期评估是必不可少的。然而，在使用董事会评估之前，需要先了解该评估方式存在的缺陷。董事会成员很可能不会频繁接触该日托中心的日常运作，他们也很可能是儿童教育或组织管理的外行人士。另外，董事会成员并不总是很了解园长们所承担的任务标准。

避免这些缺陷，这种评估具有提升管理者效率的作用。首先是评估的频率问题。通常一个评估周期为 12 个月，不过对于一个新入职的人来说，董事会也可以选择每 6 个月进行一次评估。其次，董事会应该和园长商定好评估过程中使用的尺度。评估标准有两大类：

一类是园长达成机构总体目标的情况（表1–2）；另一类是园长的领导及管理质量的有效程度（表1–3）。

描述园长的工作是一个不错的开始，更重要的是了解具体的任务以及他们的完成效果。某些标准是容易评估的，而另一些则比较困难。例如，注册信息保持更新或工作报告按时提交，这些是很容易确定的。但要知道园长是否进行了有效的沟通则困难一些。在这种情况下，等级评估量表则是有用的。

通常由若干董事会成员组成一个委员会，负责评估工具的文字工作，然后由整个董事会确定是否通过。只要有可能，制作评估表的人员也应参与实际的评估工作。在开始评估之前，他们应审查标准并在评估方式上达成一致。园长们应当提交一个统一的书面报告，并附加支持该报告的其他具体材料。然后，委员会可以收集其他人的更多信息，如家长、基金授予机构或其他园长。

从其他工作人员当中收集信息适当与否仍值得商榷。一些专业人士认为，这会破坏园长和员工之间的关系。收集好所有的信息后，委员会将与园长开会讨论所有项目。会议内容还有可能包括园长的工作提升或园长对于其他信息的相关回复。会议结束后，委员会成员和园长共同签署一份报告，然后将其提交给董事会。评估的最后一步是规划下一次评估。

表1–2　中心目标的实现

请勾选实际任务完成的频率
园长：
1. 保持了至少80%的全托注册率。
很少　　　　　　　　经常　　　　　　　　一直
2. 通过安排定期的安全检查来确保孩子们的安全。
很少　　　　　　　　经常　　　　　　　　一直
3. 与权威机构合作来保证各种规章制度得以实施。
很少　　　　　　　　经常　　　　　　　　一直
4. 策划并实施员工培训方案，以全面提高机构的管理质量。
很少　　　　　　　　经常　　　　　　　　一直
5. 以本社区各团体为对象进行演讲，让人们了解机构的办学理念来达到宣传的目的。
很少　　　　　　　　经常　　　　　　　　一直
资源下载请登录网站 CengageBrain.com

表 1-3　领导目标的实现

请圈出下列合适的表述				
园长：				
1. 与董事会成员、员工以及家长进行的沟通。				
1	2	3	4	5
（不足）				（非常好）
2. 及时向董事会提供信息。				
1	2	3	4	5
（不足）				（非常好）
3. 被其他园长视为优秀的领导者和导师。				
1	2	3	4	5
（不足）				（非常好）
4. 在家长们眼里博闻广识并乐于提供支持。				
1	2	3	4	5
（不足）				（非常好）
5. 接受董事会的指示。				
1	2	3	4	5
（不足）				（非常好）
资源下载请登录网站 CengageBrain.com				

自我测验

一个早教中心缺乏户外儿童游戏设备。那么，谁负责分配这部分资金购买一个新的攀爬架呢：（　　　）。

　　a. 董事会

　　b. P.T.A.（学生家长和教师联谊会）

　　c. 公园部门

　　d. 园长

参与完整测验请登录网站 CengageBrain.com

管理者与董事会的关系

过去，由董事会治理的大多数学校是非营利性的，通常由教堂、社区组织或社会机构捐助。这种类型的机构现在在一定程度上由某一级别的政府拨款，如开端计划、移民工作者中心、托幼中心和特殊儿童看护设施。最近，由董事会管理的营利性学校组织机构的数量呈上升趋势。另外，许多企业，如加州北部的谷歌，现在都建立了企业的幼儿看护中心或者参与了相关的联营单位。

　　为了高效地工作，园长必须了解董事会的组成和功能。由选举出来或被任命的人员构成董事会，共同监督一个组织或公司的运营。有两种基本类型的董事会：管理型的与顾问型的。管理型的董事会创建一种政策，并强制该机构的管理者执行。顾问型的董事会则没有权力强制任何事，它只是为机构的管理者提供建议与参考政策或者其他信息。一个组织的内部章程应明确规定其董事会的目的和功能。

　　董事会的构成可能会因为其所管理的机构类型不同而有所差异。一个非营利性机构的董事会成员更多是选自它所代表的人群。通常情况下，他们是由学校儿童的父母或是主办教会的成员构成。此外，这个董事会可能还会包括一些幼儿早教的专业人士或是社区的领导。大多数情况下的考虑是让这个董事会成员的构成更加多样化——基于各成员的背景、职业、民族、年龄、性别和观点。董事会成员可以由选举或任命产生，成员资格的继续则取决于个人服务的意愿。

　　营利性机构的董事会则是由股东或投资人组成，因而这种类型的董事会成员通常会有商业经验。有时，家长也可能是公司的股东，因此具备进入董事会的资格。董事会也可能会选择某些非股东的家长、早教专业人士或者社区代表，作为董事会成员。这些董事会成员的规模从 3 人到 25 人不等。人数越多，管理难度越大。不过，一个规模较大的董事会也能提供更多样性的意见和想法，加入委员会的人也会相应更多。

　　董事会成员可能会服务 1~3 年。对于个人来说，一年的时间可能不够成为一个全方位的董事。不过，有些人可能不愿意服务更长的时间。许多董事会制定的服务周期为 3 年，以保证人员参与的连续性。这对于规模较大的董事会来说更为有效，因为在这类董事会中服务周期是可变动的，因而能长期保证有经验的董事和新手的比例不至于太悬殊。

与董事会沟通

　　托幼中心的日常运营责任由董事会和园长共同承担。这两者之间的沟通非常重要，因为沟通不畅可能导致缺乏信任、产生分歧和各种问题的无法解决。要每个人都以一种适当的方式、清楚地表达自己的观点并与他人交流，从而能让问题得到有效解决，则可能需要培训。园长有义务为孩子的最佳利益和业务的良好开展做出努力。

　　沟通必须是双向的，从董事会到园长，从园长到董事会。董事会必须告知园长政策的变化及变化的原因。一个运作良好的董事会，在变更政策之前会通过园长获得相关信息。如托幼中心出现问题，造成人员变动需求或岗位描述修订，园长也必须让董事会及时知晓相关情况。家长或员工要求更改或添加其他计划，董事会也要能及时知情。董事会还必须意识到需要增加相应的服务来满足不断变化的社会需求。沟通可以通过多种形式进行，可以是面对面直接交流，或者通过邮件、电话或书面报告。这些都有它们各自相应的目的。通常情况下，园长与董事会主席有最直接、最便利的沟通，无论是通过频繁的电话交流、电子邮件还是预定的会议。有时候在一起用午餐的时间，因为免除了行政责任的杂念，他们的交流反而更有效率。作为董事会的成员，园长也必须出席董事会的会议，提供信息，参与讨论问题或提出建议。此外，向董事会定期提交书面报告也是必需的，这些书面报告包括招生报表、人事变动和预算信息等。

园长和公司

在某些机构的设置当中，园长与董事会没有直接的接触。一些大型的连锁机构，如儿童世界学习中心（Children's World Learning Centers）或金德卡尔幼儿园（KinderCare），园长直接面对的是一个区域主管，再由区域主管向上一级管理层传达信息，中间需要经过一层层的管理链直到董事会。相应地，在幼儿园的业务设置中，园长的工作伙伴通常是行政人员，如人事主管或副校长，再由他们传递信息。一些园长觉得这种人事结构令人恼火，并且相当不个人化。而另一些人则觉得，只需对一个对象负责任这种形式更为简单。跟人事主管或者行政人员一块工作需要时间适应。重要的是，园长和主管必须有相类似的目标和理念，并且互相尊重彼此。在这里，沟通能力也同样重要。园长必须能完整而全面地表达自己的想法，书面陈述则更为重要，因为这可能是与董事会交流的主要方式。作为公司的组成部分有很多好处，园长可以汇集很多有用的资源并且从计划课程的专家们的丰富经验和知识中获益，另外，还有其他专家可以帮助解决员工和家长需要解决的问题，而一个单独的学校是不具备这些条件的。更重要的是，在企业当中，园长会有更多的机会进入高一级的管理层。在一个全国性的托幼连锁企业中，园长或许还可以成为人事主管、专家或顾问。在这些公司或业务当中，一个园长甚至可以成为一个行政主管。

自我测验

一个园长与日托中心的董事会之间因沟通不畅而不和。那么，沟通不畅的责任在谁：（　　　）。

a.董事会

b.园长

c.其他员工

d.董事会和园长

参与完整测验请登录网站 CengageBrain.com

小　结

在本章中，我们谈到了高效园长的特征，并讨论了这个职位所需要的各种能力与知识。园长的工作是有挑战性的，但也是有回报的。园长获得的回报或许跟老师们不同，但这两者之间的确有相似之处。

园长是形成一个托幼机构管理风格的关键人员，同时也影响着这个机构当中工作的每一个人。这个托幼机构的管理风格也是它的组织氛围。一个高效的领导人会让每个人都参与合作，并且在一些情况下，会让那些有知识和能力的人一同来领导，以达到预期的目标。

管理技能可以使一个园长协调组织各部分，从而达到个人和集体的目标。一个经理人的功能是管理这个组织各部分的资源并维持其目标方向不动摇。在一个托幼中心的设置中，资源包括人力、物力以及财力。园长必须要有良好的教育实践并了解儿童是如何发展的。一个高效的园长必须具备这些特点：领导他人的能力；在与人交往中能获得乐趣，以及自信。而一个园长要获得成功，则还需要具备某些特殊的技能，我们会在之后的章节中论述到。

沟通是一个园长工作的重要组成部分，所有的沟通类型都必须清楚明确。对不同的对象要采用不同的沟通方式。倾听是交流的重要组成部分。

一般而言，园长都会经历职业发展过程中的四个阶段：求生，巩固，更新，成熟。各机构对于人员进入不同层级的管理岗位时需要为此做些准备。同样，托幼机构对于园长在各职业阶段的过渡也应提供相应的帮助。

园长在任何一个事务繁多的工作日都要面对很多不同的境况。他们通常都依靠自己的价值观来判断对错，但他们也需要专业的道德标准来指导、帮助他们做出决定。美国幼儿教育协会所提供的专业道德行为标准致力于为人们与孩子的交往过程提供一种可供依照的标准。

因为园长工作具有多面性，所以评估园长的能力是一项复杂的任务。布鲁姆认为，能力包含三个方面：知识，技能和态度。评估可以通过三种形式来进行：自我评估；同行评价；董事会评估。

很多园长都需要跟董事会沟通合作。根据组织或机构的类型，董事会可能有不同的要求，而园长必须要能意识到这一点，并满足机构或董事会的相应需求，良好的沟通是与董事会合作的重要的组成部分。

案例研究

阿勒塔和丽莎是一个班上的两位老师，这个班有 20 个 3 岁的孩子。这两位老师都有丰富的经验，并且都有自己管理课堂的风格与关于开展活动的理念。阿勒塔最近跟园长谈起她跟丽莎之间的不和。对阿勒塔来说，她觉得从一个活动到另一个活动之间应该有过渡环节，但是中间却没有留足够的时间清理场地，因此，教室通常是无序和混乱的。更过分的是，最近有一个想送孩子入托的家庭来参观，而当时的教室乱成一团，孩子们吵闹无序，让阿勒塔很难堪。

当园长问及丽莎如何回应她的顾虑时，阿勒塔说："嗯，我没有跟她提起过。我很难正面跟人说出不满，我不想伤害她的感情。"园长则回答说："那请你跟她谈谈。你可以表现得温和一点并尊重她的感受，只有你才是跟她讨论这件事的合适人选。"阿勒塔很不高兴，她认为与丽莎谈话是园长的责任。

1. 你认为这两个老师之间存在的问题是什么？
2. 你会建议阿勒塔如何解决这个问题呢？
3. 为了避免这两位老师之间产生更多的问题，园长可以做什么？
4. 如果你是园长，面对这种情况你下一步会采取什么行为？

学生活动

1. 参观一家托幼中心，如果园长同意，跟随园长一小时左右观察他的工作，记录园长交谈的人数，以及采取的跟进行动。
2. 想一想你在跟别人沟通过程中最受挫的事情，是什么原因造成的呢？是否经常出现这样的场面？如何改变？
3. 在托幼机构里，谁是最具有权威的人物？他（她）的权力给幼儿园营造了怎样的氛围？提出改善的建议。
4. 参加理事会或者是咨询委员会，会议当中讨论了什么问题？如果做出了决定，这个决定是怎么做出来的？与你的同学分享你对于董事会职能的看法。
5. 讨论园长应该如何基于美国幼儿教育协会《职业道德规范》的相关条款，解决以下问题。

   a. 一位家长来到园长的办公室，说她很不高兴，因为她的孩子不想来学校。孩子说他的老师不喜欢他。

   b. 一位老师上早班迟到了，让另一位老师单独照看了孩子们15分钟，而教室里有18个孩子。

   c. 在冬天最冷的那几个月，一些家长希望自己的孩子在室内玩耍，不去户外，但是老师觉得孩子们需要有户外活动时间。

   d. 一位家长在很长一段时间里都很晚来接孩子，她似乎总是有很好的理由，而教师则不得不留下来陪着孩子。

   e. 购买艺术材料的预算花得太快，按照这个速度的话，在年底之前，纸张、颜料和胶水很可能会不够。

6. 老师抱怨晚班的清洁人员没有把浴室打扫干净，总有一股难闻的味儿，他们担心这个地方的清洁不够会影响孩子们的健康。

复 习

1. 领导和管理的区别在哪里？

2. 请列出领导的五个特征。

3. 请列出园长不愿意委托职责给其他人的五个原因。

4. 一个忙碌的园长可以通过哪些方式来安排时间以保证必要的工作能够完成？

5. 为什么言语信息会经常被听众误解呢？

6. 请列出你觉得可以有效沟通问题的方法。

7. 一个优秀的沟通者的能力之一是倾听，请为如何成为一个好的倾听者提出五个建议。

8. 请描述园长自我评估的两种方式。

9. 请说出营利性机构与非营利性机构的董事会组成有什么不同。

10. 为董事会制定政策的委员会是什么委员会？请列出来并描述一下它的功能。

有用的网站

免责声明：本书提供的互联网网站地址旨在为您提供方便，不做推广。

http://naeyc.org

http://inccrra.org/

更多与管理相关的资源——包括教学资源视频，与每章内容有关的网站链接，教学测验，词汇卡等——请访问本书的教育伴侣网站 CengageBrain.com。

一位面对多元化课堂的园长一天的生活片段

"我不会做！"5 岁的詹妮弗（一个单亲妈妈的孩子）抗议道，这天老师宣布他们要做父亲节的卡片。

"我不参加年度聚会，如果我带我的伴侣去，别人就会知道我是同性恋。恐怕这样他们就不再相信我和我的孩子了。"

辛格先生指示道："请把我的孩子像个小王子一样对待，而我的女儿，她应该表现得像个听话的小妻子，她长大以后就要像这样。"

"我有点担心，在幼儿教室有一名男性工作人员。我们听到太多令人不安的关于恋童癖的报告，我不想冒任何风险。也许这对我的孩子来说不是最好的地方。"

"公主有金色的头发！你必须让我当公主。"一个 4 岁的金发女孩对她的非洲裔美国玩伴说。

"阿曼，放下那个茶壶，你听到了吗？我是你奶奶！你知道这是女人干的事，真丢人。"

"我知道，我们学校每年都要举办万圣节的化装游行。我被安排参加这个活动，但是在我的宗教里，我们遵守所有的假期，所以我不能做这个工作。"

"妈妈说我不应该在学校告诉别人我爸爸带什么回来给我们吃（牛舌），她说我说了的话他们会取笑我。"

"新来的孩子有两个妈妈，我不知道怎么面对这种情况。"

"何塞的爸爸要带我们去野营。他会开一辆新车，这是不是很棒，闪亮的红色车子，还是全新的呢！"一位老师在圆圈活动时间宣布道。

目的

阅读完本章内容，您应该能够：

- 描述发展适宜性与文化适宜性之间的差异。
- 确定"多元化"的含义。
- 解释为什么儿童教育机构需要在文化上有所回应。
- 解释是什么让一个机构具有多元文化性的。
- 列出与文化能力相关的机构管理者性格。
- 列出教师和家长之间通常会有什么分歧。
- 指出教室能够支持多元化的方式。

naeyc 标准

本章中涵盖的 NAEYC 标准如下：

标准 2：建立家庭和社区的关系（2a，b）。

标准 3：通过观察、记录和评论来支持幼儿和家庭（3a，b）。

标准 4：使用有利于发展的方法来与儿童及其家庭建立联系（4c）。

标准 5：使用本章中的知识来创建有意义的课程（5b）。

标准 6：成为一个专业人员（6c，d）。

关键词

文化能力　多元化　文化

　　上面这些话语——说话的人可能是孩子、教师或是家长——表达出来的是迷惑、恐惧，是缺乏对周围多元化的尊重。如果一个幼儿教育机构是包容性的并且尊重多元化，老师和管理者会设置相应的标准并对这些可能影响儿童和家长的言行进行干预。在一个有文化能力并具备包容性的幼儿教育环境中，孩子们会慢慢获得自我价值的认同感，并为自己的家庭感到骄傲，同时也会学会尊重其他的家庭，并意识到不是所有人都相同。在这样一个环境当中，孩子们会认识到偏见是不正确的，并在有人侵犯了他们的权益的时候有勇气说出来。本章的目的即在于探讨我们作为专业人员在面对很多这样的情况下如何去尊重多元化，并如何成为一个接纳众多不同孩子和家长的包容性组织。

美国早期教育面临的变化

　　美国目前的趋势之一是越来越多样化。如今，在美国，44% 的学龄前儿童是"少数群体"的成员。到 2050 年，这一数字将达到 62%。2010 年，美国人口普查显示，西班牙裔人口是最近十年中增长最快的群体（Feliz, Lofquist, Lugails, & O'Connell, 2012）。预测表明，30 年内，在美国历史上，有色人种的数量将首次超过白人。随着新移民群体的涌入，进入机构的移民学生人数也会相应增加，而他们可能只有很少的英语背景，或是根本无法流利地说英语。这些年轻的学生，他们的文化和教育背景可能根本不符合目前教育机构的规范和期望，因而在他们入学之前，需要有远见的教育家们为他们提供优质的正式学前教育。

　　平均每 10 个孩子中有一个是英语学习者（Capps et al., 2004），当然，在这个国家的某些区域这个比例会高得多。比如说，在加利福尼亚州，从幼儿园到 12 年级的所有学生当中，有 25% 的人是英语学习者（Uebelacker, 2005）。为了确保孩子们将来的成功和现在的良好状态，幼儿教育工作者必须准备面对不同的家庭，学会如何有效地与不同文化、语言和经历的社区合作并提供服务。为了让孩子们能够有最佳表现，需要考虑到他们身处的家庭环境及其根源。很多时候，教育者们没有重视用多元文化的方法来培养、指导孩子，这对孩子们的成功无疑会有负面影响。

　　多元化可以是活力的来源和发展的动力，但也可以是冲突、分裂和排斥的根源。这一章节中所使用的"多元化"这个词，反映的是幼儿教育当中的个体差异。这些差异体现在很多方面，如民族文化、种族、肤色、国籍、语言、性别、年龄、特殊需求、婚姻和家庭状况、性取向、宗教、社会和经济环境。

　　为什么在本书中要加入这个讨论多元化的章节？因为面对多元化的工作是非常有挑战性的，要做好它就更不容易。与我们当中很多人刚进学校受教育的时候的世界相比，当今的世界已经有很大的改变。作为负责任的教育工作者，我们必须撇开"一切照旧"的心态，要着眼于未来并制订相应的计划。基于国家早期教育（Early Childhood Education, ECE）的标准，美国幼儿教育协会认证和其他关于专业的最佳指南，我们已经是众多研究的受益者。本章包括一些与多元化相关的几个最佳实践，也包括其他很多问题和可供参考的资源。我们建议读者进一步探讨这一重要话题。我们希望这一章作为一个基础的板块，能激起你的兴趣，并引发你更深入地思考能提供给众多儿童和家庭什么样的服务。如果我们的目标是让不同的人们能够和谐共处，我们都必须学会真正尊重和接受差异，并去欣赏每一个人为整体所做出的贡献。对于许多人来说，必须改变他们的态度和价值体系。这种改变只能来自知识的增加和理解。教育是促成这些变化的关键，而开始延续这个终身的过程正是在最初阶段，即幼儿教育阶段。

自我测验

一个园长致力于实行文化适宜性实践，而当一位移民父母要求跟她谈谈孩子的文化需求时她非常高兴。这说明多元化的工作有助于：（　　　）。

a. 让所有儿童均衡发展

b. 老师能契合学生的需求

c. 让我们审视我们的价值观

d. 能让家长提升信心参与公开谈话

参与完整测验请登录网站 CengageBrain.com

文化一致的服务需求

文化本身的定义还在争论当中。有些人采用的是一个宽泛的视野，将一系列的因素考虑在内，包括经济状况、性别和性取向、生理和心理各方面的能力，以及生活方式。有些人的观点则相对狭窄，关注于一些特质，如种族、民族和语言。虽然文化的定义尚待确定下来，但不可否认的是，在幼儿教育机构当中，文化——无论它是如何定义的——都会影响到我们在机构当中采用的模式、方法和策略。

对于愿意承担责任的专业人员来说，在幼儿教育课堂上所呈现出来的多元化为他们提供了机遇和挑战。有了正确的培训、管理者的支持和必要的资源，教育工作者能为所有的孩子创造一个庆祝多元化的教室。本书作者在这一节加入了一个表格，用来比较多元文化和单一文化这二者所要求的文化一致性服务（见表2-1）。

与幼儿打交道的专业人员需要知道怎样在教室里接纳他人并消除偏见。这类教室的愿景，以及最终可能达成的结果——都在一个幼儿教育的专业人员脑中，他会通过多元化的途径来为学生们创造各种可能性。正是在这个年纪，孩子们的自我意识正在形成，他们也会慢慢认识世界是怎么运转的。因此，对于教育者来说，至关重要的是将孩子们当作一个个根植于自身文化的独立个体去尊重、认识和回应。

早期教育会为孩子们以后的成功奠定基础。我们必须扪心自问，我们是否做好了准备来迎接挑战，还是说我们的问题多于答案？儿童早期教育机构的领导者在他们的工作当中扮演了一个战略性的角色，他们招聘、培训和支持多元化的员工队伍，并细心地设计尊重各种形式的多元文化的方案。

表2-1　文化一致性服务和期望：多元文化 VS 单一文化

单一文化世界	多元文化世界
深厚的语言和文化环境	深厚的语言和文化环境，支持多语言的学习
适应各年龄的社会和情感发展	适应各年龄的民族语言和民族个体的发展，尊重其他文化模式和在其他文化当中生活的儿童
主动学习的环境/课程	主动学习的环境，并建立相应的文化背景
家庭参与	家庭/社区参与
熟练的教师	熟练的教师回应不同民族、语言和文化背景的儿童

来源：《在多种族的社会中建立幼儿教育体系：多元化与公平的建立概述》p.3. © BUILD Initiative. 经许可后转载。（*Building Early Childhood Systems in a Multi-Ethnic Society: An Overview of Build's Brief on Diversity and Equity*）

资源下载请访问网站 CengageBrain.com

自我测验

　　一位园长在与员工谈话时显示出了他对一些幼儿家庭的关心，这些家庭因为经济上困难，所以不去剧院看电影。这个讨论的隐含背景是：（　　　）。

　　a.种族

　　b.宗教

　　c.多元化

　　d.政治倾向

参与完整测验请登录网站 CengageBrain.com

通往文化能力之路

　　如何让我们的机构应对日益增长的多元化呢？是否有一个过程？早教机构的领导者们应该从何开始？他们需要具备什么样的技能，采取什么样的措施才能推动这一进程？要回答这些问题，必须先如实确定我们机构现在的文化能力，然后制订具体的计划来实施。张赫蒂（Hedy Chang）在《通往文化能力的项目》（*Pathways to Cultural Competence Project*）中列出了四个基础步骤（Chang, 2006）。

　　1. 教师的反思。

反思是发展文化的关键之一

naeyc

2. 内部决策和实践。

3. 从积极角度看待问题。

4. 开放和持续的双向交流。

为了让托幼机构成为一个具备文化能力的组织，他们的工作既是个人的，也必须是专业的，并最终将成为一个调查过程。为了支持这个过程，问题不仅仅是"我们能做些什么"，还要确定"我们必须成为什么"来开展这个工作。珍妮特·岗萨雷斯－梅纳（Janet Gonzalez-Mena）已经写了好几本书和无数的文章来讨论如何有效地与不同的儿童和家庭合作，她写道："我们必须学会停止批评差异，取而代之的应该是去尊重不同的观点、态度和信仰，以及从这些当中衍生出来的与我们不同的行为方式。"我们跟那些让我们觉得舒服的人相处起来可能更为容易，但是他们呢？他们的想法可能跟我们的并不相同，也许他们的价值观跟我们的不一样。但正是在这种情况下，通过建立关系，我们就可以体验到惊人的转变，就会在多元化工作的挑战中受益。这可能很难，但它的回报是丰厚的，值得我们接受挑战！（Janet Gonzalez-Mena，2008）

在幼儿教育机构当中，多元化工作的一个目标是通过职业敏感和回应来消除家长与机构之间的紧张关系。当我们审视我们所做的事情时，我们似乎是在遵循一些普遍的儿童发展原则，但事实是，我们是处于一个文化背景当中。我们与孩子们接触，教育他们，关爱他们，确定课程，处理日常事务，或参观标志性建筑时，都无法从这些行为当中移除我们的文化框架。孩子们从家长和老师那里学会的行为举止都与他们的文化息息相关，并成为一种本能。如果我们是在主流当中，自觉或不自觉，我们都会试图让我们工作当中接触的孩子适应我们的文化——无论家长是否同意。而重要的是，我们需要意识到我们是在这么做，并且清楚帮助孩子们适应多元文化的重要性。我们的首要目标应该是：我们在工作当中所做的一切是让孩子们还有他们的家庭获得更多，而不是让他们失去什么（Janet Gonzalez-Mena，2008）。

自我测验

一个日托中心的园长提醒她的员工，要尽量发现家长们的优点，即使他们不赞成某些家长的管教方式。园长所采取的是下面哪一种发展文化竞争力的策略：（　　　）。

a. 教师反思

b. 内部决策和实践

c. 从积极角度看待问题

d. 双向交流

参与完整测验请登录网站 CengageBrain.com

教学资源 视频案例 2.1

多元文化课程：在学前教育中接纳异同

你在视频当中会看到工作人员在早教中心讨论为什么多元文化课程对于幼儿来说很重要。观看视频时请思考以下两个问题。

1. 在这个视频当中，园长陈述了设置多元文化课程的理由。请说说这个理由的价值所在。

2. 在视频当中我们可以看到几种多元文化的课堂教学材料和活动。哪些材料和活动让你印象最深刻？为什么？

观看完整视频请访问网站 CengageBrain.com

为什么保持多元化很重要?

多元化的重要性体现在教育质量与素质教育目标上，素质教育的目标之一是增强社会的凝聚力。成人、孩子和家庭都必须很好地相互协调，包括参与的开放性与对话的包容性，最重要的是互相尊重。研究表明，多元化工作之所以重要是因为：

- 它有助于缩小所有不同儿童的表现差距。
- 它提供一种方式来学习如何有效地协调各种需求。
- 它迫使我们审视自己的价值观和实践，并提升我们对多样性和平等问题的理解。
- 它有助于我们用一种更宽广的视角来批判性地对社会进行反思，让我们更好地面对不平等。
- 它有助于提升教育人员、家长和孩子们参与公开、公平对话的技能和信心。
- 它可以识别并探索大多数有挑战的多样性。

在教育当中，学习是与幸福感和归属感相连的。因此，尊重多元化并不是额外的素质标准，它就是素质。

自我测验

一个早教中心的老师注意到，有一个孩子静静地坐着，就对她说："我看得出你能花时间专注于思考。"这个托幼机构有哪一种文化能力特性：（   ）。

a. 从积极角度看待问题

b. 富有远见的领导

c. 持续的员工发展

d. 有思考的时间

参与完整测验请登录网站 CengageBrain.com

成为一个有文化能力的机构

虽然文化能力很难定义，但是由于 15 年前克洛斯和他的助手们的开创性工作，还是

托幼机构通过鼓励不同背景的幼儿
合作游戏促进多元文化

得出了一个定义，而这个定义在过去的时间里被不断修正和改善（Cross，Bazron，Dennis，&Isaacs，1989）。克洛斯和他的助手们提出，文化能力的展现形式，在一个组织当中，是与工作人员的实践、态度和处事方式的形态一致的，这样能让系统中的每个人在跨文化的背景下和谐一致地工作。文化这个词意味着人类行为的内置模式，包括习俗、信仰、价值观，以及民族、种族、宗教和社会团体的联系。

根据克洛斯和他的同事所说，决定一个机构能够成为有文化竞争力的机构需要看五个要素，具体如下。

1. 该机构重视多元化的复杂性。

2. 该机构能创造机会进行文化自我评估。

3. 该机构会培训员工在战略管理上有差异的动态关系。

4. 该机构会培养员工，进而增进员工的文化知识。

5. 该机构会使服务/课程/政策适应各种不同的需求。

我们建议各机构在这五个要素方面都有各层级的提升，从而能够始终如一地体现每个组织的态度、程序、政策和服务。

自我测验

在一个机构当中，工作人员每个月都要参加如何与不同文化的学生和家长交流的培训课程。这个机构可以提升文化能力吗：（　　　）。

a. 不可以，因为培训课程要至少每周一次

b. 不可以，因为培训不包括实践

c. 可以，因为该中心服务许多不同种族的家庭

d. 可以，因为该中心培训工作人员管理有差异的动态关系

参与完整测验请登录网站 CengageBrain.com

管理者的角色

提升文化能力，要求有专业知识的人员投入大量的时间来思考、决定和做出改变。机构及其员工需要时间来适应那些与他们不同的人，并能与他们有效互动。一个坚定的领导者进行文化能力提升的最好方式是提供一个有可能达到的明确愿景，还有通往成功的路线。不论从个人角度还是专业角度来说，管理者都要体现多元文化的原则。以下的几条是有文化能力的托幼机构的共同特征（Chang，2006）。

- 富有远见的领导。
- 知识丰富、技能熟练的老师。

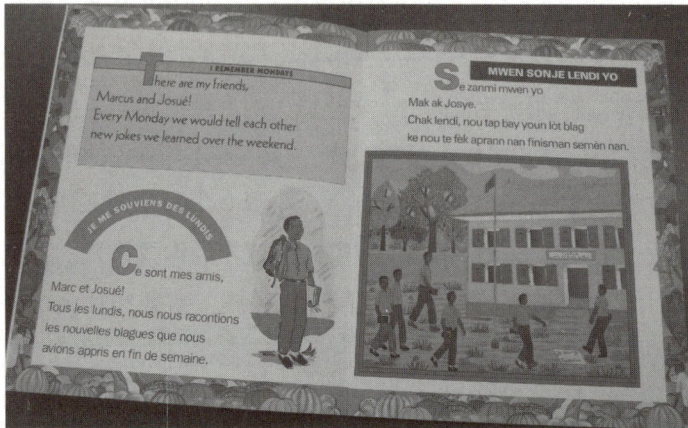
多语种的书籍是进行双语教学的绝佳工具

- 从积极角度看问题的定位。
- 有持续的员工能力提升和培训的机会。
- 师幼比例低，团队人数适当。
- 课程能适应不同的年龄、个人和文化。
- 有合适的语言和文化评估工具。
- 课堂的设置能够接纳有特殊需要的儿童。
- 在所有的方案中让家庭参与进来。
- 精心设计的设施。
- 服务以家庭为中心，且能关联全面健康和社会服务。
- 能提供双语教学和服务。

作为方案的构建者和推动人员，托幼机构的管理者还可以采取许多具体的方式来支持多元化和提升文化能力。下面是几条管理者可以采纳的建议。

- 招聘和维持多元化的工作人员。
- 在建设文化能力方面，按照美国幼儿教育协会的标准对文化能力的指导条例，建立一种"文化意识"。要理解，能力其实也是机构统一性的反映。
- 为所有的工作人员提供领导机会和职业发展机会的同时，注重文化能力。
- 领导整个机构创建一种平等的环境来促进幼儿、家庭和员工的学习、成长和发展。

在幼儿教育领域，文化能力会转化成为一系列丰富多样的学习和成长战略，并对实践产生有效指导。这一过程的推动需要领导人在行动上和态度上坚定地支持多元化，激励员工，并创造必要的条件来实现预期的目标。

naeyc

自我测验

一个托幼中心的管理者有意识地聘用一些残疾人和少数群体的成员。她是通过以下哪种方式支持多元化的：（   ）。

a. 聘用来自不同群体的员工来减少冲突

b. 将在法律上被控歧视的风险最小化

c. 聘用多元化的员工

d. 让周围的人顺从她

参与完整测验请登录网站 CengageBrain.com

管理者指南

2009 年，美国幼儿教育协会发起了文化能力质量基准项目（Quality Benchmark for Cultural Competence Project，QBCCP），以建立一个文化能力的评估标准，并致力于将其纳入幼儿教育机构当中。此外，它还制定了一个"机构清单工具"来引导管理者积极讨论，以提升各机构的文化能力 (NAEYC，2009)。

该工具包括两个独立但相关的检查清单。一个是针对教师的每日清单，另一个是需要管理者与员工合作完成来评定托幼机构中文化能力实行及提升的清单。

管理者必须领导和支持文化能力提高的过程。这个清单工具提供了 50 多种策略共计 8 大类来推进这个过程。表 2-2 中列出来的是一个摄要概念。

表 2-2　支持多元化的八个关键概念

概念 1	幼儿在家庭当中都备受关爱。
概念 2	与家长和员工分享并确定共同目标。
概念 3	在机构当中完全融合文化传统和历史。
概念 4	承认儿童的发展是一个文化驱动的持续过程，在幼儿的生活当中需要不断地支持。
概念 5	个人和机构的实践都根植于文化当中。
概念 6	在制定决策时将母语和方言纳入考虑范围。
概念 7	在制定决策并付诸实践时，尊重各家庭对于学习的文化价值观、态度和信仰。
概念 8	注重均衡，在教学中有意识地反对陈规偏见。

来源：《托幼机构的文化竞争力方案指导》（*Pathways to Cultural Competence Project Program Guide*），NAEYC，2010 年 4 月。

资源下载请访问网站 CengageBrain.com

另外，托幼机构管理者可能需要回过头审视一下，文化能力的概念在国家早期的幼儿教育当中是如何被纳入指导的。

自我测验

一个管理者发现，她不确定如何处理某种情况，就是一个种族的孩子被其他种族的孩子戏弄。下面哪一项才是为这类问题提供解决办法的最佳来源：（　　　）。

　　a. 大众媒体

　　b. 美国幼儿教育协会的机构清单工具

　　c. 被戏弄的孩子的家长

　　d. 戏弄别人的孩子的家长

参与完整测验请登录网站 CengageBrain.com

明确你的愿景和使命

大多数托幼机构会有愿景和使命陈述，然而，并不是所有机构都包含对不同家庭和儿童的支持。我们认为这是一个重要的遗漏。

先思考一下什么是愿景。愿景是一个组织实际的、可信的、有吸引力的未来（Nanus，1992）。虽然是面向未来，一个强大的愿景能够激发每个人去参与项目并敦促他们去追求卓越。当一个中心的工作人员都致力于实现这个目标时，它才最有可能达到精益求精。每个参与项目的人——从管理者、员工到幼儿及其家庭——都应该被允许参加到阐述愿景的这个过程（并因此能拥有它）（Brophy & Statham，1994）。

一个尊重多元化的幼儿教育愿景和使命的声明样本

"我们的幼儿教育方案的愿景是与家庭和社区合作，以此来提升每个孩子的能力和技能。我们工作的中心，也是一个学习型社区的愿景，是让这个社区的每个家庭都受到尊重，每个孩子的特殊能力和天赋都能够得到发挥。

为了实现这一愿景，我们致力于为我们整个社区提供方案——包括孩子、家庭和工作人员——来实践最佳的幼儿教育，促进他们之间的关系，帮助所有的孩子最大限度地发挥他们的潜能。"

自我测验

一个托幼中心的董事会让所有的员工参与一个会议来分享其愿景。董事会要求所有的工作人员共同合作来实现目标。为什么董事会要做出这样的要求：（   ）。

a. 为了阻止员工到别的中心工作

b. 为了让员工对他们的低薪资感觉好一点

c. 为了提升文化多元性

d. 为了帮助中心做到精益求精

参与完整测验请登录网站 CengageBrain.com

尊重多元文化的班级

在一个日益多元化的社会，当务之急是幼儿教育者准备与各种背景的人一起工作，而仅仅是容忍差异的存在是不够的，更重要的是求同存异。孩子们对这个世界的概念形成很早。事实上，他们在学龄前这段时间所形成的看法会持续留在他们的整个生活当中。这充分表明了教育者从多元文化的角度教学是多么的重要。

尊重孩子的差异，意味着承认他们都是独一无二的。他们的差异反映出他们不同的家庭系统，他们的能力和文化背景、个性、宗教信仰等。如果我们仔细观察，我们可能会发现多元化一直存在于班级中。但是在今天的社会里，班级已经以很明显的方式变得越来越多元化。从各个不同国家及美国各地区来的儿童，代表了各种不同的现代家庭：混合家庭，

尊重多元文化机构中，孩子们玩的洋娃娃有各个种族类型的

naeyc

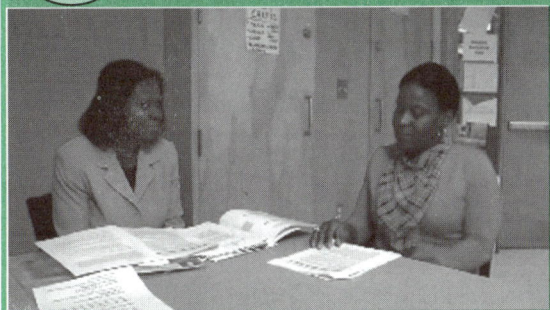

教学资源 视频案例 2.2

英语学习者：与家长建立伙伴关系，

提升口头语言能力和早期识字能力

你会看到工作人员在早教中心讨论与英语学习者的父母密切合作的价值。观看视频时请思考以下问题。

1. 与英语学习者的父母密切合作是什么关系建设战略？

2. 给家长建议的是什么家庭识字活动？你觉得这会成功吗？

观看完整视频请访问网站 CengageBrain.com

无家可归的人，移民，孩子和监护人之间是养育和亲属关系的家庭，收养孩子的家庭，单亲家庭，双亲家庭，同性恋家庭等。我们也比以往任何时候都欢迎他们。在一个包容的环境里，教师需要注重多元化的价值，并让这种态度成为孩子们的榜样。

教师们可以做什么来支持多元化呢？他们必须为幼儿提供一个环境，有利于了解幼儿身边的世界，包括能看到的，而更重要的是难以观察到的。如果一个幼儿觉得不舒服、不安全，或者没有受到尊重，那么他或她在班上成功的机会将大大减少。另外，他或她所学会的是怎样对待其他人。随着我们的社会越来越多元化，让幼儿学会注重多元化的价值并让它的益处得到更大的发挥，这一点是非常重要的。以下是几个简单的实践想法，可以让对多元化的尊重进入学前班级。

- 花时间去了解每个幼儿的背景、兴趣和学习方式，创建一个能够支持每个幼儿的环境。
- 留出时间让幼儿互相了解和欣赏彼此的不同，还有每个人的独特性为课堂所带来的丰富多彩。
- 在课堂上消除成见，例如，给幼儿看男士做晚餐的图片，可以在互联网上找到这类材料。
- 通过言论自由来为尊重多元化树立榜样。如果你不同意谁说的，那么就说出来。
- 使用包容性的语言，将人放在首要位置而不是缺陷（例如，说"那个孩子有听力障碍"而不是"那个有听力障碍的孩子"）。
- 确保书籍或者其他教学用图片能够反映各方面的多元化，包括家庭类型、组成、宗教、年龄以及种族。

在班级中能使用的物品包括：

- 能展示人的各种能力和各种身体类型的图片。
- 能够反映多种多样的家庭住所和居民区的图片。
- 自我审视的镜子。
- 能让幼儿描绘出各种颜色的眼睛和头发，以及肤色的艺术材料。
- 各种不同文化中的烹饪器具。
- 其他语言的符号或标签。

- 各种族类型的洋娃娃。
- 代表不同文化的戏剧表演服装（如和服、瑟拉佩、肯特布）。
- 来自世界各地的乐器。

自我测验

一位老师对一个来自印度的移民幼儿说："我看你今天带印度面包来学校了，它看起来真不错！"教师是通过什么方式来促进文化接受的：（   ）。

a. 关注于食物

b. 关注她的学生

c. 反思她的学生的特性是根植于他的文化当中的

d. 吸引学生的注意力

参与完整测验请登录网站 CengageBrain.com

冲突管理

在早期教育机构中，多元化的趋势已经是确定的，但是在所有不同的机构中，冲突都会产生。既然我们可以预期文化冲突的产生，那么最好是积极提升技能来解决这些问题。

每一种文化都强调其独特而完善的规范。因为我们的童年经历会让我们建立起一种心态，而这种心态会在我们的生活中一直延续下去，在整个童年都缺乏"生活多元化"，会导致孩子——乃至到他们成年时——都会相信我们的文化是正常的或者是"正确"的文化。当来自不同文化区域的人互动时，他们可能会难以应对彼此间世界观的差异，文化冲突就会爆发。

如果幼儿教育的专业人员不能够识别并尊重众多反映不同文化的价值观、语言、认知风格、动机和奖励制度，那么他们很难以一种文化敏感的方式来采取行为。研究表明，教育实践人员与不同的父母之间有时会对幼儿教育的设置抱着截然相反的看法。他们倾听对方越多，越能体会到他们之间分歧的深度并找到共同点。处理老师和家长们之间爆发的紧张局势和分歧是很重要的。分歧可能并不总能得到解决，但它们必须被确认和处理。

在婴幼儿和学步儿的教育机构中，家长和教师之间的紧张和分歧可能包括：

- 有关日常护理的分歧，例如，如厕训练，规则设定，发展预期，和围绕独立性、依赖性和半独立性的问题。

学龄前儿童班级中，紧张与分歧可能包括：

- 有关学习和玩耍的平衡分歧。
- 关于母语的维持和第二语言学习的措施。
- 有关幼儿教育在宗教、文化、多重身份和种族问题方面的信念。
- 教育者有时持有的某些偏见，其中可能包括家长对其在幼儿教育方案中发挥积极作用的观念不感兴趣，或者家长对养育孩子和幼儿教育的一些不成熟的想法。

当涉及学习冲突解决这类技能时，对于所有的早教专业人员来说，了解最新研究进展及最佳实践方式是非常重要的。

对话是一种有效的解决问题的方式，它至少可以帮助双方理解对方的观点，即便他们彼此不认同。驱动对话的原因，并不是捍卫自身的观点，而是去理解对方思考的角度。对话的目的并不是说服对方，而是寻找到最佳的解决方式。

幼儿专家珍妮特·岗萨雷斯-梅纳提醒我们，大多数冲突最终都是得到"管理"而不是获得了解决。这引出了一个问题："当冲突产生时，什么才是有效的处理方式？"她推荐的一套解决实际问题的步骤，被称为"重新运行"（RERUN）。这个方法的目的是让参与者之间交流，如工作人员和家长之间的交流，但其实这个方法也适用于处理任何冲突。这套办法一直强调通过良好的倾听技能去建立信任，进行交流，并最终在双方之间建立一种互相尊重的关系（Janet Gonzalez-Mena, 2006）。

"重新运行"（RERUN）这一个方法包括五个步骤，它也是五个单词的缩写，即反思（Reflection），解释（Explain），说理（Reason），理解（Understand），协商（Negotiate）。我们会在下面详细说明。

步骤一：反思

这一步有两部分：反思他人的感觉和想法与反思自身。第一部分是在与孩子们交流的过程中，他们会表现出各种情绪，你需要就你所看到的和听到的进行反思。这是一种主动的倾听，而且基本上是一种接受的模式。例如，对一个沮丧的家长，你可以说"我看到您好像为什么事情烦心"或"您好像真的很忧郁"，以此来开始谈话。在情绪性的反应面前，我们常常倾向于关闭交流。工作中要有意识地去保持对话，这会帮助我们避免争论和批评，并调动所有机制来寻找内心深处的自己。自我反思可以揭示我们深藏的感情，并找到造成它们产生的原因。当我们认识到并承认我们自己的感受时，我们更容易与他人坦诚交流。

步骤二：解释

在积极地倾听并理解对方的观点之后，说明你的观点。这并不是说我们的观点不重要，但如果我们太急进并表现出强势的话，对话有可能变成一场争吵。岗萨雷斯-梅纳警告道："最好是听的多，说的少。也请记住，如果你将'倾听'（listen）这个单词的字母重新排列的话，它们也可以拼写为'沉默'（silent）。"

步骤三：说理

在反思之后，解释你的立场并给出理由。无论是解释还是说理，都不如倾听重要。理解他人始终是你的首要任务。

有效的步骤可以解决冲突，克服跨文化的沟通障碍

步骤四：理解

理解是这一步骤的一个重要组成部分。倾听和解释的目的都是为了在冲突的背景下对其他人的观点、情绪、想法和信念有一个全面的理解。你自身的经历也参与进来：了解你自己是这一步骤的另一部分。

步骤五：协商

只有在你们彼此都增进了解后，才能开始协商一个解决问题的办法。重要的是防止一下子冲进解决问题这个部分。公平的环境是谈判的先决条件。如果一方或另一方感到无能为力，那么协商就无法真正进行。

另外，还有一些提示，有助于您解决在幼儿看护和教育当中出现的问题。

- **慢慢来**。不要指望能立即解决每个问题。理解和建立关系需要时间，在无法达成一致或未找到解决方案时，学会接受并处理分歧。

- **了解你自己**。找出你自己的价值观和目标，了解自己的真实情况。虽然你可能在很多情况下只有一个底线，但尽量试着去保持开放的态度并根据情况灵活应对。

- **对你自己的不适保持敏感**。请注意，当其他人的特定行为让你不舒服的时候，可以尝试去找出造成这种不适的内部原因。在工作中如果遇到这类个人冲突，可以向你的同事和导师寻求支持。

- **了解其他文化**。你最好的信息来源是幼儿家长，但是，不要以为个人能代表一种文化。把每个人当作一个独立的个体来倾听，获取信息，但不要以偏概全。

- **了解在你的托幼机构当中家长想让他们的孩子获得什么**。他们的目标是什么？他们是怎样看护和教育孩子的？他们对于一般托幼机构关注点是什么？对你这一个机构又有什么特别的要求？不要指望家长们会主动提供信息，你需要提出问题，并鼓励他们跟你一样。

- **做一个冒险家**。在解决多元化问题的过程中必然会有风险，但我们还是要去解决。请记住，误解是跨文化交际的一部分。提出问题，探讨假设，并承认自己的好奇心——但是必须带着诚意和尊重。

- **交流，对话，协商，分享力量**。我们每个人都有自己的力量，虽然很可能很多时候它不被鼓励和承认，我们也无法使用它，但是分享力量最终能够增强每个人的力量，并让这个整体变得更好。

参与解决与多元化相关的冲突是困难的和耗费时间的，我们需要冒着情绪风险来理解不同的人，并提升自己的沟通技能。但是，当我们成功地应对冲突并为我们负责照顾的这些孩子们改善了环境的时候，所有这些工作都会是值得的。我们越努力，不仅是我们，这些来自不同背景的家庭和儿童就会收获得越多。

自我测验

一个家长跟一位幼儿教育中心的老师抱怨说，孩子们玩得太多，没有足够的学习时间。老师对这位家长说："我明白您认为您的孩子应该学得更多。"她是在实践冲突解决的哪一个步骤：（　　）。

a. 解释　　　　　　b. 说理　　　　　　c. 转移话题　　　　　　d. 反思

参与完整测验请登录网站 CengageBrain.com

小　结

一个具备文化敏感性和包容性的幼儿教育机构会尊重那些来自不同背景或不同能力的孩子，能够让他们表达自我和是非观，并为自己的权益说话。对于孩子们来说，无论是在学业上还是在社会当中，素质教育能够让他们在将来获得更大的成功。在孩子们的未来愿景的设置当中，包括在一个互相关联的世界里，人们尊重那些与他们不同的人——这是一个更公平的世界，排外成为过去式，同时也是一个统一的世界——不是乏味的千篇一律，而是多元丰富的。作为幼儿教育工作者，我们可以通过提升我们自己以及我们与他人之间的关系来创造一个这样的世界，从而为幼儿树立榜样，让他们知道人们是怎样尊重彼此的差异并和谐共处的。与孩子们及家长一同工作的所有教育者的职责，是去创建一种文化适宜性的机构，让幼儿能充分发挥他们的潜能。素质教育能够为幼儿奠定一个稳固的基础，让他们将来能在一个尊重多元文化的包容性社会当中成为一个成功的公民。我们编写这一章的目的即是让建立一个这样的世界变得更有可能。

📗 案例研究

安娜丽莎是一名课后托幼机构的老师，西德是其中一个6岁的孩子，平常都很快乐，也很受欢迎。这天，安娜丽莎正在帮助他完成家庭作业，西德的母亲来接他。"走吧，西特多，到时间回家了！"他的母亲在走廊里喊他。

"西特多？"坐在附近的一个8岁男孩詹姆斯叫道，"这是你的真名？多蠢的名字！"詹姆斯的朋友们立刻哄堂大笑。西德立刻把他的书收到书包里，低着头跑出教室。

安娜丽莎应该如何回应詹姆斯和他朋友们的意见和笑声？

对这件事，安娜丽莎应该对机构提出什么样的建议？课堂上应该做出什么改变来促进对其他文化的尊重？

安娜丽莎或这个机构的园长应如何就这件事与西德的母亲沟通？如果西德的母亲很生气，他们应该采取哪种解决冲突的办法？

学生活动

1. 参观当地的幼儿看护中心或学前班。请注意观察他们的活动（如圆圈活动、艺术中心，或戏剧表演），写下工作人员使用的包容性语言和鼓励多元化的每个实例。在你的班上报告调查结果。

2. 采访一个托幼机构的家长，可以是任何民族或种族的，向他们提问，对于他们来说，多元化教育有多重要？为什么？

   其他可供参考的提问有：

   a. 您在为您的孩子挑选托幼机构的时候，会考虑多元化教育吗？

   b. 您希望您的孩子在机构的多元文化教育当中学到什么？

   c. 您认为在多元化教育中，托幼机构和工作人员的责任是什么？家长应该承担多少责任呢？

3. 收集教案，并分析他们加入了多少多元化教育？他们教的是什么类型的多元化，以及怎样教的？每一个教案可以得到怎样的改善？

复　习

1. 定义多元化。
2. 解释文化能力的概念。
3. 怎样才能造就一个多元文化的机构？
4. 请列出文化适宜性实践的各要素。
5. 请比较和对比园长与其他工作人员在幼儿教育中创建并实施多元化的作用。
6. 请解释托幼机构是怎样有效接纳英语学习者的。
7. 在多元化方面，美国幼儿教育协会采取的态度是什么？
8. 除了种族和民族，"多元化"还体现在哪些方面？这些又如何被纳入托幼机构的课程当中呢？
9. 请讨论并列出五项老师可以鼓励幼儿接受的具体事物。
10. 在处理家长与工作人员冲突方面，有哪些推荐的办法？

有用的网站

更多与管理相关的资源——包括教学资源视频，与每章内容有关的网站链接，教学测验，词汇卡等——请访问本书的教育伴侣网站 CengageBrain.com。

目的

阅读完本章内容，您应该能够：

· 说出半日制托幼机构和全日制
 托幼机构之间的差异。
· 描述每种类型的私立托幼机构
 和公立托幼机构的特点。
· 讨论每种类型的托幼机构的优
 势和不足。

naeyc 标准

本章中涵盖的 NAEYC 标准如下：

标准 1：促进儿童的发展和学习(1a)。
标准 2：建立家庭和社区的关系
　　　　(2b，c)。
标准 3：通过观察、记录和评估
　　　　来支持儿童及其家庭
　　　　(3b，c)。
标准 4：使用有利于发展的方法
　　　　来与儿童及其家庭建立
　　　　联系 (4c)。
标准 5：利用本章的知识来创建
　　　　有意义的课程 (5c)。
标准 6：成为一个专业人员(6a，
　　　　c，d，e)。

一位教会附属托幼机构的园长一天的生活片段

　　我们学校每个班级每周都去教堂做一次礼拜。我们的牧师会手语，并把一些
赞美歌的手语教给学生。这天，克里斯汀娜的妈妈在礼拜结束后来接她，我听到
克里斯汀娜说："妈妈，约翰牧师会跳马克瑞纳舞，他还教我们怎么跳。"

关键词

育儿资源和相关网络　雇主赞助的托幼机构　教会赞助的托幼机构　家庭式的托幼机构
合办的托幼机构　私立托幼机构　企业型的托幼机构　实验幼儿园

今日的儿童看护

　　根据儿童保护基金会 (The Children's Defense Fund) 的报告《2005 年的美国儿童》(The State of America's Children 2005)，2005 年有 1 200 万 6 岁以下的儿童在托幼机构注册，其中 22% 的儿童在托幼中心，17% 的儿童是在家庭式的托幼机构，其他儿童则是由父母在家照看或者托付给亲戚。

　　在单亲家庭和双亲家庭中，妇女就业的数量在持续增长。根据美国人口普查局（2005）的报告，2000 年，58.6% 的已婚家庭育有子女，并且夫妻双方都外出工作；1999 年，71.5% 的单身母亲外出工作。1996 年，《个人义务和工作机会协调法案》(Personal Responsibility and Work Opportunity Reconciliation Act)，增加了接受福利的劳动者数量。

　　年龄较大的孩子通常可以照顾自己，但还是有越来越多的儿童在团体机构注册。男孩和女孩俱乐部、娱乐机构和社区组织为这些儿童提供一些精彩的学前校外活动。许多托幼中心正在扩展他们的服务，提供离园后的延时服务，还有暑假的专门活动。

　　儿童保教质量不仅影响幼儿每一天的安全，还会产生长期影响。研究表明，接受高质量学前教育服务的儿童较少有行为问题，与同伴相处得更好，并且在学业上也显示出更强的能力（Weaver，2002）。

　　如果家庭中只照顾一个孩子，或者家庭托幼机构只照顾少量儿童，那么更能提供有质量的保教。由于考虑到规划和运营一个优质托幼机构所需要的知识和费用，所有托幼机构基于集体形式设置便更常见。后面的章节会提供大量有关高质量托幼机构的信息。

　　高质量的托幼机构应该：

- 工作人员训练有素，能够很好地与儿童互动，满足他们的发展需求。
- 人员队伍稳定，确保幼儿与照料者持续的稳定关系。
- 合理安排营养与卫生保健，促进幼儿健康发展。
- 物质环境安全、设施维护良好，严格监管。
- 提供发展适宜性活动。
- 在引进文化活动和信息方面与家长合作。
- 影响到幼儿的决策时，要与家长充分沟通。
- 保持文化敏感性，尊重每个孩子的文化独特性。

　　作为园长，了解不同类型托幼机构的可能性和局限性是非常重要的。虽然他们都有某些共同的特征，但每一类都各具特色。机构的开放时间、目标制定的原则以及机构的赞助者等方面，可以体现出机构的特征。

一个 7 岁的孩子在学校很成功，并且与他的老师和同学相处得很好。我们可以推测他在婴幼儿时期在托幼机构获得了怎样的看护：（　　　）。

a. 这是一个高质量的托幼机构

b. 这个托幼机构专注于书本知识的学习

c. 这是一个讨人喜欢的托幼机构，不注重书本学习

d. 我们无法从一个 7 岁的孩子身上推测他所受过的早期教育

参与完整测验请登录网站 CengageBrain.com

托幼机构的类型及特点

半日制托幼机构

半日制托幼机构（Half-day Schools）的日托时长为 4 小时或更短，主要目的是在孩子们上小学之前为他们提供丰富的教育体验。它们也被称作幼儿园、学习中心或早期教育中心，服务对象通常是 2~6 岁的幼儿。一些机构也接纳婴儿和学步儿。

现在，由政府资助的这类托幼机构的数量在增加，服务对象是 3~4 岁的幼儿，通常被称为托儿所（Pre-K Program）。现在，在 40 个州中，至少有一个州政府资助的托儿所，其他的州正在计划当中。这些机构的重点是促进儿童的发展，为他们提供早期学习经验，提升入学后的读写能力。

传统的半日制托幼机构数量在减少，主要有两个原因：（1）家长需要全日制的儿童托管服务；（2）半日制不能满足机构运营支出。

目前还保留了一些由教会赞助的幼儿园，它的功能相当于教会教育机构的附属机构。教会可能承担一部分场地与服务的费用。合办的托幼机构一般也是半日制，他们通过高比例的家长参与来降低成本。学院或大学会开办一些半日制机构，作为他们的学前教育课程的一部分。营利性的私立学校通过合理安排上午和下午课程，可以负担机构运营支出。

一个高质量的学前教育机构能促进幼儿全面发展，包括社会的、情感的、认知和身体等方面的。成人和儿童有很多互动交流的机会，可以培养孩子们的社交能力和语言。一个懂得回应孩子的成人，会鼓励孩子们独立、自信、控制冲动。

学习中心或个性化的活动能够让幼儿探索世界，发展认知能力。在户外玩轮胎、攀爬器械、沙池或大块积木，有助于发展幼儿大肌肉。室内剪纸、绘画和操作材料的活动，可以帮助幼儿发展精细动作。因为这类机构的关注重点是幼儿教育，其工作人员应该在早期教育课程上有扎实的背景知识。

教师应该设计激发孩子兴趣的活动，利用周围的环境激发孩子进行大量自发学习的经验。园长和工作人员要有意识地参与研讨会或特殊课程，从而继续学习。

全日制托幼机构

全日制托幼机构（All-day Schools）的日托时间大于 4 小时，很多长达 10 或 12 小时。这类机构的主要目的是为那些在职父母育儿提供安全照料并能创设激发兴趣、适合年龄的环境。全日制托幼机构一年中的 12 个月都在运营，只在几个节假日休息。这些机构当中，很大比例是由营利性公司经营的，其中一些公司的附属托幼机构遍及全美国。一些公司的托幼机构只有 10 来个点，而另一些则有超过 50 家分校。营利性的私立托幼机构也提供幼儿看护，为 0~6 岁和学龄儿童提供活动场地。有些教会和社区组织也提供全托服务。许多商业性机构、医院和政府部门，也为他们的员工提供幼儿看护服务。

幼儿看护中心的日常安排必须符合幼儿全面发展的需求，因为他们大部分的时间都是在那里度过的。与半日制学校相比，全日制机构需要有时间来进行丰富的学习活动。此外，还要留足够的时间来满足孩子自身的健康需求，如刷牙、足够的休息、吃营养丰富的膳食。必须鼓励孩子们发展独立性和语言技能。

一个发展适宜性的机构，会留出时间让孩子们独处并进行一些可以单独完成的活动。全日制学校的时间设定会比半日制学校节奏慢一些，会交替安排不同类型的活动，以避免过度刺激和疲劳（见表 3-1 和表 3-2 对两种典型时间安排的比较）。

表 3-1　半日制托幼机构的日常安排示例

对任何一群孩子的日常安排都会根据他们的年龄而定，以下是针对一群 3 岁孩子的上午活动安排。

时间	活动
8：00 — 8：15 A.M.	入园，问候，自由选择活动
8：15 — 8：30 A.M.	集体问候，集体活动，对学习活动进行解释
8：30 — 10：15 A.M.	自由选择学习活动
10：15 — 10：30 A.M.	打扫，如厕，洗手
10：30 — 10：45 A.M.	吃点心
10：45 — 11：15 A.M.	户外活动
11：15 — 11：30 A.M.	室内讲故事
11：30 A.M.	招呼家长，放学

资源下载请访问网站 CengageBrain.com

小资料

开端计划（Head Start）对于儿童发展的影响是直接的和积极的。进入机构半年后，孩子们就展现出较高的认知和语言能力，自尊心和社会行为都得到提升，他们也更积极向上。

来源：National Head Start Association，http://www.nhsa.org.

表 3-2 全日制托幼机构的日常安排示例

　　孩子们的日常安排会根据他们的年龄阶段而定，同时也会受天气影响。以下是针对一群 4 岁孩子的一天安排。

时间	安排
6:30 —7:45 A.M.	入园，问候，与家长或朋友相处的时间，室内或室外（视天气而定）自由玩耍
7:45 —8:00 A.M.	集体问候，故事时间
8:00 —8:30 A.M.	洗手，吃早饭
8:30 —8:45 A.M.	清理早餐盘碟，如厕，洗手，刷牙
8:45 —9:30 A.M.	户外活动
9:30 —9:45 A.M.	集体活动，音乐，语言或学习
9:45 —11:30 A.M.	自由选择学习活动
11:30 —11:45 A.M.	清理场地，如厕，洗手
11:45 —12:15 P.M.	小组进行午餐
12:15 —12:30 P.M.	刷牙，如厕，洗手
12:30 —2:00 P.M.	休息或午睡，轻音乐
2:00 —2:30 P.M.	如厕，洗手，吃点心
2:30 —3:30 P.M.	户外活动（视天气而定）
3:30 —5:00 P.M.	室内活动：艺术，音乐，戏剧表演，搭积木
5:00 —5:30 P.M.	集体讲故事，准备离开

资源下载请访问网站 CengageBrain.com

　　全日制托幼机构需要额外的工作人员。每个组的孩子需要两批教师，一批在清晨到达机构，另一批留到离园的时间。大多数全日制托幼机构至少还有一名厨房兼职人员，许多学校还会雇用司机派车去幼儿家里或学校接送。员工中还可以包括一名秘书和一名会计。

　　全日制托幼机构的工作人员要具备必要的素质来确保学校和孩子们的安全，他们还要乐意与孩子们相处。厨师们要做出美味的饭菜帮助孩子们从家庭中独立出来，他们应该是温暖和令人放心的厨师。甚至一个与孩子们接触的秘书也应当要知道如何在与他们的交流中做出恰当的回应。教师要让孩子们按他们自己的步骤发展，而不是急于让他们达到不切实际的理想水平。在全日制托幼机构工作的每个人，都应该保持健康和精力充沛的状态。

　　在全日制托幼机构，因为人员较多，沟通就变得极为重要。园长和助理园长必须每天交流各自的工作情况。早晨到园的老师必须要告诉离园的老师有哪些异常。厨师、司机和秘书也是这一"交流环节"中的成员，重点关注幼儿的状况。家长们也会想知道孩子们白天在学校做了些什么，学校也要鼓励家长将幼儿在家的表现告知学校。

　　作为托幼机构的工作人员，面临的其中一个最大的问题就是疲劳。长时间与幼儿相处，休息不足会对工作人员造成很大的负担。这会导致士气低落，或者更严重的情况是，会让他们精疲力竭。如果园长可以对工作人员的需求保持敏感，他会让教师每天能有一定的时间不跟孩子们在一块。户外监督和午睡值班的人员更替有助于克服疲劳。员工会议上，教师们可以讨论问题并找到解决办法，这也很有帮助。社会活动则有助于促进工作人员的协作。

学前教育机构：日常安排和活动策划

视频中解说员在讨论关于制定满足幼儿需求的日常安排的价值，观看视频时请思考以下问题。

1. 为什么有意识地安排幼儿每天的日程很重要？

2. 教师和护理人员在计划日程的时候需要考虑些什么？

观看完整视频请访问网站 CengageBrain.com

私立托幼机构

营利性的私立托幼机构

营利性的私立托幼机构是由个人或多人所有的，是通过提供服务从而获取利润的托幼机构。学费是这类托幼机构的主要收入来源，它必须能涵盖所有的费用，还要留出一定的利润空间。通常情况下，托幼机构的所有者是一个积极的参与人，既参与管理，又负责给孩子们上课。这些托幼机构可以是半日制的，但越来越多的学校提供全日制服务。

对于园长或所有者来说，有两个因素很重要。首先，所有者在建立这个托幼机构的理念上有一定的自由。该机构可以强调儿童的认知发展或是创造性表达。例如，有些所有者会想在这个机构中使用蒙台梭利的教育方法和材料。能够进入"你一直想要的那种学校"的机会，这个宣传点吸引了很多人。其次，其实是不利条件，就是这类托幼机构更容易有持续的财务压力。每个托幼机构只能招收一定数量的儿童，所以潜在的收入是有限的。幼儿看护是昂贵的，要确定一个合适的学费额度，既足够支付所有的开支，又能让家长们负担得起，不是件容易的事。

面对这个挑战，很多机构通过增加项目来解决问题。在其他孩子的注册率偏低的时间空段，可以为年龄较大的孩子开设课后托管班。如果大部分的学龄前幼儿在 8:30 到 9:00 这个时间段来不了，那么上小学的孩子们在上课之前就可以用上这段时间的场地。同样，当年龄较小的孩子在一天的日程结束之后回家了，剩余的时间也可以利用起来。额外的材料支出和工作人员酬劳也可以通过额外收入来抵销。两名半托学生的学费加起来可能大于一个注册全托的儿童。

管理一个营利性托幼机构，更像管理一个小型企业，必须要在保证质量的前提下控制成本。收入必须能够覆盖所有的支出，还要留出利润空间。然而，很多的园长或所有者并不期待营利的额度能超过他们的薪水。如果他们拥有托幼机构土地的所有权，或许还有实际产业的股份收入。

企业型的托幼机构

作为一种商业机构，很多州在不同的地方开办了这样运作的托幼中心，收入的主要来源还是学费。这种企业型的托幼机构的运作跟其他大型商务公司类似，有一个董事会和一个首席执行官。机构总部开发教学理念，有时会造成众多托幼机构彼此间的相似。例如，托幼机构的建筑、课程安排和教师培训，在俄勒冈州和乔治亚州都是一样的。一些机构可能会允许更多的地方自治。由机构总部提供大纲，然后由各托幼机构的园长和工作人员视具体情况实行。

这类机构的目标是向公众销售一个值得信赖的产品。他们花费精力和财力来创建一个识别度高的形象——通常是一个名称或符号。金德卡尔（Kinder Care）的创始人曾表示，他希望自己机构的符号（一座红塔）能够像麦当劳的拱顶标志那样让公众熟悉。

作为一个企业型的托幼机构的园长，也有其优势。机构的资源越多，对于单个的机构来说，财务压力就会越小。如果某个机构在一段时间内幼儿注册量不足，也能获得财务支持，直到注册量增加。另外，因为机构的采购量通常较大，能够获得更多的材料和设备，而且也不愁在需要的时候找不到维护修理人员。区域主管也会提供额外的支持，他们会帮助园长规划员工的在职培训，解决问题，并制订招聘计划。同一个区域，托幼机构的各个园长还可以通过电话分享观点、讨论问题，交换老师甚至材料。如果园长更换了住址，机构有时还可以将其调入附近的另一个托幼机构。对于大多数人来说，最大的优势是能够爬上公司的"领导阶梯"，可能被提升为区域主管，然后担任机构的其他职位。也有很多的不利因素。企业型的托幼机构的园长需要做大量的文书工作，需要考虑所有的事情，有时是非常细微的事情。如果机构的上层已经预先计划好了课程，那么他们就会感到在课程设计方面有一些限制。机构在业务方向和盈利方面都受到各方面的压力，成本必须控制在规定的预算范围内，这可能会影响到园长的薪金。

特许经营的托幼机构

2011 年，美国四个最大的特许经营的托幼机构是戈达德系统股份有限公司（Goddard Systems Inc.），迎春花特许经营托幼机构（Primrose School Franchising Co.），学习体验中心（The Learning Experience），儿童学院（Kiddie Academy Child care）。在那时，这四个公司共拥有超过 1 500 个特许经营的托幼机构（Stapp，2011）。

雇主赞助的托幼机构

针对工薪家庭的需求，由雇主赞助的托幼机构在最近几年迅速增加。只有少数公司提供直接的帮助，他们通常关注的是对低龄幼儿的看护。然后，一个更宽的专注点出现了。一些公司现在正扩展他们的工作 / 家庭范畴到老年看护，为学龄儿童和青少年设计专门的活动，以及对轻度患病幼儿进行护理。

2003 年的调查显示，13% 的雇主在报告中表示为他们的员工提供生病或紧急情况时的儿童看护方案（Hewitt，2003）。然而，2005 年的全国雇主研究报告显示，在拥有 50 位或以上数量的员工的雇主当中，只有 7% 的人提供在工作地或附近的儿童看护（Bond，Galinsky，Kim，&Brownfield，2005）。工作场所的现场儿童看护的优点是，家长可以在午餐时间或休息期间看他们的孩子。如果孩子需要更多的安慰，家长也可以过来。这类中心的园长或许会觉得这个优势也可能会带来挑战。一位园长说："整个公司的目光在任何时候都看着我们。"她进一步解释道，家长在访问的时候可能会观察到老师在试图解决其他孩子的问题。当这位家长回到工作岗位的时候，他或她可能会把这件事告诉别人，那么就有可能造成误解。对于一些缺乏商业经验的园长来说，不利之处还在于它的等级制度比较严格。

一个公司可能把家托作为中心项目的附属方案。这些家托通常靠近公司所在地或是靠着附近的小学。一些公司会有员工与这些家庭协作，提供培训或者玩具暂借服务。

有些公司选择设立儿童看护资源和推荐服务，而不是开办现场幼儿中心。可以是公司内或公司外的人员为需要儿童看护的家长提供信息服务。施乐公司（Xerox Corporation）与工作 / 家庭指导处（Work/Family Directions）这个社区组织签订了合约，来为其全美范围内的员工提供这种服务。这一服务可以使家长有机会在多种托幼机构中加以选择。类似这样的代理机构的员工拜访每一个接受这一服务形式的托幼中心或家托，然后把它们列入通讯录。家长将获得为孩子选择合适的托幼机构方面的指导。他们会获得一张幼儿照看者的名单，特别会列出那些可以随时照顾生病儿的照看者名单。除了托幼机构方面的信息，一些公司还提供了灵活的福利计划，如家长可以通过为中心提供服务来抵销去看牙医的费用。

照顾轻度患病儿童的托幼中心

随着家庭以外托幼机构的幼儿注册数量的增加，幼儿在园生病的次数也可能会增多。对于 5 岁以下孩子的家长来说，每一个孩子一年大概生病 6~9 次，每次持续 3~7 天。因为孩子生病，工作的母亲或父亲平均要耽误 5~29 天的工作。每年因为照料生病的儿童所导致的缺勤为美国商业带来了 1.6 亿美元甚至 4 亿美元的损失。基于这些统计数据，近年来照顾轻度患病儿童的托幼中心因需求而有所增加。

2005 年，光明地平线股份有限公司（Bright Horizons，Inc.）公开了一个关于患病儿童看护的报告。报告指出，一个照顾轻度患病儿童的机构，如果能服务 800 名员工，就能节省出 2 500 个工作日。而且，超过 68% 的家长表示，如果他们不使用中心的服务，就无法去工作（Bright Horizons，Inc.，2005a.p.1）。

这些现有的方案中，50% 是以医院为基础的（是为医院员工和社区成员建立的），25% 为幼儿看护中心医护室（附属于有正式医疗执照的幼儿看护所），17% 是独立的机构，12% 是家托，还有 2% 是附属于家托的形式。许多州已经针对这种机构设置了执照规范，还有其他许多州都正在制定相关标准。

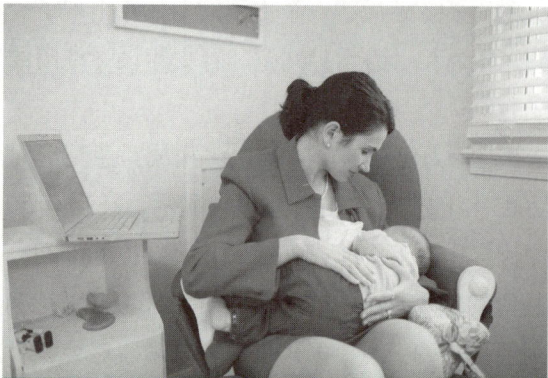
在一个现场办公中心，一位母亲仍在哺乳她的孩子

这些看护轻度患病儿童的机构在每天的日程安排的质量上都接近普通的托幼中心。教师和工作人员都需要仔细检测并记录孩子们的症状，并遵循严格的洗手和清洗条例。幼儿参加轻松和活动量较低的游戏，如艺术活动、讲故事、下棋和戏剧表演。视频和电脑游戏——可能不适合于高质量的托幼机构——对于一个需要休息式娱乐的生病儿童来说却是适用的。

大多数看护轻度患病儿童的机构无法仅靠家长支

付的费用支撑下去。这是由高度可变的日常考勤和严格的员工要求决定的。成功的机构运营依赖于企业的合作伙伴关系，捐赠款项，和／或与相邻的托幼机构分担设备成本。研究表明，对轻度患病儿童的托幼中心来说，雇主所投资的每一美元，它都通过高效的利用节省了至少3美元，因为它不需要更换缺勤的员工。企业越来越认识到这些好处，并帮助那些忧心忡忡的父母解决问题。一些企业为中心提供资源，而另一些企业则为他们的员工负担了全部的费用。基于对威斯康星州的2 000个托幼中心的全面调查研究，健康与公众服务规划委员会（Planning Council for Health and Human Services）给出了一份报告《轻度患病幼儿看护中心：幼儿看护提供者、家长以及雇员眼中的机构》（Child Care for Children who are Mildly Ill: A Description of Perspectives from Child Care Providers，Parents，and Employers），报告指出："为轻度患病儿童提供服务的机构面临着低使用率、员工数量少和资金匮乏等方面的显著挑战。"（Larson，Schmitter，&Lapine，2000）

非营利性托幼机构

合办的托幼机构

非营利性学校归私人所有，但是它的运营方式是非营利的。这类学校通常是半日制的。合办，正如其名，其所有者通常是注册入学的儿童家长。注册停止的时候，所有权持有也随之结束。这种类型的机构可能组成公司，并从其拥有成员中选举出董事会。学费是这类学校收入的主要来源，额外的收入可能来自募集的资金。学费通常比营利性托幼机构要低。

合办托幼机构雇用的园长或老师承担教学和指导的双重责任。家长承担许多管理工作，例如购置生活用品并监督财务。家长也常常协助教师开展活动。近10年来，由于工作的家长很难有足够的时间参与，因此，合作创办的托幼机构数量在减少。

对于既喜欢和成人也喜欢和幼儿待在一起的园长来说，合办的托幼机构是个好地方。他们在参与教室活动的同时与家长有着频繁的交流，为家长教育活动提供了大量机会。

除了在活动室的时间外，家长常常花费时间来建造和维护设备，或是为托幼机构准备材料。园长将大量时间用于开会、讨论管理事务和指导家长的教育活动。

一些幼儿教育工作者发现，他们不得不与家长共享管理和教学职责，这有很多不利因素。这可能是因为他们难以调解不同的意见和想法，而且用于购买材料的支出也有限。很少有托幼机构可以负担自己的建筑费用，

在一个合办托幼机构，一位母亲正在抱着她的孩子

所以他们可能被安置在社区中心、一所教堂的建筑里或是公园里，用于储存设备的空间也很小。

政府主办的托幼机构

政府主办的托幼机构为 3~4 岁的儿童提供免费的非全日制幼儿教育，这些儿童通常来自低收入家庭。这些机构的开放时间一般从 8 月到 9 月，办学目标是让即将进入幼儿园的儿童获得积极的学习经验，支持和加强家长作为孩子第一任老师的角色。一些公办和学前教育机构为需要工作、上学或参加在职培训的家长提供了全日看护。

教会赞助的托幼机构

教会赞助的托幼机构可能是半日制托管中心、幼儿园或是一个全日制托幼机构。它们作为教会教育计划的延伸而为其成员服务。招生可能限于教会成员或只对本社区的居民。这些学校会用学费所得的收入来支付自己的开支，虽然有些费用可能由教会分担。空间场地通常是免费或以最低价格提供给学校，还有维修服务和保险，可以通过教会政策涵盖。

董事会或由董事会任命的委员会决定机构的总体政策。他们可以指定包含宗教在内的教学以及传统的早教活动。他们也可以为聘用员工制定工作方针或是创建工作预算。园长可以决定如何在机构当中具体实现这些政策。学习如何与董事会或委员会成员合作是非常必要的。

在教会主办的机构中，园长可能会遇到其他挑战。该中心经常要与教会共享活动空间。教室可以用作星期天学校或有其他社会功能。园长在使用空间或存储设备上必须想办法创新利用。

实验幼儿园

学院和大学常常开办实验幼儿园，作为他们进行早期幼儿教育、教师培训和心理学研究的实践机构。有些学校是半日制的，但是根据国家联盟校园儿童中心（National Coalition for Campus Children's Centers）（1995），大部分（81%）是全日制机构。招生范围包括学生或教师家庭的孩子，但也可能包括更广泛的社区儿童。虽然收取学费，但是通常由学院或大学的相关部门补充运营的开支。

这种实验幼儿园的开办有几个目的，它在教学上通常使用的是适宜提供给幼儿操作的材料，也教给幼儿相关技能。它还提供了一个让幼儿在教师监督下实践教学的环境。这类幼儿园还常常是大学工作人员进行研究的基地。最后，幼儿园还可以作为社区其他机构的典范。

实验幼儿园通常有高标准，设施设计严谨，有各种各样的材料和设备，因为他们是典范。基于特定的理念或方法，幼儿园之间的课程各不相同。有的幼儿园使用发展心理学家皮亚杰（Jean Piaget）的思想，在其设计的课程当中，儿童可以通过自由地探索来建构自己的知识；有的幼儿园则基于行为主义的理论，强调程序性的学习、积极的奖励制度；还有一些幼儿园采用蒙台梭利的理念和教材。蒙台梭利的材料在难度上有分级，而且在使用材料的过程中还可以自我修正。

一些实验幼儿园采用高宽教育研究基金会（High Scope Educational Research Foundation）推广的方式。高宽课程支持幼儿在积极的学习环境中，通过关键经验的学习获得发展（Hohman&Weikart，1995）。该课程强调让幼儿在学习中与各种各样的发展适宜性材料积极互动，鼓励幼儿自己计划活动并付诸实施，最后回顾自己做了什么。关键经验包括创造性的表达、语言和文学、主动的社会交往，还包括运动、音乐和逻辑推理（Weikart&Schweinhart，2013）。

高宽课程类似于皮亚杰的理论，同时也很认同维果茨基（Vygotsky）的社会互动理论。根据维果茨基的观点，幼儿通过与周围环境的人和物互动来获得发展。皮亚杰和维果茨基都明确强调，幼儿在成人的鼓励和支持下，通过各种各样的活动建构自身的知识，并向更高的认知水平发展。

实验幼儿园至少有两方面的职责。一个是作为学院或大学的教学实践基地，这意味着成年学生是园所关注的重点，必须要满足他们在学习方面的需求。这个机构必须可以让学生自己计划活动，并确定幼儿能接受适宜的课程。第二个是成为校园社区的一部分，园长必须在学校管理系统之内工作，有时，这意味着有说服力的管理者或教师要维持或增加计划的预算。园长应在一个更广泛的社区积极活动，参与会议、做演讲、推广计划。这对于招生来说是非常重要的。

教学资源　视频案例 3.2

蒙台梭利教育：一个采用蒙台梭利教学方式的教育者将会谈论蒙台梭利教学方法中的独特要素。

观看视频时请思考以下两个问题。

1. 蒙台梭利教育和传统教育方法有什么区别？
2. 请列出蒙台梭利课程中的五个不同区域并给出例子。

观看完整视频请访问网站 CengageBrain.com

开端计划（Head Start）

开端计划是 1965 年由经济机会办公室（office of Economic Opportunity）开办的一个补偿性教育项目，它是由一系列的政治和社会决策演变而来的，其目的是通过为幼儿提供全面的学前教育，打破贫困的恶性循环。开端计划目前由美国卫生与公共服务部（Department of Health and Human Services，DHHS）、青少年及家庭管理处（Administration on Children，Youth and Families，ACF）的开端计划办公室（Office of Head Start）进行管理。开端计划为低收入家庭的儿童提供从出生到幼儿园的综合性服务。资金直接到达各中心的经营机构，或是由代理机构将资金分配到开办托幼中心的非营利组织。

最初，开端计划实行的是半日制，并且提供早餐和热午餐。经过几年的发展，该机构不断增加了许多其他项目以满足家庭的需求。其中有早期开端计划和家庭支持式项目，分别为 0~3 岁的幼儿及全职家庭中的儿童提供服务。

不断发展的实践研究表明，托幼中心对婴幼儿的看护是不够的，而早期开端计划正是对这一研究结果的响应。在一项研究中，研究人员发现，在所调查的托幼中心里，只有8%的机构满足了幼儿对于"健康、安全、关系和学习"的需求（Helburn，1995）。

在支持家庭方面，开端计划还为家庭提供保健和社会服务，并要求家长参与幼儿计划。家长在政策委员会任职，在课堂上进行协助，并积极参与、支持各种委员会。除了鼓励家长参与，开端计划还鼓励员工提升他们的技能。教师可以获得财务支持来参与当地的学院或大学的相关课程。有些参与了结构性培训，并获得由美国幼儿教育协会所授予的"儿童发展关联证书"（Child Development Associate credential）。

许多的开端计划中心只有一间教室，因而，老师也同时是园长。园长除了自己的教学任务外，还负责监督其他员工的工作。园长的职责范围还包括协调中心活动，订购耗材，并组织员工会议。这一职位跟其他中心的园长并不太一样，但是它为那些有幼儿教育背景的人提供了一个机会。这些中心的主任应该要对所服务社区的需求和兴趣保持敏感。他们要能够与不同种族和文化背景的家庭一块工作。会说幼儿父母的母语是有帮助的，但并不是这个职位的必要条件。在这种机构中工作的一个有利条件是薪水可能会比其他私立幼儿园高。员工还可以享受健康保险和退休福利。对于员工来说，其中最值得一提的不利之处是有大量的文书工作，必须保留各种记录并提交有关该中心各个方面运作情况的报告。课程指南是具体的、强制性的，虽然员工在具体实施上有一定的自由度。

每一个学前班或幼儿看护机构都有其自身的优缺点。而如表3-3中所示，不同类型的托幼机构之间会有差异，而园长必须了解这些差异。为了成为一个高效的领导者，他们必须清楚所服务的这个托幼机构自身的特点。了解各个不同机构的差异也可以让要进入这个职位的人选择符合他/她自己个人兴趣和经验的机构。

> **自我测验**
>
> 在一个幼儿教育中心，一位还是学生的老师在带领幼儿参与圆圈活动。该中心更可能是下面哪一类机构：（   ）。
>
> a. 以信仰为基础的机构
>
> b. 实验幼儿园
>
> c. 开端计划机构
>
> d. 以军事为基础的幼儿看护机构
>
> 参与完整测验请登录网站 CengageBrain.com

表 3-3 托幼机构类型

类型	赞助人	收入	特点
私立托幼机构			
营利性的托幼机构	个人或多人	学费	营利性。自由设置教学方案，但是收入来源有限，需要良好的商业运行。
企业型的托幼机构	团体	学费	由公司制定目标，园长在业务上没有太多选择权。
			优势： 在采购资源和设备维护上可以与公司分享资源，财务压力较小，可以获得区域主管的支持。园长有提升机会。
			局限： 由公司总部计划各个方面，需要营利，薪水可能较低。
雇主赞助的托幼机构	商业，医院，政府机构，建筑开发商	学费，资金募集	作为雇员的福利，靠近家长的工作地。
			优势： 家长可以在白天过来探访，如果幼儿有需求，家长也可以过来。
			局限： 在公司所有人的目光下工作，在商业等级制度下工作。
非营利性托幼机构			
合办托幼机构	幼儿家长	学费，资金募集	家长参与度大，运营成本低。
			优势： 利于家长教育，有同孩子和成人一起工作的机会。
			局限： 员工没有受过培训，会议多。与家长分享管理权，收入有限，可能没有园所自己的建筑。
政府主办的托幼机构	地区托幼机构	政府资金	学区雇用园长，托幼机构董事会确定政策大纲。
			优势： 收入不依赖学费，有更多的资金购买设备和材料，对于教师有较高的标准，也支付更高的薪水。可以使用地区托幼机构的资源。
			局限： 在设计自己的课程方面没有完全的自由，对于一些人来说，在学区工作非常有限制性。
教会赞助的托幼机构	教会	学费，资金募集，教会补助	由教会成员组成的董事会决定各政策，与教会合用设施，是教会教育机构的一部分。
			优势： 教会支持。
			局限： 不得不与教会成员组成的董事会一起工作，与教会的其他机构共享场地。
实验幼儿园	学院或大学	学费，补助	作为其他学校的典范，用于教学实践的场所。
			优势： 完备的设施用具。
			局限： 必须平衡儿童和成人的需求，必须在学院或大学的行政框架中工作。
开端计划	政府或私立非营利机构	政府资金	针对幼儿入学准备的，家长和社区参与，园长要对不同种族和文化背景保持敏感。
			优势： 薪水较高，有机会跟家长一起工作。
			局限： 要做许多必需的记录；因收入造成互相隔膜。

军队的托幼机构

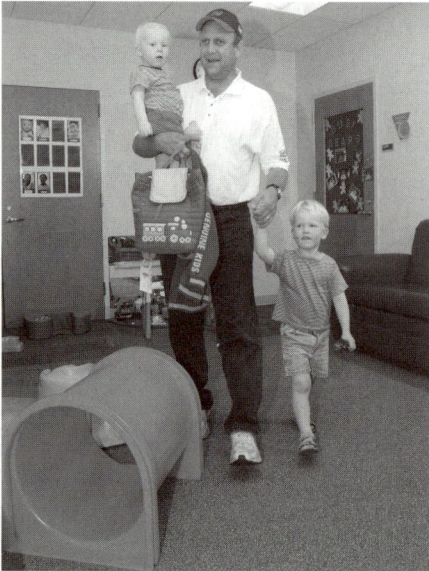

父亲带孩子们到托管中心

在过去的十年里，军队托幼机构已经发生了很多改变，并正在成为幼儿教育改革的全国典范。军队托幼机构以它的高质量的看护、便利性、可负担的价格而闻名。1989年的《军队托幼机构法案》（*The Military Child Care Act*）为儿童发展中心分配了资金，根据家庭收入规定了收费，并为家庭幼儿看护创建了补助资金。它同样将看护人员的工资与培训挂钩，还为每个中心设立了目标。随着研究不断证实，高质量的儿童看护会对军队招募、力量保持和军事应对能力有积极的影响。五角大楼的决策者和军事指挥官将幼儿教育定位成军事社区的头等大事。目前军队托幼机构包括800多家儿童发展中心（包括学龄儿童机构）、超过9 000个家庭式幼儿园，以及许多可用的资源与相关的支持性网络。下一步是与民用部门合作，改善和扩大军队托幼机构，使之能为军人家属服务。

自我测验

一个军事日托中心为其教师设置了阶梯式的薪水，那些通过更高强度训练的人能拿到更高的工资，该中心：（　　　）。

a. 违反了1989年的《军队托幼机构法案》

b. 不容易招聘到好的员工

c. 在法律上歧视了非军事人员

d. 遵守了1989年的《军队托幼机构法案》

参与完整测验请登录网站 CengageBrain.com

全纳托幼机构：接受不同能力的儿童

全纳托幼机构当中含有其他各类托幼机构的要素，各方面发展健全的孩子与能力不健全的孩子一起分享所有的活动和经验。全纳托幼机构的工作人员的培训是让他们把每个孩子都当作独一无二的个体，都有各自的需求、兴趣和长处。工作人员有责任创造性地安排空间、每日惯例和活动来促进每个孩子的最佳参与。这类机构的价值在于它们奠定了理解的基础，那就是：虽然我们彼此不同，我们都可以做出重要的贡献。在全纳托幼机构工作的人员通常与家庭合作来表达他们对孩子的关切及重视。

naeyc

学龄儿童托管

　　课后托管机构在美国已经有十多年的历史。20 世纪 90 年代，联邦政府特别投入了一笔资金用来扩张这些机构并提升其质量。2009 年，课后托管机构联盟（After Shool Alliance），一个全国性的非营利宣传组织，发布了一个有史以来对这类机构的最大规模的调查——"下午 3 点之后的美国"（America After 3 P.M.）。该调查统计了近 3 万户美国家庭。数据表明，1 500 万儿童——即超过整个国家 1/4 的儿童在放学后被独自留在家中无人监管。与 2004 年的调查相比，无人监管的儿童数量增长了 80 万。2009 年的这份报告还指出，1 800 万的儿童家长表示，他们愿意让孩子进入一个这样的校外机构，如果有这样的服务的话。此外，调查还发现，有 840 万的儿童现已注册校外机构，这意味着在五年内，这类机构接收了近 300 万儿童（After School Alliance，2009）。

　　研究表明，对于任何年龄的儿童来说，放学后无人监管的这段时间是非常危险的。根据美国司法部的报告，青少年犯罪的数量在放学后的几小时是平时的两倍。另外，29% 的青少年犯罪发生在平时下午 2 点到 8 点这段时间（U.S. Department of Justice，1997）。

　　研究同样也反映了儿童注册课后托管机构之后对于他们自身及其家庭的积极影响。2011 年，课后托管机构联盟发布了一份报告，反映了近十年来课后托管机构的积极意义（After School Alliance，2011）。研究还引用了报告中的如下几条关于儿童进入课后托管机构的积极结果。

- 对儿童的自我概念和做出的决定产生积极的影响。
- 提高托幼机构入学率和出勤率。
- 减少逃学，提升在校表现。
- 提升儿童在校的成绩分数。

课后托管机构联盟的这份报告还对课后儿童托管的结果做出了如下结论。

- 帮助了全职家庭。
- 在孩子通向成功的路上保证了他们的安全和健康。

- 儿童参与校外机构的课程越频繁，获益越多。
- 那些承受最大风险的儿童是最大的受益者。

选择一个高质量的课后托管机构会对一个儿童的学业、自尊和总体幸福感产生积极影响（Capizzano，Tout，& Adams，2000）。今天，许多的日托中心为学龄儿童提供交通和点心服务，并指导他们的家庭作业。另外，许多小学现在支持放学后的在校托管，这为那些不得不在空荡荡的家里等待父母回家的儿童提供了一个安全的选择。

自我测验

参与课后托管机构的最大受益者是：（   ）。

a. 不得不在放学之后独自待在家中的孩子

b. 生活在高度支持环境当中的孩子

c. 有较强的独立学习技能的孩子

d. 承受最大风险的孩子

参与完整测验请登录网站 CengageBrain.com

家庭寄养托管

在一个持续的健康安全的家庭系统里的孩子都会茁壮成长。不过，在美国，近百万的孩子都处于寄养状态，他们没有一个稳定的、充满爱的家庭。寄养的对象，是那些被虐待或忽视的孩子，或者父母无法为其提供稳定、持续照顾的那些儿童。寄养的目的并不是为他们在生活上提供一个长期的安排，虽然它总是致力于为他们找到一个安全而永久的家——通过让他们与原生家庭成员，或者通过收养或其他安置形式为他们找到一个长期的法定监护人——许多被寄养的孩子一直都没能进入一个这样的家庭。一些孩子在这个过程中不断更换家庭和住所，这让他们不论在情感上、行为表现上还是学业上，都经历了挑战（Child Trends，2011）。

自我测验

寄养的最终目的是为那些父母无法照顾的孩子提供一个安全的永久的家庭。而事实上：（   ）。

a. 许多孩子留在同一个寄养家庭长达十余年

b. 许多孩子最终并没有能够进入一个这样的家庭

c. 许多孩子回到了他们被虐待或忽视的原生家庭

d. 许多孩子被收养进了安全永久的家庭

参与完整测验请登录网站 CengageBrain.com

婴幼儿看护机构

数据显示——美国每一天——都有超过 600 万的 3 岁以下的儿童由父母以外的人看护（US Department of Education NHES *Early Childhood Program Participant Survey*，2005）。高质量的婴幼儿看护会为他们将来的成功奠定基础，而这是通过对婴幼儿的早期学习、饮食和营养的支持来开发他们全部的潜能。但大多数的托幼机构对婴幼儿提供高质量的看护能力非常有限。这是因为要维持一个合格的、持续的高师幼比成本很高，而大多数的家长并没有能力支付这一费用。另外，这些机构的 40% 的评分度都很低（Helburn，1995）。这是很严重的问题，因为在这些机构注册的婴幼儿都深受机构看护质量的影响。研究表明，提高工作人员与幼儿的比例、更多的员工培训，以及根据看护质量对员工进行薪酬补偿，能对托幼机构的看护质量产生显著的积极影响（Skonkoff and Phillips，2000）

2011 年，美国妇女法律中心（The National Women's Law Center）发布了一份全面报告，题为"优质的国家婴幼儿看护主张"（*Promising State Quality Child Care and Infant Toddler Initiatives*）（Schulman，2011）。该报告提供了婴幼儿看护质量改进现状的有价值的信息。虽然大范围的策略正在制定当中，但是对于提升婴幼儿看护质量的措施类型似乎还有一些共识。例如：

- 建立质量评价与改进系统，为婴幼儿看护质量的提升提供奖励机制。
- 提高幼儿看护者的补偿金，提升他们的教育水平。
- 为幼儿看护者提供职业发展机会。
- 加强各类儿童机构之间的合作，包括幼儿看护机构、开端计划、州立学前班，以及幼儿治疗机构。
- 通过婴幼儿专家网络来提供指导。

自我测验

虽然戴尔蒙夫妇很想把他们 3 个月大的孩子送进一个高质量的托幼中心，但他们最终选择的这家机构不仅人手不足，而且那里的大部分医护人员甚至都没有受过训练。促使这对夫妇做出这个选择的原因最可能是：（　　）。

a. 高质量的婴幼儿看护非常昂贵

b. 他们希望自己的孩子可以在托幼中心与其他众多的孩子打交道

c. 他们觉得员工与幼儿比例对于看护质量没有影响

d. 他们觉得在婴幼儿时期的孩子没有太多记忆，最开始两年的看护质量无关紧要

参与完整测验请登录网站 CengageBrain.com

小 结

根据儿童保护基金会的报告，2005 年，美国有一半 6 岁以下的孩子是由父母以外的人看护的。其余的孩子则是在家由父母或亲戚照看。此外，越来越多的学龄儿童在课后托管机构注册。

儿童的看护质量可以提升其人生安全感，也会影响其发展。那些一直在高质量的托管机构的儿童有更少的行为问题，能更好地与同龄人互动，并在学业上表现更佳。

半日制托幼机构的开放时间通常只有 4 小时或更少，他们的主要目的是对儿童进行教育。全日制托幼机构的开放时间则超过 4 小时，它们必须为儿童提供充分的照顾。全日制托幼机构会比半日制托幼机构遇到更多的管理上的问题，它们需要更多的人手，而充分的沟通是这类托幼机构成功运营的必要条件。

一个营利性的私立托幼机构是由一人或多人所有的，其目的是营利。这类托幼机构通常有在课程设置上的自由，但是必须高效运作。

家庭式托管特别适用于婴幼儿，因为这样的家庭能提供一个灵活的时间表。

企业型的儿童看护中心相对较新。它们通常是营利性的，并有许多分机构。这些分机构彼此相类似，都有一个易于辨认的"风格"，通常还可以互换课程。这类托幼中心的优势包括资金实力、更多的资源，以及对于工作人员来说，职业上的发展机会更大。

雇主赞助的机构在最近几年的数量不断增长。雇员所在的公司为现场幼儿看护提供场地或资金。有些雇主则支持靠近工作地点或雇员住处的附属机构。

其他公司则提供一种福利制度，雇员在幼儿看护上可以获得一个固定的金额补助。另一种形式的企业支持是资源和推荐服务，家长可以由此获得可靠的信息。

雇主也开始对另一种全职家长的需求做出回应——照顾他们轻度患病的孩子。1986 年，只有 36 个患儿托管机构提供服务。今天，全国范围内共有 324 个项目，其中 50% 是在医院里，其他则在托幼中心，或是独立的设备，或者用于家托。雇主们发现，这些措施都能够减少员工的缺勤。

合办托幼机构，这类托幼机构的数量正在减少，它是非营利性的。园长同时也是教师。家长作为工作人员参与管理，因此，在这类托幼机构当中，协调是非常重要的。

教会提供了一种不同的半日制机构。这类机构的管理通常是以宗教为导向，并且是自主运营的。因为既有托幼机构教育又有幼儿看护，场地通常是个问题。这类机构的目标可能彼此不同，但是标准通常都较高。

政府资助的托幼中心通常附属于当地的托幼机构系统。作为公共教育系统的一部分，它们通常有官僚规则，但却提供较高的薪水和充足的资金。

开端计划是一个联邦政府项目，创立于 1965 年，最初的目的是为了贫困儿童的教育。作为一个典型的单一教育机构，它的看护对象是那些即将进入小学的儿童，它在总体上是成功的。

美国军队已经建立了非常现代的托幼机构，致力于为军事人员的子女提供看护。该系统涵盖

800 个托幼中心、9 000 个家托，以及其他许多的资源和支持服务的体系。

农村地区通常缺少幼儿看护。一种解决方案是使用资源和推荐网络，其中一些是从 1991 年建立的幼儿看护与发展固定拨款（Child Care and Development Block Grant）中获得捐赠款项的。

案例研究

安德拉是一个教会主办的学前班的主任，正在准备新学年。她会见了几位回校的教师来评估他们的能力并确定分组。她需要四位新教师来满足今年新增入学儿童的需求。因为这个中心隶属于教会，职位的应聘者也必须有跟这个教会相类似的信仰。她在当地的报纸上刊登了一份广告，参与面试的共有 11 位应聘者。

1. 如果你是安德拉，你会问应聘者什么问题？
2. 想一想，关于"你个人的教学理念是什么？"这个问题，你会如何向另一个人发问呢？
3. 对于上面两个问题，一个面试者可以从应聘者的回答中收集到什么信息？

学生活动

1. 参观一个半日制托幼机构和一个全日制托幼机构，在一天结束的时候回到这个全日制托幼机构。观察这两所托幼机构早晨时间的异同，在一天结束的时候全日制托幼机构会发生什么事？在课堂上汇报你的观察结果。

2. 预约参观一个家庭托幼中心，并选择一个负责人愿意跟你谈话的时间。注意孩子的数量，所提供的各种活动和一天的例行程序。跟家庭托幼中心的负责人讨论一下对这种机构的满意度和维持它的困难之处。

3. 与企业型的托幼中心的园长会面，在会面前，准备好问题清单。会面结束后，总结一下你的发现并在课堂做一个汇报。以下是建议的几个问题。

   a. 您的预算是如何编制的？

   b. 如果您遇到问题，在公司里有没有您可以打电话求助的人？

   c. 贵中心的课程是怎样安排的？

   d. 雇用新员工的流程是怎样的？您可以自由地确定他的薪水吗？

   e. 您在这类中心工作的优势是什么？

   f. 在一个这样的企业型托幼中心工作，您觉得工作有困难的地方是什么？

4. 参观另外两种类型的托幼机构。你有没有观察到不同托幼机构园长的性格差异？问一下园长们他们工作中最重要的方面，在不同的托幼机构里，是相同的还是有差别的？园长的角色是否符合你的预期？

复　习

1. 根据儿童保护基金会的报告《2009 年的美国儿童》（ *The State of America's Children 2009* ），6 岁以下的大多数儿童是由谁看护的？

2. 请列出优质儿童看护的要素。

3. 虽然在一个全日制机构和一个半日制机构有很多相同的活动，但也有不同的地方，是哪些地方不同呢？

4. 一个营利性托幼机构的主要收入来源是什么？有什么办法可以增加收入？

5. 经营家庭式托幼机构的优势和不利之处是什么？

6. 一个企业型托幼机构的分校，管理的优势和不利之处是什么？

7. 请列出企业提供给员工的工作/家庭服务的类型。

8. 实验幼儿园有一些目标是其他托幼机构所没有的，这些目标是什么？

9. 一个附属于公立托幼机构地区的托幼中心，担任这个托幼中心的园长的优势和不利之处是什么？

10. 本章中列出了开端计划项目机构的总体目标，这个总体目标是什么？

有用的网站

免责声明：本书中所提供的网站地址旨在为您提供方便，不做推广。

http://www.nascd.com

http://nhsa.org

更多与管理相关的资源——包括教学资源视频，与每章内容有关的网站链接，教学测验，词汇卡等——请访问本书的教育伴侣网站 CengageBrain.com。

第二部分

计划：托幼机构和环境

第四章　托幼机构规划

第五章　计划：婴儿—学步儿

第六章　计划：学龄前儿童

第七章　计划：学龄儿童

第八章　家庭式儿童看护

一个教会主办学校的园长一天的生活片段

一个犹太家庭参观幼儿园。他们真的很喜欢我们的幼儿园，但是担心宗教信仰上会有冲突。我告诉他们，他们的儿子回家会唱着"耶稣爱我"。看到他们的反应，我建议他们可以考虑到其他机构注册，并向他们推荐了几个托幼中心。

几个星期后，他们又回来了，说："我们真的很喜欢这所幼儿园。"经过考察及反复考虑，他们让孩子在这里注册了。

我们在 10 月前不做礼拜，以便让孩子有一个月的时间来适应幼儿园生活。我越来越喜欢这个家庭，当他们的儿子开始在教堂讲述他的经历时，我还真怕他们会让孩子转校。他妈妈在礼拜结束后第一天来接他。我听到了他们的对话。他兴奋地叫道："妈妈，我们今天去小教堂了！"当她问儿子在教堂做了些什么，他回答说："我们看到了拉比（注：犹太教传教士）！"我们的牧师被当作拉比，他感到非常荣幸。

目的

阅读完本章内容，您应该能够：

· 说明托幼机构规划的步骤。
· 阐述托幼机构的理念。
· 解释愿景与使命之间的区别。
· 讨论目标的设置。
· 讨论课程提供和实施。
· 列出评估托幼机构目标的方法。
· 说明制度与程序。

naeyc 标准

本章中涵盖的 NAEYC 标准如下：

标准 1：促进幼儿的发展和学习（1b）。

标准 2：建立家庭与社区之间的关系（2b，c）。

标准 3：通过观察、记录和评估来支持幼儿及其家庭（3a，b，c）。

标准 4：使用有利于发展的方法来与儿童及其家庭建立联系（4a，b，c，d）。

标准 5：使用本章中的知识来创建有意义的课程（5a，b，c）。

标准 6：成为一个专业人员（6b，d）。

关键词

反歧视　办园目标　专题网页　评定　使命陈述　愿景声明　课程　目的
发展适宜性实践　结果　相关参与者

托幼机构规划

每个托幼机构都根据创始人的理念提出自身发展的特色，而继任的园长们会将其不断完善，并通过现有的工作人员付诸实施。机构的类型同样也会对其风格产生影响。尽管每个机构都有其特色，但也有很多共同点。其中一个关键部分是规划。园长无法单独完成这个任务。因此，根据托幼机构的类型，还会有其他参与者。

托幼机构规划过程的潜在参与者：

- 董事会或其他决策机构（联邦、州或当地政府）
- 咨询委员会
- 教师
- 幼儿家庭
- 社区成员
- 企业合作伙伴

如果托幼机构有一个董事会或管理机构，他们可能会领导这个过程，并负责大部分的输入。但是，如果对质量上有较高的要求，董事会应该明白其他成员参与的必要性。如果在规划当中已经有咨询董事会的帮助，就应该已经包括了来自社区、家庭和教师群体的参与者。例如，如果这个机构是一个州立学前班或者开端计划机构，一个咨询董事会应当已经参与这一过程。有当地社区的参与，对于所有机构的参与来说都将是件好事。

个别机构可能会有不同的存在目的，而一个托幼机构可能有不止一个要达成的目标。下面是一个托幼中心或学校可能会有的目标：

- 服务于社区。
- 为家庭提供服务，使父母们能够正常工作。
- 为幼儿的适宜性发展和教育奠定坚实的基础。
- 准备成为寄养机构。
- 为一个公司或其他商业机构赚取利润。

托幼机构规划的第一步是明确办园目标。如果这个机构已经存在，那么通过观察现有的各方面再做目标定位就很容易。如果这个机构只是在初步规划中，那么首先要调查当地社区的需求。如果是所有者在做这个规划，他或她头脑中可能已经有这个目标。一个托幼机构的目标会经常在使命陈述中被论及。使命陈述通常就是描述这个目标以及你想做的事情。要开发一个优秀的机构方案，参与者们应具备核心思想、信念，或者说他们所珍视的价值观以及建立在这个方案上想坚持的东西。这些核心理念或价值观通常被归为一个机构的宗旨。例如，谷歌在理念陈述中，大概有10种核心价值观或信念，其中之一是"伟大还不够好"。这个信念会让其员工在每种情况下都去争取做到最好。我们还可以看到类似于这样的理念的陈述。

托幼机构的理念陈述中通常会反映三个方面的内容：（1）关于儿童学习的论述；（2）机

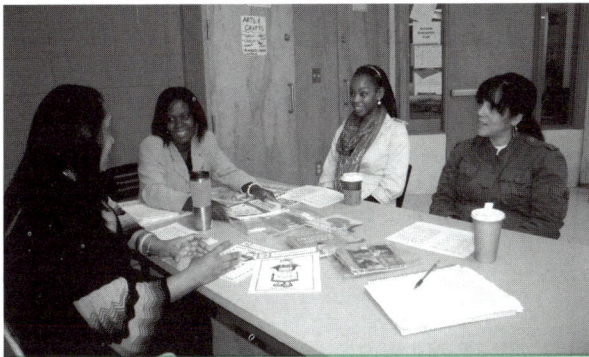
讨论托幼机构的理念、愿景、使命

构规划者以及幼儿家长的价值观；（3）教育理念以及托幼机构功能。这些内容可能并不会获得所有人的认同，但是通过讨论可以产生一些有价值的思想，并决定机构的方向和目的。

理念也可以被用于建立一个机构方案的愿景声明。愿景包括了核心价值观和所有参与的信念，以及"要超越现实去描述理想"（Carter&Curtis，2010）。愿景声明告诉其他人这个机构的目标在哪里，而一个使命陈述描述的则是我们如何去实现它。以下是来自美国的几个不同机构的使命陈述。

范德堡大学的幼儿看护中心——纳什维尔，田纳西州（Vanderbilt University Child Care Centers-Nashville，Tennessee）

范德堡幼儿看护中心是结合了皮亚杰、蒙台梭利、埃里克森和其他理论家的思想而创设的。根据孩子的发展模式，将寓教于乐视为课程的基石。大人为孩子提供保护、安全、激励、支持、限制和爱，并将他们视为一个个值得尊重的个体。这个中心的方案是以儿童为导向，而非以教师为导向。

柯德斯塔儿童发展中心——谢尔顿，康涅狄格州（Kidstop Child Developmental Center-Shelton，Connecticut）

柯德斯塔的宗旨是为家长提供优质的幼儿日托，造福孩子、家长、工作人员和社区。

导师看护/学习中心——多地点（Tutor Time Care/Learning Center-Multiple Locations）

我们在幼儿教育和家庭解决方案的提供上处于国际领先，这两个方面都会对孩子的终身学习产生影响和激励。

儿童的托幼机构——拉霍亚，加利福尼亚州（The Children's School-La Jolla，California）

儿童学校的使命是通过一个强大的学业、社会和环境课程，激发每个孩子的潜力和终身学习的渴望。

维京儿童看护中心——哈德逊河谷社区学院——特洛伊，纽约（Viking child care center-Hudson Valley Community college-Troy，New York）

维京儿童看护中心的使命是为哈德逊河谷社区学院和社区的学生提供安全、实惠和高品质的幼儿看护服务。在此过程中，我们支持家庭努力实现自己的目标。维京儿童看护中心为6周至5岁的儿童提供了认知基础方案。我们提供一个类似家庭的环境，鼓励孩子按照他们的步伐发展。维京员工致力于为我们所服务的家庭提供支持和鼓励。

格里伍德循道宗教儿童看护中心——纳什维尔，田纳西州（Grievewood Methodist Child Care Center-Nashville, Tennessee）

这个托幼中心是格里伍德联合循道宗教教会主办的，致力于为学龄前和学龄儿童提供一个充满爱心、安全和支持性的教育环境。我们的目标是提供一种方案能满足每个孩子的智力、道德、社会、情感和生理需求。让每个孩子都知道上帝爱他们也是我们的使命。

表 4-1   规划制定目标、政策和程序需要考虑的因素

- 当地的州和联邦法规。
- 许可条例。
- 认证规范。
- 管理机构的优先事项。
- 社区需求。
- 可用财力。

基于理念的愿景和使命能够建立一系列的目标，反映在机构的整体规划、政策和程序当中。它们共同影响托幼机构的方案计划和实施的各个方面，包括：课程、文化能力、提供的服务与活动、家庭参与、设施管理、雇佣政策，以及资金管理。托幼机构的核心价值就在其理念、愿景和使命当中。整个计划的运行体系就是它的目标、政策和程序。

计划的运行体系

托幼机构计划体现在目标、课程设置、政策与程序的创建中。目标是所有努力的终点，并由此创建行动计划。该行动计划是通过课程来实现的。政策是一个机构对于需要达到最低标准的规章条例的阐述（Kirkwood，2013），或者它也可以是设置方向和影响决策的指导原则。程序提供了一系列的措施步骤，遵循它可以实现一个特定的结果，它还提供了机构方案和日常运作之间的联系。

自我测验

作为规划一个新的托幼中心的第一步，董事会成员聚集起来讨论资金的问题。从规划的角度看，这个董事会：（   ）。

　　a. 采取了正确的第一步

　　b. 从错误的角度靠近规划

　　c. 通向成功，如文中所说，他们关注财务问题

　　d. 如果是规划一个以教会为基础的学校就很可能成功

参与完整测验请登录网站 CengageBrain.com

目 标

目标设定是你最终期待达成高成就。表 4-1 提供需要思考的因素，如思考宗旨、愿景和使命，以及其他可能涉及的因素。在一个组织结构的顶层设计总体目标，一种方法是由一个人决定目标清单，而机构的员工则根据这些目标去规划和实施方案。这种方法的优点就是能快速制定目标，缺点则是那些负责实施方案的人也许不能很好地理解它并尽力去实施。最糟的情况是，学校的老师们可能根本不知道目标的存在。

制定总目标的一个优选方案是组建委员会或一组人员来参与。园长、家长、教师或社区代表都可以参与其中。这种方法通常被非营利性托幼机构，如合作机构或教会主办托幼机构使用。共同参与是实现目标的诱因，所以这种方法的优点是使制定的目标更容易实现。但是反过来，这种方法可能需要较长的时间才能达成共识。各个成员的不同意见必须加以讨论，然后协商，直到获得所有人满意的一个结果。在使用此方法进行目标设定时，让家长参与是至关重要的。

根据岗萨雷斯 - 梅纳的观点（2010），抚养子女的方式、信念、目标和背后的价值观都与文化密不可分。父母如果能找到一个与他们抚养幼儿的理念相同的看护机构，就没有问题。只要教育儿童的方式相类似，跨文化问题就不会构成障碍。当然，如果是家长选择让他们自己的孩子有跨文化或多元文化的经历，这是另一回事。然而，如果没有选择的因素，就可能存在冲突，因为两种文化的价值观或许有很大的差异。因此，委员会就要将托幼中心的儿童群体所属文化的家长代表纳入，来确保家庭和学校之间的共性。

另一种方法，是从其他来源中找到一组现有的目标。很多幼儿教育机构或专业人员设置的标准当中都有目标的制定。其中一个最佳来源就是美国幼儿教育协会。该协会已经开发了一全套高质量的儿童早期教育的标准，可以被学校和托幼中心用来作为自愿认证系统的基础。华盛顿的美国幼儿教育协会也提供了一整套自学的配件。其他组织，如美国早教领导者认证委员会（National Early Childhood Accreditation Commission for Early Learning Leaders），以及美国幼儿认证机构（National Early Childhood Accreditation）也同样为他们自己的认证提供了标准。其他来源同样包括"幼儿学习环境评量表"（Early Childhood Environmental Rating Scales，ECERS）（Harms，Clifford&Cryer 2005），以及美国幼儿看护质量提升中心（National Center on Child Care Quality Improvement）所提供的"质量评估和改善体系资源指南"（Quality Rating and Improvement Systems Resource Guide）（2012）。这两份材料也同样是关于幼儿看护质量的。

在建立优质幼儿教育的指导方针上，美国幼儿教育协会一直处于最前沿。自 1987 年以来，他们一直在支持苏·布雷德坎普（Sue Bredekamp）称

托幼机构目标的设定需要考虑人口的多样性

之为发展适宜性实践（DAP）的教育方式。这种教育方式被不断修正以适应当今的儿童需求（Bredekamp & Copple，2009）。专业人员在三个领域的儿童知识的基础之上创建目标并做出决策，发展适宜性实践正是在这个基础上的最终成果。第一个领域是关于幼儿是如何发展和学习的——对于幼儿发展的阶段预见，以及对儿童在哪个年龄段能够掌握哪种技能和能力的了解。第二个领域是关于"强项、兴趣，以及群体中个别儿童的需求"的知识。这意味着专业人员能够辨识幼儿之间的差异和相似性，并做出回应。第三个领域有关儿童的社会和文化环境。这最后一个领域是为了确保幼儿的学习经历对他和他们的家庭来说是有意义的，并且能够尊重文化背景的不同和家庭的多样性。因此，发展适宜性有两个维度：一个是对儿童成长和变化的总体理解；另一个是对儿童个体独特性及个体的成长方式与时间段的认知。这种方法为目标的设定提供了一个全面的更清晰的视野。美国幼儿教育协会对机构管理者能力的设定之一，就是能建立一个满足不同年龄阶段、不同发展特点的儿童发展的托幼方案。

也可以使用综合的方法来设定目标。例如，一组人员可以帮助确定目标，但是这些目标可能还需要使用某些认证体系或质量评估方式来让其符合标准。所有的目标都必须涵盖发展适宜性实践。目标必须是具体的，从而让我们能够做出决策，分配资源和人力朝一个方向去实现它。如果目标是明确的、可衡量的，它更容易激发员工去实现它。明确的目标可以帮助我们写下达到这个目标的最终行为结果、态度或能力。要描述这些目标的行为结果相对更容易，因为行为是可以观察到的。一个儿童掌握了某种能力或能够进行一项活动所显示出来的行为是可以被记录的。应用发展适宜性实践能让这一过程变得更容易。

目标是一种宽泛意义上的申明，所以，如果只是基于目标来决定学校每天的活动可能会很有难度。而事实上，如果阶段目标设置得当，并不是太困难。阶段目标是通往目标的路径或步骤。目标（Goal）和阶段目标（Objective）之间有明显的区别，虽然有些人会将这两个词互换使用。目标（Goal）是一个机构想要最终达成的结果，如帮助幼儿认识自然世界，而阶段目标是在这个过程当中的一个个具体步骤。教师们会使用阶段目标作为日常教学计划或是探索其他类型课程的基础。如果最终目标是让儿童认识到自然世界，那么一个阶段目标则可能是让一个孩子说出种子是如何生长的。这对于一个 5 岁的儿童会是个很好的阶段目标，但对于一个 2 岁的幼儿来说显然并不符合其发展适宜性。阶段目标的设置需要将发展适宜性实践作为一个关键要素来考虑。

在列出总体目标的大纲后，就可以制定行为阶段目标。一般而言，可以通过以下方式来进行：

- 列出儿童在行为方面的阶段目标。

- 具体说明学习的条件。
- 核实这些行为是可以观察到的。
- 阐明这些预期的行为的量或程度。
- 确定目标是否符合发展适宜性。

帮助明确阶段目标的某些词语如下：
- 描述学习的条件——
- 当问到……
- 当展现……
- 当完成……
- 当使用了……
- 描述可观察的行为时——
- 该儿童会选择……
- 该儿童会将什么放在……
- 阶段行为目标——
- 该儿童会表达……
- 该儿童会回答……
- 该儿童会识别……
- 该儿童会匹配……

为了让这个过程更清晰，我们可以来看看一个学前班儿童的总体目标设定以及相应的阶段目标。

总目标：该儿童能够参与欣赏音乐、诗歌和故事。

行为阶段目标：
- 看到连续的 6 个单词，该儿童能够正确地说出与其中 3 个押韵的单词。
- 听到 6 个隐藏物品所发出来的声音，该儿童能够正确辨别其中 5 个物品是什么。
- 单独与老师在一起的时候，该儿童能够辨认图画书中 60% 的物品。
- 在听故事时间，该儿童能够认真听一个短故事。

每一步都体现了阶段目标，还有更多可能的阶段目标存在。教师应该精心策划整个学年儿童需要的活动计划和经历。每日、每周和每个月的活动都应该被精心组织而不是随意安排。

园长不能总是为一个机构制定新的目标。当他们作为一个机构实体的领导者时，必须经常改进或更新现有的目标，并负责定期考核和评估。因此，每名园长都必须知道如何制定和实现目标，而实现目标则是主要任务。在实现目标的过程中可能会出现各种人员、知识、技能或资源方面的障碍。如果需要实现的目标数量很多，就应该按优先顺序列出。一

环境管理是支持幼儿发展的途径

旦确定了这个优先顺序，就要把它们分解成阶段目标。

实现目标首先要创造环境。教师应该组织环境，并通过建构学习经验来激发儿童的反应。如果我们想要实现的目标是培养儿童的选择能力，那么课堂就要为儿童提供选择的可能性，如提供各种活动和材料供他们自由选择。这些活动和材料还要能够满足有缺陷的儿童的需求或有特殊需求的儿童，以此来让他们融入学校的环境。这是美国幼儿教育协会在教育方案制订这个领域对机构管理者所要求的能力之一。

行为的改变需要时间。因此，要幼儿达成某个阶段目标需要很多经验的积累。通常情况下，这意味着重复性的活动。一些幼儿会用积木搭成塔，然后把它们推倒，再一次、又一次重复这么做。另一些幼儿会画 10 张图画，画每一张的时候使用不同的画笔刷子或用不同的颜色混合。所有这些经验都为他们提供了机会去练习一项技能，并让他们最终达成阶段目标。每一个学习经历都要能够让儿童从中获得满足感。如果儿童在做一件事的时候没有成功，他们以后就会避免参与相同或相类似的活动。教师需要有关儿童发展的深厚知识背景，这样他们才不会对幼儿的发展设置不切实际的目标。如果教师在设计一个学习活动时，对这个活动所产生的行为结果的预期远远超出儿童的实际水平，孩子就会变得灰心丧气，如果这个活动的要求远远低于其水平，他们也不会感受到任何的挑战性。

任何一个群体的儿童都有很多的兴趣和能力，即便个别儿童的兴趣会随着时间而变化，但仍然会有可供替代的方式让其实现目标。随着幼儿的改变，每种学习活动都会有很多可能的结果。在 3 岁这个年龄段，孩子们会玩黏土，探索它的质感以及在不同条件下的变化，他们会切它、揉搓它、砸捏它。在 5 岁的时候，幼儿会使用黏土来表达自己的想法。他们可能会做出一个人的形状，或者是一艘火箭飞船，或者是某一种动物。许多教师会对这些重复的活动或材料感到厌倦，但是幼儿却很少厌倦这种自由探索。在每个年龄阶段，孩子们都会找到熟悉材料的新用途。

自我测验

一组包括家长、教师和社区代表的人员与一个托幼中心的园长会面，来规划这个中心的教学目标。这个中心最有可能是：（　　）。

a. 开端计划机构

b. 营利性托幼中心

c. 教会主办的托幼机构

d. 以家庭为基础的日托中心

参与完整测验请登录网站 CengageBrain.com

课 程

课程为儿童教育提供了内容。课程来源于目标，并可以实现目标。课程必须要包括许多的要素来保证它的有效性。它应该为幼儿提供围绕一个主题的多种教学方式，并符合发展适宜性（Bredekamp&Copple，2009）。对于教师来说，了解各年龄阶段的儿童发展特点，有助于他们为课程选择合适的实践活动。同时，课程的对象应该要涵盖所有的儿童，并为他们提供所需求的环境（Gilman，2007）。它应该是充满挑战性和有吸引力的。如果教师对幼儿及其家庭有充分的了解，那么根据情况所设置的课程会更加有效。

托幼机构的课程设置应该着重在几个重要的特征上，包括灵活性，它能够适应幼儿兴趣和注意力的转移。任何的应用课程都应致力于提升幼儿的积极情绪，并能让他们选择一个最好的方式去学习主题。对于某些幼儿来说，一些学习方式会比另一些学习方式更有吸引力。多种多样的活动可以让幼儿用不同的方式去探索，并能够加强他们的学习。当幼儿能够自由探索并与他人互动时，学习会变得更有意义。一个敏锐的教师会利用幼儿的兴趣和热情来创建课程的重点。设计课程是一项持续的任务，它会随着目标和阶段目标的改变而不断变化。

生成课程的路径

最近，关于课程与幼儿的关系有着有意义的对话。教师对课程的灵活安排和儿童的更多参与取代了一成不变的日程及活动的安排。在这个国家的很多托幼机构当中，课程设置中越来越体现儿童真正感兴趣的内容。这种变化是受瑞吉欧·艾米丽娅（Reggio Emilia）的学习方法的影响（Helm&Katz，2010；Gandini&Forman，2011）。这一新兴的课程是通过以课题为基础的实践学习来获得知识的。瑞吉欧·艾米丽娅学习方法的基本观点包括以下几点。

- 儿童是有能力、有创造力和想象力的，如果让他们按照自己的能力水平去参与活动，能让他们对事物有更加充分的理解。
- 环境的设计是为了让他们更好地理解社会行为。
- 不能把幼儿之间的关系和互动看作独立存在的关系，而是与其他儿童、老师和家庭之间的关系系统之中的一部分。
- 合作发挥了重要的作用，每个人都参与进来才能建立一个学习社区。
- 文本记录是一个基石。一个可见的幼儿学习经历的书面记录能加强学习，让人反思学过的内容，也可以作为以后调查或解释的参考材料。
- 用灵活的计划来代替一成不变的固定课程，这样能让幼儿自由探索一个想法或主题。幼儿、教师、家庭，甚至一个更大的社区，通过合作来共同寻求所需的答案或知识。
- 教师的角色是去倾听儿童，并为主题的更深层次的探索去寻找方式或可能性。

通常所说的"儿童的一百种语言"，实际是指提供多种材料和途径来鼓励儿童去探索一个想法或主题的多个方面。

透明度是一个比喻，它意味着对各种来源、各种文化的理念保持开放，并在教师与幼儿一起合作去探索并增加知识的过程中，让家庭和社区也获得与之相关的信息。

这个过程的结果通常被称为一个方案。它可以来自幼儿的想法，也可以由教师引入。该方案的想法或基础应能随着时间被不断提升，能一直吸引幼儿的兴趣，并能让他们通过不同的方式去探索。它还要能在不同的托幼机构环境当中被应用，包括在家庭式的幼儿看护中。

这个方案是从被看护儿童的兴趣中产生的。它可能来自教师的一个想法，或者是某个人分享的一样东西、一本书或者一个故事。刘易斯·贝纳姆（Lewis-Benham，2006）说得好，她说："当儿童在进行他们非常感兴趣的活动时会学得更好，而教师的任务就是参与幼儿的探索，与他们合作，用知识来支撑他们的理解。"一旦主题定下来，那么探索就要开始，以这个主题或概念为中心向周边扩展。探索的开始通常是以孩子们已知的东西为基础，继以一系列与之相关的问题引起他们的好奇去寻找答案。教师要引导这种探索，并帮助他们思考更深层次的内容。在这一点上，可以让家长知道幼儿参与的主题，并与幼儿在家中做一些交流。有些家长可能愿意分享知识或专长，这通常被认为是项目的开始或第一阶段。

方案教学的第二阶段是组织与发展。教师为幼儿提供各种探索过程中需要的资源，各种材料和媒体，如书籍、戏剧表演材料、音乐、美术用品、不同类型的技术，以及教师认为有助于课题成功的其他物品。随着主题的进展，要通过照片或日志（幼儿口述，教师记录）的方式记录下整个过程并在课堂上进行探讨。现场工作可能只是整个方案的一部分，不论这个现场是在教室或园所内部，还是根据方案需要所进行的户外考察。如果这个方案是关于食物调查的，那么户外的工作可能是种植豆类或去南瓜地里观察南瓜的生长。户外工作的目标是为方案的理解提供多种角度。在户外工作的各阶段结束后，都要进行讨论，或者画画，并持续做记录。发展阶段的另一部分是邀请"专家"来与孩子们进行交谈。这个"专家"可能是一个牙科保健专家，跟孩子们谈论刷牙的问题，或者是一个食品杂货商，告诉他们食物是如何运送到商店里的。在某些情况下，这些"专家"会来自托幼机构的幼儿家庭。家长们也可以看到这些主题进展的记录。

最后一个阶段是方案的总结与评价部分。对于孩子们来说，反思学到了什么是一个关键组成部分。这个结尾部分通常包括与他人分享信息，也可以邀请家长参与讨论或对主题进行陈述。幼儿可以用很多的方式来展示他们在这个过程中的经历，例如画画、某种形式的艺术表演，或者说故事。主题完成之后，对于教师来说，帮助幼儿从这一个主题过渡到另一个主题是非常重要的。

对于教师来说，要改变原来普通的课程安排并让幼儿接受这种不同的教学方式不是件容易的事。然而，已经证明幼儿参与调查并实际接触多种不同的材料能让他们有更深入的学习，并形成自己的理解。

这种方法，尤其是对于托幼机构中有特殊需求的儿童来说是非常重要的（Gilman，

教学资源 视频案例 4.1

学龄儿童：生成课程

你将会在视频中看到几个教师讨论幼儿是如何认识生成课程的。观看视频时请思考以下问题。

1. 请说明教师支持这种类型的课程的步骤。
2. 生成课程会加强一些学习经验，请列出并进行描述。
3. 幼儿可能从中学到什么？

观看完整视频请访问网站 CengageBrain.com

2007）。要计划这种新兴的课程首先要考虑幼儿的行为和言语。要学习这种共建性的课程可能还要参与瑞吉欧·艾米丽娅方法的培训班，做研究，或者阅读相关主题的书籍。有些人则认为与那些已经采用此方法的人交流会更有益处。这种类型的课程可以被定义为一种全方位的教学方法，它需要教师、幼儿、家庭和社区的参与合作。一个关于洗手的调查可能包括观察显微镜，寻找关于病菌的知识，认识到卫生的重要性，研究整个社区是如何处理卫生问题的，甚至讨论肥皂的制作方法。而一个与食品相关的问题则可能将我们带到副食店、包装食品加工厂，到农户家里去参观菜地，甚至讨论维生素在我们的身体里是如何发生作用的。

课程计划的方法

对于许多已经开始尝试共建性课程的教师来说，课程计划可能是他们的日常需求，也必须选择教学目标。对于某一个教学主题，一个课程单元可能会有很多的教学目标。而这些预期的结果应该是与总目标紧密相连的。每一课的目标至少要包括一个认知目标（所学到的东西）和一个行为目标（它是如何实践的）。美国幼儿教育协会的观点是，一个课程内容应该"计划要深思熟虑，有挑战性和吸引力，符合发展适宜性，在文化和语言上能够适应所有的儿童，并能够促进他们的积极发展（NAEYC，2009）"。课程目标应该是符合实际的，可实现的，并考虑到幼儿学习的不同方式。

根据泽梅尔曼、丹尼斯和海德（Zemelman，Daniels and Hyde，1998）的观点，要做到最佳的课程计划有七个注意事项。第一，必须要以幼儿的兴趣和关注为中心。第二，课程必须是体验式的，这样孩子们能够在实践中学习。第三，这个课程应该是由一个个的主题建立起来的，并最终能让人获得一个全面的了解。第四，课程应该是真实可靠的，并能让幼儿有机会在一个更深的层次学习。第五，应该让幼儿有机会表达自己的想法。第六，要留出时间让他们反思已经学过的东西，并思考如何在他们已知的基础上实践。第七，应该通过合作的方式做课程计划，合作性学习是一种强效的学习方式。

在某些情况下，一些企业型的幼儿看护中心，如金德卡尔（Kinder Care），课程都是已经计划好的，并针对每个年龄层次的儿童安排了专门的主题。例如，在金德卡尔，课程计划为每个阶段的儿童都提供了一系列的活动，教师必须与幼儿一同完成每个单元的活动。教师还要针对每个单元的主题创造一些其他活动丰富课程。有创造性的教师可能会超出教案与儿童做一些共建性的活动。企业型托幼中心的园长会确保每个单元的课程都传授给了儿童并实现了阶段性目标。

基于课程标准的教育

现今的课程教学的另一个论题是关于课程标准。小学的课程标准在很早以前就已经被设定，但是最近这些类型的标准开始对托幼机构产生影响，尤其是对很多州的开端计划和学前班。这些政府机构有义务去确保他们所提供的方案对于这些托幼中心的孩子们有益处。这些标准可能会比托幼中心的当地机构的要求更高，它们是全面的，并且同时针对托幼机构的质量和幼儿的学习。这些标准的内容专注于儿童在各方面的发展成效。这些成效与儿童当前的状态和之后的学习相关，可分为以下几类。

- 身体健康和运动发展。
- 认知和一般知识。
- 语言发展。
- 社会和情感发展。
- 学习方法。

该标准基于对幼儿学习和发展的顺序和过程的研究，通过把结果和年龄联系起来，从而产生合适的期望。这个标准允许各种差异的存在，如文化、语言和个体特征。为这些标准提供课程，必须要有能支持开发幼儿潜能的有效教学政策和教学实践。关于这种"罐头"（canned）类型的早期教育有各种争议，不过研究表明，如果课程符合发展适宜性，并从全面的角度考虑到每一个幼儿个体，它就可以是一个有效的教学系统。

表 4-2　课程教学的方法

- 调查
- 合作
- 文档记录
- 家庭参与
- 戏剧表演
- 美术及手工
- 手指游戏
- 音视频材料
- 故事
- 书籍
- 感官体验
- 公告板
- 烹饪经历
- 大动作和精细动作经验
- 人力资源，如消防队员或牙科医生
- 户外考察

对于所有课程

要为幼儿提供所有符合发展适宜性课程的材料。这些材料包括很多种类,如书籍、器材、美工材料、感观材料和戏剧表演服饰等。课程可以使用多种不同的教学方法（见表4-2）。

无论教学方法是什么，课程都应该包含如下要素来确保其有效性（NAEYC and NAECS/SDE，2009）。

- 课程内容必须符合美国幼儿教育协会的标准。
- 课程目标明确并且让所有参与人员都清楚。
- 幼儿在各方面积极参与活动，包括认知、生理、社会和创造方面。
- 课程是全面的，包括所有的发展领域，如语言、运动发展和认知等。
- 课程的建立基于与幼儿年龄相关的学习经验、个体学习和文化学习，并且也适合残疾儿童。
- 通过游戏、调查和有意识的教学来学习有价值的内容，但是所有这些设置都要符合幼儿的年龄和文化背景，语言和其他能力。
- 对某些主题的课程设置需要符合专业标准。例如，在健康和安全的教学中，可以在《关爱我们的孩子》（*Caring for Our Children*）(AAP&APHA，2011)中找到相关标准。
- 课程的教学结果应该对幼儿有益处。

自我测验

在一个早教中心,园长反复提醒员工每天都要记录幼儿的学习经历,以确定孩子们学了些什么,然后用这些知识作为跳板来规划以后的课程。这个中心可能实践的是:（　　）。

a.瑞吉欧·艾米丽娅的教学方法

b.课程规划

c.标准课程

d.幼儿个体特色

参与完整测验请登录网站 CengageBrain.com

课程评估

要确定课程的有效性有多种方式，而现今最有效的方法是进行评估。评估是观测或评价教育目标实现结果的方式。在幼儿发育迟缓和发育障碍的早期识别方面，评估是一种有价值的方法。它同时也是评定托幼机构质量和员工发展需求的重要工具。评估是一个持续的过程，它着眼于机构方案、教育目标以及课程。如果有需要的话，借助评估还可以对托幼机构教学方案的变更进行指导。参见图4-1。

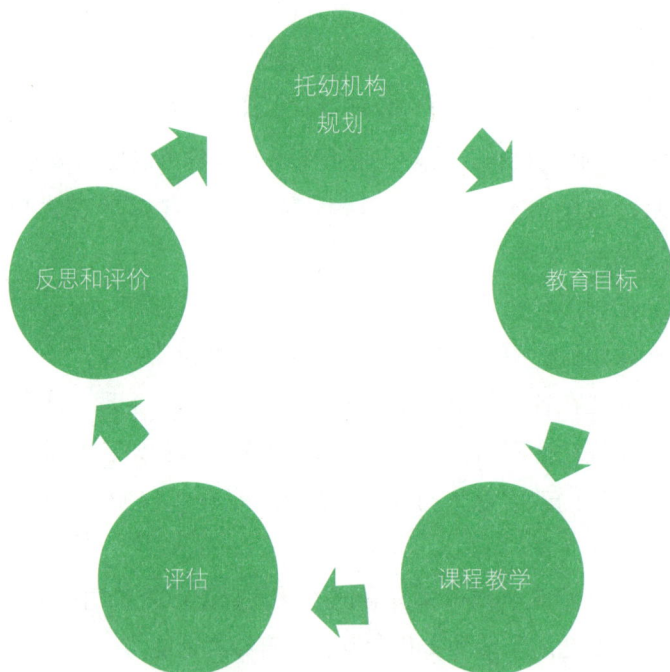

图4-1 监管、评估和鉴定目标的过程

如果课程的阶段目标提得很明确，那么评估结果的过程就会比较容易。课程的成效应该包括一些预期的行为。例如：

- 该幼儿完成了一个拼图。
- 该幼儿与其他人分享了一个故事。
- 该幼儿解开了他的毛衣扣子。
- 该幼儿将书籍放回了书架。

如果行为是清晰明确的，就可以得出一个结论评定该幼儿的表现。这个幼儿是不是总能表现出预期的行为呢？他必须要完成一系列的任务还是只要完成其中一部分？对于此类问题有如下的说明。

- 给出5张带有姓名的卡片，该幼儿识别出自己名字卡片的概率为75%。
- 让幼儿观察一些颜色，如黄色、红色和蓝色，该幼儿每次都能够正确辨认。

该评估过程还应该包括一个行为清单，那就是确定寻找目标实现的证明。在幼儿发展的社会领域尤其如此。教师应该在幼儿与其他人互动的时候观察这些行为，而不是在幼儿独处的时候。列出一个清单，写下在哪些情况下这些行为有可能发生是非常有用的。

不论评估选择哪种方法，它都将产生有价值的信息。虽然教师会专注于每个孩子本身，但他们也会更加了解所有孩子的能力。评估结果可能会迫使教师去改变他们的教学方式，并帮助他们更有效地对待个体儿童。当某一个特定的孩子的长处和弱点由此显示出来，教师可以通过计划课程来加强他的强项并弥补他的弱项。最后，如果教师深入了解了一个孩子的能力，他们能更准确地向家长汇报。大多数家长想知道自己的孩子在学校表现如何。具体的信息比笼统的说法更有帮助。

有些评估办法可能是有用的，但却可能不适合日常使用。教师很多时候没有时间对每个孩子进行复杂的评估。评估方法的选择应符合机构及其工作人员的条件。

观察与记录

在学前教育机构，使用最频繁的评估方式就是观察，或者是逸事记录。教师对幼儿行为的记录也构成评估的一部分。他们会将这些记录按需整理。记录下来的内容都是教师认为重要的部分，通常包括幼儿的行为和言语，有时候会包含教师对于幼儿行为的观察结论。

许多教师会选择按周来保存每个孩子的信息。另一些则觉得在这一星期关注一个组的孩子，而下一个星期关注另一组孩子会相对容易。在忙碌的一天当中，教师经常只有很少的时间坐下来观察，并记录发生的事情。就算是观察的频率不高，也能从中获得足够的信息，但是教师应该尽量避免从某个个体行为中得出结论。

逸事记录的不足之处是，只能记录幼儿行为和言语的片段，这样可能会对幼儿的行为有所曲解。另外，两个人观察同样一组行为也可能会得出完全不同的结论。但是随着次数的增加，教师会不断提升记录的准确性，在记录行为的选择上也会有更好的判断力。

在教师观察幼儿的过程中，逸事记录只是留存资料的形式之一。摄像机或录音机可以提供更多能永久保存的资料。尤其是在帮助一个有困难的儿童时，后两种方法更能发挥作用。教师可以打开机器，处理完事件之后再观察已经发生的事。另外，让其他人参与观看事件记录也能获得更多信息。

检核表

在评估幼儿能力方面，使用行为检核表是一个简单、快速的方法。它可以是一个全面的记录，包括幼儿发展的所有方面，也可以根据具体的特殊目标被相应更改。一个检核表可以包括一些不常用的项目，也可以包含一个完成程度或频率的评分表。

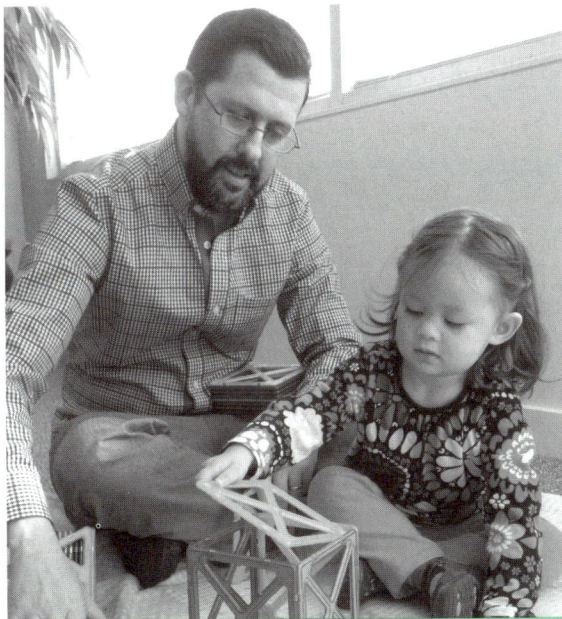

园长参与幼儿精细动作评估

naeyc

教学资源 视频案例 4.2

监测过程：使用过渡时间——在一个早教中心的教室

在视频中你会看到一个教师在评估幼儿的行为，而这个幼儿的阶段目标是学习形状和颜色。观看视频时请思考以下问题。

1. 教师在评估幼儿能力时使用了什么策略？请将它描述出来。

2. 教师会采取什么步骤来利用评估结果对以后的课程进行规划？

观看完整视频请访问网站 CengageBrain.com

目标：幼儿具备在多种学习经验中选择、维持的能力，并为之自豪。

根据实现目标所需要的预期行为，可以列出以下的行为清单。

表 4-3　幼儿行为检核表

活动	经常	有时	从不	无法观察
从三项活动中选择其中一个自发进行				
在帮助下能拼出 20 块拼图				
在没有帮助下能拼出 15 块拼图				
使用语言来表达自豪的感觉				
向他人展示自己完成的作品				

每个学校或托幼中心都要根据自身的目标制作相应的检核清单，可以借鉴其他学校的检查清单作为参考，但是应符合学校或中心的具体评估情况。应注意的是：清单不应该太长，以免评估人员到后面失去耐心随便勾画。要观察幼儿的行为并完成一张简短的评估表，显然比完成一份包含三四十个项目的检查更为容易。可以通过数份评估表来了解一个幼儿在一学年之内的表现情况。表 4-4 是一个托幼中心的评估表样本。

表 4-4　评估表

幼儿园评价清单

姓名：_____　　　　　　　　日期：_____ / _____ / _____

| 颜色辨认 | | 字母辨认 | | | | 会写姓名 |

颜色辨认
- □ 红　□ 蓝
- □ 黄　□ 绿
- □ 紫　□ 橙
- □ 黑　□ 棕

形状辨认
- □ 正方形　□ 圆形
- □ 长方形　□ 三角形

字母辨认
□ a	□ n	□ A	□ N
□ b	□ o	□ B	□ O
□ c	□ p	□ C	□ P
□ d	□ q	□ D	□ Q
□ e	□ r	□ E	□ R
□ f	□ s	□ F	□ S
□ g	□ t	□ G	□ T
□ h	□ u	□ H	□ U
□ i	□ v	□ I	□ V
□ j	□ w	□ J	□ W
□ k	□ x	□ K	□ X
□ l	□ y	□ L	□ Y
□ m	□ z	□ M	□ Z

- □ 会写姓名
- □ 知道家庭电话号码
- □ 知道家庭地址
- □ 小肌肉动作灵活
- □ 大肌肉动作灵活
- □ 在小组中专心倾听
- □ 积极参与小组活动
- □ 接受和尊重权威
- □ 提供好点子
- □ 遵从教导
- □ 合理利用时间
- □ 别人说话时能专心听
- □ 表达清晰且成句子
- □ 在操作和游戏中合作
- □ 爱护玩具材料
- □ 帮助打扫整理

可以数数至：_____

评论：_____
_____
_____

教师：_____　　　　　　时间：_____ / _____ / _____

时间取样

有时候，采用时间取样能帮助我们理解幼儿。可以按周期性的观察记录。语言发展、兴趣持续性以及攻击频率这些都适合采用时间取样的方法。如果教师想知道幼儿进行某一项活动能坚持多长时间，在观察的总时长为半小时或45分钟里，可以每隔5分钟取样一次。在这段时间里，教师可以观察到幼儿更换活动的频率。相比记录幼儿花在每个活动上的时间，这种方式能让教师更好地了解幼儿的兴趣持续程度。

档案记录

在评估幼儿的发展方面，档案是另外一种记录方式。小学教师以往会通过家庭作业或课堂作业来判断幼儿的能力。在学前班或托幼中心，也可以使用类似的方法。教师可以保留幼儿的美术作品。随着幼儿的发展，他们开始学习写自己的名字或数字，这些作业材料应该被保留下来。另外，还有搭积木的这些个体行为的照片，也可以被留存在一个文件夹当中。如果可以使用摄像机，幼儿游戏的短视频也可以作为有价值的记录。

家长访问

家长是关于幼儿发展的绝佳信息来源，这些信息同样也应被纳入评估当中。可以制定一个简短的问卷表，包含一些可以用"是""否"或简单句子来回答的问题。问题应该是具体的，例如"您的孩子可以辨认自己的名字吗？"或"您的孩子言语是否清楚，能不能说一个完整的句子？请举个例子。"

与幼儿家长或监护人面对面交流能获得更多信息。在会议上，教师能比较幼儿在家和在学校的不同表现。幼儿在不同的环境下的表现有时会有差异，而相比只看在学校的表现，这些差异能为他们的发展研究提供更多线索。更重要的是，与家长的面对面交流能够使幼儿的发展目标更明确，并让人更清楚地判断这些目标是否已经达到了。

标准化测试

用于评估幼儿发展的测试已经被专门开发出来。那些由专家开发的测试通常是用于各种不同背景的儿童，而这类测试则更多情况下是用于评估标准教育机构当中幼儿的发展情况。这些测试必须符合技术、文化和幼儿发展的要求，并能提供标准教育中儿童发展5个方面的结果信息。考虑到使用这类测试的机构的性质，教师应该确保它们的有效性。机构在提升实践、教学方法和服务方面，都应该将测试结果考虑在内。

从有信誉的公司选择标准化测试——并接受阐释和管理指导——这种方法至关重要。

不幸的是，这些测试还存在一些缺点。首先，管理可能不便并且耗费时间。教师很少有时间单独与每个孩子待一小时。其中一些测试还要求测试人员经过特殊培训或者是一个心理学家。很少有学校会有这类员工或者花钱聘请一个。

以下原则可以指导测试的合理使用。

- 所有托幼机构的标准化测试都必须可靠且有效，并符合根据美国教育研究协会（America Educational Research Association）、美国心理协会（American Psychological Association）和美国教育管理委员会（National Council on Management in Education）设定的发展测试标准。

- 涉及影响幼儿的重要决定，如注册、留在机构或分配到班级，都绝不能只基于某个单独测试的成绩。

- 教师和管理人员都有责任批判性地评估标准化测试以确定是否达到了预期的目标。他们也必须充分掌握测试的相关知识，并准确和谨慎地将测试结果解释给家长、学校的工作人员和媒体。

- 选择标准化测试来评估一个机构必须基于这个托幼机构的理论、理念和目标。测试人员必须是有经验的并对幼儿发展需求敏感的教育人员。另外，这些教育人员必须具备相关资格。在大多数的托幼中心，测试人员必须是管理者，而在学前幼儿园或开端计划机构，则可能是由具备资格的教师来担任。如果这些机构没有人员具备资格，那么必须聘请外部顾问。对幼儿进行测试需要认识到个体的差异并对此保持敏感。

评估结果

一旦收集了一个幼儿的足够信息，教师就应该将这些材料按目标进行分类整理。例如，如果幼儿的发展目标分为三个领域——生理、认知和社交／情感，那么这些材料就要按照具体内容分别归在这三类当中。教师应该将从各渠道收集的信息进行总结概述，并反思哪些工作做了，哪些没做，以及哪种实践或材料对机构或对幼儿的发展是有利的。这些总结的信息和反思结论，无论是对机构今后的方案还是安排幼儿的活动来说，都是非常有用的。详细过程可以参考图4-1。

明确的目标或结果，以及有效的评估过程，可以让一个托幼机构成为典范。然而，无论是总目标或阶段目标，都不可能在短时间内形成或制定，需要思考、计划以及有效的合作来获得有价值的结论。

评估孩子的能力来帮助设计一个既能支持幼儿又有挑战性的课程

制度和步骤

制度是为了满足相关许可法规、州立法规和联邦法规以及其他机构对幼儿看护质量的标准要求而制定的。制度提出了一个目标，并对于如何实现这个目标给出了指导方向。制度回答四个问题：（1）应该做什么？（2）过程是怎样的？（3）谁负责确保这个过程的有效进行？（4）时间参数或局限性是什么？（Aronson，2002）。问题（2）（3）（4）都是关于过程步骤的，对于制度目标的实现，需要具体的策略。

制度可能是由某个管理机构制定的，如公司、教会董事或董事会，它需要确定宗旨或观点立场。具体的制度可能还来自州政府、当地政府或者联邦政府。很多情况下，制度可能只回答前两个问题，需要做什么，以及过程是怎样的。后两个问题涉及谁承担责任，而时间限制则可能由园长在机构现场决定。园长在制定制度的同时，也要考虑到让其符合外部标准，他不仅仅是制定制度，还要负责整个施行过程。

制度的建立应该是基于重要的标准，保证机构以一种安全、健康的方式运营。制度应该陈述清晰，并包括任何可能存在的指导大纲或限制。适用的话，应该要给出交流方式的建议。例如，在有传染性疾病的情况下，园长应该要通过电话或电子邮件的方式通知公共卫生部门，并用书面通知或电子邮件告知家长。制度还应该反映附录 A 中职业道德标准的内容。

制度的很多项可能来自外部资源的要求，表4-5是一个典型的托幼机构制度列表。让我们看看一个控制感染性疾病的制度可能是什么样的。一个托幼机构当中关于洗手可能会有以下步骤。

幼儿园洗手制度和步骤：

必须经常洗手，以防止细菌感染和疾病蔓延。

教师和幼儿在下列情况下必须洗手：

- 进入园所；饮食前后；使用洗手间之后以及更换尿布之后；打喷嚏或咳嗽，或使用了卫生纸；跟宠物玩耍后；使用沙箱或水桌前后。

教师在下列情况下必须洗手：

- 清洁打扫后；准备食物前后；处理被幼儿用嘴接触过的玩具之后；以及对幼儿使用药物前后。
- 洗手时间至少要持续 20 秒。在洗手之前就要准备好擦干的纸巾。
- 使用自来水（最好是温水）和洗手液，并用两只手互相搓洗，手指缝和指甲也要清洗。用自来水将手上的泡沫冲洗干净，并用纸巾擦干双手。用纸巾垫着手关上水龙头，然后将其丢弃。

制度及其程序回答的是关于制度的四个问题，我们还要问什么时候制定一个制度。

当一个托幼机构的制度和与之相关的程序都很明确的时候，园长管理这个机构的任务就更好定义了。制度提供的是一个机构运营的参数。在需要做出决定的时候，它也是一个很好的参考工具。在一个托幼机构的制度和宗旨、使命陈述、愿景声明以及总体目标都清晰的情况下，再借助美国幼儿教育协会的道德行为准则，就更容易做出一致、公平的决定。这些决定也经得起考验，因为制度已经提前写明了。

表4-5　反映地方政府、州立政府或联邦政府许可要求的制度

- 设施方面的问题，如害虫防治或设备管理。
- 急救和心肺复苏。
- 通过卫生措施控制感染。
- 预防儿童虐待。
- 管理人员、教师和其他员工的工作准则。
- 不满投诉。
- 幼儿年龄以及园所开放时间。
- 食品安全卫生，以及其采购和生产。
- 消防安全，包括消防演习。
- 灾难防护计划，逃生演习以及防护计划实施。
- 保密制度。
- 在企业型托幼中心里的企业政策。
- 安全措施，包括入所和出所的登记。
- 记录幼儿全天的行为。
- 教师－幼儿比。
- 教师资格。
- 道德行为。
- 实地考察。
- 纪律。

制度和程序手册

制度和程序要对应用对象保持开放。托幼机构的员工政策要包括一份美国幼儿教育协会道德行为标准，以便员工能够完全理解道德行为的具体内容。这些制度需要包含在员工手册中，使员工明白在哪些条件下该如何操作。例如，如果制度中有一条是隔离生病的员工，那么员工在生病的时候就应该待在家里，带病上班就是违反了条例。违反制度的后果也应包括在其中。员工手册的其他制度包括但不限于：工作描述和资格认定，假期和病假，

naeyc 休息，虐待儿童报告，绩效评估和解雇人员。

托幼机构应该对每个幼儿家庭都提供一份相关的制度复件，其中包括会影响到儿童，也会影响到家庭的所有制度。家庭手册中还应该包括一份美国幼儿教育协会的道德行为标准，这样家长们才能更全面地理解托幼机构所倡导的核心内容。家庭手册要让父母们理解机构的日常操作，如日常惯例等。在幼儿注册入所的时候就要将家庭手册分发给家长。在机构的网站上应贴出手册内容并在显眼的地方放一份纸质复件，如机构进门大厅的桌上。如果家庭手册中的一条是隔离发烧生病的儿童，那么手册中就会详细说明，如果家长带一个体温超过38.3℃的孩子来所，这个幼儿就会被立即送回家。虽然家长可能要上班，但是制度明确指出为了防止感染，发烧的儿童不能留在中心。寻找一种可替代的幼儿看护是家长需要解决的问题。无论是园长还是教师，将一个明显生病的幼儿送回家，家长不能因此让他们处于尴尬的境地或找他们的麻烦，因为这种情况下让孩子待在家里首先是家长的责任。家庭手册中的制度可能包括但不限于：疾病免疫，传染性疾病和隔离，入所和出所，以及伤害报告。

可能还会有一个园长的管理手册，这对有董事会的机构、企业型的托幼机构、开端计划或者学校或教会的附属机构来说更有需要。此手册只提供给董事会、园长或管理者。它会包括来自政府机构的相关信息，并可能对机构产生某些影响，例如当地的许可法规、社保信息、招聘标准，以及有关机会平等委员会（Equal Opportunity Commission）的信息。管理手册可能还包括一些业务信息，如保险、预算、招聘、选择和员工定向等。如果该托幼中心是属于联邦政府资助的儿童及成人关怀食品项目（Child and Adult Care Food Program，CACFP），那么相关的信息和流程都应包括在内。管理者手册也应包含一份美国幼儿教育协会对于机构管理者能力要求的复件。

制度及程序的重新评估

制度和程序的监测和评估有助于机构在限制范围内运营，并获得最佳的实践成效。制度和程序应使用类似于图4-1的评估方法定期审查和评价。园长及董事会或有关的管理机构，可以**naeyc** 每季度或每半年进行一次评估，并根据这些管理机构所设置的参数对机构进行必要的更改。

自我测验

一个托幼中心的园长已经决定了谁去实施一个制度，却没有确定如何去实施。这个政策可能是：（　　）。

a. 以幼儿发展为中心

b. 联邦政府授命的

c. 家长要求的

d. 员工提出的

参与完整测验请登录网站 CengageBrain.com

小 结

每个早教机构都有自己的特点，反映在他们的理念、使命陈述、愿景申明和目标当中。理念是一个人、一个群体或一个组织所持有的思想、信仰和价值观的提炼，并表达在愿景申明中。使命陈述则反映了三个方面的内容：（1）关于幼儿如何学习的设想；（2）机构规划者和家长所持有的价值观；（3）教育理念和学校功能。

目标提出是随时间发生变化的。个人或委员会都可以制定目标。编写目标首先要理解一个机构的愿景和使命，它们作为目标的基础，凸显的是幼儿在经学校教育后的行为改变的结果。

教师会使用阶段目标来计划幼儿的日常活动。阶段目标可以被看作实现最终目标的步骤或路径。教师先写下对于幼儿行为的最终预期，然后列出通向这个预期的所有步骤，它们就成了阶段目标。

一个阶段目标确定下来，就可以设计可实施的整套课程，课程应：

- 给幼儿足够的机会去练习实践。
- 让幼儿感到满意。
- 确定幼儿有这个发展能力去实现目标。
- 提供选择。
- 允许幼儿重复熟悉的经验。

如果已经建立了一个评估标准，那么评估过程就会变得相对容易。评估方法包括观察、检核表、家长会谈、时间取样、标准化测试、儿童作业收集。每个孩子的成长结果可以压缩成一个简要的文件包，包括该幼儿在每个特定时期的发展剪影。这个文件可以用于该儿童今后的个体发展计划，也可以在鉴定其他儿童是否发育迟钝上作为参考。

案例研究

温蒂是一位老师，同时在几个托幼中心工作，这些中心都属于一个大型的托幼公司。这个托幼公司的广告强调"学术"的方法，宣传在这类中心注册的幼儿2岁就能开始读书。温蒂一直同意严格的学习方法，但也开始相信会有一个更好的方法来帮助幼儿学习。她在当地的社区学院学习了一个课程，并参与了好几个关于儿童看护的会议，因而开始转变想法，并决定找一份新工作。

第一个面试她的人是艾丽西亚，一所私立幼儿园的园长。在她们参观教室时，温蒂注意到，孩子们都忙着参与一个艾丽西亚所说的"亲身体验"的新兴课程。温蒂被介绍给教室里的一个志愿者家长。这个母亲告诉温蒂，她的儿子对于上学很兴奋并学会了很多东西。温蒂和艾丽西亚谈论她们不同的教育方法，温蒂觉得自己可能不会被雇用，因为她的教学方法跟艾丽西亚的如此不同。

1. 如果你是艾丽西亚，你会雇用温蒂并希望她能适应你的教学理念吗？

2. 为了判断温蒂是否适合你的学校，你会问些什么问题？

3. 你会做些什么来帮助温蒂适应你的方案？

学生活动

1. 复习本章开头列出的一个学校的使命陈述，为这所学校写出 3 个课程目标，在列出这些目标的时候，请描述幼儿实际会经历些什么。

2. 请写信给 4 所不同的学校，或者直接去参观它们：一所企业型托幼机构，一个私立中心，一个开端计划机构，一个商业赞助的幼儿看护中心。获取一张各个学校的目标清单，并询问他们是如何制定目标的。这几份目标清单有相似之处吗？差异的原因是什么呢？

3. 列出一组年龄为 4 岁的儿童的发展目标，就这个目标写出 3 个阶段目标。

4. 使用其中一个阶段目标来计划 5 个不同的幼儿活动。

5. 请讨论在学校目标制定方面，家长的角色是什么？

复习

1. 请说出早教机构的理念、使命陈述、愿景声明的定义。

2. 目标和阶段目标的区别是什么？

3. 本章中讨论了制定目标的方法，是哪 3 种？

4. 目标是如何实现的？

5. 请说出本章中讨论的 5 种幼儿发展结果。

6. 最常用的目标成效评估方法是什么？

7. 请说出使用标准化测试来评估幼儿的发展这种方法的缺陷。

8. 从家长会谈中可以获得关于幼儿发展的什么信息？

9. 请描述一下时间取样这种观察记录方式。

10. 一个幼儿的发展概要文件应该包括些什么信息？

有用的网站

免责声明：本书中列出的网址旨在为您提供方便，不做推广。

http://ecap.crc.illinois.edu

http://montessori.org

http://www.iamyourchild.org

http://www.reggiochildren.it

更多与管理相关的资源——包括教学资源视频、与每章内容有关的网站链接，教学测验，词汇卡等——请访问本书的教育伴侣网站 CengageBrain.com。

第五章
计划：婴儿—学步儿

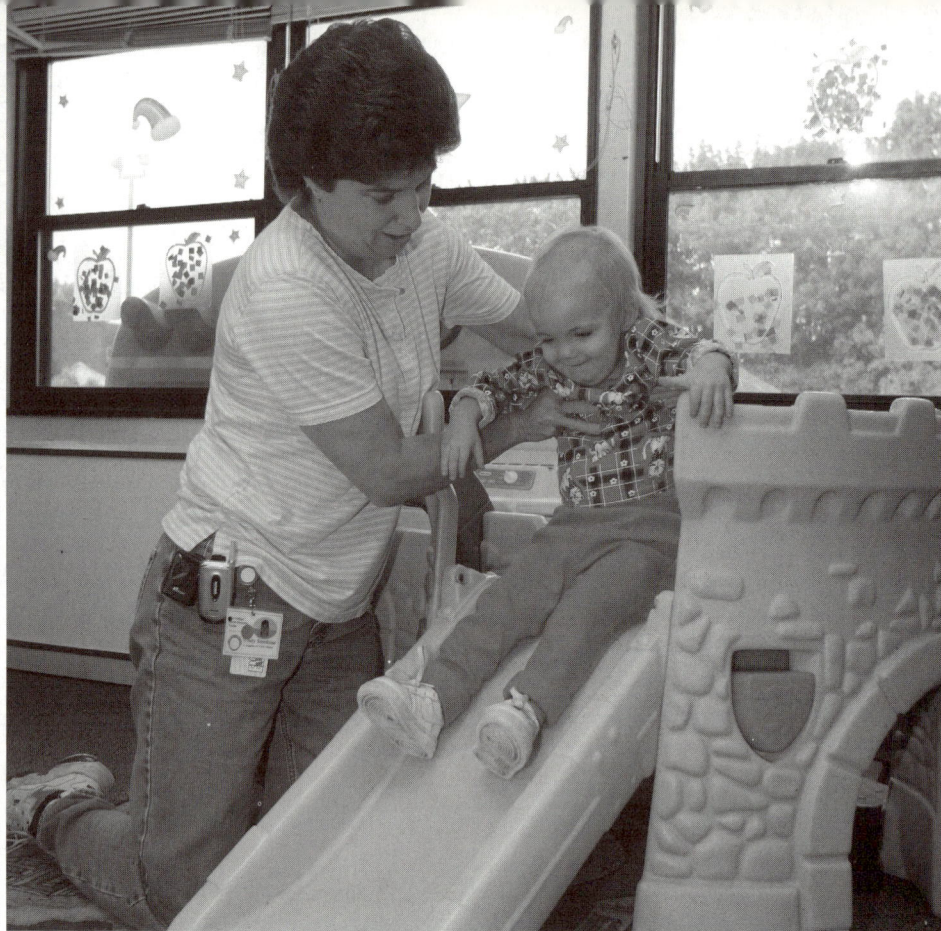

目的

阅读完本章内容，您应该能够：

· 识别婴儿—学步儿（0~2岁）的发展阶段特点。

· 列出婴儿—学步儿的发展适宜性方案的要素。

· 说出婴儿—学步儿的看护环境应该包括的要素。

· 解释最近的大脑发育研究结果，并说明它可能通过什么方式用于婴儿—学步儿的护理实践当中。

· 列出接收有特殊需求的儿童需要做出什么样的适应。

· 说出婴儿—学步儿看护者的特点。

naeyc 标准

本章中涵盖的NAEYC标准如下：

标准1：促进幼儿的发展和学习（1a，b）。

标准2：建立家庭与社区的关系（2a，b）。

标准3：通过观察、记录和评估来支持幼儿及其家庭（3b，d）。

标准4：使用有利于发展的方法来与儿童及其家庭建立联系（4a，b，c，d）。

标准5：使用本章的内容来创建有意义的课程（5c）。

标准6：成为一个专业人员（6b，c）。

一个雇主赞助机构的园长一天的生活片段

我给孩子们看了很多秋天的水果、蔬菜还有叶子，鼓励他们去辨认颜色。在小组时间，一个两岁的孩子很兴奋地告诉我说烂瓜是橙色的。为了让他正确地使用语言，我纠正说这是个南瓜，他说："是的，烂瓜。"

我重新纠正他："南瓜。"他说："我听到了，烂瓜。"

当他妈妈来接他的时候，他兴奋地跑向她，把她拉过来看水果蔬菜。他对她说："烂瓜，烂瓜。"她妈妈则回答说："是的。"——她看到的是一个南瓜。

关键词

情感　感觉运动时期　婴儿—学步儿发展适宜性方案　信任与不信任
社会心理领域

越来越多的父母把他们的正在婴儿或学步儿时期的孩子放在托幼机构，这样他们才能工作。对于优质婴幼儿托管的需求日趋增长，但提供服务的机构却非常有限。对托幼机构来说，增加一个婴幼儿托管的项目，计划人员必须要了解两岁以下婴幼儿的特点。本章将会提供一个婴幼儿发展阶段的概述，然后描述发展方案。最开始是关于大脑研究的简要论述，这会在很大程度上增加我们关于儿童是如何学习的知识，然后是婴幼儿护理实践的讨论。

大脑研究

过去十年的研究发现，人类的大脑是一个复杂和高度集成的器官，其发展结果来自儿童的心灵与周围环境的互动（Gage，2000）。"婴幼儿的大脑是我们能看到的有史以来最了不起的、最强大的学习机器。"（Gopnik，Meltzoff and Kuhl，1999）

美国幼儿教育协会在《重新思考大脑：早期发展的新洞察》(Rethinking the Brain: New Insights into Early Development)（Families and Work Institute，1996）这本书中，早期神经科学的研究成果被介绍给了幼儿教育界。其中有 5 个主要的发现，无论对我们理解婴幼儿，还是对看护实践来说，都会有潜在的影响。下面则是这 5 个发现的简要介绍。

发现 1：情感驱动学习。情感能力在所有其他的发展领域为成功奠定了基础。通过关系培养，我们可以帮助幼儿在情感上建立起安全感并较好地支持他们的学习和发展。

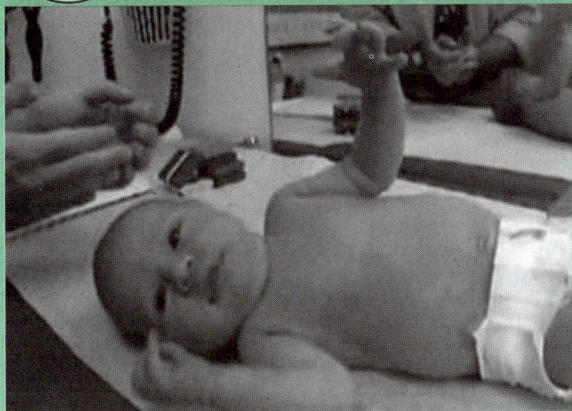

教学资源　视频案例 5.1

婴幼儿时期：大脑发育

你将在视频中看到脑细胞（神经元）的特点，以及大脑区域是怎样控制特定行为或情绪的。观看视频时请思考以下问题。

1. 在大脑发育中周围环境扮演了什么角色？

2. 大脑左右半球的不同功能是什么？

观看完整视频请访问网站 CengageBrain.com

发现 2：大脑发育是先天和后天共同作用的结果。基因和经验之间复杂的相互作用对大脑发育产生深远的影响。研究发现显示了环境是如何深层次地影响大脑的结构和能力的（Goleman，2006）。戈尔曼表明："我们 70% 与基因有关的部分是环境经验作用的结果。"

发现 3：经验和重复加强了连接的过程。在生命的早期，大脑的主要任务就是连接神经元。无数的连接记录了我们学习的一切。此外，神经元数量的增加是丰富的经验、环境和互动共同作用的结果。

发现 4：大脑的发育有"机会之窗"。我们现在知道，大脑的发育并不是线状的。事实上，某些时候比其他时间更有利于大脑学习某些技能。对于所有正常发展的儿童来说，这些"机会之窗"是一样的，积极的体验会强化它（Bower，1998）。

发现 5：早期关系影响大脑的"连接"。婴幼儿在他们的生活中依赖重要的成年人。尽管婴幼儿在生理上可以思考、感觉、联系和移动，他们还是依赖于与成人的互动来培养这些技能。根据丹尼尔·戈尔曼（Daniel Goleman，2006）的说法，高效的学习是多种因素共同作用的结果，一个充满爱的氛围能够支持他们的成长，而压抑的氛围会抑制其发展。

大脑研究的启示

神经科学的研究发现已经影响到婴幼儿的看护实践。我们越了解婴幼儿强大的学习能力和敏感关系的重要性，我们婴幼儿看护的责任就越重。根据这些发现，婴幼儿看护机构可以变更他们的方案，并让护理实践更加适应大脑发育的需求。如下两个最新研究结果已经对我们的工作产生了影响（Schiller，2010）。

研究结果 1：触觉与更高层次的思考有关。基于 15 年研究的结果，研究人员得出，触觉负责把抽象的概念化为具体的经验。此外，实践探索有助于抽象思维的理解和其他更高层次思维技能的学习（Cabrera and Cotosi，2012）。

研究结果 2：音乐对于语言的发展至关重要。研究得出结论，在大脑中，音乐与语言相关的区域是重叠的，它们就像是父母一样积极工作（Deutsch，2010）。随着孩子的成长，音乐支持发展沟通技巧、建立关系和学习阅读。

> **自我测验**
>
> 在一个日托中心，那些还不知道如何走路的孩子在户外游戏时间只能坐在婴儿车内，并且无法探索外部环境。根据最近的研究发现，这些孩子并没有发展最终所需的什么技能：（   ）。
>
> a. 学走路
>
> b. 用一种开放自由的方式与其他人接触
>
> c. 理解抽象思维
>
> d. 欣赏自然环境
>
> 参与完整测验请登录网站 CengageBrain.com

婴儿—学步儿的发展

对于大多数幼儿，可以通过普通的发展模式预见他们的成熟。幼儿在学会走路之前先学会爬，在学会说话之前先能理解一些单词。理解这个发展模式，就可以预测一个正常的儿童接下来的发展。

但这并不意味着所有的幼儿都遵循一个精确的发展模式。因此，不仅要理解普遍的儿童发展规律，还要意识到每个孩子的独特性。孩子们都有他们自己成长的时间：每个孩子的各个发展阶段所占的时间比例都会不相同。他们有不同的方式来接触新的事物和与其他人互动。在计划一个方案的时候，需要考虑到每个孩子可能的特殊需求。

对于婴幼儿来说，从出生到两岁这个时期所发生的变化是惊人的，比儿童任何阶段的发展都要迅速。在这两年期间，幼儿从一个完全无助的状态发展到能够自由行走，并能够用手够得着成年人一半身高的高度。到两岁时，他们已经学会为自己做事情。他们开始与其他人沟通他们的需求、想法和感受。通过探索，他们开始理解周围的世界，下面是整个发育过程的特点概述。

婴幼儿时期的大脑有最强的发育能力，这个时期所建立的连接能够影响一生的发展。研究表明，某些类型的学习会在一些关键期进行。在 2 个月和 8 个月的时候，与视觉有关的神经元最为活跃，而与言语相关的神经元则在 6 个月的时候最活跃。在出生时，幼儿就有多余的神经元。当与成人积极互动时，他们的大脑受到刺激，造成神经元突触生长，联系得到加强。持续使用的突触会一直存在下去，而不被使用的突触则会萎缩消失。所以，如果婴儿获得适当的刺激，他们的学习能力会得到增强。

两岁以下的幼儿通过他们的感官感知周围的环境来学习。他们品尝、触摸、看、听和闻他们所接触到的任何东西。皮亚杰将这一时期称为感觉运动时期。即便是不能移动太远的婴儿，也会使用他们的感官感知周围的世界。他们会长时间盯着对象、参与成人的说话，用手臂触碰周围的东西。当他们开始爬行时——大概是在 5 到 12 个月的时候——他们的探索范围变得更广泛。

蹒跚学步的幼儿继续使用他们的感官来探索周围的世界。然而，他们也开始认为符号具备意义。他们将自己的各种感官经验结合起来，并对他们所学到的东西得出新的结论。

托幼机构设计婴儿—学步儿方案的时候
需要了解2岁以下婴幼儿的特点

他们记得一些过去的事情，可以模仿以前的经历，甚至想接下来会发生什么事。通过这种方式，他们开始积累和组织他们关于世界的信息。他们的运动技能以一种有序的方式迅速发展。在最初的几个月，婴儿可以抬起他们的头，然后翻身。慢慢地他们可以坐着，再能够爬。大多数孩子在 1 岁的时候迈出他们的第一步，在两岁的时候能够走和跑。接下来他们能够使用手臂、手和手指。最初，他们的手臂运动是随机的，然后他们可以用手臂去触碰一个物体。当他们第一次抓住什么东西的时候，会很笨拙地用整个手去握住，之后再学会用手指灵巧地捡起小物件。

婴幼儿学会信任自己和他人。埃里克·埃里克森（Erik Erikson）将这个阶段（从出生到大约 1 岁的时间）称为"信任与不信任"。埃里克森注意到，通过重复的经验，婴儿会意识到，成年人会在他需要的时候在他旁边，并会提供食物和温暖、舒适的环境。这种结果会让婴儿信任外面的世界。当成年人并不总是在旁边或者不能够持续回应需求的时候，婴儿就会产生一种不信任感。随着信任感的增加，

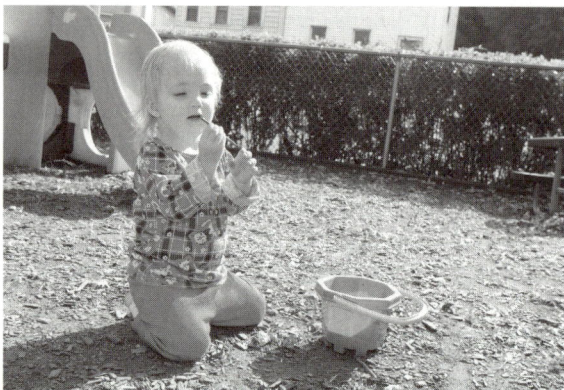
婴幼儿通过他们的感官探索世界

婴儿会发展一种自我的安全意识。满足其需求会让婴儿意识到自己的价值，这个是后来的自信和积极的自我形象建立的开始。当他们进入蹒跚学步的阶段，一种安全的自我意识会使他们采取"自主"的行动，并在必要时向成年人寻求安慰。

婴儿—学步儿发展亲密的关系。 以前，人们认为婴儿只会与母亲建立紧密的关系，而最近的研究表明，婴儿能够与几个人形成类似的关系。最紧密的关系当然是与父母。关系是儿童个性发展的一部分，它为他们提供了一个安全的避风港来探索周围的环境。当婴儿与最亲密的人在一起的时候，如父母或看护者，他们感觉最舒服也最自在。在9个月左右，很多婴儿在与父母分离的时候会表现出焦虑。当他们被迫离开看护者时会哭闹纠缠。在接下来一年左右的时间，护理人员的主要任务之一是管理他们的焦虑情绪。

随着与父母的分离，婴幼儿会越来越有自我意识。他们认识到自己是有能力和技能的独立的人。他们知道力量来自于获得回应，并发现他们能够依靠自己做一些事情。这些认识的组合形成了他们的自我意识，由此开始了一个长达一生的发展和提升他们"身份"的过程。

在最初的两年时间里获得胜任感和独立性。 随着幼儿控制自己身体的能力增强，他们会获得一种不断增长的掌控的感觉。他们能做的越多，会觉得自己越有能力。对于学步儿来说，在一段时间里，他们会经常说"我自己做"。这是他们说"我能"以及表现独立的方式。他们会经常专心致志地完善自己的技能，并可能对任何试图引开他们注意力的方式表示厌恶。他们努力去独立自主，包括学习控制排泄。在第二年，随着学步儿自我意识的增强，他们开始预测需要小便或大便。很快，他们能够控制住自己的括约肌足够长的时间，直到到达厕所。

第二年他们开始学习语言并迅速发展。 婴幼儿通过哭或咿呀声来交流，家长或看护人员学着解释他们的各种哭法。然而，幼儿直到第二年才有能力确切地告诉其他人他/她需要什么。随着言语的出现，幼儿就可以开始表达自己并发现文字的力量。

婴儿—学步儿学习与同伴相处。 两个坐在地上的孩子会专心地看着对方。他们会向彼此移动，然后用手掌拍或用手指戳对方。他们需要很长的时间来认识到，对方也是有感觉并能够做出反应的人。

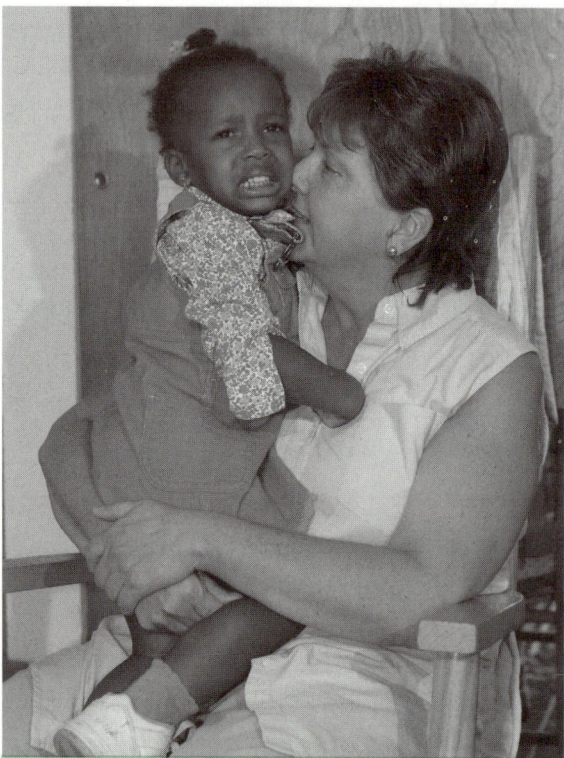
婴幼儿在与父母分离的时候会表现出焦虑

在接近两岁的时候，他们开始短时间地在一起游戏，但是，在一年之内无法完全发展分享和合作的能力。

> **自我测验**
>
> 一位看护者与 6 个月大的孩子玩捉迷藏的游戏，每次当看护人员露出她的脸时，孩子都会笑。当幼儿把注意力从看护人员身上移开时，看护者就会停止游戏。看护人员是在教幼儿：（　　）。
>
> a. 日常惯例
>
> b. 将游戏融入生活的重要性
>
> c. 关系
>
> d. 自我安慰
>
> 参与完整测验请登录网站 CengageBrain.com

婴儿—学步儿发展适宜性方案的特点

目　标

婴儿—学步儿发展适宜性方案是建立于所服务的幼儿的生理、情感、社会和认知能力的基础之上的。目标是活动规划的指导，让孩子自由地探索周围的环境，并通过他们所有的感官获得信息。目标应该包括常规护理——与幼儿互动，促进信任和依恋，以及语言和其他学习的发展。在为婴儿—学步儿制定目标时需要考虑的一些问题包括：

1. 目标反映了当前婴儿—学步儿的发展研究吗？
2. 目标符合发展适宜性吗？
3. 目标考虑了婴儿和学步儿独特的学习方式吗？

> **小资料**
>
> 《婴儿和学步儿早期学习指南》（"Early Learning Guidelines for Infants and Toddlers"，ELG/ITS），一般有多种名称，如早期学习基础、发展标准框架、学习链、基准和进步指标等。2013 年，美国超过半数的州已经采用了这样的标准，其他州则在积极研发。州与州之间的方针差异很大，但基本上都是对婴幼儿发展的预期描述，即他们应该知道什么和在某个特定的年龄范围内具备什么能力。
>
> 来源：Zero to Three (2008) Early Learning Guidelines for Infants and Toddlers: Recommendations for States，http://www.del.wa.gov/publications/development/docs/ZerotoThree_guidelines.pdf。

与看护人员的互动

婴儿—学步儿发展适宜性方案应能够在婴幼儿与看护人员之间产生回应性的、尊重和互惠的相互作用。在婴幼儿生命的最初几个月，他们通过与看护者持续的互动来了解自己和他人。要产生这种互动，小组的规模一定要小（不超过12人）；要维持一个较高的师幼比。典型的比例是一个成年人负责3到4个孩子，最佳的推荐实践比例是1：3。要维持这个比例，需要有足够数量的工作人员，这会增加托幼机构的支出，但它保证了高质量的幼儿看护。

给3到4个孩子分配主要看护人员也是相关的最佳实践。这个主要看护者会第一时间负责那些幼儿的需要。当主要看护者忙于喂养其中一个孩子或者给他换尿布时，其他成年人可以分担这个组成员的其余责任。每天的步伐应该是缓慢的，适应幼儿而不是成年人的需求。要有时间怀抱婴儿并了解每个婴儿表达不适的方式。悠闲、灵活的时间安排能够允许婴儿按照自己的节奏探索周围的环境。此外，要让婴儿有时间慢慢调整适应新的情况，并逐渐学习预测下一步。

看护人员回应婴儿的方式是很重要的。"同步"这个词是用来形容回应婴儿需要的双向互动。婴儿咿呀学语，成人则做出回应。成人逗弄婴儿，婴儿笑了。婴儿转移了兴趣，成人则安静地等待婴儿再次表现出兴趣，然后再做出回应。从这些有趣的互动当中，婴儿学习与他人建立关系——如何去维持关系以及适当地收回。他们还学习如何让其他人回应他们的愿望，以及如何回应自己。

随着学步儿能力和独立性的发展，他们与看护人员的互动也在改变。他们有时会远离他们的看护者去探索周围的环境，并可能不时地回来寻求安慰和鼓励。他们会测试自己新的能力，自己尝试新的任务，有时甚至拒绝成人的帮助。在这段时间，成人经常听到的词是"不"和"我自己做"。不过，当他们的行为变得危险的时候，他们也想知道成年人"设限"的安全范围。

婴儿在学习与同伴相处

日常工作

看护人员花费大量的时间在日常工作上：换尿布、清洗、穿戴、喂养。幼儿需要有自己的时间安排，也不是由成人强加给他们。每个常规活动都应该被视为整体课程不可或缺的一部分，因为对于婴儿和学步儿来说，玩一个玩具或搭积木和看一本书同样重要。当看护人员将全部的注意力放在孩子身上时，他们可以满足婴儿对于安全感、关注和亲密的需求。当成人在给婴儿换尿布的时候告诉他们现在在做什么，下一步要做什么，他们就是教给婴儿现在和未来的概念。当幼儿学习预测下一步时，他们就开始了通往逻辑思维这个漫长过程的第一步。看护人员可以通过谈论现在发生的事情将此简化，鼓励幼儿的合作，例如，说："抬起你的屁股，这样我可以放上干净的尿布。"

家长参与

　　父母把他们的孩子放在托幼机构会产生一定的焦虑，为了缓解这种焦虑，他们也需要参与幼儿的看护。一些家长会有很强烈的负罪感，而另一些家长则害怕孩子不再依赖他们。他们还担心其他人不能像他们一样回应孩子的需求，因而会经常感受到一种分离的焦虑。

　　家长们有时还要面对其他不舒服的感觉。一方面，如果他们的宝贝与其他孩子相处得很好，并在他们离开时没有大惊小怪，父母们也可能会感到被排斥在外了。另一方面，如果父母离开时孩子哭闹，他们又会觉得不安。嫉妒看护人员或与他们竞争的感觉也常常出现。如果将其置之不理，这些感觉可能会变成投诉和不满。

　　如果家长和看护人员能够合作，并在相互信任的基础上发展一种密切的工作关系，那么，许多这样的问题是可以被预防或减轻的。家长和看护者之间良好关系的产生都是基于对每个幼儿生命的重要性的理解。这需要双方的沟通和合作来促进幼儿的最优发展。对家长和看护者的要求如下。

- 看护人员意识到父母是幼儿生活中最重要的人。
- 工作人员创建一个包容的环境欢迎家长的到来。
- 看护人员和家长通过日常对话、便签、电话或会谈来进行频繁的交流。
- 看护人员在育儿实践中对文化差异保持敏感。
- 家长和工作人员进行讨论并使用交互的方式来管理幼儿发展的重点变化，例如如厕训练等。

依恋和分离

　　婴儿—学步儿发展适宜性机构应促进幼儿对看护人员的依恋。促进依恋和缓解分离焦虑是幼儿头三年的主要任务。依恋是一个人与另一个人之间的情感纽带，并会随时间持续下去（Ainsworth，1978）。婴儿的第一个依恋对象是父母，但可以在与看护人员的持续接触中发展第二种依恋。在幼儿看护机构中，这种安排是为了让婴儿在离开父母时感觉到安全和放松。

看护人员对婴幼儿的交流方式保持敏感

naeyc

发展依恋可以通过常规的看护活动，如保持目光接触、触摸、怀抱、互动和言语反应——当成人真正关注幼儿的时候。如果婴儿需要安慰，成人应该通过拥抱、怀抱、抚摸来回应以表示他们的关注，并在婴儿饿了、烦闷无聊或者需要休息的时候做出回应。

婴幼儿与成人之间的依恋只能在持续的日常接触中产生。随着依恋的增强，与父母的分离也变得更容易，但对于婴幼儿来说仍然是很困难的。当孩子哭闹或缠着父母不放的时候，他们是在表现出他们的依恋。当他们被转移给看护人员并获得安慰的时候，他们会对看护者产生依恋。

下面的步骤会让父母和幼儿的分离变得更容易。

- 在幼儿进入机构之前与家长讨论分离焦虑的问题，邀请家长在第一天或接下来的几天留下来待一些时间。对家长即将离开他们的孩子所表现出来的情绪表示理解和关怀。
- 在家长和幼儿到来的时候表示亲切的欢迎。
- 让幼儿有一个最喜欢的安全对象：泰迪熊、毯子或妈妈的钱包。
- 对每个孩子的需求保持敏感。这可能意味着轻摇一下婴儿的摇篮或者允许一个蹒跚学步的幼儿独自玩耍。
- 与家长保持密切沟通。如有必要保持电话 24 小时畅通，概括记录幼儿的日常生活。
- 鼓励家长之间建立友谊。把家长们介绍给彼此，并通过开展社会活动来促进他们的关系。

记　录

良好的记录对于婴儿—学步儿看护机构来说至关重要。父母和看护人员写下来的日常点滴为他们这段迅速发展的时期提供了一份重要的记录。看护人员应该记录每个孩子的日常活动，以及关于行为或发展的相关评价。这些应该保存在一个特定的地方，分享给每个负责看护的孩子人员，但不能让那些不关心孩子的人员接触到。

与家长的持续接触是非常有必要的，这样看护人员才能知道幼儿在家里的任何变化。看护人员应该了解婴儿的睡眠、吃饭和消化模式。任何行为的变化，如吵闹不安或是倦怠疲乏，都应该让看护人员了解。看护人员与家长共享的信息还应该包括婴儿发育到一个新的阶段所显示出来的各种变化，如吃更多固体的食物和从杯子里喝水。表 5–1 是一个记录样表，这些每日信息应该由家长补充。

表5-1 每日信息记录示例（供看护人员参考）

每日信息记录

由幼儿父母记录

日期：_____

孩子姓名：_____

最后一次喂饭的时间？_____ 喂了些什么？_____

孩子吃了多少？_____

孩子昨天晚上睡了几小时？_____

孩子今天几点钟醒的？_____

孩子睡得怎样？_____ 如果睡得不好，原因可能是什么？_____

_____

孩子在今天来之前有没有小睡？如果有的话，请记下时间。

从_____ 到_____

孩子今天有没有排便？有_____ 没有_____

孩子今天的总体情绪怎样？_____

_____

有没有其他信息可以帮助我们更好地照看您的孩子？

_____

_____

环 境

婴儿—学步儿看护机构的环境应该是安全的，但同时也能让孩子自由探索，应该要有不同的场所进行不同的活动：换尿布的地方，吃饭的地方，睡觉的地方和玩耍的地方。换尿布的区域必须要有自来水，幼儿吃饭的桌子不应该有散乱的玩具，睡觉区域应该保持安静以保证幼儿不被打扰。

婴儿可以在聚乙烯塑料片和地毯上爬行。理想情况下，这块区域的大小应该可以让婴儿安全自由地探索，并远离那些正在学步的孩子。玩具和活动应该能反映幼儿的兴趣和能力：不能太简单，也不能太复杂。例如，在6个月时，婴儿通常可以坐起来，用他们的手和手臂来控制物品。他们喜欢的玩具是那些他们可以用手指戳、摔到地上和摇晃的东西。在15个月的时候，大多数的幼儿喜欢走路，并喜欢一边拖着或推着什么东西。在这个年龄段，孩子们也可以爬一些简单的结构器械。

托幼机构的户外环境应该包括活动场所和适宜幼儿年龄的设备。婴幼儿需要柔软的地面，安全自由地探索。简单的软斜坡可以让他们活动身上较大块的肌肉。吊床、秋千和管道能为活动提供更多选择。更积极的儿童需要单独的地方游戏，可以用低矮的栅栏隔离出一块区域让他们骑三轮车、跑步和打球。这一块区域也可以放置高度较低的攀登设备和沙箱。

在这种环境下必须要保持持续的警觉来保证孩子们的健康和安全。工作人员必须能够预测情况，并在任何孩子受伤之前消除隐患。比如说，教师需要能看到幼儿可能会放到嘴里的一个小物件或者孩子可能会卡在某个地方；需要去猜测学步儿在探索环境的时候可能会做的事情或者会到达的区域；需要从幼儿的高度去观察各种物品并判断哪些东西可能会吸引他们的注意力。表5-2是由看护者填写的每日信息表范例。

表 5-2　婴儿—学步儿日常信息记录表

家长报告

家长姓名：＿＿＿＿＿＿＿＿＿＿＿＿＿＿＿＿＿＿＿＿＿＿＿＿＿＿＿＿＿＿＿＿＿

孩子姓名：＿＿＿＿＿＿＿＿＿＿＿＿＿　日期：＿＿＿＿＿＿＿＿＿＿＿＿＿＿＿

最后一次喂养时间：＿＿＿＿＿＿＿＿＿＿＿食物名称：＿＿＿＿＿＿＿＿＿＿＿＿

上次睡觉时间：从＿＿＿＿＿＿＿＿＿＿＿到＿＿＿＿＿＿＿＿＿＿＿＿＿＿＿＿

服药状况：剂量＿＿＿＿＿＿＿＿＿＿＿＿时间＿＿＿＿＿＿＿＿＿＿＿＿＿＿＿

医嘱：＿＿＿＿＿＿＿＿＿＿＿＿＿＿＿＿＿＿＿＿＿＿＿＿＿＿＿＿＿＿＿＿＿

附加要求：＿＿＿＿＿＿＿＿＿＿＿＿＿＿＿＿＿＿＿＿＿＿＿＿＿＿＿＿＿＿＿

＿＿＿＿＿＿＿＿＿＿＿＿＿＿＿＿＿＿＿＿＿＿＿＿＿＿＿＿＿＿＿＿＿＿＿＿

教师报告

您的孩子的睡觉时间：　从＿＿＿＿＿＿＿＿＿＿到＿＿＿＿＿＿＿＿＿

　　　　　　　　　　　从＿＿＿＿＿＿＿＿＿＿到＿＿＿＿＿＿＿＿＿

　　　　　　　　　　　从＿＿＿＿＿＿＿＿＿＿到＿＿＿＿＿＿＿＿＿

　　　　　　　　　　　从＿＿＿＿＿＿＿＿＿＿到＿＿＿＿＿＿＿＿＿

您的孩子的进餐食物：＿＿＿＿＿＿＿＿＿＿数量 / 种类＿＿＿＿＿＿＿＿＿

　　　　　　　　　　＿＿＿＿＿＿＿＿＿＿＿＿＿＿＿＿＿＿＿＿＿＿＿

　　　　　　　　　　＿＿＿＿＿＿＿＿＿＿＿＿＿＿＿＿＿＿＿＿＿＿＿

　　　　　　　　　　＿＿＿＿＿＿＿＿＿＿＿＿＿＿＿＿＿＿＿＿＿＿＿

尿片更换：时间，有大便或者是湿的＿＿＿＿＿＿＿＿＿＿　＿＿＿＿＿＿＿＿

＿＿＿＿＿＿＿＿＿＿＿＿＿＿＿＿＿＿＿＿＿＿＿＿＿＿＿＿＿＿＿＿＿＿＿

需求：尿片、湿巾、布片、纸巾、毯子

处理方式 / 说明：＿＿＿＿＿＿＿＿＿＿＿＿＿＿＿＿＿＿＿＿＿＿＿＿＿＿＿

＿＿＿＿＿＿＿＿＿＿＿＿＿＿＿＿＿＿＿＿＿＿＿＿＿＿＿＿＿＿＿＿＿＿＿

日常活动或特殊时间：＿＿＿＿＿＿＿＿＿＿＿＿＿＿＿＿＿＿＿＿＿＿＿＿＿

＿＿＿＿＿＿＿＿＿＿＿＿＿＿＿＿＿＿＿＿＿＿＿＿＿＿＿＿＿＿＿＿＿＿＿

其他看护者的汇报：＿＿＿＿＿＿＿＿＿＿＿＿＿＿＿＿＿＿＿＿＿＿＿＿＿＿

资源下载请访问网站 CengageBrain.com

游　戏

　　婴儿—学步儿发展适宜性托管机构应该为幼儿提供各种各样的游戏。孩子们应该可以选择与他们的年龄水平和兴趣相关的活动。看护人员应该观察孩子的能力和个体兴趣，并据此提供相应的玩具或材料。幼儿喜欢熟悉的玩具，经常为它们找到很多新用途。所以对

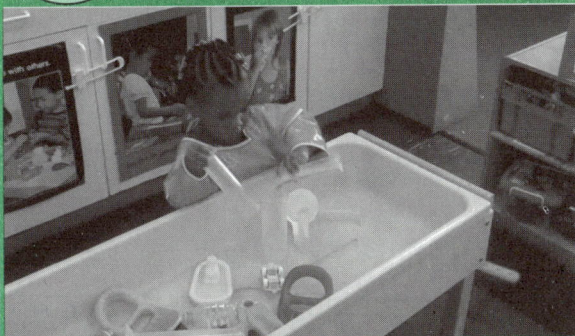

教学资源　视频案例 5.2

为学步儿创造一个安全的物理环境

在视频中你会看到托幼中心是怎样为学步儿创造一个安全的环境的。观看视频时请思考以下问题。

1. 为什么创造一个安全的环境至关重要，特别是对于学步儿？

2. 一个学步儿托管机构潜在的危险是什么，怎么才能解决这个问题？

观看完整视频请访问网站 CengageBrain.com

于看护人员来说，除了轮换一些新的玩具，还要一直保留一些幼儿最喜欢的旧玩具。

不论是婴儿还是学步儿，看护人员都应该鼓励他们进行互动游戏。孩子们需要足够的游戏材料，并从中选择最适合他们兴趣的类型。小组内除了幼儿现在最喜欢的东西，还要加入一些新材料。一些幼儿会使用熟悉的玩具来完善新的技能，其他人则会寻找新的材料来发展更多的技巧。

语　言

一个婴儿—学步儿托管机构应该促进孩子们语言的发展。在最开始的时候，婴儿会使用手势来表达他们的需求。他们会指向一个想要的物品，用手臂把它夹起来，有时会专注地盯着一个玩具或瓶子。当成人回应这种方式的交流时，他们就让婴儿知道自己已经被理解了。在 3 个月的时候，婴儿开始学习用辅音发声（"da，ma，ba"）。成人会模仿这些声音并提炼成词如"大大，妈妈，爸爸"。下一步可能是让这些声音听起来像称呼，但事实并非如此。这只是告诉我们，婴儿已经开始意识到使用语言的重要性。在 1 岁的时候，幼儿开始将"妈妈"或"爸爸"这些词与正确的人联系起来，并在一堆胡言乱语中真正说对几个字。在这个阶段，虽然他们能说的词很少，却能够理解更多的词汇了。在 18 个月的时候，他们会使用一些名词来为一些物品命名，如宝贝、球，和应对一些简单的命令。在 2 岁的时候，学步儿已经可以把两个词连起来造一些简单的句子，如"妈妈，走。"（Reese，1998）。

儿童看护机构应该鼓励孩子使用语言技能。学步儿需要不受威胁地练习使用语言。"不"是一个很强大的词，应该在适当的情况下允许使用。婴儿和学步儿都需要看护人员来倾听他们，让他们尝试使用获得的新技能。看护人员应该保持一种听说的平衡，让孩子掌握听说的技能。

托幼机构看护人员应该调整他们的沟通方式来适应他们照看的幼儿。对于学步儿来说，最好使用短而简单的句子。对待安静的幼儿，看护人员需要更多的倾听而不是说教。爱说话的孩子则需要学会倾听。白天的活动应该为孩子提供很多机会去听到语言并尝试说话。看护人员在进行

提供安全的环境允许幼儿做最大可能性的探索

学步儿经常在地板上玩耍

学步儿喜欢练习语言

日常惯例的时候，应该给宝宝说话或唱歌。在这种来回地"对话"当中，婴儿会发出声音，看护者应该要做出回应以鼓励婴儿语言的发展。学步儿喜欢听简单的故事或者手指游戏里的单词。

看护人员应该培养幼儿使用语言来巩固他们的学习。成人应该使用适当的词汇来描述日常发生的事件和活动，为孩子树立榜样，并鼓励他们用语言表达思想或描述对象。只要有可能，就应该促使幼儿将过去的经验联系起来，或者解释一些概念。

教　师

婴儿—学步儿发展适宜性托管机构的核心是拥有一支训练有素的长期在职的员工。仔细地选择人员非常重要。园长应该选择这样一些人员：

- 身体健康，充满活力。
- 爱护幼儿并在需要的时候为他们提供安慰。
- 有耐心，愿意等待蹒跚学步的幼儿慢慢努力成为有能力的儿童，能够灵活地满足个体儿童的需求。
- 能够预测一个孩子在什么时候需要额外的注意或帮助并做出计划。
- 善于倾听，以及回应家长和儿童。
- 愿意在这个职业上继续发展。

人员的稳定对于婴儿和学步儿来说尤其重要。因此，园长必须尽一切可能留住员工，不仅要为他们提供有竞争力的薪酬，还要提供机会让他们提升看护技能，留出时间让他们计划课程、反思、讨论问题，甚至是说出他们的挫败感。

自我测验

在一个托幼中心的接待室，一位女性在等待面试，她来回踱步，还不停地看手表。为什么她可能是个糟糕的员工人选：（　　　）。

a. 因为她不善于应对家长

b. 她无法在幼儿需要的时候为他们提供舒适

c. 当幼儿试图自己穿衣服的时候，她不会愿意等待

d. 她缺少活力

参与完整测验请登录网站 CengageBrain.com

应对不同文化背景家庭的方式

对于来自少数民族文化的幼儿来说，托幼机构的看护将极大地影响他们身份的形成（Gonzalez-Mena，2007）。婴儿和学步儿向他们生活中所有的人学习。当幼儿进入一个与他们的家庭拥有不同文化的托幼机构时，他们会发生什么事呢？这样的孩子如何胜任自己的文化？他们怎样才能保持与他们家庭及其文化的联系，并基于这些联系发展自己的身份呢？这些都是托幼教育专业人士需要考虑的重要问题。

婴儿—学步儿看护人员方案（The Program for Infant Toddler Caregivers，PITC）资源，《必要联系》（*Essential Connections*），大纲"文化敏感看护的关键"（Key to Culturally Sensitive Care），提供了关于如何设计和运营儿童看护机构，以及加强幼儿与其家庭和家庭文化的联结的相关建议。这些建议在于建立一个框架，解决文化问题以及让其参与机构的日常实践，具体包括以下几点。

关键 1：提供文化一致看护的托幼机构，会提供在风格和方式上与幼儿家庭相同的日常安排。这种一致性可以帮助孩子适应新的境况，并建立信任和安全感。

关键 2：朝代表性员工的方向努力。如果看护人员反映同样的文化，说同样的语言，家长和看护人员对于幼儿的成长的愿景更有可能一致。

关键 3：较小的单位规模。在初级看护实践中，当教师与幼儿比为 1∶3 或 1∶4 的时候，每个教师所接触的幼儿家庭成员数也在一定范围之内，那么教师才有能力去管理这些关系并了解其文化。

关键 4：尽可能使用幼儿的家庭语言。不论是对幼儿还是家长，使用幼儿的家庭语言是一种建立信任关系的策略。当看护人员学会用幼儿的家庭语言去交流时，不仅加强了学校和家庭之间的联系，幼儿在学校也能更轻松地让自己的需求获得满足。

关键 5：创造文化回应的环境。要在文化上做出回应，教师要让幼儿和家庭不论在情感上还是身体上都像在家一样。这要求机构从个体的角度去了解家庭，邀请他们来分享信息、资源和家庭特点。这有助于在幼儿离开家庭的情况下保持他们的文化身份。

幼儿身份的形成能够与他们自己的家庭建立紧密的联系，并支持他们在自己的文化当中成为有能力的个体。要获得这样的结果，我们必须对看护实践的不同保持敏感，如喂养和小睡。我们知道，当一种文化接触另一种文化的时候，两者都会改变。我们同样也知道（研究也表明），二元文化是一种资产。只有当专业人员与幼儿的家庭沟通顺畅的时候，他们才能了解每个家庭想让他们的孩子获得什么。通过建立合作伙伴关系的方法，专业人员可以与家庭之间建立和谐的关系，促进幼儿的归属感、文化能力和身份的形成。

教学方案：适合婴儿—学步儿的活动

　　下面推荐一些针对婴儿和学步儿的活动。活动的安排基本上是按照发展的顺序，前面的活动适合小婴儿，后面的活动适合学步儿。

感官活动

　　婴儿和学步儿会使用他们所有的感官来探索周围的环境，并组织信息。因此，他们所需的环境要能够从多方面满足他们的感官，并包括一些他们可以看、可以听、可以触摸、可以闻和可以品尝的事物。

看

　　要有窗户，让幼儿看到室外。

　　要有自然光，为房间增加亮度。

　　教室的墙壁要选择浅色。

　　增添色彩鲜艳的窗帘、物品、毯子和玩具。

　　将照片挂在幼儿视线的水平高度。

　　在幼儿视线的水平高度增加一个不会破的镜子。

　　在较低的架子上放封闭的鱼缸。

　　要有色彩鲜艳的图片、书籍。

听

　　提供皱巴巴的纸张、厚铝箔、羊皮纸和餐巾纸。

　　在休息时间播放柔和的音乐。

　　在门边挂上风铃。

提供一个音乐盒或玩偶盒。

提供会咔嚓响和发声的玩具。

触摸

使用乙烯地板和地毯。

有草，无毒的植物，木制的圆石，或外面有木头板面。

有毛茸茸的玩具。

提供大塑料珠子或塑料钥匙。

有一组不同面料、不同毛皮质地的布块。

提供一个足够大的感官活动的闭合空间，让婴幼儿或学步儿可以坐在一堆塑料球上。

闻和品尝

提供香喷喷的好吃的食物（避开大多数幼儿不喜欢的强烈气味和味道）。

在房间里放置有芳香气味的花和水果。

确保房间的气味总是清新的。

选择没有气味或气味不大的清洁与消毒材料。

肢体运动

创造一个安全的运动空间，加入一个可以爬行的斜坡。

在婴儿可以够得着的范围内，在地板上放一个玩具。

把婴儿放在一块大毛巾上，在房间里缓慢拖行。

可以拖行的玩具。

可以滚动的大球。

玩具手推车，简单的可以骑的玩具。

提供一些容器，可以往里扔球、挂钩、勺子或其他可以扔的东西。

简单的游戏拼图、大塑料珠子、盒子堆和嵌套玩具。

杯子、勺子、碗。

软质的大块玩具。

社交活动

模仿婴儿的声音。

镜子。

玩具电话。

婴幼儿对周围环境中的物品很好奇

打扮的衣服，家用工具。

洋娃娃、小碟子、厨房用具、茶壶、塑料食物模型。

玩水。

自我测验

　　一个托幼中心的学步儿房间有一个大窗户，孩子们喜欢把椅子挪到窗口，这样他们就可以看到街上的活动。他们参与的是：（　　）。

　　a. 感觉运动

　　b. 社交活动

　　c. 肢体活动

　　d. 感官活动

参与完整测验请登录网站 CengageBrain.com

空间：适合婴儿—学步儿的环境

　　在托幼中心的指导方针里，一些州可能没有加入针对婴儿和学步儿机构的规范。园长应该核实规范是否存在，如果确实存在的话，它们包括些什么内容。婴儿和学步儿机构的指导大纲通常包括一些总体要求。一类是关于建筑物的环境卫生，包括操场、床铺、食品区域、玩具和设备。要求所有可能影响健康的表面，包括地面，都是可清洗的。还包括一些具体的要求，如所有的玩具都是可清洗的，并且不含幼儿可能吞食的细小部件，以及看护人员必须要遵守的清洁和卫生程序。

　　规定涵盖了室内空间的安排。提供独立的睡眠空间是必要的，还包括针对婴儿爬行和探索的安全区域的要求。指导方针还建议活动环境放置一些书籍、图片和让幼儿探索的其他物品。户外活动空间也要隔离开并消除潜在的危险，或许还会有更详细的要求，包括一个光线暗的区域和一个阳光明媚的空间。爬行的婴儿可能需要一个更安全的闭合区域，与活泼的学步儿分隔开。

安　全

　　看护人员必须采用额外的措施来确保婴儿—学步儿周围的环境安全。这个年龄阶段的活动包括积极探索，通过戳和推拉物品来观察结果。因此，消除所有可能的危险是非常重要的。需要保证所有的重物或设备不会从某处掉落下来。所有的插座都必须覆盖，锋利的家具边缘也要包裹起来防止碰伤婴幼儿。家具的桌腿也要检查，确定婴儿的头不会被卡在某个地方。

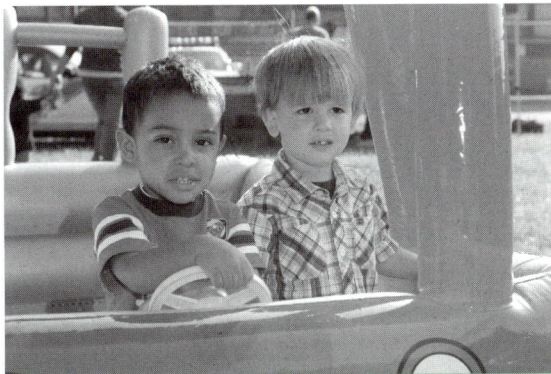
模仿爸爸妈妈开车

大门或格栅可避免任何可能危害婴儿或学步儿的区域。这些区域包括楼梯、空调或暖气喷口以及厨房。在教室门口加半扇门可能也是一个有用的安全措施。这种门的上半部分是敞开的，这样任何人在开门进入房间之前都可以看到是否有小孩在门口。房间里的电话或对讲机在紧急情况下也非常有用。

休息，独处

在婴儿—学步儿周围的环境中，还应该提供一个区域让他们可以休息或者独处。应该有一个独立的睡眠区，让婴儿可以在白天多次小睡。教室内挨着墙壁的地方可以满足这一需求。通过在墙边安置明亮的树脂玻璃可以隔离开一块区域，员工可以随时查看婴儿，婴儿也可以透过玻璃观察教室里的其他活动。

美国幼儿教育协会对于监督熟睡的婴儿有明确的认证标准。监督包括每隔 5 分钟的视察（视频监控不能满足这个要求）。如果员工使用音频监控，他们必须能够听到和应对任何可能有潜在危险的声音。另外，除非有家长的允许，婴儿睡觉的姿势必须是正面朝上躺着（NAEYC，2008）。

naeyc

灵活性

因为婴儿和学步儿的成长变化很快，所以他们需要很大的灵活性。可以用带有树脂玻璃的可移动隔板来改变房间的空间分配。所有的室内设备都应装上脚轮，方便移动。大垫子、立方体和坡道可以用来建成室内的攀爬设施。用可以上下调高度的桌子，15 厘米的高度适宜婴儿，也可以调高适应学步儿使用。

自我测验

在一个日托中心，婴儿小睡的房间安排在教室边上，两个房间中间隔着清晰的玻璃窗。从发展的角度来说，这样的安排：（   ）。

a.是合适的，因为这样有助于工作人员查看婴儿

b.是合适的，因为睡觉的孩子不应无人看管

c.不合适，因为这样鼓励窥视

d.不合适，因为婴儿应该学习睡在一个封闭黑暗的房间

参与完整测验请登录网站 CengageBrain.com

特殊区域的空间规划

婴幼儿生活的日常安排决定了空间的安排也要围绕日常惯例。日常惯例，如进食、睡觉、换尿布和个人卫生清洗是婴幼儿每天必不可少的安排。进行这些活动的区域也需要安排计划，让工作人员不仅便于使用，也容易打扫维护，既符合健康和安全规定，又能满足婴幼儿的需求。日常惯例是幼儿发展适宜性机构的一个重要方面。

食物准备和用餐

婴儿—学步儿房间的饮食区域有两个部分：一个地方用来存储食品和准备食物，另一个地方供婴儿喂养和学步儿自己吃饭用。婴儿和学步儿很少能够有规律地定时用餐，因此，员工必须能够很快地提供餐食，而不是等着厨房送过来。另外，很多宝宝有自己的饮食安排，家长会带过来一些特殊的食物。这些食物都需要放在近处。

食品储存和准备区域应包括：

- 一个计数器和水槽。
- 一个冰箱和一个微波炉。
- 准备食物的器皿（锅、勺子、钳子）。
- 摔不破的盘子、瓶子和家长提供的奶嘴。
- 用于洗涤和消毒餐具的设备和区域——这些必须保存在一个带锁的柜子里。
- 一个公告板，用于显示每个儿童摄入的食物种类和量，以及用餐时间。
- 还应该有一个地方记录每个孩子每天的实际消耗量。

在婴儿和学步儿用餐的时候可以产生社交互动。孩子们可以看到彼此，成人和幼儿可以说话或倾听。在用餐的时候应该培养尽可能多的互动。最大限度地促进互动的方式有：

- 提供高脚椅子或用低矮的桌椅：有弯曲靠背的椅子非常适合刚刚会坐的婴幼儿和学步儿。
- 在安排座位的时候尽量让所有的孩子能互相看到。
- 放置摇椅，这样成人可以在用奶瓶喂婴儿的时候安抚他们；对那些试图自己握住奶瓶的婴儿身边加上大而软的枕头。

点心时间可以鼓励社交活动

睡　觉

睡觉的区域应独立于游戏区域。看护人员也要能够轻松地监督幼儿睡觉。安放的家具应该适合幼儿的年龄。在空间和设备的安排上，要核实有没有相关的具体规定。这个区域可能包括的物品有：

- 供小婴儿睡觉的摇篮或大一点的婴儿床。
- 学步儿睡觉的小床和单独的垫子，每个孩子都要有单独的睡觉空间。

- 一个摇椅或其他舒适的椅子。
- 至少一个带轮子的婴儿床，紧急情况备用。
- 可以调暗光线的窗户。
- 每个婴儿床的床单和毯子（一些中心可能会要求父母提供并清洗）。
- 每个婴儿床之间至少间隔60厘米的空间以防止病菌的传播。

换尿布

安排恰当的换尿布区域能让这一项工作轻松完成，并能够很大程度地促进社交游戏和互动。换尿布的这个区域应该配备：

- 带屏障的高度合适的桌子，屏障是为了防止幼儿从桌上摔落。
- 放置必需物品的橱柜，这些物品包括：乳液、软膏、抹布、桌面垫纸、纸巾、杀菌喷剂。
- 水槽和脚踏式水龙头。
- 弃置脏尿布的带盖垃圾桶。
- 让婴儿可以看到自己和看护人员的镜子。
- 吊在天花板上的移动电话。
- 梯凳，供年龄稍大的学步儿自己爬到桌上，免除工作人员将沉重的儿童抱到桌上。

个人清洁

在第二年的时候，一些幼儿表示他们可以自己如厕了。清洁设施应远离游戏区域，培养幼儿的自理能力。

这些设施应包括：

在第二年的时候，一些学步儿可以自己如厕

- 适合幼儿身高的低矮的马桶和厕所椅，或儿童马桶坐便垫（每次使用后消毒）。
- 低矮的水槽。
- 小楼梯，如果有需要的话。
- 肥皂和纸巾架。
- 水槽上方的镜子，安放的高度也要适合幼儿。

认知区域

房间的一个部分应该提供一个安全有趣的区域，在这里，婴儿和学步儿都可以发展他们的认知能力。最小的宝宝应该安置在一个受保护的地方，他们可以看到和听到房间里的活动，并能探索一些简单的玩具。随着年龄的增长，必须要让他们可以自由地爬行并探索房间的更多地方。学步儿需要更多的空间活动，并参与社交活动。因此，根据孩子的年龄层次，一个供婴儿和学步儿使用的房间可能需要两个认知区域。

供 1 岁以内的婴儿活动的区域

- 一个软质边缘的塑料球池。
- 壁垒较低的半封闭空间。
- 放置在地面高度的照片和图片。
- 有纹理的面板、棉被或墙壁。
- 放置在地面高度的不会破的镜子。
- 柔软、耐洗、色彩鲜艳的玩具——确保没有会掉落的易被婴幼儿吞下的小物件。
- 布质的或纸板的书籍。
- 摇铃、嵌套玩具、球。
- 会发出声音的机械玩具：玩偶盒、会发声的玩具。

供学步儿活动的区域

- 乙烯地板或大块塑料布覆盖的地毯。
- 低高度的桌子和椅子。
- 可以在地板上用的大托盘或缸。
- 放置多种材料的低货架，这些材料可能包括：大珠子、可以叠加的锥形物品、大块积木，简单的拼图游戏。
- 装鸟食和肥皂水的缸，以及其他感官材料——加料用的勺子、量杯、锅、海绵，或者玩偶。
- 各种可以砸、扔、戳或者推动的机械玩具。
- 表演游戏用的厨房用具，如锅碗瓢盆，帽子和钱包等。

精细动作区域

这个区域应该放置一些物品供幼儿活动手和手指。许多商家针对此区域特别设计了一些婴幼儿用品。许多在家庭里能找到的东西也可以用来让婴幼儿练习手部的动作。下面列出来的物品应该可以在大多数家庭找到。在把这些东西带入教室之前，必须先把它们用漂白液清洗，然后冲洗干净（一汤匙的漂白剂溶解在 1.136 升的水里制成漂白液）。带入教室后装在透明的塑料盒里，放在低架子上方便婴幼儿取拿。

这些物品包括：

- 大珠子、套装量杯、小方块、大块积木、简单拼图、带格子的板块、堆放的玩具、连接环、大钉子和钉板、图形盒、敲打玩具、塑料锁盒。
- 大的塑料卷发夹、塑料衣夹、塑料容器。

栏杆要低，以便在儿童的视线范围之内

- 塑料面包篮，可以用来放东西和倾倒出来。

可以用一张矮桌子确定活动区域。如果幼儿喜欢在地板上活动，则可以在地板上放一个大托盘。孩子们可以把他们的材料放在托盘里。另外，还可以在旁边放上垫子或大块的布片用来指示使用材料的区域。查看益智玩具公司的销售目录可能会有所帮助。其中包含了很多可选的材料。

大肌肉运动区域

幼儿头两年的主要任务之一是发展他们的大肌肉运动技能。他们渴望尝试新事物和重复或练习他们所学的东西。在一个婴儿—学步儿托管机构中，大肌肉运动区域将会是一个常用的区域，不论是在教室里还是在户外，都要设置这一部分。通过一些游戏，幼儿可以练习身体的大肌肉，以及协调和平衡能力。随着他们学会控制自己的身体，他们会获得一种安全感。他们可以学习协调使用两边的身体，在进行任务的时候互换使用。

在计划活动的时候，要考虑最大限度地保证房间里所有孩子的安全。必须保护爬行的婴儿不被房间的任何危险的设备弄伤，但他们要能够靠近所有安全的设备。例如，如果房间里或外头有一个摇摆船，就不能让婴儿在附近爬行。相反，如果有用于攀爬活动的大泡沫垫和方块，就可以让一些宝宝在近旁玩耍。

室内的大肌肉运动区域可能包括以下物品：
- 大块的乙烯垫子、立方体、坡道和泡沫隧道。
- 摇摆船、摇椅、木马和小三轮车。
- 有缓坡和阶梯的低攀爬设施。
- 大枕头、豆袋和桶。

户外的这个区域可能包括：
- 低矮的攀爬设施。
- 大个的木质或纸板盒子。
- 小马车、结实的三轮车、小汽车和拖拉玩具。
- 宽敞的步行板、台阶和坡道。
- 桶和隧道。
- 橡胶轮胎和内胎。
- 沙坑、若干铁铲、杯子、锅碗瓢盆。
- 低矮的沙桌或水桌。
- 小球、中号球和大号球。
- 浅水池或大水管。

- 有安全带的秋千。
- 各种各样的地面，如木质的、草皮的或沙子的。
- 可以行走、跑步或翻滚的起伏地面或平地。
- 低缓的滑坡。

语言区域

语言活动区域提供丰富的刺激

在接近1岁的时候，婴儿已经能够理解很多他们听到的语言。到第二年，他们会学习自己使用词汇来表达想法和感情。婴儿—学步儿托管机构应该鼓励幼儿发展语言技能，成人多说，并倾听幼儿的语言。语言活动区域可以为幼儿的语言发展提供丰富的刺激。语言区域的安排应包括：

- 将语言区域安排在一个较安静的地方，远离干扰（例如，一个封闭的书架角落）。
- 有大和软的枕头，以及儿童可以坐的沙发。
- 放置一些布偶。
- 放置一些布料、纸板或塑料书，让幼儿看和触摸。
- CD播放机。

社会心理区域

一个婴儿—学步儿房间的社会心理区域应该能够促进成人和幼儿，以及幼儿之间的互动。这个区域应该让孩子们了解自己并发展与成人及同伴的关系。

让幼儿了解自身的区域设置：

- 在房间的墙上装上不会破的镜子，镜子的高度与幼儿爬行或站立的高度一致。
- 孩子们可以自己挑选和使用的不会破的小镜子。
- 将图片挂在婴幼儿的视线范围内。
- 让幼儿可以独处的地方——管道、封闭的区域或大盒子。
- 个人物品的存储空间。

促进幼儿发展和成人之间的关系的区域设置：

- 一些低矮的地方，让成人可以一边舒适地坐着，一边可以观察幼儿或与幼儿互动。
- 成人可以坐在上面安抚婴儿的摇椅，还有学步儿和成人可以坐在一起的软椅子。
- 低高度的壁垒——有些是用有机玻璃做的——这样成人和幼儿可以看到彼此。
- 可以调节高度的桌子，以及喂饭区域，要让成人和幼儿都觉得舒适，从而促进他们的互动。

促进幼儿之间互动的区域设置：

- 低高度的桌子，让学步儿可以站在上面玩。
- 提供足够多的同样的玩具，让学步儿可以一起玩相同的玩具。
- 低高度的壁垒、架子，还有相关设备，让婴儿和学步儿可以共处。
- 提供软壁区域，让幼儿可以安全地爬行、跳跃和一起游戏。
- 提供婴儿可以安全爬行的地方。
- 提供一个可以进行表演游戏的地方——适合幼儿尺寸的桌子、椅子、火炉、碟子、碗、锅、道具服、娃娃和不会破的镜子。

自我测验

在一个日托中心，5个婴儿被安排坐在高脚椅子上，在同一个地方一起吃饭。

这样的安排：（　　　）。

a.方便员工，但是对婴儿没有好处

b.不让婴儿学习，让他们专心吃饭

c.是有用的，因为这样可以促进宝宝们之间的社交互动

d.是危险的，因为宝宝们会互相拉扯

参与完整测验请登录网站 CengageBrain.com

满足有特殊需求的婴儿—学步儿

一个全纳托幼机构与其他机构的相同点多于不同点。这类机构关注的重点是每个幼儿的强项和孩子们之间的共性，而不是他们的差异。孩子们首先应该被看作一个个独立的个体，而不是代表缺陷。这类机构可以使用普通托幼机构的大多数规章制度和策略，而工作人员可以针对一些个体儿童的发展需求进行适度的变更（Gonzalez-Mena&Bhavnagri，2000）。

托幼机构之间的共同点包括：

- 以小组为单位的学习，寓教于乐。
- 支持个体学习和发展。
- 工作人员尊重每个孩子的需求并做出回应。
- 认识到家长是孩子的第一位老师。

在满足有特殊需求的儿童方面，看护人员可能需要一些指导和支持。这种适应不一定是困难和昂贵的。重要的是要有意识地开发一些重点行动计划。

下面是一些有帮助的建议，来自"儿童行动集合"（Child Action Incorporated）(2011)。

- **物理空间**：空间应该干净整洁，允许自由活动。最重要的是，确保每个孩子的安全。

- **时间**：虽然严格按照日程表来进行活动可以建立起安全与信任，但是工作人员必须有足够的灵活度，允许幼儿按照自己的时间来完成一个任务。必要的时候，可以改变惯例满足幼儿的需求。
- **设备**：按照幼儿的身高需求来安置外套挂钩，加上布莱叶盲字标签，以及其他必要的需求设施。
- **家具**：使用符合幼儿发展适宜性的家具。一旦布置好了一套实用的家具，就无须为了改变而改变。孩子们可能会依赖熟悉的空间安排，在其中自由行动。
- **灯光**：避免太明亮的灯光和眩光。逐步提高或降低房间的灯光亮度。
- **房间布置**：照片和海报的布置简单而整洁，并确保它们贴在容易看到的位置。
- **过渡**：从一个活动过渡到另一个活动应该是具体的、可预测的，并有足够的提醒。
- **材料**：材料应该是有趣的，大小合适，让所有的孩子都容易拿握。一些适应性的改变，如尼龙搭扣的使用可以帮助幼儿够着玩具和其他材料。
- **沟通**：在跟孩子说话的时候叫他们的名字，指出具体的方向，并使用描述性的语言。另外，一定要直接和每个孩子说话，不要通过其他人传递信息。例如，说"卡洛斯，你想玩游戏吗？"而不是"你认为卡洛斯想玩吗？"最后，不要想当然地认为一个孩子需要帮助，在提供帮助之前总是先询问一下。

所有的幼儿在头两年都有的一个基本需求，就是能够控制他们自己和他们周围的环境，这对于有特殊需求的儿童来说尤其重要。为了达到这种控制，环境应该：

- 适合每个孩子的能力。
- 提供挑战的同时确保他们能成功地完成一些任务。
- 是安全的，没有任何有害的障碍物。
- 对有视觉障碍的婴儿提供适宜的感官刺激。
- 对有身体残疾的孩子提供触觉材料。
- 包含听觉材料。
- 包括矫形椅（orthopedia chairs）、一张桌子，或其他能让婴幼儿觉得舒服的特殊设计结构。

自我测验

在一个托幼中心，海报和图片的布置是简单朴实的，并且能从房间的大多数角度看到。这个中心托管的儿童更可能是：（   ）。

a. 有特殊需求的儿童

b. 三岁以下的幼儿

c. 幼儿的家长热衷于宗教信仰

d. 抗拒刺激的幼儿

参与完整测验请登录网站 CengageBrain.com

小 结

婴儿—学步儿托幼机构的园长需要了解幼儿在头两年的发展特点。大多数孩子都有普遍的发展模式，虽然他们的步伐可能会有所不同。两岁以下的儿童会用他们所有的感官来探索周围的环境。皮亚杰将其称为感觉运动时期，埃里克森称之为信任与不信任阶段。大多数的孩子会意识到，成人会提供他们所需的食物和温暖或舒适的环境。在最初的两年里，幼儿会发展与他人的依恋关系，但在与父母或看护者分离的时候，这种依恋也会导致焦虑。语言在第二年开始出现，幼儿会认识到语言的力量，并学习使用词汇来表达他们的想法，告诉别人他们想要什么。在这个阶段，幼儿也同样学习如何与他人相处、分享和合作。

发展适宜性方案是建立在一系列的目标之上的。日常工作应该是课程的一部分。发展适宜性方案还包括成人和幼儿之间的互动，记录的维持，多种游戏体验的提供，稳定和受过良好培训的员工群体。

环境的设置应该满足所有法规的要求，并能够保证婴幼儿的安全，应为婴儿和学步儿提供需要休息和独处的地方，以及可以使用他们所有的感官进行探索的场地。幼儿使用的材料应该能代表他们的文化或种族背景，来为他们身份的形成奠定基础。

案例研究

利恩和王辰是双胞胎，注册了艾米丽负责的婴儿—学步儿小组。王辰在小睡时间总是能够快速入睡，但是利恩会大声尖叫。艾米丽按摩利恩的背部试图让她安静下来，但是利恩一直不停尖叫，直到精疲力竭把自己累坏了才会睡着。其他的幼儿都会因为她的吵闹而不安，一些孩子也因此无法入睡。

艾米丽为此很烦恼，试图做点什么来解决这个问题。她已经尝试了所有能够哄幼儿入睡的办法，但是没有一种对利恩管用。她也跟利恩的母亲谈过，但是利恩母亲的英语不怎么好，也帮不上忙。

1. 你认为问题的关键是什么？
2. 你能找到一个办法让艾米丽脱离困境吗？
3. 如果你是这个托幼中心的园长，你有什么建议？

学生活动

1. 预约参观一个儿童发展中心，该中心服务的儿童年龄阶段是从出生到上学。先花一点时间探访一个学前班的教室，然后参观婴儿和学步儿的房间。比较两个不同年龄阶段的儿童使用玩具的材料，思考一下，婴幼儿教室里的材料适合他们的年龄吗？

如果不适合的话，为什么？

2. 采访一个婴儿—学步儿托管机构的看护者。找出最困难的工作是什么？最有趣的工作又是什么？对于一个高效婴儿—学步儿托管机构的看护人员来说，最重要的特点是什么？

3. 列出 10 个婴儿—学步儿房间有可能包含的物品。从发展适宜性的角度说明你选择的原因。

4. 至少花一小时的时间观察一组学步儿，列出并描述这段时间内他们进行的任何感官活动。

复　习

1. 皮亚杰将婴幼儿从出生到两岁的这个阶段称为感觉运动时期。这个词是什么意思？

2. 在谈到婴幼儿和看护人员的时候，"同步性"这个词是指什么？

3. 成为一个婴儿—学步儿托管机构的看护人员需要满足很多要求，请列出园长在选择合适的员工时需要注重员工的哪些特点、品质和能力。

4. 请列出 5 种能够帮助婴儿和学步儿学习的触觉材料。

5. 请列出 3 种能够鼓励幼儿使用运动能力的活动。

6. 婴儿—学步儿托管机构的相关法规有一些特定的关注重点。这些重点是什么？

7. 请列出环境可以为婴幼儿提供视觉刺激的方式。

8. 适合 0~1 岁婴幼儿的认知区域包括些什么？请具体描述。

9. 请列出能促进婴幼儿发展同伴关系的社会心理区域所包含的家具和设备。

10. 环境能够通过哪些方式支持有特殊需求的孩子的掌控能力？

有用的网站

免责声明：本书中所提供的网站地址旨在为您提供方便，不做推广。

www.babycenter.com

http://www.cec.sped.org

http://www.zerotothree.org

更多与管理相关的补充资源——包括教学资源视频，与每章内容有关的网站地址、教学测验、词汇卡等——请访问本书的教育伴侣网站 CengageBrain.com。

一个营利性学校园长 / 老师一天的生活片段

在我们的年度"总统日"讨论会上,我向这个 4 岁年龄层班上的孩子解释说,美国总统住在白宫。课程进行得很顺利,孩子们非常感兴趣。一个小男孩问我:"如果总统住在白宫,那谁住在棕色的房子里呢?"

目的

阅读完本章内容,您应该能够:

· 描述 3~4 岁儿童的主要发展特征。

· 陈述早教机构中发展适宜性实践的构成要素。

· 描述如何支持发展适宜性实践。

· 列出空间安排的总体考虑并进行讨论。

· 请描述要如何对环境进行改变来适应有特殊需求的儿童。

naeyc 标准

本章中涵盖的 NAEYC 标准如下:

标准 1: 促进幼儿的发展和学习(1a, c)。

标准 2: 建立家庭和社区的关系(2c)。

标准 3: 通过观察、记录和评估来支持幼儿及其家庭(3c)。

标准 4: 使用发展适宜性的方法来与儿童及其家庭建立联系(4a, b, c, d)。

标准 6: 成为一个专业人员(6b)。

关键词

审美吸引　自我中心　反歧视课程　多元文化　具体材料　自我概念　创造力

托幼机构管理者有责任帮助员工提供可供选择的环境，促进幼儿在身体、社交、情感和认知方面的发展。最好的学前教育机构能够为幼儿提供发展适宜性体验。这只是意味着对于学习课程的设置是基于大多数儿童的能力和兴趣。因此，本章提供了幼儿在学前时期的发展概况，以及一些课程计划的指导。

要注意的是，当谈论到工作人员的时候，不论是在本章中还是在其他章节里，有两个使用频繁的词：教师（teacher）和看护人员（caregiver）。教师这个词一直被所有人理解为任教者或指导者。最近，随着幼儿看护设置的普及，看护人员这个词出现在了早教专业人员的词汇当中。它通常用来描述照顾婴儿和学步儿的人员，但也可以用来指那些在课后托管机构工作的成年人。这个词的使用实际显示了对幼儿身体健康的关心。在早教机构当中，这两个词也可以互换使用，因为教师也要照顾孩子，看护人员同样也对儿童进行教育。看护人员的价值并不逊于教师。在促进儿童的发展上，两者都有重要的功能。

学龄前儿童的发展

学前阶段通常是指幼儿在进入小学之前的这段时间。一些人会把这段时间定义为2~5岁，有人则把3~6岁的儿童称为学龄前儿童。在这一章节中，学龄前儿童指的是3~4岁的儿童。前一章节已经讨论过2岁之前的婴儿—学步儿的发展。5岁的儿童通常进入了幼儿园，我们会在下一章有关学龄儿童的教育中论述相关问题。

在为学龄前幼儿做一个合适的教育方案时，需要考虑3岁和4岁孩子的不同特点。3岁的儿童已经不再是学步儿了，但他们仍有一些与学步儿相同的特点。在另一些时候，他们会显示出常在4岁幼儿身上看到的运动技能和语言能力。同样，一些4岁儿童也会显示出上一发展阶段幼儿的特点。而有时，他们可能还会表现出跟学前幼儿园的孩子同样的学习和思考能力。学前教育机构的教师和看护人员必须了解幼儿从学步儿到学龄前儿童的发展的连续性，并根据每个孩子的发展适当地调整自己的行为和看护方式。尽管本章无法给出这两个年龄阶段的明确区别，但是在适当的情况下，还是要将他们区分开来。学前教育机构的幼儿会学习很多的认知技能，从而为进入幼儿园学习做准备。一些老师认为，这段时间应该专注于一些认知技能的学习，如提升阅读能力。还有一些老师则认为，对于这个年龄阶段的幼儿来说，玩耍不是必需的，而应安排更多课程培养幼儿的认知技能，从而帮助他们获得成功。虽然认知能力可能是有价值的，但是对于幼儿来说，在这个年纪，游戏是最符合发展适宜性的，也是他们能够掌控的事（Nelson，2012）。游戏可以从很多方面促进发展。它可以帮助幼儿发展他们的大肌肉和精细运动技能，也可以促进他们的社会化和语言技能的提升。游戏能引导儿童进行探索性学习（Sigman，2011）。它能让幼儿发挥他们的想象力，激励他们去解决问题。学前儿童教育的目标一般集中在三个领域：（1）身体发育和运动能力的发展；（2）社交和情感的发展；（3）认知和语言的发展，语言是认知的一部分。

游戏是儿童的工作，是他们建构知识的方式

身体发育和运动能力的发展

在学前教育机构的这段时期，幼儿的身体发育明显减缓。到 2 岁时，大多数孩子的身体比例已经协调，也就是说，他们的头、躯干和腿相对于整体身高的比例都类似于一个成年人。2 岁的幼儿看起来已经是个儿童，与圆圆的、矮胖的婴儿有显著的差别。幼儿在学前教育机构的这段时期会继续身体上的发育，但是发育速度会减慢，变化不会很明显。如果你隔了几个月再看到一个 3 岁的幼儿时，你很可能不会发现他 / 她外表上有什么变化。这种成长的减缓很重要，因为这意味着相比头两年，幼儿所需的热量比重减少，因此，他们的胃口也明显变小了。

随着身高和体重的变化，他们的大脑也在发育。到 5 岁时，大多数孩子的大脑重量已经达到成熟时脑重的 90%。大脑的成熟伴随着大脑功能的分区。在这段时期，孩子们必须要有机会使用大脑，从而最大化地完善其功能并提升各功能的协调能力。学前期间，幼儿有极大的活动量，要让幼儿掌握大肌肉运动技能。他们不停地跑步、攀爬、跳跃等。他们使用自己的能力并试图克服恐惧去尝试很多新的活动。因此，除非采取了预防措施，否则这将是一段事故高发的时期。

3 岁和 4 岁的孩子也在完善他们的精细运动技能。3 岁的孩子很难完成一些复杂的任务，如使用剪刀或系鞋带。他们仍然倾向于使用整个手，还不太会用手指拿捏一些物品。4 岁时，大多数的孩子已经能够使用剪刀，很多的孩子会自己系鞋带了。4 岁的幼儿已经能够使用手指捡起和操作一些小物品。

男孩和女孩的身体发育差异在这段时期是最小的。男孩可能稍微高大、强壮一点。女孩可能更成熟一点，她们的骨骼年龄会比男孩稍微提前，并更早失去她们的乳牙。但是，这些身体上的差异似乎并不会导致能力上的差别。幼儿们所参与的实践对他们能力的培养影响更大。在学前期间，孩子们玩的游戏也不一样了。在婴儿和学步儿时期，托幼中心会让幼儿使用他们的感官和运动能力去探索周围的环境。而在学前教育机构的时期，幼儿则通过游戏来获得新的技能。搭积木为儿童提供了一个机会去学习如何控制手将一块积木堆在另一块积木上。在户外骑自行车，可以让孩子们练习控制腿和胳膊。

社交和情感发展

虽然 3 岁的男孩和女孩经常一起玩，但是到 4 岁时，他们会有一个偏爱同性玩伴的选择倾向，在游戏的选择上也有所不同（Mehta&Strough，2009）。对这种倾向，一部分人的解释是，幼儿的先天生理差异变得更普遍，所以造成了这种差异。另一些人则认为，其原因更多是由于父母和家庭文化对幼儿的性别认同所产生的影响（Manaster&Jobe，2012）。不管是什么原因，在 4 岁的时候，幼儿对于同性玩伴的选择以及对与性别相符的某些游戏的选择这个事实是确定的。如果教师可以增加男孩和女孩之间的互动的话，它就是有益的（Manaster&Jobe，2012）。这可以让孩子与同性和异性都建立有意义的关系。男孩和女孩一起玩和工作可以学到很多跨性别的沟通、协商和合作的技能，这对于他们成年之后的生活是有帮助的。

表演游戏是这一时期儿童游戏的重要组成部分。在这类游戏中，孩子们会表演想象的或我们熟悉的场景。大多数的孩子会使用标准的情节模式。3 岁的幼儿通常会上演家庭的场景，可能会有一个"妈妈"、一个"爸爸"和一个"宝贝"。场景中会包括孩子们在家的生活经历，从吃饭到睡觉，从惩罚到奖励。而 4 岁的孩子则可能会表演一些家庭之外的人物和场景。他们可能会表演他们最喜欢的电视演员，或者在附近看到的人物。他们会成为最近电视上播出的"怪兽"，附近加油站的服务员，或者一名消防员。通过在这种类型的游戏设置中与他人互动，幼儿可以学习合作、给予和获得（Anderson–McNamee&Bailey，2010）。

通过表演游戏，幼儿有机会去尝试并感受成为表演的对象人物是什么样的。在他们执行角色的任务时，这种游戏还为他们提供了机会去完善他们的身体技能。要加入其他人的表演游戏，幼儿还必须发展社交技能，学习合作去延续表演。最后，表演游戏能让孩子有机会来表现他们对自身经历的感受。幼儿在演一个"医生"给其他孩子"打针"的时候，也会重温自己在打针时的亲身感受。

在学龄前期，儿童在游戏的过程中会有更多攻击性的行为。2 岁的幼儿经常咬其他的孩子，但是这种攻击并不是针对某一个孩子，而是表达不满的一种方式。在学龄前期，故意的攻击行为开始出现。有时这只是幼儿接近其他孩子的一种错误方式。他们可能并无恶意，但是这种方式会让其他人感觉受到了攻击。有时，幼儿也会在生气的时候打其他的孩子，或者推开拦在他前面的人。应该视这种类型的攻击为幼儿在追求自己目标的过程中发展自信的一种健康信号。然而，孩子们需要学习使用语言来表达自己的感受，并认识到攻击身体的行为是无法被接受的。到 4 岁时，幼儿攻击性的行为开始减少。

学前阶段也是幼儿真正开始学习自律的时期。自律是儿童把他们自身的经历转变为一些信息，用来控制他们自己的思想、行为和情绪（Florez，2011）。幼儿在与其他孩子进行游戏时，可以培养其自律的技能，他们学习如何将他们的情感转化为适当的行为，并通过使用词语来形容他们的感受，以此取代身体攻击。学习自律的儿童更有可能做出利他的行为，也即亲社会行为。在促进幼儿的亲社会行为上，教师可以帮助他们建立积极的同伴关系，并创建一个让幼儿关怀彼此的爱心社区（Hyson&Taylor，2011）。与其他机构相比，**naeyc** 优质的托幼机构的园长和老师会更鼓励幼儿的亲社会行为。

幼儿能够幻想，但也可能在学龄前这段时期发展恐惧。到 3 岁时，幼儿能够想象，但可能很难区别什么是真实的。一些孩子会在想象中建立一些精巧的场景，如一整天想象有一个朋友跟着他们。他们会跟这个想象的朋友说话，一起用餐，并责怪朋友的过分行为。

其他一些孩子则会发展恐惧。一个典型的例子是对狗的恐惧，即便他们从来没有遇到过相关不愉快的经历。还有一些孩子会做噩梦。这些现象都源自他们对于看不到或没有直接经历的事物的思考。因为儿童的理解仍然是有限的，他们的一些想法可能会吓到自己或者让他们不知所措。在成人的支持下，大多数的孩子能够克服这个阶段的恐惧。

在学龄前阶段，幼儿试图定义他们的自我概念。他们开始理解自己的一些特点，但对别人有不切实际的想法。他们对自己会发展一个总体的积极的印象。然而，他们对自己的能力仍然有一些不切实际的想法。他们可能会认为自己能建造最大的积木房屋，或者比所有人都跑得快。与学龄前的幼儿截然不同的是，一个上小学的孩子可能会说，自己的阅读"很好"，但是数学很"糟糕"。

学龄前儿童的自我概念也取决于埃里克森所说的"主动性"（initiative）。由于活动水平的提高，孩子们渴望开始新的体验。幼儿会热情地投入新的活动，尝试新的事物。这些努力以失败告终或者遭到批评时，幼儿会感到内疚，转而尝试其他的事情。一定程度的内疚是必要的，这能让幼儿学习控制干扰其他人的冲动和行为，但是过多的内疚感会阻止儿童全力以赴。

当幼儿开始发展他们的自我意识时，他们也开始对他人有更清晰的认识。这会让他们放弃一部分对于父母的强烈依恋，而投入一个更广泛的环境。他们开始认识到，不是每个人的需求、思想和感情都跟自己和家人一样。在帮助下，他们可以学会接受和欣赏这些差异。一个良好的自我意识可以培养幼儿的社交和情商。社交才智是关于在团体中自我管理的理解，也是一种能力。情商是一个人对自己的感觉和情绪的管理能力。威利斯和席勒（Willis and Schiller，2011）认为，教师可以促进幼儿的这些才智的发展，通过给他们提供机会，幼儿可以体验或表达：

- 自信。
- 好奇。
- 自控。
- 相互关系。
- 合作。
- 意向性。
- 良好的沟通。

认知发展

在学龄前期间，幼儿的想法也在改变。2 岁时，他们开始有想象能力和象征思考能力，可以根据自己的生活经历进行表演游戏，但是需要具体的物品来支持。手里拿着一个小杯子，他们可以喂他们的洋娃娃或泰迪熊。3 岁时，幼儿可以在不借助任何道具的情况下进行想象表演，或者使用任何物品来代替。如果在他们的积木游戏中没有车子，他们可以把一块积木当成车。如果没有飞机，他们就用手和适当的声音来模拟一架飞机飞过他们的小建筑。

然而，他们的思考能力还是有一些局限性。他们往往以自我为中心，只能够从自己的角度看问题。他们的思维不具有可逆性。例如，幼儿可能明白 3 加 1 等于 4，但是无法理解 4 减 1 等于 3。这种想法会干扰他们的逻辑思考能力。

语言发展

在学龄前期间，幼儿的语言能力发展很快。一些孩子一天可以学习多达 10 到 20 个单词，并通常是以可预料的方式。对于所有的孩子来说，名词是最容易掌握的，紧随其后的是动词，而形容词或疑问词的学习需要多花一点时间。基本名词的掌握通常在具体的类别之前，如他们先知道"狗"，再认识"小猎犬"。接下来他们可能会学习使用疑问词"什么"和"哪里"来造一个句子，如"狗在哪里？"

他们似乎能理解一些语法，但常常会使用错误。例如，幼儿学习了在名词后面加一个"s"可以表示复数。那么他们可能会说"foots"，直到学会正确的复数形式。同样，他们学习了在动词后加"ed"可以表示过去时，就会说"he goed"而不是"he went"。在此期间，许多幼儿也会尝试文字的力量。他们认识到某些词会让成人或其他孩子产生强烈的反应，尤其是一个用力说出来的"不"。

在学龄前的这段时间，幼儿语言能力的差异也会凸显出来。女孩、家庭第一个出生的孩子和独生子女的语言能力，往往强于男孩、家庭中后出生的孩子和双胞胎。中产阶级的孩子通常比较低阶级的孩子有更强的交际能力。家庭交流的模式也会影响幼儿的语言能力。在家庭当中，如果父母经常与孩子交流，倾听孩子的话语并鼓励沟通，那么这类家庭中的幼儿会有更强的语言能力。此外，阅读书籍和讨论照片或故事能帮助幼儿提升他们的词汇量（Morgan，2007）。

一个发展适宜性托幼中心可以促进幼儿各个方面的积极发展（Bredekamp&Copple，2009）。环境、活动和成人与儿童的互动必须基于对幼儿在每一个阶段发展的了解。此外，成人必须理解一个优质托幼方案的特点，然后对这些理念做适当的变更，从而去满足某一个特定学校的需求。

自我测验

露西是一个 3 岁的孩子，她最近开始表示害怕，说有女巫在夜晚进入她的房间，拿走她的娃娃。她的担心与下面哪一种发展有关：（　　　）。

a. 文化敏感性

b. 社会意识

c. 幻想能力

d. 复杂的语言结构

参与完整测验请登录网站 CengageBrain.com

学龄前儿童发展适宜性托幼机构的特征

发展适宜性托幼机构必须考虑很多方面。首先，幼儿们有不同的背景、经历和兴趣爱好。每个幼儿的能力、学习方式和学习需求都是独特的。教师在计划课程的时候需要考虑这些差异来帮助幼儿挖掘他们的潜能（Bredekamp&Copple，2009）。教师在思考计划的时候对环境的设置要包括适合各种年龄的教学材料。课程必须全面、符合发展适宜性，并对幼儿在文化和语言上做出回应。因此，在创建课程的时候，教师必须要知道他们服务的幼儿年龄组的典型发展路径。如果一个孩子或一群孩子在某一个学习体验中感觉困难，教师就要做出改变来适应这些孩子的学习风格。

一个针对3岁和4岁幼儿的教育方案应该是现实的，也就是说，要基于幼儿的实际能力。

在评估幼儿的能力方面，最常用的评估方式是观察——观察幼儿可以做什么，也可以使用简单的测试来评估孩子们的能力。一些对身体敏捷性有要求的游戏也可以作为某些能力的测试内容。对一些其他能力，检核表是一种较为简单的测试方法。要发现个别儿童或小组儿童的兴趣，可以通过他们提的问题或谈话内容来判别，这些都是有用的线索。

▶❚❚　教学资源　视频案例 6.1

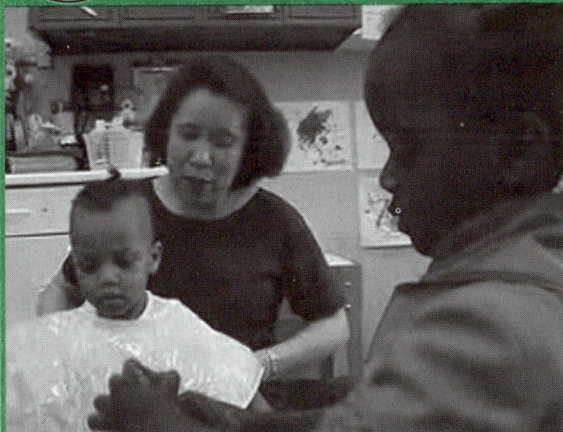

课程计划：早教机构中发展

适宜性实践中的第二选择

你将在视频当中看到一个教师在活动中指导孩子选择想参与的活动类别。观看视频时请思考以下问题。

1. 教师在让孩子参与不适合他们发展水平的活动时会采取什么步骤？
2. 教师在让孩子参与适合他们发展水平的活动时会采取什么步骤？
3. 比较实践良好和实践糟糕的教师行为。

观看完整视频请访问网站 CengageBrain.com

发展适宜性活动

教师为幼儿提供的活动体验和互动要将所有领域考虑在内。这些活动要能激发幼儿的创造力并鼓励他们进行独立或合作的探索和调查。教师给孩子提供挑战的机会，然后让他们自己做出有意义的选择。比如说，教师给孩子们提供支架，而如果一个儿童需要帮助，他就可以在获得帮助的情况下迎接挑战。这些机会可以帮助儿童测试他们的想象力、语言能力或其他技能。发展适宜性方案中所有的活动和材料都会让儿童受益并促进他们的健康成长。

发展适宜性学习体验的设计应基于儿童的能力和兴趣。学习活动和材料应符合儿童的年龄。其中一些活动对大多数的儿童来说是容易的，能让他们感觉到自己的能力；而一些体验活动则更有挑战性，能帮助他们达到一个新的能力水平。活动的安排要符合每个小组的性别组成、兴趣和需求。在这一章的开始部分，我们提到过，3岁的幼儿不会因性别的不同而有太大差异。然而，到4岁时，幼儿

幼儿在搭积木的过程中能够学到一些概念，
包括如何独立工作

会显示出选择同性玩伴的倾向，在游戏种类的选择上，男孩和女孩也会有所不同。教师和看护人员在注意到这些倾向时，要主动鼓励幼儿在游戏当中跨过这种性别的区分。

应该给儿童提供各种各样的活动和材料，让他们自己选择参与的活动或体验。这可以促进他们主动性的发展，也可以让他们选择最适合自己的活动。有些教室的架子上随时都有材料供选择，可能包括拼图、手工材料、艺术材料、施工工具和配件。孩子们可以自由取用他们想要的东西，使用它，更换它，然后进入另一个领域。在其他教室，教师会每天摆出一些不一样的材料，然后任由儿童取用。第一种方法给了儿童一个更广泛的选择，但是需要大量的存储空间。这种方法还有一个缺点，如果教师有时候没有更换材料种类或者补充选择类别，孩子们会感觉厌烦。第二种方法是每天供给幼儿的选择数量很少，但在长期看来可以提供更多的选择。这两种方法都能促进幼儿学习，只是方式不同。

特定领域的活动

学前教育方案应旨在促进儿童的认知发展，通过使用一些具体的材料让幼儿触摸、品尝、闻、听、看。建筑玩具应该包括积木、汽车、卡车和飞机，表演游戏的材料包括玩偶、碟子和戏剧服装，还有拼图、积木、制作材料，以及烹饪工具等。幼儿可以在密切监督的情况下用刀切割食物，使用搅拌机和煎锅准备食物。所有的材料都应该与幼儿的生活息息相关，与他们所知道的和经历过的事情有关联。通过这种方式，幼儿可以将每一个新的经验都建立在熟悉的经验之上。

认识活动应该鼓励幼儿去思考、质疑和体验。开放式的活动有多个答案，例如，勺子的分类活动。在这个活动里，勺子的类别应该包括小勺和大勺、银质的、塑料的、木制的，以及汤勺、搅拌勺和茶匙。幼儿可以根据勺子的大小、材料和用途分类，也可以按照其他特点添加一些额外的分类，如颜色、装饰，有槽或无槽。这个活动还可以进一步让幼儿把这些勺子装满米或豆子来测试重量和容量的概念。

生成课程的活动是从幼儿的质疑和探索开始的。这些活动还鼓励幼儿去尝试、体验，以及"跳出框架去思考"。如果一个幼儿问为什么叶子会从树上掉下来，活动的最后可能是引导孩子们去调查树的生命周期。当一个孩子问雨是从哪里来的，这个调查可能会引导他们去进行很多其他的认知活动。

应该有一些活动鼓励幼儿语言技能的发展。幼儿要能在活动过程中增加他们的词汇量。他们需要很多的机会来练习语言能力，通过解释他们所学的东西，提出问题，或者解决问题。

学习中心允许孩子们进行探索

渐渐地，语言技能的发展可能包括识别一些书面文字。幼儿在学前教育机构就能学会认自己的名字，有些甚至早在 3 岁的时候就会认了。在这段时期，还有少数孩子能认识一些其他的单词。

应该有一些活动强调幼儿体育技能的发展。幼儿需要足够的机会来促进他们的各种肌肉的发育。剪刀、刷子、拼贴材料和拼图，这些材料的使用需要小肌肉的协调。音乐、运动和户外游戏可以鼓励儿童使用他们的大肌肉。两者对于学龄前儿童的发展都是必要的。

活动及材料都要能培养儿童的自信、独立、社交才智和情商。一个典型方式是通过学习中心来达成。在房间的一个特定区域，教师设置材料，孩子们可以自己或跟几个朋友一起探索。活动设计要让幼儿尽量脱离成人的帮助和监督。最好的学习中心的设置，是让幼儿可以立即看到他们依靠自己独立完成的任务结果。其他材料和活动可以专注于幼儿生活的社会和情感领域。对于学龄前儿童来说，包含多种素材的表演游戏可以促进他们的社交互动与合作。针对学龄前儿童设计的书架应该包括一定数量的书籍，涉及家庭问题或者与幼儿相关的问题。如果一个孩子的父母在闹离婚，阅读一本有关家庭离异的书籍能让这个孩子获得安慰。

培养创造力的活动

学前教育方案应给幼儿提供机会发展他们的创造力。在本章中，创造力意味着对某一情况或处境的独特反应方式，而不仅仅是模仿其他人所做的。独特的反应行为包含直觉、创意、发散思维和灵活性。

学前班的许多活动都能为幼儿提供机会发展创造力。艺术往往是首先被想到的。应该给予幼儿他们想要的材料，因为固定的模式和模型会扼杀他们的想象力。其他应该提供的材料包括涂料、纸张、刷子、拼贴材料、剪刀和标记笔。幼儿可以使用这些材料来创作他们想要的任何东西。课堂上的表演游戏也可以促进幼儿的创造力。对于孩子们来说，可用的材料往往就决定了他们游戏的主题。他们喜欢的材料还包括表演服装、首饰、帽子、鞋子、刷子、梳子、卷发器、剃须刀（去除刀片）等。

促进多元化的活动

早教专业人员指出了在早教课程中纳入多元化概念的重要性。有两个术语是用来描述这些理念的。多元文化是使用最广的一个概念，它的重点是向幼儿介绍不同文化和种族之间的异同。多元文化方案的目标是为幼儿提供机会，从而发展积极的自我概念，包括接受自己与其他人的差异。反歧视课程这个术语是用来描述一个更广泛的办法，不仅包括文化方面，还包括性别和身体能力的差异方面。应用这类课程的重点目的是让幼儿消除性别成

小资料

有关美国儿童的统计数字是让人沮丧的，仍然有很多孩子的需求未被满足，尽管这个数字在一些州已经被降低了。儿童人口占美国总人口的25%。然而，41%的儿童生活在低收入家庭，每5个儿童当中就有1个生活在贫困家庭。美国大约2500万的儿童年龄在6岁以下，在这些脆弱的儿童当中，有44%（1100万）的孩子生活在低收入家庭，其中一半（550万）生活在贫困家庭。

在6岁以下的儿童所属的家庭当中，黑人、美国印第安人和西班牙裔的家庭占了低收入家庭的大部分，其中最大的组成是西班牙裔的家庭。以下是2011年这类低收入家庭中儿童按照种族的分布：

19%的白人儿童；

39%的黑人儿童：

14%的亚裔儿童；

35%的西班牙裔儿童。

2010年的儿童平均贫困率是22%，而在1967年则为14%。

来源：儿童保护基金会，2012年7月。

naeyc 见，同时防止他们对有能力差异的人产生偏见。反歧视课程的一个额外目标是鼓励幼儿发展批判性思维能力，让他们能够抵制对自己或他人的不公（Derman-Sparks，2011）。

无论选择什么方法，所有的活动都应该是一套整体课程的一部分，而不只是加到现有的课程当中。很多时候，在早教方案中引入多元化概念的尝试都成为路易斯·德尔曼－斯巴克思（Louise Derman-Sparks）和朱莉·奥尔森·爱德华兹（Julie Olsen Edwards）所说的"旅游"（tourist）课程。文化概念则是通过节日庆典，如中国的新年或五月五日节（Cinco de Mayo）来引进的。这种方法只能让儿童了解一种文化的异域特色。他们建议让儿童学习其他国家有关日常生活的方方面面，从他们临近的社区或学校所代表的文化开始。

如今，大多数的孩子都可以接触到许多不同的文化，也因此能看到从这些文化中而来的多种价值观和实践。应该允许孩子们就任何主题自由提问，鼓励成人与儿童之间有意义的谈话。这一种方式能够促进他们对文化的理解，也是他们获得文化能力的一步。园长和教师应该看到，一个完整的儿童，他的家庭和他生活的社会文化语境都与其相关。儿童最好能够适应人类的多样性，这样在机构当中的每个人都能够建立有意义的关系。

下面的材料可用于创造一个支持多元化的环境。

- 不同种族的人像图片，在家里家外工作的男人和女人，老人，残疾人，不同的家庭配置。

- 展示不同性别角色的书籍，内容包括来自不同文化或背景的人，或者不同能力的人，在做一些普通的工作。

- 反映不同性别角色的表演游戏材料，包括在不同的文化中所使用的日常物品、工具和用于特殊需求的工具（T字形拐杖、手杖等）。
- 艺术材料，包括画出不同皮肤颜色的颜料，纸张和面料；由不同背景的艺术家所创作的雕塑或绘画。
- 反映各种文化的 CD；可以让孩子们跟着不同民族的音乐唱歌或跳舞的机会。
- 包含不同文化中的食物品种的固定菜单。

自我测验

　　一个日托中心的一组女孩在玩洋娃娃，而一群男孩在玩汽车。老师鼓励一些女孩也去玩汽车。根据发展适宜性实践的指导方针，老师应该怎么办：（　　　）。

　　a. 坚持让孩子们换托幼中心

　　b. 从教室中移除所有和性别成见有关的玩具

　　c. 允许孩子们自由选择玩具继续游戏

　　d. 鼓励一些男孩也去玩洋娃娃

参与完整测验请登录网站 CengageBrain.com

学龄前儿童发展适宜性托幼机构的支持

　　塑造一个发展适宜性托幼机构需要考虑很多的事情。考虑到实践活动中的各种要求和标准，将幼儿按年龄和能力发展分组非常重要。分组也同时反映了机构的愿景和使命。考虑到新兴课程的教学活动中可能出现的各种情况，日程的安排应当足够灵活，但仍要有组织性。员工应该保持一致，并对学校所有的孩子都给予支持。家长应该被鼓励参与课程，这样有助于大家进一步了解彼此以及共同的目标。课程活动应该促进积极的同伴关系，让孩子们友好相处；还应该欢迎残疾儿童的参与，并给他们提供需要的帮助，或做出必要的改变来适应他们的能力。技术和互动媒体的使用都应该精心安排，并反映方案的目标。

幼儿分班教学

　　想象自己是一个孩子，正处于一间教室当中，教室里还有很多其他的孩子、活动材料和陌生的成年人。此外，想象有很多噪声、困惑，还有人群的移动。所有的孩子，即便是最独立的孩子，都会觉得不知所措。要让幼儿适应一个群组，这个组的规模必须是可控的，还应当符合发展适宜性。根据美国幼儿教育协会（NAEYC，2009）的标准，发展适宜性实践和学前教育机构课程的设置，都应当为幼儿提供在群体中学习和独立学习的机会。从这个角度来看，群组是由发展需求决定的。美国幼儿教育协会还建议，一个 3 岁或 4 岁幼儿的班额不超过 16 人，并由两位成年人看护。如果看护人员的素质很好，班级人数可以增加到 20 人，师幼比为 1:10。不过，其他因素也会影响班级规模和师幼比。

办学许可标准规定了在特定区域空间中可以容纳的儿童数量。它通常会特别指出每个儿童所需的室内空间在 3.25 至 4.65 平方米。所以，教室的大小决定了幼儿的数量。而实际在其中的儿童数量可以少于这个标准，但不能超出。

机构的理念和目标也可能决定每组儿童的数量。一些人认为，当儿童有机会与成人发展密切的互动关系时，他们的表现最好，这就要求小组的人数不能太多，这样教师或看护人员可以与每个孩子建立紧密的联系。其他人则认为，当儿童独立活动时，他们的表现最佳。而在后一种情况下，教师可以管理人数更多的小组。

园长必须决定分班教学的依据。最常见的是按年龄分班，这就是所说的年龄段。很多园长和老师觉得这种安排更适宜托幼机构。按同年龄的幼儿安排活动和材料显然更容易。另一种分班方法是"混龄班"，在这样的班级中，儿童的年龄可能会相差 2 到 3 岁。

一个典型的混龄班级可能有少数 2 岁的幼儿，一些 3 到 4 岁的孩子，甚至还可能包括一些 5 岁的儿童。这种分班的理由是孩子们可以相互帮助和学习。另一种观点认为，这种分班更像是一个家庭。法规或其他方案要求会设置班级中幼儿与成年人的比例。教师的素质也可以决定学前机构中的班级规模。如果教师的素质很高，或者在方案的计划和实施方面有相当的经验，他们通常可以组织人数较多的班级。而经验欠缺的员工，或正在培训当中的人员，可以在有经验的老师的监督下工作，或者分配给人数最少的班级（具体的员工资格会在以后的章节中详细论述）。

一日作息安排

一日作息安排应该动静交替。有效的作息安排可以让孩子们有时间自主学习，也有机会在一个群组当中与有相同发展需求和兴趣的同伴一起探索。应该有一个避免儿童过度兴奋或疲劳的模式。如果安静时间段和活动时间段能够分配均匀，儿童就不会过度疲劳。

应该为每个小组提供最合适的日程安排，同时也适应个体儿童的需求。很多孩子都受益于集体活动。一些儿童则无法在群组中待很长的时间，应该允许他们去做其他的事。另一些儿童会过于专注一个活动，而厌恶参与其他活动。如果他们想花很长的时间在某一个特定的活动上，只要有可能，就应该允许他们这么做。

应该在儿童自主的活动和老师指导的活动之间维持平衡。孩子们需要大块的时间段，在这段时间里，他们可以选择不同的活动，或者如果他们愿意的话，也可以选择什么都不做。而在其他时间，应该有教师带领小组进行学习活动。幼儿需要独立自主地发展，也需要在老师的引领下提升能力。

一天的日程安排应该涵盖室内游戏和户外活动。某些学校会有一种开放性的室内或户外活动方案，而孩子们可以在两者之中自由转换。这需要足够数量的员工进行监督，且保持温和的氛围。另一些学校则会安排所有的孩子先进行户外活动，再集体回室内。这种方法更常见，因为它允许多个组的儿童同时使用户外空间。在某些地区，冬季气候寒冷，不适宜户外活动，儿童就需要很多机会参与运动量大的室内活动，如室内攀岩、活跃的游戏和音乐活动，都可以代替户外游戏。

教 师

教师在与儿童的互动中应该传达温暖，并接纳每一个孩子的价值和独特性。教师和看护人员可以通过抚触、拥抱以及平视对话来传达温暖和接纳。这在一天开始时，尤其是幼儿与父母分离的时候，最为重要，他们通常在这个时候会感觉到焦虑。一天结束时的温暖告别也有助于第二天的再度共处。

教师应该使用积极的管理方式，让孩子来解决他们自己的问题。当使用这些技术时，幼儿学习控制自己的行为，并获得良好的自我感觉。一种方法是去预测问题，然后提出建议，让幼儿选择自己的行为。例如：两个女孩都想要穿道具箱里的同一件衣服。老师在帮助她们解决冲突的时候可以说："我了解你们都想穿那件粉红色的裙子。那么，怎么做你们才能都在表演游戏区快乐地玩呢？"

教师与幼儿的互动应该促进幼儿自尊的发展。幼儿没有足够的认知技能来理解为什么在满足自己的需求时要考虑到其他人的感受。管理策略应该帮助他们在解决问题的同时控制自己的行为。第一步是让孩子们平静下来，并关注问题本身。下一步是让冲突的双方去了解发生的事情，让孩子们重述问题有助于让它变得明朗。最后，成人可以鼓励这些儿童去找到一个能满足所有人的解决办法。儿童的一些行为，如捣乱、哭泣、抗拒和攻击，都是正常发展的一部分。成人应该将这些行为视为某一发展阶段的正常现象，从而引导他们的正常行为。成人绝对不能用破坏或降低他们自尊的方式来回应儿童。这些方式包括大喊大叫的愤怒、指责、嘲笑、控诉、侮辱、威胁或羞辱孩子。

在幼儿发展的每个阶段，教师都应该鼓励孩子们独立，并做力所能及的事。3 岁的孩子可以跟一个成人一起把他们的玩具收好，在点心时间结束时清理桌上的食物残屑。一个提示可以鼓励他们看好自己的个人物品，或在使用厕所之后洗手。4 岁的孩子或许可以在没有提示和成人的帮助之下完成这些事。4 岁的孩子们可以很自豪地在游戏时间开始时拿出需要的材料，并在结束时收好。他们可以参与准备点心，以及清理残屑。这个年龄在照顾自己的需求方面已经相当独立了。他们可以收拾自己在浴室里的衣服，并能穿上自己的外套。

教师需要接受和回应幼儿

教师应该积极回应幼儿。他们应该准备好倾听幼儿，与他们交流思想和感情，鼓励他们分享自己的经验。所有的成年人都应该允许孩子们将情感用语言表达出来，谈论让他们生气或害怕的事。幼儿传达给成人的任何信息都应该受到尊重，不能轻视或忽略幼儿的想法和感觉。只有当他们的感觉得到认可，幼儿才能学习更好地自我理解并接受自己的情感。

家　长

当幼儿父母参与学校的方案时，孩子们会学得更有效率。一个良好的学前教育计划应该尽可能地将幼儿的父母纳入其中。在家长最开始参与的时候会有一个定向过程，在这个过程当中，家长能够了解学校的目标及其运营过程。学校会给家长及幼儿安排一个入学前的参观。在最初几天，让幼儿父母留下来跟孩子待在一起是有帮助的。家长应当有计划地参与与孩子的分离过程。

一旦幼儿与父母分开，教师就应该让家长持续了解孩子的进步。频繁的非正式报告和家长会议能够让家长了解学校正在发生的事情。许多学校已经建立了一个日常书面交流的程序。通信、电话和公告栏也可以提供很多信息。

教师应该鼓励家长尽可能多来访学校。在某些情况下，家长可以与孩子共进午餐或在小憩之前简短访问一下。一些家长可以在教室里充当志愿者。如果幼儿的父母因为工作时间而无法参与，也可以鼓励家庭的其他成员来学校。祖父母或年长的兄弟姐妹都可以替代幼儿父母参与活动。

同伴关系

优质的学前教育机构应该促进幼儿之间友谊的发展。小组的构成应该让大多数的孩子都能找到与自己水平相当的玩伴。这通常意味着会有年龄、性别和能力的不同。一个人数为 14 人的小组，如果男孩占大多数，女孩只有一个，那么显然不会有一个性别分配均匀的小组那么和谐。在一个由 3 岁孩子组成的 15 人小组中，一个能力健全的 4 岁幼儿也无法找到与其水平相当的玩伴。对于一组混合性别的小组，教师应该鼓励他们在某些游戏中相互接触与合作（Manaster&Jobe，2012）。

活动应该鼓励儿童的社交互动，促进他们彼此的接触。在设置学习区域时，应该将其设置成可以容纳一个以上的儿童。双面画架可以让两个儿童一起学习，这样他们可以互动，桌面活动的设计应该允许让几个儿童方便地进行讨论。教室的布置也应该让不同兴趣的儿童有机会互相接触，在某些情况下，还可以组合在一起。例如，一个玩黏土的孩子把黏土做成面团的形状，为游戏厨房的表演准备食物。

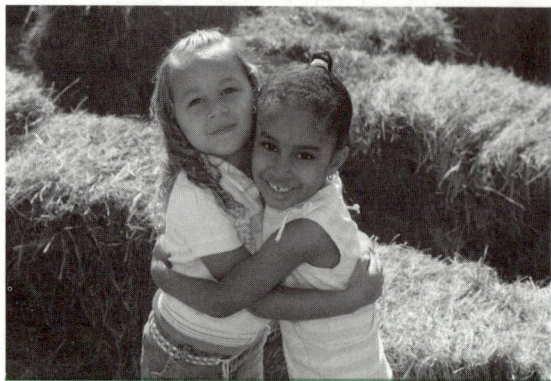
幼儿之间很早就开始发展友谊

工作人员与幼儿的互动应该促进彼此的联系与合作。工作人员应鼓励儿童一起游戏，互相交谈；鼓励他们尽可能地自己解决问题，免除成年人的过度干扰。即便成年人参与进来，也是帮助他们找到自己的解决方案。

有特殊需求的儿童

随着《1990年残疾人教育修正案》（*Individuals with Disabilities Education Amendment of 1990*）的出台，托幼机构的管理者所面临的问题是"我们的方案如何才能最好地满足这些孩子的需求？"法律要求在个体教育计划（individual education plan，IEP）中为每个孩子做好准备。在大多数情况下，一个多维度的评估是由团队完成的，团队组成包括医生、心理学家、教师、儿童看护人员、家长或监护人以及儿童。评估需要提供信息，并开发一个全面的干预计划。总体目标应该是支持家庭提升对儿童的管理，并促进他们的独立，这些儿童中也包括有特殊需求的孩子。此外，应该鼓励儿童发展技能，让他们有正常的生活经历。最后，应该制定目标，预防将来出现问题。

园长最重要的任务是为有特殊需求的儿童提供优质的、符合发展适宜性的幼儿看护方案。这个方案可以让他们获得最大的发展，并让所有的儿童知道他们的相同点大于彼此的差异。这同时也是一个良好的商业实践。学校可以因此树立良好的声誉，成为一个对所有幼儿和家庭适宜的地方，这有助于提升其入学率。此外，员工也会因此而对他们的工作感到骄傲，从而减少人员流失和更替。所有这些利处都值得花费时间和努力来创建一个优质的托幼方案。下面列出了一些具体的特殊需求和教师需要适应的地方。

教学资源　视频案例 6.2

学前教育：针对有特殊需求儿童的个体教育计划（IEP）和过渡计划

你将在视频中看到一个方案计划过程，这个方案将有特殊需求的儿童纳入在内，为他们提供支持。观看视频时请思考以下问题。

1. 教师采取了什么准备策略让孩子过渡到幼儿园？
2. 为了让马克班上的其他孩子能接受他，教师是怎么做的？

观看完整视频请访问网站 CengageBrain.com

注意力缺陷障碍

描述：注意力缺乏是一种综合症状，其特征是无法维持注意力，缺乏毅力，容易冲动，无法抑制不当行为，过度活跃和言语过多。

教学适应：有这类障碍的儿童最好是安排在一个较为轻松的环境当中，让他们积极参与。提供符合发展适宜性的材料和活动也很重要。行为治疗应包括提供简明和具体的方向，在维持纪律的方法上保持一致，并对适当的行为给予奖励。

发育迟缓

描述：儿童发育迟缓的程度一般是通过测试来确定的，但教师应通过自己的观察进一步评估孩子们的能力，包括运动能力、语言和社交能力。教师需注意到幼儿需要多少成人的帮助，或者幼儿自己可以达到哪个水平，记录他们注意力的持续时间以及对概念的理解能力。

教学适应：高师幼比可以提供最大限度的个体关注。应该把任务分解成很多小的组成部分，允许较多的重复。教师更多的时候应该使用积极的方法来强化，并在惯例和经历、体验的提供上维持一致性。

身体能力缺陷

描述：身体能力缺陷的范围较广，从协调能力的缺乏到严重的移动限制都包括在内。一些孩子在完成某些需要精细运动技能的任务时会有困难，另一些儿童无法做一些需要大肌肉力量的运动，如攀爬、骑自行车等。

教学适应：在所有物理环境区域中都应该有简单的坡道。应该鼓励儿童参加各种体育活动。教师应该调查各种能增强体育技能的创新材料。

听力障碍

描述：在听力障碍方面，能够观察到的最频繁的现象是沟通限制。这些儿童往往无法理解或者回应他人。他们可能在小组共处的时候漫不经心。

教学适应：教师在跟有听力障碍的儿童说话时应该正面朝向他们，并且吐字清晰。在小组共处时间，这些孩子应该安排在靠近成人的位置。教师应该跟这些儿童说话以提供语言刺激，并使用磁带做额外的听力练习。

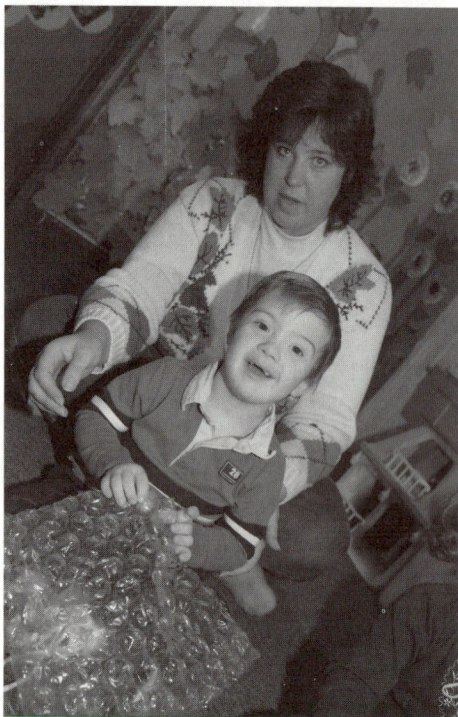

能力有缺陷的儿童需要额外的时间和关注

言语和语言障碍

描述：许多儿童在发展语言能力的时候发音不清楚，而一些儿童在这段发展时期过了之后仍然会有一些困难。他们可能会省略、发错某些单词和字母的声音，或者用别的音替代。另一些儿童在遇到语言困难时会使用手势或单个的词语来代替完整的句子。

教学适应：教师和看护人员可以使用短语或简单的句子来帮助儿童发展语言能力。此外，日常活动如唱歌、聊天和词语游戏也很有帮助。听力活动，如让孩子听成人读故事或者磁带都可以让他们听到正确的语言。最重要的是，成人应该在孩子有交流意图的时候认真倾听并做出回应。

攻击性行为

描述：在托幼机构，教师经常可以看到一些有较强攻击性的孩子，他们过于激进、充满敌意，挑衅权威并且好战。在很多情况下，他们的反应都是打、推或者踢。这些儿童攻击别人的原因通常是因为受到阻碍或者干扰，也有可能是某些外部环境对他们产生压力，而他们无法理解或者无法辩解。一些儿童则是受电影或电视中的暴力情节所影响。

教学适应：在做出决策来处理这些行为之前，对教师来说，重要的是观察和记录事件，包括事件的起因，最后再对这些事件做出解释。儿童会受益于获得的个体专注，帮助他们说出自己的感受尤其重要。改变周围环境，提供更多的活动空间或者为个体儿童提供一些活动也是有帮助的。玛丽·露易丝·狄米特（Mary Louise Demeter，2007）表明，一个行为在改善之前可能会变得更糟，这可能会导致教师放弃干预计划。狄米特认为，持续干预最终会带来预期的变化。在这段时间里，园长对于工作人员的支持是非常重要的。

视觉能力缺陷

描述：儿童被诊断有视觉障碍的可分为半盲或失明。如果儿童有视力问题，那么我们就可以观察到他们揉眼睛、眯着眼或者不停眨眼。他们也有可能把看的东西放得很远或很近。当他们试图盯着一样东西时可能会偏着头，少数儿童会抱怨头痛或头晕。

教学适应：教师应该提供各种各样的活动让这些儿童可以使用其他感官。可以引导这些儿童到活动场所，然后保持所有的东西位置是不变的。有时可以鼓励另一些儿童为他们提供帮助，或者刺激社交互动。

naeyc 科技和互动媒体

尽管一些专业人员对此有所怀疑，但是在托幼机构的教室里使用科技和互动媒体已经变得越来越普遍。他们指出，儿童学习的最佳方法是让他们与具体的对象进行实际接触。2012 年，美国幼儿教育协会与弗雷德·罗杰斯中心（Fred Rogers Center）合作，发布了一份针对科技和互动媒体在早教方案中应用的声明。这是对科技和互动媒体的使用在社会、家庭、学校和业务中日益增长这一现象的回应。科技和互动媒体会一直停留在我们的生活中，而托幼机构的任务则是帮助儿童恰当地使用它们。对此，托幼机构的园长和教师们需要获得相关的科技信息和来源，以便将其纳入他们的早教方案。在针对儿童的使用上，应该有具体的目标和限制（NAEYC，2012）。在社交媒体的使用方面，应采取更谨慎的做法（Simon，2011）。在托幼机构当中，对社交媒体的任何使用都应该遵循美国幼儿教育协会的道德行为标准和相关承诺。

数据显示，一个开放性的方案可以帮助儿童在多个领域获得显著进步：智力、语言技能、结构性知识、长期记忆、手的灵巧度和自尊。在某些特定领域里，电脑特别有效。当

今天的科技形式多种多样，可以使用它们来帮助儿童学习、合作

学龄前儿童有足够的时间去练习时，电脑可以帮助他们增加预读或阅读技巧。如今，电脑可以让孩子们画出自己的图片或写下自己的故事。托幼方案在计划使用电脑时应考虑儿童的发育阶段和兴趣（Blagojevich et al.，2010），应该至少有一个电脑活动是适合每个孩子的。

自我测验

根据美国幼儿教育协会在发展适宜性实践方面的观点，把2、3、4、5岁的幼儿放在同一间教室的小组里有什么不对：（   ）。

a. 他们有不同的发展需求，这会阻碍他们在小组中的学习

b. 5岁的儿童会被2岁的幼儿所影响

c. 教师无法同时满足不同年龄儿童的需求

d. 2岁的幼儿通常没有经过如厕训练

参与完整测验请登录网站 CengageBrain.com

托幼机构的空间

每个园长和大多数的老师心中可能都会有一个理想学校的蓝图。它有大量的开放空间，房间干净明亮，每个房间都有卫生间和水槽以及冷热自来水。其他空间可以为家长和员工提供隐私和说话的地方。但对大多数人来说，这只是个梦想。现实情况是，大多数园长和员工会发现身处的这个空间已在其他人的计划之中，或者已被用于另一目的。这个空间必须符合他们学校的要求。在一个现有的学校，空间的改变是非常有限的。重新装修住宅或者商业建筑可能非常昂贵。所以，在规划一个理想的学校时总是要考虑两个因素：可变动的内容和财政预算。

在一个现有的学校里做出很大的改变是不太可能的，所有的房间和空间都已被分配指定用途。但是，房间内的改变或者使用某些房间用于一个新的目的仍然是可行的。园长应该首先让教师做出室内或户外空间利用的详细计划。室内计划包括定位插座、门窗和任何固定的物品。户外的安排包括树木、人行道和大门的位置。员工们可以在一系列的会议中提出他们对于空间变更的考虑。请记住下面章节中列出来的参考。如果一个园长是在一个曾被用于其他目的的地方建立学校，他/她不得不先考虑如何划分空间，或许可以添加或拆除一些墙面、浴室和门。为了使成本最小化，在决定最终的计划之前获得尽可能多的信息是非常重要的。园长应该去参观一些其他的学校，看他们是如何利用空间的，或者跟其他园长交流，参考有关书籍，或者咨询建筑师。

空间与规定

园长应该核查有可能影响到学校环境的任何法律法规。可能会有针对每个孩子必需的空间、浴室的数量、隔离患病儿的场所，以及成人领域的相关条例。可能还有一些对于户外围栏和地面材料的使用规范。城市部门也可能规定儿童的保健设施。建筑法规可能会指定室内空间的变更要求。卫生部门可能会有一些针对食品储藏或清洁用品的要求。消防部门可能会要求安装防火墙和防火门。

空间与机构目标

托幼机构中室内和户外的空间安排都应该反映学校的目标。园长和工作人员都应该检查一个方案的基本教育目标，并考虑通过对环境的计划和安排来实现并推进这些目标。

例如，托幼机构方案的目标可能是鼓励儿童对自身及自己的行为负责。有很多方法可以实现这一目标，如：

- 为每个儿童的所有物品安排存放的柜子。
- 为一些真正的任务安排区域，如木工和烹饪。
- 适合儿童身高的桌子和椅子。
- 无须成人帮助的学习中心。
- 便于儿童使用的水龙头和饮水机。

其中一个目标可能是鼓励儿童发展社交技能。如果是这样，空间可能会做如下安排：

- 安排一个区域让幼儿可以为某一个共同的项目进行小组合作。
- 可以容纳一个群组的儿童的区域。
- 一个管家中心。
- 一个可以让儿童进行合作的艺术中心。
- 户外表演游戏区（剧场、设备存放处、加油站和标志区）。

空间与机构类型

托幼机构的类型会影响空间的整体设计。一个全日制托幼中心必须照顾到儿童的身体需求，必须安排空间给儿童吃饭、小睡，或满足他们的其他需求，而对一个半日制学校来说则不那么重要。很少有托幼中心能够奢侈到准备一个单独的房间供幼儿小睡或吃饭，只能安排一个教室完成所有这些功能。如果提供膳食，则必须要有足够的空间来给每个孩子提供舒适的座位。额外的小桌子也是有帮助的，这样儿童可以自助用餐，或者在用完餐食之后清理盘子。儿童的小床也要收纳适当，便于在需要的时候使用。浴室里需要有地方放置儿童牙刷和毛巾。

一个全日制托幼机构还应该为儿童安排可以独处的地方。对于一些孩子来说，长时间地待在群体中可能会对他们产生压力。他们需要一个安静的地方独处或单独活动。合办的托幼机构或实验幼儿园必须考虑为成人或儿童安排单独的空间。房间必须足够大，这样可以容纳参与课程的成人。实验幼儿园必须加配一个观察室，供学生和指导老师观察。

空间与年龄的适宜性

环境应当适合儿童的年龄水平。与年龄稍大的儿童相比，特别年幼的孩子会有不同的要求。例如，在较小的室内和户外空间，或者没有太多设备的地方，2岁的幼儿似乎觉得更安全。但是，4岁的孩子则需要较大的空间来进行较为剧烈的体育活动。他们需要空间来骑三轮车、攀爬和跑跳。如果不同年龄的儿童混在一起，问题则更为复杂。因为该环境不仅要为最年长的儿童提供挑战，也要保证最小的孩子的安全。在这类机构中，设备应该是可变和可移动的。在室内，应该有为最小的孩子隔开的封闭分区。孩子们更多时候是在地板上玩儿，而不是坐在桌子旁。在户外，使用可移动的栅栏可以让一些孩子更积极，同时还能保护年龄小的幼儿。一些设备，如箱子、板、轮胎和内胎，可以被很多不同年龄的小组使用。

空间与交通通道

在规划空间时，园长应该考虑到交通通道的问题。这包括检查房门安置的地方并想象儿童和成人出入的方式。接下来，园长必须决定是直接进入还是转移人群。大件的家具或设备可以改变人们从一个地方移动到另一个地方的方式。通过设计家具的放置方式，可以让活动继续进行不被打断，即便有儿童进进出出也没有影响。如果没有人乱踩乱进，阅读角落可以提供一个舒适的地方让人安静地沉思。如果不受过道上人群的影响，一个玩积木游戏的区域会被更频繁地使用。

园长在计划放置户外设备时必须考虑儿童的安全。孩子们在户外比在室内更活跃，他们会跑步或骑自行车。他们很可能会无视一些安全隐患，所以秋千和攀登设备应安排在远离交通流的地方。核查法律法规是很重要的，因为一些州禁止在幼儿看护中心设置秋千。有趣的人行道会吸引儿童步行或骑自行车去探索周围的环境。微微倾斜的道路或桥比平坦的路更有吸引力。

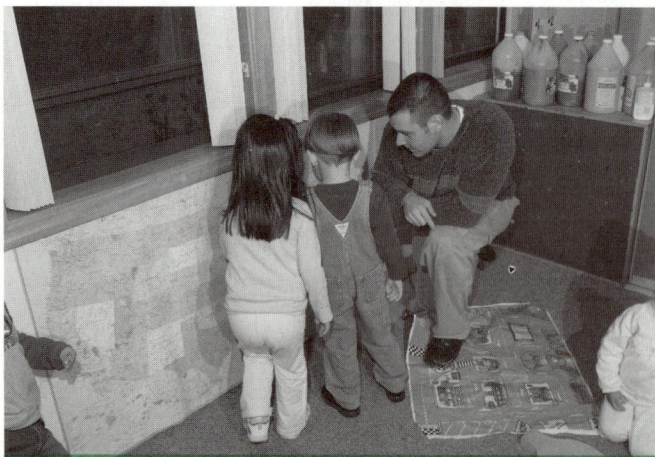
在设计游戏区域时应考虑儿童的思维。明亮的颜色、适合儿童视线高度的公告板和低矮的家具都可以吸引幼儿的注意力

空间与噪声程度

一屋子的学龄前儿童可能会很嘈杂，无

论对成人还是对儿童来说，都可能造成压力和刺激。在规划空间时，必须考虑不同活动的噪声水平。最好不要有两个嘈杂的活动靠近进行，例如搭积木和表演游戏。这两个游戏应该被安排在房间内两个分散的区域。吸音材料的使用如地毯、布料和声学瓷砖有助于减小噪声。科学活动应安排在房间内一个安静的角落进行。阅读和音乐区域可以用货架或橱柜隔离开。也可以在室内设计一个单独的结构来划分一块安静的区域。例如，某些学校会在房间内建立一个阁楼。一些孩子可以在上面一层游戏，不受下面的活动干扰。在下面一层，可以设计安排一些舒适的区域让儿童独处。

存储空间

托幼机构所有区域都应提供足够的存储空间。一个中心的存储区域是非常重要的。这块区域应该可以存放很多的补充物资，如纸张、油漆和胶水。此外，应该有地方放置可以共享的教学材料，装有特殊科学设备或数学材料的箱子也可以放在这块地方，或者可能还包括额外的表演游戏道具。这个地方的功能是让老师们可以来寻找新的材料，从而丰富他们的日常教学活动。

在户外，应该有一个地方来存放自行车、沙滩玩具和其他移动设备。还需要一个较大的户外遮阳棚用来保存表演游戏的道具和艺术材料。这些对任何学校来说都是一笔很大的资产。每个教室都应该有地方放置课程材料。教师应该有方便取拿教学材料的封闭橱柜。开放的架子可以用来放置一些供儿童使用的材料，让他们自行取用。孩子们不会带着一个拼图穿过教室到另一边的桌子上，如果附近没有桌子，他们就在地板上玩。而通常的结果就是，拼图的小块会遗失。

硬质与软质空间

学前教育机构的教室应该包括硬质和软质空间。儿童会回应触觉刺激，所以，教室里应该有一些摸起来柔软的物品，例如地毯、枕头、软家具、手指画和黏土。太平洋橡树学院的克里奇夫斯基、普雷斯科特和沃林（Kritchvsky, Prescott and Walling of Pacific Oaks College）研究了软质和硬质两种环境对于儿童的影响，得出的结论是环境中柔软的物品有益于增强儿童的体验。孩子们可以在地毯上翻滚、砸黏土和画手指画。每件物品都任凭孩子们随心所欲地使用。

相反，硬质的表面提供的是一种不同的体验。瓷砖地板、木质家具、柏油操场告诉孩子们的是，他们必须做环境要求他们做的。普雷斯科特和她的合著者认为，在白天，年幼的儿童不愿意长时间忍受这样的信息。她说，尤其是在全日制托幼机构，硬质的环境会抑制儿童的行为，会造成儿童的疲劳和紧张。户外应该有软质区域和硬质区域的活动空间。孩子们需要在软质区域玩沙子、水和挖泥土，或进行园艺活动。软木屑和草皮也可以提供柔软的区域。在水泥或沥青这些硬质表面上，孩子们可以骑自行车、搭积木或者打球。

有审美吸引力的空间

幼儿的游戏区域必须要具备审美吸引力。孩子们可能不会评论一个房间的外貌，但是他们会对一个愉快的环境做出回应。教室应该使用柔和的颜色，设计合理的基本家具。环境应该简单而整洁。儿童的视线水平远远低于成人的视线水平，因此，家具高度应该较低，这样孩子们可以看到它们。公告板也要放置在儿童的视线范围内。在户外游戏区域，树木、灌木和花卉可以增加孩子们的快乐。将真实的树林加入游戏当中可以增加新的视角。草皮、泥地、红木屑地和沙子地都可以增加儿童对户外活动的乐趣。

自我测验

一个学前教育机构的园长在一个教室内部搭建了一个阁楼。孩子们在阁楼里安静地阅读和玩耍。从发展适宜性实践的角度来说，阁楼：（　　　）。

a. 是危险的，应该被拆除

b. 是有益处的增加，因为它可以帮助儿童集中精力

c. 仅推荐作为听话儿童的奖励

d. 是对残疾儿童的歧视，所以不应该在任何教室搭建

参与完整测验请登录网站 CengageBrain.com

托幼机构的多元化

在本章中，我们在前面讨论过关于托幼机构课程多元化的重要性。其中一个目标是向孩子们介绍不同种族和文化的差异和相似之处。第二个目标是强调让儿童消除性别成见，防止他们对不同能力的人产生偏见。我们还针对如何创建一个多元化的课程提供了各种活动和材料的建议。除了材料，一个早期教育教室的总体环境还应该反映对多元化的接受态度，为各种活动提供所需的空间，活动的计划也要有足够的灵活性。在家具和设备的选择上，教室里还应该放置一些能够代表不同文化的器具。例如：

- 一把墨西哥儿童椅。
- 一张印度床单。
- 日本的榻榻米。
- 中国的锅。
- 危地马拉的篮子。

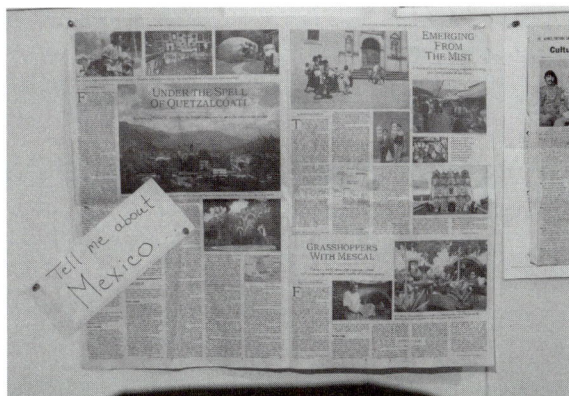

报纸和照片可以向儿童毫无偏见地介绍其他文化

各活动区展示的图片应该包括：

- 做一些日常工作的不同的民族 / 种族的人。
- 男性和女性平等参与家庭和外面的工作。
- 不同背景的老年人从事不同的活动。
- 不同背景、不同家庭的图片。
- 不同背景、不同能力的人进行工作或休闲活动的图片。

教室里的艺术作品应该反映艺术家的文化背景：

- 雕塑、木雕。
- 编织物。
- 陶瓷。
- 绘画作品或印刷品。
- 民间艺术作品。

在规划户外区域的时候也应该将多元化考虑在内。

灵活性

多元化托幼机构的一个重要的方面是灵活性，这意味着活动不能按统一模式安排。员工必须定期评估环境中正在发生的事情，并决定是否要做出改变。园长应该让员工思考，环境是如何促进或阻碍多元化目标的进展的。他们可能会问自己如下问题：

- 儿童使用环境的方式是否实现了我的目标？
- 儿童使用环境的方式有哪些是我没有想到的？
- 我可以通过其他方式来安排材料或设备来推进我的目标和服务多元化吗？

教师也可以让儿童参与与环境相关的问题的讨论。儿童可以谈论使用环境的方式和发生的任何问题，也可以质疑任何改变是否可行。一些勇敢的老师甚至将一个房间内的所有的家具移出，然后让儿童自己安排怎么放置回去。使用任何新的角度去看待物理空间都值得推崇和尝试。

自我测验

在一个教室的公告板上，教师贴的图片是男人和女人一起在清洗碗碟。她可能是在努力促进：（　　）。

a. 跨种族的理解

b. 陈规，老一套的行为

c. 多元化

d. 灵活性

参与完整测验请登录网站 CengageBrain.com

室内区角空间规划

除了规划空间的总体方案，园长和教师可能还希望针对一些具体活动做出空间使用计划。大多数学校对年龄较小的幼儿划分了特殊的区域，如搭积木的游戏场地、表演游戏区域、创造性活动区，还有学习、音乐和阅读空间。每个学校的目标可能还包括一些额外的区域计划。

表演游戏区

表演游戏区有时也被称为娃娃家，因为通常第一次表演都和孩子们在家里的经历有关。他们做饭、哄婴儿睡觉、打扫房子、外出工作，或教孩子守纪律。他们可能会打电话或者去吃饭。在这个地方，儿童可以扮演一个成人或者一个婴儿。在准备饭菜或者打扫房间的过程中，他们可以练习和使用小肌肉。他们还有很多的机会去提高他们的社交技巧和语言能力。

随着儿童年龄的增长，表演游戏中出现的场所可能还包括医生的办公室或医院，有时还有餐厅、消防站和加油站。这种游戏给予了他们额外的机会来扮演工作角色。儿童可以表演他们曾经亲眼见过或在电视上看过的场景。为了让表演游戏尽可能地满足孩子，他们必须有恰当的设置和足够的道具。教师应该在不同的时间选择合适的道具推进表演或者激励新的表演。

表演游戏区的设置包括：

- 选择一个免受交通干扰的场所。
- 为几个孩子安排足够的空间。
- 有方便的存储空间。
- 允许一些隐私，也要有足够的监督。
- 靠近相关的活动区域或者该场地能容纳不止一个主题表演区（室内和室外，骑自行车和汽车加油站，烹饪和睡觉）。

表演游戏区的道具可以包括如下内容。

娃娃家类：

- 适合儿童身高的家具（炉子、水槽、冰箱、桌子、椅子、床、镜子）。
- 碟子、锅碗瓢盆、器皿。
- 代表各种族的洋娃娃，如非洲裔美国人、拉丁美洲人、美洲印第安人、亚太人种或高加索人。
- 男洋娃娃和女洋娃娃，配以合适的衣物打扮。

- 有不同残疾的洋娃娃（购买的或自制的）。
- 空的食品容器，包括一些特定的民族所使用的典型容器。
- 食品模型（塑料水果和蔬菜，肉类，面包和鸡蛋）。
- 女性和男性的道具服，包括工作类和娱乐类。
- 人造珠宝。
- 清扫装备（扫把、拖把、海绵、桶子）。
- 户外使用的工具（耙、扳手、木槌、手电筒）。
- 安装在幼儿视线水平的不会破的镜子。
- 两个电话（一个座机，一个手机）。
- 有特殊需求人所使用的工具和设备（手杖、背带、沉重的眼镜、T字形手杖、轮椅、助听器）。

医生或者医院用：

- 婴儿床或者娃娃床，毯子，小枕头。
- 听诊器。
- 白色外套，口罩。
- 创可贴，药瓶（用谷物颗粒代替药片）。
- 棉花球，弹性绷带。

加油站：

- 短的加油泵。
- 加油站标志。
- 斜坡汽车维修区。
- 工具和工具箱（扳手、螺丝刀、手电筒）。

消防站：

- 短消防软管。
- 消防员的帽子。
- 消防员的外套。
- 消防工具（塑料斧头、手电筒）。

理发店：

- 卷发器、发夹。
- 梳子、刷子、手拿的镜子。
- 化妆品（脂粉、口红、眉笔）。
- 化妆刷。
- 电动剪子（去除电源线）。
- 剃须刀（去除刀片）。
- 理发罩。

用于表演游戏的道具多到数不胜数。为了增加儿童对游戏的兴趣，应该给他们提供更多需要的道具。这些道具可以储存在学校的中心存储区域，让所有的教室共享。

积木游戏区

教师经常会觉得即便他们花在游戏设施上的预算很有限，但是仍然会考虑购买一套积木。这是因为积木的用途非常多。它可以被不同年龄群组的儿童以很多不同的方式使用。积木可以促进儿童发展精细动作和大动作技能，让他们在解决问题时重新体验自己的经历。积木游戏可以鼓励孩子们使用社交技能朝一个共同的方向努力。他们在这个过程中可以学习数学概念，提升自己对于平衡关系、空间关系、形状和大小的理解。

积木游戏区域的设置包括：

- 一套可以同时供几个儿童一起玩的积木套件，套件中应该包括弧形积木、坡道和圆柱体。
- 放置积木的架子应该足够宽，能够放下最大块的积木。
- 汽车、卡车、船、飞机、火车、道路标志、橡胶或木制的动物（按儿童的需求）。
- 各种帽子。
- 平板、空心积木块、彩色积木块、树木、岩石和浮木块。
- 不同种族的人，包括男性和女性。
- 各种图片，包括建筑物、高速公路、铁轨、码头、机场、农场、森林和野生动物，在不同地点工作的男性和女性；图片能刺激儿童的想象。
- 过家家的家具。

表演游戏需要合适的道具服

美工活动区

在美工活动区，自由探索和尝试可以为儿童提供机会，发展多种技能。在儿童操作画笔、使用剪刀和打孔机，或用胶水粘贴小片材料时，可以提升他们的精细动作能力。他们在玩黏土、画手指画或在架子上画画时，可以发展大动作技能。美工材料可以让孩子们在进行自己选择的活动时感受到成功，从而提升心中的自我形象。设置美工区域时要让儿童可以互相合作，从而加强他们的社交技巧。一些儿童通过创造性的活动来表达他们对自己的经历和周围环境的感受。美术作品欣赏可以帮助儿童提升对颜色和形状的欣赏能力，从一个更广泛的意义来说，是提升他们对美的欣赏。

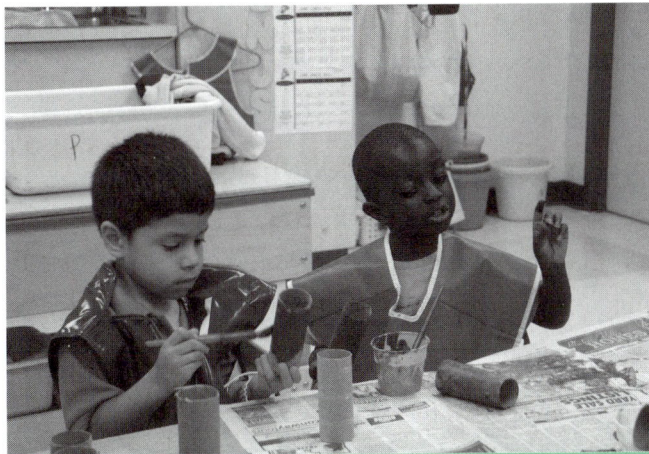
这些孩子在一起探索艺术材料

美工区的设置应该包括：

- 不同尺寸的画板和画笔。
- 各种颜料，包括棕褐色的、棕色的、黑色的。
- 各种颜色的蜡笔，包含各种皮肤颜色的。
- 供儿童观察自己外表的镜子。
- 不同颜色、质地和尺寸的纸张。
- 剪刀、尺子、打孔器、订书机、胶带、胶水。
- 毡笔、粉笔。
- 拼贴材料：碎布、丝带、闪闪发光的珠子、木头碎片、包装纸等。
- 泡沫塑料小块和牙签。
- 结构性材料——砂纸、橡胶和塑料。
- 缝纫设备——粗麻布、绣花针、纽扣、刺绣框、纱线。
- 杂志页面、壁纸片和纸巾。
- 教师还应该加入一些儿童感兴趣的其他材料。变化是无止境的。

数学与科学区

这个区域应该为孩子们提供很多机会去探索并测试他们自己的知识和技能。儿童在这里的学习可以增加他们数学和科学的词汇量。他们可以在这里学习统计、排序和分类，理解各对象物品的大小、形状和结构。他们要学着去了解他们的物理环境，获得关于物质和能量，以及生物的知识。这一区域的活动应该为儿童提供使用所有感官的机会来巩固他们的学习。

数学与科学区的安排有两种方式。一种是安排一张桌子，让几个孩子同时一起工作，可以是几个主题，也可以是合作一个主题，或者也可以将这个中心安排在一个孩子们可以独自工作的区域。不管怎样，重要的是这个中心要被安排在一个不受噪声或其他活动干扰的地方。某些科学主题需要使用到电力，这也对中心应该被安置的地点做了进一步规定。

教师应该对区域的桌子和个人工作场所的安排做仔细的规划。隔离个人空间的一种方式是使用大托盘。如果区域的设置有吸引力，儿童会主动地探索这一区域。设置中应该包括告诉孩子如何使用材料。

数学与科学区的设置包括：

- 用于计算、分类、称重和测量的材料（珠子、豆类、小积木块、各种形状的木头、挂钩和小钉板、空的蛋托、量杯）。
- 标尺、放大镜、色浆、温度计、棱镜和磁铁。
- 生长的植物和动物。
- 不同材质的数字和字母，如砂纸、纸板和毡板。

在数学与科学中心，精心规划可以促进儿童的学习

- 各类物品的集合，如鸟窝、鸡蛋、昆虫、羽毛、贝壳、岩石和晶体。
- 小型宠物，如鱼、仓鼠、沙鼠。
- 与科学主题有关的图片和书籍。
- 需要有计数对象的书籍。

对所有这些区域，我们列出来的物品仍然是有限的，可以使用的材料种类并不限于这些。还有很多种类的材料可以用于计数、称重和测量。在这个世界里，可以探索的对象和想法不计其数。

阅读和写作区

这个区域应该提供机会让孩子们获得阅读和写作的技能。这包括欣赏书籍、发展语言能力以及提高精细动作能力。这个区域的活动还应该帮助儿童将事件排序，从头到尾组织一个故事。

阅读和写作区选择的书籍应该：

- 反映多种种族和文化背景、年龄、性别角色和身体能力。
- 展示各种各样在日常工作中的人。
- 展示各种不同收入水平的家庭生活方式。
- 反映不同的语言（字母书、不同口语讲述的故事书、盲文故事书或手语故事书）。

区角的设置还应该包括：

- 反映多元化的大卡片故事书。
- 木偶舞台和木偶（包括男性和女性，不同种族群体和一些有特殊需求的人）。
- 录音机和 CD 播放器，以及录音故事（建议加上耳机）。
- 柔软的坐垫，还有供写作用的小桌子和小椅子。
- 写作用具（铅笔、毡笔、不同颜色和尺寸的纸张）。
- 毡板故事书和毡板。

音乐与听力区

这个区角的目的是鼓励儿童通过倾听来获得信息并乐在其中。区域活动也应该致力于提升他们的语言技能。儿童应该要有机会创造旋律和自己的舞蹈动作。音乐和听力区的设置应包括：

- 数个 MP3 播放器和耳机。

- CD 播放器和 CD 碟片，CD 内容应包括反映不同文化的音乐。
- 各种买到的和自制的乐器，包括某些文化中的典型乐器。
- 乐器和音乐游戏的图片。

圆圈活动和游戏区

每天都有一段时间教师会安排一个所有孩子都能参与的活动。在活动中，孩子们可以互相讨论、分享经验。教师也可以进行小组授课或者计划以后的活动。

游戏中心的设置应包括：

- 一块安静舒适的区域，大小可以足够容纳所有的孩子。
- 地毯或者可以坐的柔软表面。
- 一块公告板或者教学用的法兰绒板。
- 没有其他分散注意力的材料。

烹饪区角

烹饪可以被看作一种科学活动，但其中也包含了许多其他的学习机会。因此，也需要为此单独设立一个区角。虽然这个区角总是在教师的密切监督之下，幼儿也可以参与进行真正的任务，如准备点心或膳食，并享受这个过程。他们还有机会使用真正的工具，并扮演他们经常看到的角色。此外，烹饪也提供了一个机会让他们看到物质在不同的条件下是如何变化的。儿童在等待轮到他们用餐时，或者与其他人一起进行任务时，可以发展他们的社交技能。烹饪活动还可以为孩子们提供一些基本的信息，让他们知道食物的营养价值和来源。

烹饪区的设置包括：

- 一张桌子——桌子的大小可以限制活动的儿童数量。
- 一个电源插座——要放在桌子上，防止电源线绊倒儿童。
- 一个可移动的烤箱、煎锅、冰激凌制造机、爆米花机、搅拌机、食物处理器。
- 搅拌用的碗、勺子、量杯，为儿童设计的特殊塑料刀具，还有大的托盘，切菜用的砧板和烤盘。
- 图片食谱、活页片食谱，以及食品和食品的图片。
- 海绵、水桶和清洁用的肥皂。
- 儿童围裙——尤其是在做一些特别容易弄脏衣服的烹饪活的时候用。

科学技术区

在一个学前机构的教室里，可以使用电脑或者其他科技设备，如 iPad 或电子书等作为一个科学技术区角。它们无法取代具体的亲身体验，但它们可以作为学习活动的补充或巩固工具。关键是选择合适的软件来实现教师头脑中的目标。一些程序允许儿童使用大量的创造力和想象力，而另一些则是为了教他们某种具体的技能。

某些电脑适合学龄前儿童使用。他们可以使用操纵杆、方向键或者鼠标，通过上下左右移动对象来巩固自己的方向感，也可以比较、匹配或区分不同的对象。他们可以创建一些形状，然后改变它们。一些程序会对儿童解决问题的能力或记忆力有要求。在玩游戏的同时，他们还可以体验他们的手眼协调能力或反应速度。

除了身体技能和认知技能，电脑的使用对儿童的情感和社交也是有益处的。孩子们会经常在电脑中心待很长一段时间，表现出高水平的动机。他们明显地很享受控制这个成人工具。电脑可以成为儿童社交互动的焦点。新单词的习得以及语言技能的提升几乎都是这种社交互动的副产品。

在设置科学技术区时需要考虑到很多事情（Blagojevich et al.，2010）。这其中包括对交通通道的考虑。科学技术区适合被安排在安静的区域，而不是孩子们不断进出的地方。它应该在一个插座附近，有电源板可用，这样儿童可以使用一些设备或是给它们充电。家具的安排应该适合儿童的身高，并有足够的空间供几个孩子同时使用，还应该有足够数量的耳机。电脑的放置应该保证屏幕不会产生眩光。最好有一个带有儿童姓名贴的签到板，这样可以在孩子们轮流使用中心的时候更清楚地看到接下来谁可以用。还应该有一面墙或小块地方用来展示艺术或故事作品，或者儿童用科技的方式创造的其他作品。此外，还要有足够的空间存储所有的设备和软件。

自我测验

两个 3 岁的孩子在轮流扮演爸爸和妈妈。他们可能是在一个什么区域：（   ）。

a. 圆圈活动和游戏中心

b. 积木游戏区域

c. 表演游戏区域

d. 阅读和写作中心

参与完整测验请登录网站 CengageBrain.com

户外区域

户外区域应该跟室内区域一样需要仔细规划。在户外的时间应该让儿童可以自由探索，并通过看、听和闻来进行体验。现今有太多的孩子没有在户外花足够的时间，相反，他们更多时候是在室内进行非体育性的活动。不管是出于什么原因，孩子们正在和自然世界失去联系（Louv，2005）。无论是活动还是表达自我的方式，在户外区域活动与在室内不同。

在一个愉快和充满自然氛围的户外区域，他们可以跑、跳、攀爬、荡秋千和骑自行车。适当的户外活动区域应该包括一些适宜的植物、花或其他生物，可以鼓励儿童在自然环境里游戏，看到和享受其中的奇迹。

天气允许的时候，孩子们会花大量的时间在户外。这个区域应是个安全的地方，可以让他们自由行动，并能够进行所有的户外活动。很多情况下，一些室内活动也可以在户外进行。在户外，儿童经常开始自己的活动，也可能积极参与其他人的活动。在自然环境中，儿童会受益于在户外度过的时间（Nelson，2012）。儿童在户外进行的体育活动可以帮助他们的大脑发育，促进他们的认知发展。研究已经证明，儿童在户外所花的时间对他们的身体、精神和社交都是有利的（Children and Nature Network，2010）。优质托幼机构的一个重要方面是让儿童在户外花大量的时间应用他们的多种身体技能，并欣赏周围的自然世界。

此外，通过合并不同的区域，户外环境也可以刺激新类别的表演游戏。表演情境可以在剧场、骑自行车的地方和沙箱之间移动。在儿童逐步尝试更难的身体技能和挑战时，也要保证儿童的安全风险是在可管理的范围之内（Rosenow，2009）。大多数典型的操场包括一些永久性的设备，如秋千、滑坡、攀登架和沙箱，这些都能够被孩子们充分地使用，但孩子们可能过一阵就失去了兴趣，游戏主题也是固定的。这些设施也无法在体能方面为儿童提供新的挑战。

下面有关户外区域的建议是为了给孩子们创造一个令人兴奋的游戏场所，而不仅仅是提供一个操场。游戏区域的设置应包括：

- 跑步或骑自行车的小路。
- 明确定义每个活动区域。
- 不同的地表：沙坑、草皮、水泥地面、泥地和木屑地。
- 阴凉的地方和阳光充足的地方。
- 山坡和平坦的地面。
- 自然区域，有树、灌木和其他植物。

幼儿在户外可以自由探索，像这个跑步的男孩，他是通过视觉、声音和气味来体验户外环境的

- 可以攀爬的大石块或木头。
- 方便的水源和自动饮水机。
- 沙箱和相应玩具的存储区。
- 木工、艺术活动和表演游戏的空间区域。
  游戏设施应包括：
- 多层攀爬结构。
- 攀爬结构配件：防滑板、硬式梯子、绳梯和滑轮。
- 基本设备的创新补充：轮胎、内胎、包塑枕头、木板、锯木架和吊床。
- 用于表演游戏的物品：软管、标志、帽子、工具和居家家具。

- 放置在板条箱或盒子里的道具：园艺工具、粉刷房子的材料和交通类玩具。
- 不同大小和类别的球。
- 三轮车、小客车和摩托车。
- 户外设备的存储区域。

自我测验

从发展的角度来看，在游戏区域安置一个蹦床有什么缺点：（   ）。

a. 不能被很多孩子同时使用

b. 游戏主题固定不变

c. 教师不得不进行监督

d. 它可以帮助儿童发展体能，但不能提升智力

参与完整测验请登录网站 CengageBrain.com

适应有特殊需求的儿童

现在，很多托幼机构也将有特殊需求的儿童纳入常规教室，这样的机构在将来会更多。为了适应这些儿童就必须要对环境做出改变。规划一个适当的环境，儿童的安全问题是最先需要考虑的，还应该消除所有可能阻碍儿童完全参与全部活动的障碍。下面的内容提供了一些想法。如果你想获取进一步的信息，请阅读参考文献。

室内改造

- 修建通往室内和户外的坡道。
- 把门扩宽至约80厘米或者安装合叶。
- 移除房间内部任何妨碍移动的障碍，尤其是为了那些坐轮椅的孩子。
- 在厕所边上安装扶手。
- 为坐轮椅的儿童提供便于使用的卫生间。
- 安装闪光烟雾报警器。
- 各种材料的放置要方便他们看到和使用。
- 在标志区加上布莱叶盲文，使用不同的材质或图片。
- 设置各区域时要建立儿童易于识别的常规——例如，在艺术区域的入口放置颜色鲜艳的围裙，提醒他们在画画之前穿上。
- 提供轮椅上的儿童可以使用的画架、桌子和水桌。

- 购买轮式设备（踏板车、玩具手推车），供那些爬的孩子使用。
- 提供帮助幼儿站立的设备。
- 把书籍放在倾斜的书架上或挂在透明的塑料袋里——便于有视觉障碍的儿童阅读。
- 在阅读区域建一个低高度的平台或使用蒲团、软沙发——便于踏板车或手推车上的幼儿舒适地阅读。
- 为坐在轮椅上的儿童提供桌面画架。
- 使用不易滑动的地毯或防滑地板。
- 购买一台用于放大图片的投影仪。

孩子们喜欢攀爬和挑战自己的极限

户外改造

- 在各区域之间提供轮椅通道。
- 建一个高度跟桌子相同的沙箱。
- 安置较多的栏杆或者攀爬用的手柄。
- 提供有安全带或者安全绳的环绕式座椅。
- 在有草皮的区域，可以让轮椅上的儿童离开轮椅感受小草。
- 安置有清香的植物或者风一吹就容易发出响声的竹子或树木。
- 安置能够吸引蝴蝶或鸟类的植物。
- 在菜园中使用花盆。

环境会"告诉"儿童与成人如何行动。为有一个运转良好、有效、合理的方案，精心策划的户外自然环境非常重要。园长应定期评估，以确定户外环境是否达到了期望。如果没有的话，就需要做出改变。一个学校的物理空间、设备和材料是其最重要的资产。参观者们在理解课程的复杂性和员工的能力之前，会先注意并评估环境。一个有吸引力的环境可以帮助传达学校的理念。

自我测验

烟雾报警器在教室里响起，一边闪光一边发出"哔哔"的响声。这个教室有可能是服务于哪些儿童的：（　　）。

a. 不习惯听到烟雾报警器响的儿童

b. 需要额外刺激的儿童

c. 有特殊需求的儿童

d. 不喜欢噪声的儿童

参与完整测验请登录网站 CengageBrain.com

小 结

好的托幼机构能够基于儿童的能力和知识为他们提供符合发展适宜性的学习体验。在学龄前阶段，幼儿会发生一些变化，他们的身体与形态会发生改变，大脑的重量会增长到成熟大脑重量的 90%。幼儿在玩伴的选择和兴趣方面会跟以前有所不同。幼儿还会试图定义自我概念并改变他们思考的方式。

托幼机构方案中应纳入发展适宜性实践，支持幼儿的身体发育，社交、情感、认知及语言发展。一个理想的托幼机构应该是一个能让幼儿感到平静、自信与和谐的地方。幼儿们应该以适当的方式分成小组。大多数物理空间的设施都有法规规定，但也必须符合机构的目标。在规划空间时，应该额外考虑提供各种区域，并为许多活动留出特殊空间。家长、员工和同伴可以帮助支持发展适宜性课程的目标。要为幼儿学习的各方面提供相关的材料和活动，并恰当地组织，让他们从各类活动中受益。户外区域和室内区域都要仔细规划。户外代表的自然世界，正是今天许多孩子所缺失的，应该包括大量的植物、树木和鲜花，还应该有小路、水源，有特定活动的空间，有山坡和平地，有基本设施和存储设备。

如果方案中包含了有特殊需求的儿童，那么必须对环境做出相应的改变来适应他们的需求。首要问题是儿童的安全，对环境的改变是要让他们尽可能充分地参与学校所有室内和户外的活动。

案例研究

玛丽娅是一个新开办的托幼中心的老师，这是一个企业儿童看护连锁机构的一部分。她负责管理的课堂有 11 个 3 岁的孩子。这些幼儿似乎对户外的新设备特别感兴趣。玛丽娅喜欢看孩子们探索新环境，但是她最近感到很焦虑，因为那个大的旋转彩色滑梯几乎每天都会出现事故。最近的一个事故是，米格尔在玛丽还没出滑梯的时候就开始滑了，结果两个人撞到一起，但没有受伤。更严重的一个事故是，艾米从顶部摔下来掉在地面的木屑上。这个滑梯是中心的园长从一个大型儿童看护设备零售商那里采购来的，非常昂贵，她觉得这个花费很值得，既可以吸引家长，又可以在下午的课后托管项目中使用。

1. 园长要如何与教师一起合作来确定设备是否适宜中心使用？

2. 玛丽娅应该怎样将她的担心告诉园长呢？

3. 玛丽娅要怎么做才能确保这个设备对班上的幼儿是安全的？

学生活动

1. 参观一所托幼机构，至少观察一个游戏区域半小时，观察两个男孩和两个女孩的活动，猜他们的年龄是 3 岁还是 4 岁，写下他们所做的事情。尝试着找到一个共同的行为主线，和教师确认他们的年龄。

2. 收集一些课程计划，并逐个分析它们是否符合对象儿童的发展水平。

3. 为一组 3 岁的幼儿规划一个操场。画出计划，并将所有的设备放置在合适的地方，标记出任何可移动或可更换的设备。

4. 检查一所托幼机构的户外环境，并列出为满足使用轮椅的儿童或失明儿童的需求所必须做的更改。为了让其反映更多的自然世界，思考一下你还可以做哪些改变。

复　习

1. 发展适宜性实践的含义是什么？

2. 除非采取了预防措施，否则学龄前儿童的意外发生率可能会很高。为什么？

3. 在儿童发展语言技能时，他们有时会不正确地使用语法规则。指出幼儿可能会如何对待以下任务：

    a. 写出单词"go"的过去式。

    b. 写出单词"goose"的复数形式。

4. 美国幼儿教育协会推荐的学前教育机构中儿童最多的小组人数是多少？

5. 美国幼儿教育协会建议员工提供能够帮助儿童实现特定目标的活动和材料。请列出这些目标。

6. 什么因素会影响一个针对幼儿的理想物理环境的安排？

7. 在对托幼机构的空间安排的要求方面，全日制机构和半日制机构有什么不同？

8. 请举一些例子说明如何在环境中使用图片来传达对多元化的态度。

9. 为了让幼儿意识到多元化并接受它，可以在游戏区域增加哪些道具？请列出来。

10. 请描述一个为 3 岁的幼儿群组设计的烹饪中心。

有用的网站

免责声明：本书中所提供的网站地址旨在为您提供方便，不做推广。

http://www.aap.org

http://www.nncc.org

更多与管理相关的补充资源——包括教学资源视频，与每章内容有关的网站链接，教学测验，词汇卡等——请访问本书的教育伴侣网站 CengageBrain.com。

目的

阅读完本章内容，您应该能够：

· 描述 5~12 岁儿童的发展特点。

· 说明针对较大年龄儿童的发展
  适宜性方案。

· 描述学龄儿童看护者的特点。

naeyc 标准

本章中涵盖的 NAEYC 标准如下：

标准 1： 促进儿童的发展和学习
  （1a，c）。

标准 2： 建立与家庭和社区的关
  系（2c）。

标准 4： 使用有利于发展的方法
  来与儿童及其家庭建立
  联系（4b，c）。

标准 5： 使用本章的知识来构建
  有意义的课程（5b）。

标准 6： 成 为 一 个 专 业 人 员
  （6b）。

一个教会附属学校园长一天的生活片段

我们的科学中心最近新添了一个玻璃饲养箱，里面有三只蝾螈。老师和孩子们花了很长的时间争论要给它们取什么名字，最后定下来的是：艾萨克·纽特先生、韦恩·纽特先生和菲戈·纽特先生。

关键词

小群体 勤奋与自卑感 代码转换 多用途设备

家长和专业人员有时认为童年中期是一段相对稳定的时期，这是相对于困难的幼儿阶段和狂暴的青春期而言的。儿童会发生一些变化，但这些变化进展似乎比其他两个阶段进行得更为顺利。在这段时期，儿童的身体发育减慢，认知的发展会帮助孩子快速地学习，社交的发展让他们更容易与同龄人和老师相处。不过，仍然有一些孩子在经历这一阶段的时候会遇到问题。

那些缺乏体育技能的儿童，在学校不成功的儿童，或是很难交到朋友的儿童，可能在进入青春期时会带着强烈的自卑感或抗拒，这会对他们的整个人生都产生影响。课后托管方案可以帮助儿童面对小学早几年的挑战，但这需要儿童在这个发展阶段的相关知识。本章介绍了5~12岁儿童的发展全貌，可以用作规划学龄儿童托幼机构的指导方针。

学龄儿童机构

学龄儿童看护是这个国家早期教育中增长最快的部分（Neugebauer，2007）。这个国家大约有15%的儿童注册并参与了课后托管机构。如果这个机构很容易进入的话，会有另外38%的家庭让他们的孩子参与进来（After school Alliance，2010）。这类机构的授课方式跟一般学校有所不同。下面是课后托管机构的一些选择清单。

- 设在公立学校的项目，由学校、托幼中心或是独立的学龄组织负责。
- 设在托幼中心的项目，由托幼中心负责。
- 独立的项目，则由学龄组织负责（如男孩女孩俱乐部）。
- 设在教会的项目，由教会或儿童看护组织负责。
- 设在社区娱乐组织的项目。
- 专门负责课后托管的家托。

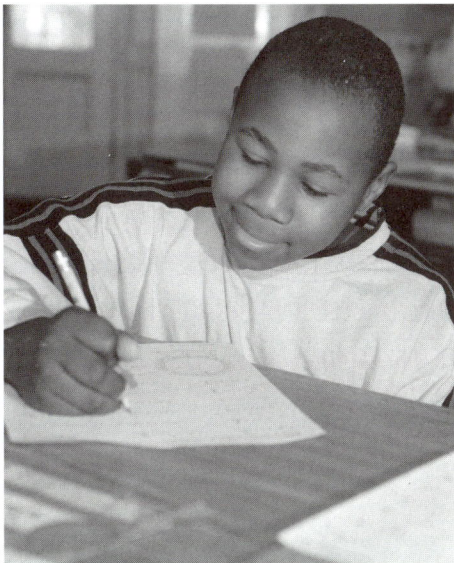

儿童需要时间和场地来完成家庭作业

这些项目也有不同的名字，最流行的是"课后"项目，但是"课外"项目和"扩展学习"也相当普遍。一些项目在夏季全天开放。现今，有14个州针对课后托管机构设立了单独的法规，还有46个州针对托幼中心的课后托管项目有相关的法规要求。很多州针对课后托管项目设定了标准，它们是定义一个优质托管方案的要素。由于这类项目正变得越来越普遍，并慢慢成为整个教育体系的一部分，一个有关标准的国家运动也出现了，它确定了针对课后托管项目的36个标准，包括6个大方面：（1）人际关系；（2）室内环境；（3）户外环境；（4）活动；（5）安全、健康和营养；（6）管理。（The National After school Association，2011）

"学龄儿童看护环境评量表"（School-Age Care Environment Rating Scales，SACERS）（Harms，Jacob&White，

1996）正是针对这类项目而开发的，并被很多机构应用，以促进和维持优质的看护质量。评估范围包括与儿童的互动、儿童的健康和安全，以及空间利用。学龄儿童看护环境评价还跟进机构的活动和项目结构。优质的学龄儿童托管机构需要配备齐全的员工，安排多种多样的活动，这些活动还要与家庭或组织的价值观和目标密不可分。好的托管项目会产生以下的结果（After school Alliance，2013）：

- 增加儿童在正规学校的出勤率和学习参与度。
- 提高他们的考试分数和成绩。
- 承受最多风险的儿童是最大的受益者。
- 儿童参与课后托管项目的次数越多，受益越大。
- 对儿童的自我概念和决策选择产生积极的影响。
- 保障儿童的安全。
- 帮助工薪家庭，鼓励家长的参与。
- 帮助维持儿童的身体健康。

自我测验

在调查课后托管机构时，一位家长坚持要她选择的这个机构提供有营养的点心。她的要求是：（　　　）。

a. 恰当的，因为优质的托管方案可以帮助维持儿童的健康

b. 不合适，因为优质的托管机构不会提供点心

c. 恰当的，因为提供健康的食品是评判一个优质课后托管机构的关键指标

d. 不合适，因为儿童的健康不在课后托管机构的关注范围内

参与完整测验请登录网站 CengageBrain.com

学龄儿童的发展

在学龄期间或小学阶段，儿童在发展上有很多进展。在身体发育方面，他们的身体变得非常协调，可以参与一些年幼的儿童无法进行的活动。在这个年龄阶段，儿童的大脑基本发育完全。他们能够学习和尝试新的技能。这个时期儿童之间的友谊真正形成，他们成为社会产物。儿童真正意义上的自我得到发展，他们为自己的成功感到骄傲。学龄儿童看护项目可以增强儿童在所有这些领域的发展。

naeyc

身体发育

相比身体发育迅速的学龄前阶段，在童年中期，儿童的成长变得缓慢。另外一个成长

迅速的阶段是青春期。但是，如果观察任何一些小学操场上的儿童，你会发现，他们在身高和体重上都存在很大的不同。遗传是一个原因，但营养也是其中一个因素。男孩和女孩之间不同的成长速度也会造成差异。女孩长得更快一些，在这个发育阶段通常明显比男孩高出一截。在童年中期，孩子们的运动能力也发展得很快，男孩和女孩在很多运动项目上能力相当，但也有一些差异。女孩的小肌肉的控制能力发育得比男孩早，因此，她们更擅长写作任务。男孩的手臂更有力量，在体育方面可能表现更好，例如棒球。女孩似乎更擅长体操。不过，不论是性别还是体型，都没有经验重要。这些孩子需要参与活动，男孩和女孩都能从实践中受益。当他们有足够的机会完善自己的技巧时，由于性别所产生的差异会被弱化。

在童年中期，儿童在认知上的发展让他们比之前更加意识到其他人的存在。因此，在评判自己和他人的时候，他们也会注意到任何外观上的差异。肥胖的儿童常常遭到取笑或拒绝，早熟或晚熟的孩子可能会觉得自己无法融入同伴当中。

认知发展

儿童的认知能力在 5~7 岁这段时间会发生显著的变化。在此期间，他们对具体的概念有良好的记忆，可以记住一些事实和事件。他们对某一种活动的兴趣也可以维持很长的时间，这样他们可以提前做出计划，或推迟一个目标的完成。有时他们能够针对某些实际情况应用逻辑思考，并思考和判断一些决策或问题。他们会估量因果，考虑替代方案，并选择恰当的行动或解决方案。

在儿童看护机构中，一个特别重要的变化，是儿童增进了对规则的理解，也更加能够去遵守它。五六岁时，他们逐渐开始接受规则是针对所有人的，规则是游戏的指南，必须遵循。这个理解可以让他们参加有组织的体育运动——在大约一年以前这是不可能的，或者是相当困难的。不过，并不是所有五六岁的孩子都可以按照规则进行游戏。

埃里克森（Erik Erikson）将童年中期这段时间划分为"勤奋与自卑感"。在此期间，儿童习得的某些技能，是他们成年后在某个特定环境或文化中所需要的。儿童在学校学会很多技能，所以，课程规划者试图预测他们将来作为工作人员有什么需求。因此，今天的孩子们不仅学习阅读、写作和计算，他们也学习复杂的技术。孩子们也需要学习一些日常的实用技能。

语言发展

在学前班期间，儿童的词汇、语法和语言的使用能力都发展迅速。到童年中期的时候，他们已经准备好以新的方式使用语言了。他们喜欢用单词做各种尝试，拿来开玩笑，更换搭配或者玩文字游戏。他们会通过使用俚语或粗俗语以引起其他人的反应，从而来测试某些单词的力量。某些小组的儿童会编一些他们自己的单词，使用这些词的人会被这个小组通过对幼儿园到八年级的孩子的调查发现，儿童的看护设置如下所示。

61% 的儿童在学校或一个公立学校的中心项目中。

9% 的儿童在教会或有信仰的地方。

10% 的儿童在私立学校。

8% 的儿童在社区中心。

来源：国家教育统计中心，http://nces.ed.gov/pubs 2006/no newer information available afterschool/01.asp.December 2006。

接受，不使用的则被排除在外。在此期间，孩子们也学会用语言来实现更积极的目的。同时，他们也学习表达情感和通过协商来解决冲突。

童年中期的孩子擅长改变说话的方式，这一过程被称为代码转换。例如，当他们跟父母交流时，会删去一些亵渎的词或者在同伴之间使用的词。最明显的代码转换的例子，是儿童会在课堂上使用一种形式的语言，而他们在操场上跟朋友们聊天时会使用另一种形式的语言。与老师交流时，他们会使用完整的句子，并试图正确地使用语法，删去俚语。而在操场上，他们会陷入"街头"谈话，或者言谈之中还会包含他们自己的母语。

社交和情感发展

童年中期给儿童带来的是更多的独立性。他们花大部分的时间在家庭之外，如学校、托管中心、附近的公园或街道上，并因此可以拓宽视野，遇到新的人，有新的生活方式。他们形成俱乐部、小团体或"帮派"，加强与同伴之间的联系，并试图摆脱成人的监督。他们在群组中觉得更加安全，同时也学习如何在家庭之外的世界找到自己的生活方式。

不过，群组也会对其成员实行严格的标准。每个群组都会有自己的社交符号、自己的游戏和独特的穿衣风格。要融入这个群组，并成为"其中"一员，成员必须严格遵守规则。那些遵守群组规则的人有一种归属感，其他人则被排除在外，并会因此而觉得难受。群组的影响力的确是强大的，会让儿童参与一些他们不会独自尝试的行为。这可能会产生积极的影响，鼓励儿童发展新的技能和获得新的体验。

对学龄儿童来说，朋友是非常重要的。虽然他们仍然依赖父母给予他们某种支持，他们还是开始更多地依赖同龄人。他们的自尊与同龄人对他们的看法密切相关。如果其他孩子喜欢他们，找他们玩，他们会自我感觉良好。在估量家长的价值观方面，朋友也提供了共鸣，帮助他们决定保留哪些、丢弃哪些。在他们有情感起伏的时候，好朋友也能提供帮助。跟其他人谈论自己的担心和忧虑能够让他们获得安慰，因为他们会发现其他人也会有同样的感受。

儿童倾向于寻找一些与自己相同年龄、性别、种族、社会经济地位和利益的朋友。友

学龄阶段，好朋友对儿童发展很重要

谊是强烈的，通常可以维持很多年。许多儿童，尤其是女孩，会交到一个"最好的朋友"，她们会彼此依赖，共同分享新的体验和环境。朋友关系中遇到的短暂的挫折或友谊的解散可能会给一些儿童造成严重的痛苦。

儿童需要发展社交技能，如帮助、合作、协商，通过与其他人交流来解决问题。在学习新的与他人互动的方式上，群组是理想的设置。看护人员同样可以在个体儿童遇到困难时为他们提供帮助，也可以安排特定的活动来增强他们的社交技能。

自　尊

通向成功和快乐的最重要的一点是一种积极的自我概念。幼儿在学龄前时期就开始形成自我的概念了。这些想法会不断改变，基于过去的经历、别人的评价和尚未经测试的自我假设。儿童在学校表现良好，或在其他的活动，如体育、音乐、艺术上能力出色时，会自我感觉良好。当同伴、父母或老师表扬和奖励他们的成就时，会大大促进他们自尊的发展。此外，儿童还会测试他们的自我假设。他们以更大的认知意识看待他们自己，在评估他们的自我假设上会变得更加准确。例如，有些孩子会说："我知道我不擅长数学，但是我的音乐很好。"

儿童会参照模范来塑造自己。在学龄前这段时期，幼儿会模仿身边的人的行为，跟他们最接近的就是家庭成员。在童年中期，他们可以从一个更宽的圈子里选择榜样。尽管他们继续模仿家庭成员的行为，他们却可以参考更多人的特点，如朋友、教师或看护人员。他们也能欣赏并试图模仿他们在电视上或电影中看到的人物。有时候，他们的家庭文化价值观会与周围环境里其他的价值观产生冲突。

自我测验

一个班上两个都是 8 岁的孩子看起来却不像是同龄儿童，一个又矮又瘦，另一个却很壮实，还高出一大截。从发展的角度来说，这种差异：（　　）。

a. 是正常的，符合预期

b. 矮小的孩子发育不正常

c. 高的那个孩子荷尔蒙失常

d. 看护人员应该特别关注他们

参与完整测验请登录网站 CengageBrain.com

学龄儿童发展适宜性托幼机构的特征

美国幼儿教育协会为0~8岁的儿童颁布了发展适宜性教育的实践指南（Bredekamp&Copple，2009）。虽然指南是针对专门机构的课程目标设置的，但它们也适用于课前和课后托管项目。这些机构为儿童提供服务需要基于三个核心因素：（1）适宜于儿童各领域的学习与发展；（2）适宜于个体儿童发展；（3）适宜于文化。

布雷德坎普和库伯（Bredekamp&Copple）讨论了以上三个发展适宜性的组成。第一个核心因素指的是有关全体儿童的知识，所有孩子可预见的增长和变化。例如，所有的儿童在发展他们的运动技能时经历的很多变化都是可预见的。同样，学龄儿童努力去获得独立也是可预见的。

第二个核心因素，是个体适宜性，关系的是每个儿童发展的独特性和成长时间段。尽管所有的孩子都要经历相类似的变化，但是每个人的发展速度可能会不尽相同。同一年龄的两个孩子在外貌、能力、语言的使用和思维过程上可能会有非常大的差异。两个同在学龄阶段的儿童可能看起来很不同。一个孩子可能已经"抽条"，个子较高；另一个孩子可能会矮小很多，仍然保持着前一发展阶段的外貌特点。在逻辑思考能力上，儿童之间也可能有较大的差异。或许一个孩子可以通过想象来解决问题，另一个孩子则仍依赖于具体的对象。发展适宜性方案必须从这三个方面来满足所有儿童的需要。

第三个核心因素所关注的是托幼机构的文化需求。在课后托管项目中注册的儿童可能来自不同的种族和民族，有不同的文化背景。这些机构中儿童的人数会多于一个普通课堂的学生人数，所以课后托管项目中语言和文化的多样性也会更显著。因此，在规划方案的时候，需要将文化和文化实践纳入考虑范围。

发展适宜性的活动

发展适宜性方案应给儿童提供不同的方式来增强他们的独立能力。他们还需要很多机会去提升认知和身体技能。朋友对学龄儿童来说是很重要的，所以一个课后托管项目需要安排一些时间让儿童可以跟一两个特殊的朋友在一起。此外，应提供一些机会让他们通过参与团队项目或游戏来扩充朋友圈。还应该让儿童的父母参与一些特殊的活动，以了解孩子的进步。

重要的是，这些活动需要适合儿童的年龄和兴趣。可以从各种渠道寻找活动来源，如图书馆或网上的课程账户。在创造领域，比较常见的活动是写作、绘画、陶艺和跳舞。所有年龄的孩子都很享受棋盘游戏、纸牌。户外游戏包括一些体育活动，可以带儿童去当地一些有趣的地方进行实地考察，如海滩、博物馆或公园。鼓励科学和数学的活动，可能包括培育一个花园，照顾动物或烹饪。大多数的课后托管机构会帮助儿童完成家庭作业，对一些孩子来说，这可能要花很多的时间。对孩子们来说，在各活动之间维持平衡是有益处的，既能够娱乐自己，也能够学习和创新，以及学会与他人相处。

改变日常活动节奏

一个服务小学儿童的课后托管机构必须为他们提供一种能够改变日常节奏的活动。许多州在它们的托幼机构的标准中要求在各类活动之间保持一种平衡，包括结构性的、非结构性的，自主的、安静的和活跃的各种活动。儿童在学校的很多时间都是坐着的，他们需要一个机会来释放一些被压抑的能量。应该允许他们积极参与游戏运动或使用户外设备。每天应该有一些结构化的时间让整个小组聚在一起。通常来说，这个时间是用于讨论、计划、阅读故事或者一起唱歌的。在小组时间之后，应让儿童自由选择活动。一些孩子愿意自己安静地待着，远离集体活动的压力。应让这些儿童有一个地方可以专注于一些单独可以做的事情，阅读，或者"什么都不做"。另一些孩子需要一小段休息时间，偶尔可以入睡。还有一些儿童会找一个成年人帮助他们适应从学校到托管机构的变化。看护人员需要跟这些孩子简单地聊一聊，然后让他们参与一些更积极的活动。

活动应该适合儿童的年龄水平

活动中培养独立性

课后托管机构应给儿童提供很多不同的方法来满足他们的独立需求，提供各类材料让他们可以开始自己的活动。创造性活动的材料应让儿童便于取用。不同种类的涂料、纸张、拼贴材料、织物等可以鼓励孩子们设计有趣的艺术作品。装扮用的材料可以鼓励即兴的戏剧表演，和更多有计划、有结构的作品。CD 播放器、磁带播放器或各种乐器可以让他们体验音乐。有些成人还成功地让孩子们写出了一些创意作品。

参与计划和决策也可以增加儿童的独立感。例如，孩子们可以计划和准备自己的点心。园长或许可以让他们自己决定一个星期的点心种类，让他们写一份购物清单，然后跟看护人员一同购买物资。简单的烹饪活动可以成为托幼方案日程的一部分。儿童也应该有机会做出自己的计划，包括安排特殊的活动。可以让他们有机会安排下周或者下个月的活动。当儿童开始计划在一个特殊的日子跟父母去动物园或公园时，他们就真正参与进来了。

在培养独立性方面，重要的是让儿童来解决自己的问题。这意味着当两个儿童产生争执的时候，在没有危险的情况下，看护人员不应该很快介入，而是应该鼓励他们正确对待彼此的差异并找到一个让双方都满意的解决方式。如果一个小组有一个共同的问题，看护人员可以通过领导讨论的方式来鼓励儿童独立解决。孩子们应该澄清问题，提供解决方案，然后建立一个行动计划。

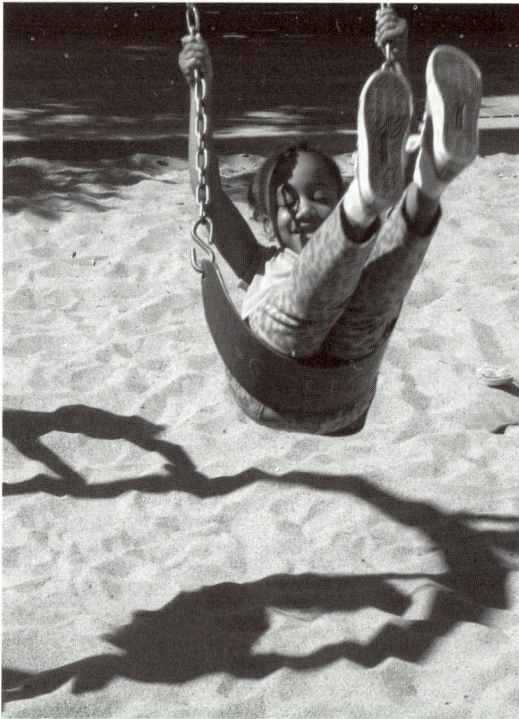
儿童喜欢玩荡秋千，荡秋千还可以发展儿童的肢体力量

活动中培养技能

　　发展适宜性方案为儿童技能的发展提供很多的机会。应该通过各种各样的活动鼓励孩子们去思考、推理、试验和质疑。参加科学活动、分类收集、魔术表演等，可以推进技能的进一步发展。许多游戏都需要阅读和数学能力。还应该留出时间让儿童完成家庭作业，有需要的话提供导师指导。个人的体育活动和有组织的团体体育活动是提升技能的补充方式。例如，一些孩子只想练习投篮，而另一些则需要竞争的游戏。一些孩子想通过体操来提高他们的技能，而另一些则想参与有组织的比赛。不论是个体活动还是团队活动，都要为儿童提供相应的设备和参与的机会。

　　儿童在参与规划和维护他们的游戏区域时可以发展需要的技能。他们可以使用真实的工具学习如何做一些简单的维修，也能学会将工具在使用之后收好以备下次再用。有时，他们在进行这些任务时，还需要使用解决问题的技能。教师应该鼓励儿童将这些任务看成是真正要担负责任的工作，而不仅只是占用了时间。这样，他们在学习相关的技能时可以提升他们的独立感。

自我测验

　　一个教会计划建立一个新的儿童看护机构。该集团的计划是基于两个核心要素，有关儿童如何学习和成长，以及什么是适合每一个孩子的。根据美国幼儿教育协会的标准，这个计划还缺少哪一个核心要素：（　　）。

　　a. 对社会互动的考虑

　　b. 对体育能力的关注

　　c. 对文化要素的认识

　　d. 包括宗教教育

参与完整测验请登录网站 CengageBrain.com

学龄儿童发展适宜性托幼机构的支持

　　学龄儿童托管项目需要优秀员工的支持、孩子们的合作，以及家长和社区的参与。招聘员工时应仔细考虑他们是否具备托幼方案中所要求的技能和素质。愿意与人合作并结交朋友的儿童通常会比孤立的儿童有更好的体验。参与学龄儿童托管项目的家长，也更了解孩子们在学校度过的生活。对这些家长来说，托管机构更像是一个合作伙伴，而不是一个圈养孩子的地方。学龄儿童托管项目中同样还包含针对有特殊需求儿童的部分，对这些儿童的相关考虑和适应改变需要成为项目规划的一部分，从而让所有的孩子都能完全地参与进来并有良好的体验。

教师 / 看护人员

课前和课后托管项目中的成人有很多名称：助手、教师、助理、看护人员、领导、指导员和休闲主管。本书中使用的术语是看护人员，因为它暗含了一个这类成年人的基本功能：为这些在课外时间不得不离家的儿童提供一个有益的、充满关爱的环境。不管园长选择如何称呼这些员工，他们都应具备一些相同的特点。

园长要寻找一些乐于与学龄儿童共处的员工，有一些相同兴趣可以分享，并可以融入群组成为其中一分子。他们应该是优秀的沟通者，愿意倾听。在学龄儿童托管机构工作的人员还应该是儿童的行为榜样，能够积极参与体育活动。他们要能够参与儿童的主题项目，并给孩子们提供学习机会，从而发展他们的重要技能。这些老师应尊重多元化，并关心儿童的家庭。他们要能够为儿童的行为设限，但同时也要鼓励孩子们独立。他们在对待儿童的态度方式上能够保持一致，并能够回应孩子们的需求，这样的老师更容易受到儿童和其他成人的尊重。此外，教师需要了解和维护道德标准，以及其他专业指导方针。一个儿童托管机构若配备了合格并且热情的员工，孩子们在其中更能茁壮成长。

学龄儿童托管机构的老师需要为儿童提供安全的环境和适宜的监督，鼓励儿童负责任的行为。当孩子们在安全范围内进行一些冒险的行为时得到大人的支持，他们就会感受到自信和有成就感。对最小的孩子应有最大的冒险限制。设置安全边界还包括制定一些规则。如果儿童因不当的行为遭到惩罚或者因表现良好而受到表扬，他们的行为可能就不会像本来那样了。应在规则方面保持一致性，并采用非惩罚的方式，如解决冲突和再询问，帮助儿童学习在群体中如何更好地自我调节。

除了这些特点，学龄儿童的看护还要求两个广泛领域的教育和体验。一些园长希望招收一些在早教方面参与过完整课程的员工，如人类发展和课程计划。另一些园长则更多地倾向聘用有娱乐工作经验的人，这些人或许可以监督操场或夏令营，可以负责体育课程。学龄儿童托管项目的理想员工应是两者兼备，但也有另一种选择，可以在两者之间维持一种平衡，如招收一部分有早教背景的员工，以及一部分有娱乐工作经验的人员。如果机构中男性和女性的员工比例适当，则能达到进一步的平衡，也为孩子们提供了额外的行为榜样。

朋 友

一个优质的儿童看护机构会给儿童提供机会结交朋友，还应当让孩子们有时间跟一两

教师在孩子进行体能挑战时仔细观察

个最好的朋友参与一个活动。孩子们不应该利用这段时间与他人隔离，而是用来巩固友谊。有时看护人员还应该鼓励儿童参与一个更多同龄人的游戏。这些时间可以用来强调接受差异，学会妥协。一些活动，例如制作报纸或者演一出话剧，可以利用许多孩子的天赋。这些努力的结合来源于多元化。小组运动是另一个让更多孩子加入的机会，记下那些在运动中表现不佳的儿童，在比赛当中为他们找一个位置。但是，如果有些孩子不想参与竞技运动，应该尊重他们的愿望。儿童也要有机会与他们的看护人员发展友谊。应该安排一些时间让成人和儿童可以坐下来交谈，或者他们一同合作完成一个必需的任务。一些孩子会想念放学之后父母的安慰，他们就需要在看护人员那里找到同样的安慰。

家　庭

当儿童进入小学，家庭可能不会像早几年一样跟学校保持同样紧密的联系。但是，家庭也应该了解孩子的进步。他们需要知道从儿童看护中心到学校的过渡是否顺利。家长们当然想知道他们的孩子参与活动的情况，也需要知道孩子在白天的状态。儿童看护中心可以鼓励家长参与机构方案的规划并帮助机构设立目标，让他们自愿提供时间或贡献才能来帮助方案获得成功；可以邀请家长分享特殊的时间或进行实地考察；还可以让他们通过谈论过去的经历或实践来分享他们的文化。规划、创建和维护一个对家庭和儿童都有益处的机构，参与的家长或许还能得到一些收获（Starbuck & Olthof, 2008）。

教学资源　视频案例 7.1

与家庭的交流：幼儿教育当中的最佳实践

在视频中，你可以看到一位教师和家长在进行关于孩子的沟通。观看视频时请思考以下问题。

1. 教师说了什么来从家长那里获得有关孩子的信息？

2. 教师采取了什么步骤来安抚父母，让他们确信她会支持家长和孩子？

观看完整视频请访问网站 CengageBrain.com

有特殊需求的儿童

在方案中做出一些改变，就可以在学龄儿童托管机构中纳入大部分有特殊需求的儿童。这些孩子可以跟其他普通孩子一样参加和享受各种学习和实践。员工们需要考虑到机构中这些儿童的特殊需求，并做出必要的适应。在托管机构中，加入一个有特殊需求的儿童可以让其他的儿童看到，他们的相同点多于不同点。要适应一些孩子的特殊需求，可能还需要更多的知识。他们可能需要更多的时间完成一项任务或者改变活动规则，这时可以让任务或活动的挑战性稍微降低一点。有些设备也有可能需要调整（见第六章），但是往往一个小小的改变就可以让这些儿童以同样的热情参与活动。

当一个学龄儿童托管项目中加入了一个有特殊需求的孩子，园长和老师就要收集尽可能多的相关信息，以便能够理解孩子的需要并做出相应的改变。家庭和工作人员之间的沟通是成功的关键。遵循这些指导方针的方案可以更好地帮助一个有特殊需求的儿童发挥其潜在的技能和才华。

自我测验

一位课后托管项目的新看护人员非常有趣和健谈，总是给孩子们讲很长的个人逸事，但没给他们说话的机会。作为一个看护人员，她的行为是：（　　）。

a. 恰当的，因为她是一个好榜样

b. 恰当的，因为她创造了一种积极的气氛

c. 不恰当，因为她没有倾听孩子

d. 不恰当，因为她不喜欢花时间跟学龄儿童相处

参与完整测验请登录网站 CengageBrain.com

空间规划

目标是为幼儿规划各方面设施的基础。在决定如何规划学龄儿童的空间安排前，必须先查看一下目标。虽然学校的总体目标的陈述可能包括应用于学龄儿童方案的内容，但是对这个年龄群组的儿童来说，或许还有其他特定需求。一些示例能够帮助说明。儿童应该能够：

- 长期维持合作性的努力并参与活动。
- 参与自主的或有组织的活动，从而更好地控制自己的身体。
- 在自理的时候培养独立性。

法规许可

虽然一些州和许多当地的管理机构有相关的法规设置，但在某些方面可能跟不上日渐增长的学龄儿童看护需求。核查州立机构的法规许可并确认是否有准则是非常重要的。甚至在应用了相关学龄儿童法规的地区，这些要求也没有针对学龄前儿童的法规那么严格。年龄稍大的儿童在身体上没有婴儿和学龄前儿童那么容易受到伤害，但这并不意味着园长

不应关注他们。法规只是最低标准，但是每个中心都应该为所服务的儿童提供最好的设置。"学龄儿童看护环境评量表"和其他质量提升方案的使用可以帮助改进这一点。对所有年龄的儿童来说，要维持他们良好的身心状态，标准是非常重要的。

安全但具有挑战性的环境

在学龄期间，儿童的体育技能迅速发展。他们能够进行几乎所有的运动，可以挑战自我和他人，让彼此都达到更高的水平。而一些尝试可能会让他们处于危险之中。想象一下，让一个8岁的孩子走在围墙狭窄的顶部来测试他的平衡性，或试图让学龄儿童用滑板从坡道上滑下来。尽管他们有完成这些壮举的技能，但也可能缺乏评估风险的判断能力。在课后托管机构中，要让儿童尽可能地去发展他们的体育能力，但在他们这么做的时候必须防止他们受到重伤。学龄儿童托管机构应该为儿童提供在他们发展能力范围之内的活动场所，活动的空间区域应该与安静的区域分开，所有的游戏运动区域和设备应定期检查和维护，孩子们必须被教导安全地使用设备并在使用的时候受到严密监督，还应该为他们提供缝纫、编制、绘画或烹饪的机会和场所。

像家一样的氛围

课后儿童托管机构的设置应与典型的课堂环境完全不同。在学校，孩子们坐在书桌前的硬椅子上，环境告诉他们如何去做。在托管中心，他们应该能够坐在软椅上，躺在沙发上，或者随意坐在地板上。因此，对儿童来说，托管中心的环境应该更像家而不是学校。营造舒适的氛围可以放置沙发、软椅、大枕头和软垫等。另外，托管中心还需要有地方存放儿童的书包和外套，例如，给每个孩子安排一个有挂钩的位置或者一个小储物柜；游戏和比赛用具以及其他材料也需要地方存放；还需要有存放清洗用品的地方，如果其中有化学物品的话，最好上锁。

孩子们可以在安全的前提下提升技能

灵活性

为学龄儿童安排空间应该要有很大的灵活性，并易于做出改变。儿童过一段时间就会有一些变化，所以9月份适合他们的活动空间在明年5月份或许就不适合他们的需求了。另外，课后托管机构的儿童年龄可能会从5岁到12岁不等，机构的物理空间必须适应这一广泛年龄段的不同儿童的兴趣。有很多方法可以让空间的使用更加灵活。

- 提供各种空间——大的开放式空间，或者为特定功能而设计的小区域。
- 有大量可移动的、可以让儿童自己设计空间的物品——木板、板条箱、大方块、梯子、平台、毯子、轮胎和绳索。
- 提供可以用于不同活动的各种地面——柏油地面、草地、沙子地、山坡和泥土地。
- 在炎热的天气可以喷洒一些水，或者让儿童玩水、从事园艺活动或者玩沙箱。
- 为个人或小团体创造一些隐私空间——阁楼、树屋、吊床或摇椅。

空间大小

学龄儿童需要适合他们身高的家具和设备。如果他们需要使用某一间教室，而这间教室在一天中还要被另外一些学龄前儿童使用，那这间教室里至少要有一张大的桌子和尺寸合适的椅子。年长的孩子可以使用书桌完成一些主题项目，做家庭作业，或者吃零食。一些区域适用于所有年龄的儿童。添加一个木工工作台和一个可调节的画架，可以适应较大孩子的需求。托盘和垫子可以确定游戏区或者其他地面活动区域。户外区域应该留出空间让大一点的孩子玩耍，如爬树、荡秋千、攀爬等。柏油地面区域可以为有组织的活动提供场所。

赏心悦目的空间

为所有年龄的儿童安排的空间应该是赏心悦目的。墙壁或家具的颜色、图片和有趣的物品可以使环境更加令人愉快。孩子们的艺术作品应该被装裱起来并拿出来展示。他们可以提出一些建议使环境更加温馨，或许还愿意画一些海报、张贴一些标识，或从家里带来一些有趣和漂亮的物件。如果有可能的话，不妨让他们在墙上画一些壁画。重要的是，环境应该是要令孩子们愉悦的。

存储空间

如果设备存储设计便利，孩子们就有更多的时间花在活动和游戏上。应有足够的空间让学龄儿童享受正在进行的项目。在这个年龄段，孩子们的注意力专注于长期的项目。他们喜欢收集邮票，采集昆虫、岩石、贝壳等。他们可能会开始做一个需要一到两周才能完成的木工作品。而这些项目的材料也需要有地方存放。如果他们与年幼的孩子分享空间，这些存放工具材料的橱柜应确保不会被人随意翻乱。

特殊区域的空间规划

　　各年龄段的学龄儿童有不同的兴趣，对时间的安排也有不同的需求。园长和老师需要使用大量的策略和方法来满足孩子们的需求。儿童需要在各类不同的活动之间保持一种和谐与平衡，繁忙的活动、安静的活动、家庭作业和户外体育活动都要包括在内。他们需要空间利用他们的想象力进行创造、玩游戏、搭积木，或者做一些业余爱好之类的事情，如木工和烹饪。他们同样也需要空间来进行阅读、探索数学和科学，或者发现其他有趣的领域。园长或教师应该为科技领域预留一个区域，让孩子们可以在其中探索多种形式。

安静的区域

　　在学校度过了漫长的一天后，在重新参与集体活动之前，许多孩子需要一段安静的时间来"放松"。有些人可能只想休息、阅读或者安静地坐着。另一些人则可能想安静地做他们的家庭作业。一些孩子会将这个空间当作"秘密俱乐部"的聚会地点，或者在这里跟一个特别的朋友进行交谈。创设这样一个区域可以通过提供以下的安排来实现。

- 一个由书架或屏风隔开的角落：有地毯、大枕头、豆袋椅或沙发。
- 额外的独处空间，如楼梯、壁橱或办公室。
- 有合适书籍的图书角。
- 可以供单个儿童使用耳机听音乐的角落。
- 可以用来写家庭作业的光线充足的桌子。

创意区

　　做一些创意活动可以让孩子们释放一天的学校生活结束后剩余的紧张感。课后托管中心应为他们提供一个适当的活动场所，以及各种各样的材料。这个区域的配备可以包括如下材料。

- 颜料：用于手指画、蛋彩画、水彩画。
- 各种尺寸的刷子。
- 各种类型的纸张：彩纸、羊皮纸、淡棕色的纸等。
- 黏土、橡皮泥和混凝纸。
- 蜡笔、粉笔和马克笔。
- 彩色的沙子和胶水。
- 剪刀、打孔器和订书机。
- 冰棒棍、咖啡搅拌棍和泡沫塑料块。
- 编制材料和小编织针。
- 纱、织针、钩针和帆布挂毯。
- 制作风筝的纸张和支架材料。
- 扎染和蜡染的织物和材料。
- 拼贴材料：木材碎片、织物、丝带、珠子、贝壳和石子。
- 织物标记笔和软毛笔。
- 制作衣服用的大块面料。

游戏和操作区

学龄儿童喜欢游戏、拼图或其他种类的操控性材料带给他们的挑战。许多学前教育机构所使用的材料对于这个年龄的儿童来说还是很有趣的。这些活动可以在桌子上或地板上进行。孩子们可以从架子上取用材料，游戏完成以后再放回。这一领域的材料包括以下几种。

- 扑克牌游戏，如火力集中、钓鱼、战争、酒鬼、红心、单人纸牌等。
- 棋盘游戏，如垄断、拼字游戏、生活、线索、国际象棋、中国象棋、稻草人、宾狗、"连城"游戏、多米诺骨牌等。
- 弹球游戏、杰克斯。
- 磁性弹球、磁力积木组、磁力设计师、磁力迷宫。
- 大块拼图和小块拼图（100~500 块）。

木工和烹饪区

使用实际的工具来完成真正的任务，学龄儿童会享受从这类任务中所获得的独立感。这些活动应该安排在不受交通干扰的地方，也需远离任何安静的区域。安全措施是必要的，以确保儿童不会被电线绊倒或者被任何发热的电器烫到。成人必须向孩子们解释木工工具使用的安全规则。

木工区域应配备：

- 一个坚固的工作台。
- 安全护目镜。
- 锯子、锤子、螺丝刀、钻头、镊子、夹钳、水准仪和卷尺。
- 各种砂纸、钉子、螺丝、螺母、螺栓。
- 木头片、小木头碎片、木质线轴和轮子。
- 清漆、油漆和刷子。

烹饪区域应配备：

- 工作台——坐着或站立可以使用的高度。
- 工作台边上要有水和清洁用品，以及围裙。
- 各类烹饪工具：搅拌器、量勺、量杯、饼干切刀、磨碎机和擀面杖。
- 砧板和儿童安全刀。
- 多种尺寸的平底锅、搅拌碗、干烘平锅、松饼杯和罐子。
- 手动或电动搅拌机。
- 微波炉、烤箱和防烫套垫。
- 合适的食谱。
- 灭火器。

表演游戏区

通过表演游戏，儿童可以模仿成人，表演出他们的幻想或者重温幼儿时期的经历。一些孩子会用戏剧表演来减轻他们在学校或家里遇到的压力。在这个发展阶段，年龄稍大的儿童会用表演材料来设计自己的演出作品或者小品。

一个表演游戏区域应该配备：

- 穿衣镜，以及打扮用的衣服和帽子。
- 可洗的脸部涂料或化妆品。
- 围巾、饰品和其他配件。
- 一个木偶剧院和各式各样的木偶。
- 听诊器、纱布、夹板和创可贴。
- 工具箱、工具、旧衬衫和手电筒。
- 戏剧服装或万圣节服装。

建构区

不同年龄阶段的儿童都喜欢使用建构材料。如果课后托管项目是安排在一个学前教育机构的教室进行，孩子们就可以使用教室里已有的积木块。积木块放置的地方应该尽量避开其他孩子活动的区域，这样搭好的小建筑就不会轻易被推倒。在一个坚硬的表面上开始搭建积木块是比较理想的，但是也可以在覆盖了地毯的地面上搭建。教师可以鼓励儿童增加一些基本材料来创建他们自己的游戏活动。学龄儿童更有可能玩的积木类型是乐高加上其他配件。它们能吸引男孩，也能吸引女孩，提供了大量的创造力和想象力，并能帮助儿童提升精细运动技能。这个区域需要可以放积木的货架、装小配件的容器和充足的存储空间。

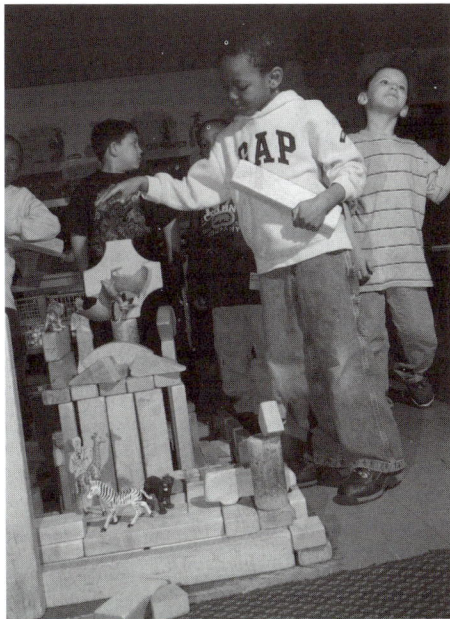

学龄儿童能够创建复杂的积木建筑

探索区

学龄儿童的探索区应该是作为儿童在学校所接触到的学习内容的一种补充。不过，活动的形式应该让孩子们觉得不是被迫参与，而是可以按照他们自己的兴趣来选择。这个区域可以提升儿童天生的好奇心和一段时间内专注从事某一活动的能力。

这个区域应该配备：

- 磁铁和电磁设备。
- 一台简单的显微镜和准备好的幻灯片。
- 放大镜和昆虫。
- 热带鱼水族箱和有关的书籍。
- 蚂蚁农场。
- 虫屋、捕虫工具箱和蝴蝶网。
- 贝壳、岩石和化石。
- 感光纸。
- 棱镜、陀螺仪和彩色轮子。
- 小动物、笼子和鸡蛋孵化器。
- 种子、盆栽土和陶器。
- 双筒望远镜和有关鸟类的书籍。
- 有关托管机构的理念和科学的书籍。
- 可以拆卸的物品：时钟和小家电。

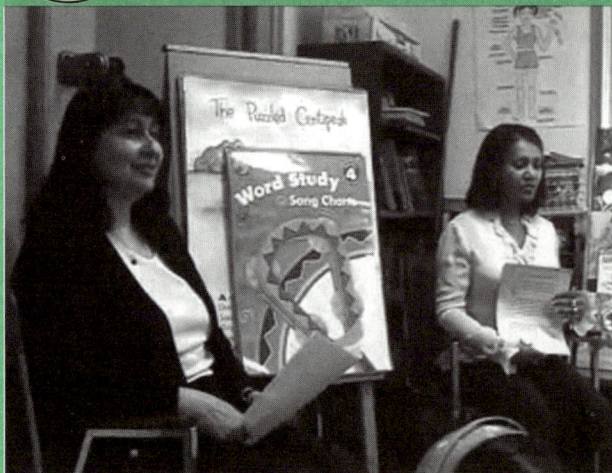

教学资源　视频案例 7.2

文化回应性教学：小学生的多元文化课程

你将在视频中看到一位教师谈论这个年龄的孩子如何能够了解更多的文化，并学着去理解来自另一种文化意味着什么。观看视频时请思考以下问题。

1. 哪一部分的认知发展有助于儿童意识到并接受多元文化？

2. 知道在文化中什么是重要的，并且是幼儿发展适宜性方案的三个核心因素之一，这个教师是如何在与儿童的相处中实践这一点的呢？

观看完整视频请访问网站 CengageBrain.com

语言区

尽管提升语言能力是小学课堂的一个重要组成部分，孩子们也可以在儿童看护中心享受参与这种活动。在探索中心，不应该让孩子们有参与的压力，活动应该是乐趣无穷的。这个区域可能包含许多可选的书籍，并有安静的地方可供阅读；还可以有字谜游戏；纸、铅笔和钢笔、邮票、邮票垫，还有粉笔及黑板，或者可使用粉笔的水泥板，也适合学龄儿童使用。

科学技术区

科技是现今世界的一部分，学龄儿童能够享受科技所带来的挑战。当他们能够掌握使用科技设备的技术时，他们会感到非常兴奋，电脑、MP3 播放器、笔记本、平板电脑和智能手机都包括在内。因此，这个区域应该包括几台电脑，还有根据人体工程学设计的桌子和仪器，可能还包括一台笔记本电脑或者平板电脑，几个 MP3 播放器，以及一个带电视的 DVD 播放器。DVD 播放的内容应该是教育材料，如经过教师筛选的纪录片。科技设备的使用需要设置时间限制。

儿童拥有自己的智能手机、平板电脑或者其他科技设备也是完全有可能的。一些课后托管机构选择完全禁止儿童使用这些设备，但这是由园长决定的，或是依据托管机构的指导方针而定。如果一个托管机构允许使用这些设备，应该留出一个区域专门供其使用，如安静的角落或者图书架旁边等。儿童使用这些设备应有明确的限制，包括时间限制，不能让他们在这上面花费所有的时间。

共享室内空间

并不是每所学校都能豪华到可以为学龄儿童单独安排一个房间。这个群体的儿童可能需要跟另一年龄阶段的儿童分享空间，或者使用一个多用途的房间。但使用一点想象力，创造一个适合他们需求的环境是有可能的。以下是园长和工作人员的建议。

- 安排好每一天的兴趣中心。
- 将所有活动必需的材料放在大箱子里，鞋盒、篮子或大的冰激凌筒也可以。

- 给每个容器贴上标签，并列出其中所存放的材料。
- 给橱柜、公告板或者屏风装上脚轮，可用它们来分隔及指定活动区域。
- 按存放的材料类别给橱柜贴上标签，并加上锁。
- 选择多功能家具。
- 橱柜门也可以用作公告板或者黑板。
- 在橱柜边上装上挂钩，这样可以挂上一个屏或者分隔板用来建立一个封闭的空间。
- 使用带脚轮的大型工具架或者框子，用来悬挂木工用具、美术用材或者烹饪设备。
- 用大枕头或者豆袋椅创建一个安静的角落。
- 让儿童参与每天的环境设置或者一起寻找新的使用方式。儿童才是使用这个空间的人，并常常有充满创意的点子来让其适应自己的需求。
- 购买可调节的设备时，选择那些可以加高供稍大年龄儿童使用的设备，如桌子或画架。
- 使用额外的空间，如走廊或特殊的房间，用作小组项目。
- 将可堆叠的容器放在轮式平台上，作为供儿童单独使用的小块空间。
- 提供方块地毯或者垫子用来指定地板的活动区域。
- 将大块的软木板或者泡沫板装在轮子上，用来展示儿童的艺术作品或者项目成果。
- 最重要的是鼓励所有分享空间的员工一起合作，做出合适的安排，以满足彼此的需求。要合理地使用共享空间，消除问题，需要耐心、灵活性和一定的时间。因此，在托管项目开始之前，需要集合所有人进行讨论来做出恰当的计划。

自我测验

一个课后托管项目中包含了棱镜和放大镜。这最有可能是一个什么中心：（　　　）。

a. 探索中心

b. 语言艺术中心

c. 科技中心

d. 戏剧表演中心

参与完整测验请登录网站 CengageBrain.com

户外环境

在整天都被关在小学教室里之后，孩子们需要机会参与一些活跃的户外活动。另外，童年中期对他们来说是身体快速发育的时期。他们可以快速地奔跑，把一个球准确地扔出去，攀爬对他们来说比幼儿时期更为容易。他们需要空间来进行这些活动，因此，正如在第六章中所提到的，这个区域应该尽可能多地包含自然环境。如果这个托管项目的地点在城区内，没有很多的树或植物，那孩子们可以去附近的公园进行实地考察和玩耍，享受户外的时间。无论如何，供儿童游戏的户外区域应该是安全的，每天都需要检查，尤其是像公园这样的共享空间。

学龄儿童想要胜任他们尝试的任何体育活动，他们需要场所和机会练习自己的技能。显然，户外环境应该是安全的，但它还应该提供一些挑战。当儿童达到了更高水平的灵活性时，添加新设备可以实现这一目标。大多数学龄儿童可以荡秋千、攀爬、登梯子和滑滑梯。走过摇晃的吊桥或者穿过水平梯子则需要更大的灵活性。供稍大年龄儿童游戏的户外环境应该包括：

- 单一功能设备：秋千、双杠、梯子、滑梯、攀爬用的绳子、吊桥。
- 多功能设备：沙箱、大箱子、不同水平的攀爬结构。
- 冒险游戏区域：在这里孩子们可以使用大积木块、纸板、电缆、线轴、锯木架、轮胎、内胎、木头、木片或纸板等，建立他们自己的小建筑。
- 儿童可以跟朋友聊天或独处的地方：剧场、公园的长椅、树屋或者树底下的偏僻角落。
- 特殊活动空间：滑滑板或滑旱冰的硬质表面；进行创造性活动的有覆盖物的区域；玩躲避球、儿童足球或跳绳的柏油场地；篮球场、棒球场或足球场；游泳池。
- 不同等级的攀爬设施或躲藏区域：山坡地区、梯子、帐篷、长椅、大管道、较低的树枝、横放的圆木。
- 供休息或阅读用的阴凉区：大树下的草地、吊床、大的带塑料膜的枕头。
- 儿童可以学会尊重自然的区域：未修剪的草坪、灌木、植物、岩石、水盆，能吸引蝴蝶或鸟类的植物、种植花和蔬菜的花园。
- 根据需要存储额外设备的区域，这些设备包括：球、网球拍、铁环或塑料环、曲棍球棒、跳绳、翻滚垫、马蹄铁、溜溜球、接力棒。

共享户外环境

学龄前儿童和稍大年龄的儿童都可以使用这个游戏场地

在学龄儿童看护机构，工作人员在安排稍大年龄的儿童与幼儿共享户外环境时总是感到很困难。很多园长通过让不同的群体轮流使用游戏区域来解决这个问题，但这并没有完全解决不同年龄阶段的儿童的需求。以下的建议或许可以有所帮助：

- 对整个操场提供足够的监督。
- 制定明确的规则，这样年龄稍大的孩子就知道有幼儿在场的时候他们可以做什么，不能做什么。
- 鼓励大孩子帮助幼儿。
- 使用可移动设备，当没有幼儿在场的时候可以拿出来使用。

- 使用可移动的栅栏或屏障隔离出一些区域专供年龄稍大的儿童使用。
- 安排一些时间让年龄稍大的儿童使用社区设施，如公园、棒球场、篮球场或游泳池。
- 计划跟另一个有户外场地的课后托管机构进行联合活动。

自我测验

在学年中期，一个课后儿童托管机构的园长决定在户外游戏区域添加一套攀爬绳。园长做出这个决定的原因最可能是：（　　）。

a. 为孩子们提供新的挑战

b. 对缺乏多样性的抱怨的回应

c. 让孩子们学习传统活动

d. 给幼儿提供一个他们可以享受的活动

参与完整测验请登录网站 CengageBrain.com

小 结

越来越多的课后儿童托管项目应运而生。因此，我们对它们的运作以及提供给儿童的所有内容做了一个仔细的观察。很多州为课后托管项目设置了标准，它们是定义一个优质托管项目的要素。美国课后托管机构协会已经为课后托管项目制订了 36 个标准。学龄儿童看护环境评估表（The School–Age Care Environment Rating Scales，SACERS）（Harm, Jacob&White, 1996）正是针对这类项目研发的，并被许多机构应用，以促进和维持良好的看护质量。

童年中期通常用来指一段相对童年早期来说较为安静而平稳的发展阶段。这段时期，儿童的身体发育减缓，而认知则迅速发展。孩子们慢慢地独立于家庭，但却跟他们的同伴建立起紧密的联系。

美国儿童教育协会在儿童的发展适宜性方案上关注三个核心因素，即：（1）了解儿童的发展与学习；（2）知道什么是适宜个体的；（3）知道在文化方面什么是重要的。学龄儿童看护项目的创建是依据这些考虑的，并在这三个方面对他们都是适宜的。这些发展适宜性方案需要优质员工的支持、朋友的鼓励、家长的参与，并将有特殊需求的儿童纳入其中。规划托管项目的室内空间应注重保护孩子的安全，同时提供一个有挑战性和灵活性的区域，儿童应有适当的空间进行需要的活动。室内空间还应该是舒适和美观的。户外环境也应该是安全又有挑战性的，并应尽可能地让儿童与自然环境互动。

案例研究

伊格·纳西奥是一个学龄儿童托管项目的现场监督员，这个项目曾有过很高的员工流动率。为了发现原因，他分发了监督员评审表让员工填写。除此之外，他还了解到员工不满意他的管理风格和项目安排。员工们觉得自己没有受到重视，也不能参与重要的决策。伊格·纳西奥给员工们分发写好的项目指示，但既没有考虑到他们的兴趣和能力，也没有考虑到孩子们的兴趣。

1. 伊格·纳西奥可以做些什么来提高这个托管项目中员工的士气？

2. 你如何看待员工们对监督员的评价？

3. 如果你的员工们对你有类似的抱怨，你会如何回应呢？

学生活动

1. 观察一群在操场上玩耍或者你负责看护的一组学龄儿童。有没有一些孩子比其他孩子更高或者更矮小？这一群孩子相处得如何？有没有孩子被孤立在外？你认为是什么原因让他们无法参与活动的？

2. 从为学龄儿童提供材料的公司获取一些商品目录，从中选择 3 种你认为可以用于一组 5~8 岁儿童的用品，这个小组有 18 个儿童，这些物品不论在室内还是户外都可以使用。使用你在本章学到的术语说明你的选择理由。

3. 为一组年龄为 8 岁的儿童设计室内和户外活动并付诸实践，这个小组有 6 个儿童。评估活动是否成功？孩子们参与了多长时间？他们对此有些什么评价？你会更换你提供的材料或者改变活动的方式吗？如果是的话，你会以何种方式进行更改？

4. 写几段话，描述你在上小学的时候喜欢的几种活动。这些活动中哪些是让你产生了兴趣并坚持进行下去的？

复　习

1. 儿童在 5~7 岁这段时期思想上发生了什么变化？

2. 在童年中期，孩子们会组成小团体、派系或团伙，这些小联盟的目的是什么？

3. 儿童自我概念的基础是什么？

4. 看护人员如何为儿童提供机会结交朋友？

5. 请列出学龄儿童可能会感兴趣的三个实地考察项目和三种游戏。

6. 请列出一个适用于学龄儿童托管项目的目标。

7. 学龄儿童托管项目的法规要求与幼儿托管项目有哪些不同之处？

8. 请列出几种让空间安排更灵活的方法。

9. 请列出 6 种可以让学龄儿童与幼儿在室内空间共处的方式。

10. 请描述一下如何才能成功地让户外空间被不同的儿童群体共享。

有用的网站

免责声明：本书中所提供的网站地址旨在为您提供方便，不做推广。

http://www.afterschoolalliance.org

http://www.naaweb.org

http://www.safekids.org

更多与管理相关的资源——包括教学资源视频，与每章内容有关的网站链接，教学测验，词汇卡等——请访问本书的教育伴侣网站 CengageBrain.com。

目的

阅读完本章内容，您应该能够：

· 列出父母选择家庭式儿童看护的原因。
· 列出家庭式儿童看护人员的共同特点。
· 列出开始一个家庭式儿童看护业务的步骤。
· 列出运营一个家庭式儿童看护要面对的挑战。
· 讨论一些质量改进措施，如网络、示范项目和质量改进工具。

naeyc 标准

本章中涵盖的NAEYC标准如下：

标准 1：促进儿童的发展与学习
　　　　（1b，c）。

标准 4：使用有利于发展的办法
　　　　与儿童及家庭建立联系
　　　　（4a，c）。

标准 6：成为一名专业人员（6a，
　　　　b，c，e）。

一个家庭式儿童看护提供者一天的生活片段

星期四：

5：30 A.M. 我最小的儿子跟我说他不舒服。几分钟之内，他呕吐了并且开始发烧。我打电话给其他儿童看护人，拜托他们照顾今天要来我这里的另外4个孩子。我找到一家愿意照顾其中3个孩子的，但是没有人愿意照顾一个婴儿。我给4个孩子的家里打电话，并将原因告知了他们。其中两个家庭都表示没问题，一个家庭说我带孩子去见不认识的人会让他们感觉不舒服，并表示他们会自己做另外的安排。而有婴儿的那个家庭很不满，并跟我说为他们找到看护人是我的责任，如果我找不到，那么我就需要照看这个孩子。我解释说，根据我们的合同条例，如果是因为我这边的一些紧急情况而无法照看孩子，我会尽力为他们找到后备看护人员，但是出现这样的情况，他们也需要有其他安排。但他们仍然觉得不满，不过同意去找其他看护。最后，我不得不在今天关门，而且周五要关门，并因此失去了200美元的工资。

星期一：

6：00 A.M. 闹钟响了。我准备好迎接孩子们的到来，打扫房子，清洁消毒，确保一切都像昨晚以前那样整洁有序。

6：30 A.M. 我叫醒我3岁的儿子C和6岁的儿子H，准备好他们去学校的一切。第一个托管的孩子M到了，她是个2岁半的小女孩。我的两个儿子这时在浴室里吵闹，我不得不先抽身调停他们。我转回来接待M母女，M的妈妈说，现

关键词

连续性看管　无许可证的家庭看护　家人、朋友和邻居看护　家庭儿童看护

在她知道 M 是在哪儿学会跟她弟弟吵架的了。我礼貌地向她微笑，并问她周末过得如何。她准备离开，我提醒她需要签字并且支付 M 的学费。她总是问是否可以迟一阵子在发薪水的那天支付，我告诉她不行。

7：20 A.M. 3 岁半的男孩 J 到了。他妈妈说他有耳部感染，在进行药物治疗，还没有吃早餐。我着急地让他去吃早餐以确保我的日程安排，然后跑去找一些有关药物的说明材料。

7：35 A.M. 我们去浴室清洗，上厕所。M 受过如厕训练，所以我让她也去了。我拿上我的"旅行工具包"，里面有急救箱、紧急电话号码和所有孩子的医疗 POAs，跟他们一起送 H 去上学。

9：10 A.M. 10 个月大的男孩 G 到了。我们坐下来一起做圆圈活动。G 在沙发后面爬。

10：00 A.M. 清理场地，让孩子们吃点心。暖奶瓶是给 G 的，G 开始吵闹。在 G 哭闹的时候，我把 J、C 和 M 弄到了桌子旁边。日托法规规定了一岁以下的婴儿在喂奶的时候必须抱着。G 不愿意握着瓶子，所以我坐在地板上，把 G 放在我的大腿上。M 把水洒了，我一边清理一边抱着 G 喂奶。我抱着 G 重新坐到摇椅上，J、C 和 M 吃完了点心。

10：30 A.M. 后院玩耍。我让每个人都待在门廊边，直到我清理完了邻居家的猫留下的粪便。J 和 C 试图让 G 停止哭泣。

11：15 A.M. 清理场地。我让孩子们都进到房子里，带每个人去浴室清洗，给 G 换尿布。我准备去接 S，他是个 4 岁半的男孩，在一家学前教育机构。

12：00 P.M. 每个人都回到了屋子里，我让孩子们去洗手准备吃午餐。G 又开始哭了。大一点的孩子摆好了桌子。给 G 的是暖奶瓶。我给 S 吃的不会让他过敏。我给 J 吃了药，在单子上做了登记。在准备其他人的食物时，我发现我丈夫吃掉了我留给孩子们的午餐肉，我只好急匆匆地找了一些孩子们能吃的东西当午餐。

12：45 P.M. 我让其他的孩子进入浴室刷牙、上厕所。我拉好 M 的裤子，检查 G 的尿布。然后把每个人的小床推出来，安顿好所有的孩子睡午觉。

1：15 P.M. G 躺在小床上，但是一直无法安定下来。我记得他没有吃过东西，所以给他暖了一瓶奶，几分钟之内他喝完了奶睡着了。

1：30 P.M. 我写每日报告和观察记录，登录计算机输入下周的菜单以及时间安排。

3：00 P.M. 接 H，开车带孩子们到公园里去玩。

4：00 P.M. 回到家，我们都坐在桌子旁边做"家庭作业"。

4：30 P.M. J 和 S 都被接回去了。每天的书面记录都记在各自合适的地方，消毒和清洁，购买第二天用的食物和消耗用品，检查房间四处，确保所有的玩具、安全用品都在适当的地方。

5：00 P.M. 工作日结束——从日托提供者转换为妈妈和妻子的身份！

家庭式儿童看护：概述

家庭式儿童看护的提供者是另一种类型的管理者，他们在自己的家里为自己的看管服务负责。这种类型的儿童看护满足了很多工薪家庭的需求。根据美国人口普查局（2011）的调查，截至 2010 年，在 740 万名儿童之中，大约有 69 万名儿童入托家庭式儿童看护（Family Child Care，FCC）。家庭式儿童看护（也称家托）数量占了所有幼儿托管的 6%~16%（Paulsell，Porter&Kirby，2010）。然而近几年来家托的数量却在下降，其他类型的幼儿看护却增长很快。（New Jersy Association of Child Care Resource and Referral Agencies，NJACCRRA，2011）。家托是现今儿童看护行业中的一个重要组成部分，并且在早期开端计划（Early Head Start）中发挥着越来越大的作用（Del Grosso，Akers & Heinkel，2011）。据美国劳工统计局（U.S. Bureau of Labor Statistics，2012）的数字，这个国家增长最快的职业之一就是幼儿看护工作者。目前有近130万幼儿看护工作者（U.S. Census Bureau，2011），其中家托提供者运营了大约200 000个授权经营的儿童看护之家（NACCRRA，2012）。

家托通常用于非常年幼的孩子，包括婴儿和学步儿。这个国家很多的儿童看护项目中没有纳入婴儿和学步儿，但是家托通常会把这个年龄段的孩子包括在其中。事实上，在早期开端计划和家托之中有一个示范项目就是用来填补婴儿—学步儿看护的空白的。家庭中有两个或以上5岁以下的幼儿同样会使用家托，这样一家的几个孩子可以放在同一地点进行看护。家托的另一个考虑因素是可以让同一人进行持续性的看护，也被称为连续性护理。

对一些邻居和朋友来说，照顾幼儿的工作最开始是为了帮助工作的父母，是一种非正式的赚钱方式。这也可以让这些看护人员在照顾自己孩子的同时获得一些收入。几年后，正式的"授权儿童看护"逐渐成为一个单独的行业。这个业务可能包括其他的需求，如家托工作人员需要带某些孩子参与儿童发展性课程，让自己所提供的服务符合许可标准，并做广告招收儿童。今天，许多人在自己的孩子还很小需要亲自照顾的情况下选择了这个职业或将其作为职业发展道路。这些家托工作人员选择在自己家中提供幼儿看护和进行早教。

家托有很多不同的方面。需要辨别的一点是，"这是一个正式的家托还是一个非正式的家托？""家托的标准是什么？""这类项目是如何进行监管或评估的？"这些就是本章试图回答的问题。

一个"受监管"的家托指的是，家托提供者必须要遵循所在州的法规，并符合健康、安全和防火方面的有关规定。这些家托通常是由户主运营的，服务对象混合了不同年龄的儿童。"无证"家托指的是那些没有相关许可的家托，这些通常被称为家人、朋友和邻居（family，friends and neighbors，FFN）看护。这些家托人员通常照顾少量的儿童，有时会在自己家里看护一个或几个孩子，但也是这个国家最常见的儿童看护类型（Susman-Stillman&Banghart，2008）。许多的FFN托管提供者是幼儿父母的亲戚，尤其是祖父母，但也有很多是无血缘关系的人。他们是无证件的家托提供者，因为他们偏向于只照顾一两个孩子。最近的趋势是训练这些无证照的看护人员，以提高他们的看护质量（Burris&Fredricksen，2012）。

在规范的家托中，他们在自己的家中照顾儿童。大多数的家托按照儿童的数量进行分类。美国典型的家托类型分为：少于6个儿童的托管家庭，其中可能包括家托人员自己的孩子，通常被称为家托（FCC）；更大的儿童之家可能服务7~12个儿童，通常被称为集体家托（GCCH）或大型家托（LCCH）。在某些情况下，儿童的年龄是决定一个家托儿童数量的关键因素。在许多州，无血缘关系的家托人员照顾5个以下的儿童可以免除许可证。

家托为某一年龄范围的儿童提供看护。他们可能会专注婴幼儿护理，提供食物和身体护理。家托提供者可能有一个或几个孩子，为某些儿童提供课前和课后托管，以及家庭作业指导和娱乐活动。或者，她可能负责较广的托管范围，提供许多不同的护理策略。家托在其服务的儿童的发展中扮演着重要的角色。她满足他们基本的健康和安全需求，为他们的个人卫生提供帮助，并经常提供餐食和点心。家托会组织各种各样的活动或教育机会让儿童接受挑战。所有这些活动和机会有助于儿童在身体、认知、社会和情感领域的发展。如果儿童有额外的典型发展需求，优质的家托可以帮助家长找到相关资源和服务。

许多家长更倾向于这种家庭式的看护，因为这对特别年幼的孩子来说更容易适应。这些家长还注意到，家托能够提供一种家庭的舒适，但同时又能让他们的孩子在没有准备好进入学校的这段时间有人照顾。对于许多家庭来说，这种护理的连续性是很重要的。

自我测验

布朗先生和夫人是一个婴儿的父母，他们花了几个月访问和观察幼儿看护中心。他们最终选择了一位提供家托的邻居，因为他们的孩子可以在那儿一直待到 3 岁。他们的选择依据是：（　　　）。

a. 一致性和爱

b. 邻居的支持

c. 看护的持续性

d. 位置方便

参与完整测验请登录网站 CengageBrain.com

家庭式儿童看护的监管

家托的区域通常与各州的规定和法律有关。州与州之间有关家托的规定差异较大，有些州的法规或指导方针相对较少，而大多数州要求看护 2 个以上的非亲属儿童则必须要有家托执照（Morrissey&Banghart，2007）。法规要求也可能与儿童的数量有关，也就是说，对普通家托的要求会与对大型家托的要求有差别。这个国家不同的州，对家托的法规要求是不相同的，所以很难定义什么是一个"规范的"或者是"许可的"家托。

应用于家托的法规可能包括健康和安全措施，空间使用和家托提供者的犯罪背景调查。在一些州，犯罪背景调查的范围包括这个家庭 14 岁以上的所有人员。一些州甚至规定了在开始家托业务之前的培训，以及继续教育。在全美大约五分之一的州，家托许可证要求家托看护人员至少有一个大专文凭或者儿童发展助理证书（Child Development Associate，CDA）。超过半数的州在家托建立之前不要求看护人员经过任何培训。对这些家托的证照检查频率从每年一次到十年一次不等。家托人员或者潜在提供者应该核实一下她所在的州的法规。

一些研究人员对这些法规做了研究，以确定哪些可以最有效地提高和促进家托的看

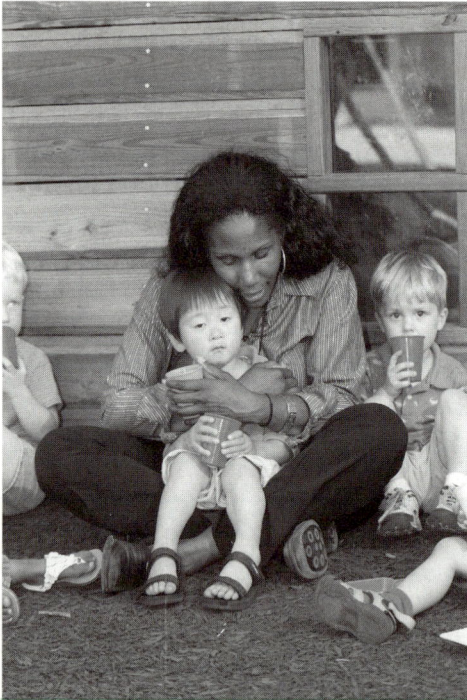

家庭式儿童看护机构致力于提供良好的环境以满足幼儿的个体需求

护质量，但却没有获得一致的结果。但是，在这个国家，对质量改进措施的需求却是一致的。对此负有责任的组织包括一些国家组织，如美国儿童看护资源和推荐协会（National Child Care Resource and Referral Association，NCCRRA），美国家庭式儿童看护协会（National Association for Family Child Care，NAFCC），以及法律和社会政策中心（Center for Law and Social Policy，CLASP）。除了一些联邦机构，早期开端计划（Early Head Start）、儿童看护办公室（Office of Child Care）和儿童与家庭管理部（Administration for Children and Families）都在做出努力集中提升家托的看护质量。

近年来，儿童看护质量改进的趋势主要集中在家托（Children's Learning Institute，2011），不过也同样关注家人、朋友和邻居看护（Burris&Fredricksen，2012；Johnson-Staub&Schmit，2012）。许多家托人员参与了培训，以提升他们的幼儿看护和早期教育质量。这也可能会对家庭式儿童看护的监管、教育和统一化产生影响。今天很多未获得许可证的家托人员可能会被迫使其合乎规范，并遵从相关的法律法规。

自我测验

一些决定开始在自己家中提供家托的人很难判断她的家需要什么样的资质才是合乎规范的。对她的难处，最可能的解释是什么：（　　　）。

a. 她没有参与所需的课程，学习如何正确地运营家托

b. 她是来自另一个国家的移民

c. 全国各地的许可要求不一致

d. 城市层面的官僚做派拖了后腿

参与完整测验请登录网站 CengageBrain.com

家庭式儿童看护的选择

家长选择家庭式儿童看护有很多的原因。其中一个原因可能是它的价格更便宜（Maxwell, et al., 2010）。家托对于一些低收入的社区居民来说门槛更低。这种类型的儿童看护还能让兄弟姐妹一块儿被照料，并有护理的连续性。但是这种选择仍然有利有弊。

教学资源　视频案例 8.1

寓教于乐，华莱士的教育者将讨论他们在早教理念上的转变。

观看视频时请思考以下问题。

1. 专注户外活动和戏剧表演课程的优缺点是什么？

2. 你认为对家托提供者来说，为必要的人手增加资金投入是一种实用的策略吗？

观看完整视频请访问网站 CengageBrain.com

优　势

　　家庭式儿童看护这个选择有优势和劣势，两者都会影响儿童的发展。因此，在做选择之前有必要衡量一下各个选项的利弊。家长们认为在家庭式的环境中，孩子们可以受到监督，他们的需求也能够得到满足。大多数的家托都在临近的地方，这一点让家长们觉得更舒服。这种类型的托管也比机构托管或者请保姆更便宜，后者通常被认为是最昂贵的。为婴儿—学步儿寻找看护的家长通常会比较偏向家庭式环境，孩子们会觉得更舒服，因为它有一个持续的照顾者，环境也很稳定。此外，家托提供了让不同年龄的兄弟姐妹可以在一块儿被照顾的机会，营造了一个家的氛围。个体家托提供者往往愿意给出更灵活的时间安排，晚上和周末的时间也可以包括在内。在佐治亚州，最近的一项研究发现，3% 的家托每天 24 小时开放，而有 8% 每周开放 6 天，7% 每周开放 7 天。此外，超过一半的家托人员提供了第二个选择，可以过夜，或者在过去的 6 个月里提供了周末看护（Maxwell et al., 2010）。虽然相比托管机构来说，家庭式的幼儿看护可能不那么正式，但是它仍然提供了持续的、在游戏基础上的学习机会。不论是经过许可的还是未经授权的家托，大多数的家长似乎是满意的，因为他们觉得，相比在托管机构，自己的孩子能获得更多的个体关注。

劣　势

　　家庭式儿童看护的一些缺点在于，并不是所有的家托都是受许可的或者是合乎规范的。在很多情况下，家托看护人员并没有任何的儿童发展或者早教背景。这对家托来说，幼儿在其中受到的学业培养非常有限，但可能会有一些丰富的活动，如艺术或者舞蹈。相比一般的托幼中心，家托人员用于购买设备和材料的资金非常有限。当一个家托看护人员生病时，家长不得不在短时间内为自己的孩子找到其他看护。家托人员的主要缺点是，除非她与家长有书面合同，他们才能够确定他们无论什么时候都可以享有托管服务。

一些家庭希望照顾孩子的家庭有与自己相似的文化背景，能够与之分享价值观和育儿经验

选择因素的多元化

　　需要注意的是，在所有家托中，没有任何评估方式将文化或语言的多元化考虑在内，并作为看护质量的评定标准之一。对于母语非英语的家庭，或者非常重视文化价值观与实践的家庭来说，选择一个与他们的语言和价值观相同的家托，会让他们感到更舒适。"质量"对这些家庭来说，可能与法规或职业标准没有太大的关系，而是与可辨识到的家托提供者的文化和语言关系密切。

　　国家组织规定的基准和标准可能与各个家庭所看重的并不相同。对于家长来说，有一个灵活的家托提供者、看重家庭纽带并有相类似育儿观念可能是他们选择家托的关键因素。因为很多家庭都需要能够负担得起的服务——而这常常是他们选择的关键依据，但是标准对于保证家托质量却至关重要。

自我测验

　　一个正在为自己的婴儿宝宝寻找优质日托的母亲选择跟家托提供人员面谈而不是日托中心，因为她认为家庭式的儿童看护可以在她加班时为她照料孩子。根据研究，她的选择：（　　　）。

a. 不怎么好，因为就像日托中心一样，家托也会为超时服务收取双倍的费用

b. 不怎么好，因为家庭式的儿童看护无法促进儿童的智力发展

c. 是合理的，因为家托的特点就是可以选择延长时间

d. 是合理的，因为很多个体家托提供者愿意在晚上和周末提供看护

参与完整测验请登录网站 CengageBrain.com

家托提供者的特点

　　不论是否受到许可或者合乎规范，人们选择成为家托看护人员有很多的原因（Porter, et al., 2010）。一些研究表明，一些家庭看护人员，尤其是亲属，提供幼儿看护是因为他们想帮助家人或者让儿童在自己的家庭里受到照顾。相对而言，对这些有血缘关系的看护人员来说，为了赚钱而提供看护通常不是一个重要的考虑因素，这主要是给他们提供了与幼儿建立积极的关系的机会并支持儿童的发展。

　　家托的提供者往往比无证件的或者亲属看护人员有更高的教育水平。一个家托服务提

供人员可能至少有高中学历，可能还有一些上过大学，而一个没有证照的看护人员或者亲属看护人受过同等教育的可能性就比较低。有证照的家托提供者比无证照的看护人员或者亲属看护人更有可能进一步寻求教育和培训。这些看护提供者对基本的儿童发展培训更感兴趣，例如安全和学校准备（Paulsell，Porter and Kirby，2010）。

家托提供者——包括家庭式儿童看护提供者——的年龄为 20~70 岁，有些甚至达到了 80 岁（Paulsell，Porter&Kirby，2010）。他们的平均年龄则在 40 岁左右。只有 5% 的家托提供者是男性，女性家托提供者则最有可能是幼儿父母（Morrissey&Banghart，2008）。大约有 1/3 的家托提供者除了服务的儿童对象外，也照看自己的孩子（Morrissey&Banghart，2008）。幼儿早教教师的离职率约为 40%。家托提供者更有可能坚持自己的职业，他们的平均任职期为 8~12 年。

工作特点

在一个家托中提供看护并不是一件容易的工作。长时间的工作，以及大量走路、弯腰、抬起重物和站立，对看护人员的身体来说是有负担的。不同家庭对看护人员灵活性的要求，以及适应不同家长的工作时间，可能会让家托提供者的工作时间远远超过每天 8 小时。家托提供者每周的平均工作时间大约为 52 小时（Maxwell，et al.，2010）。除此以外，她可能还需要 10 多个小时的额外时间用来洗衣服、做记录和购买食物及其他用品。

家托提供者选择这样的工作通常是因为她喜欢和孩子们在一起，不论这些家托中的孩子是不是自己的。对许多家托工作人员来说，培养孩子们并在许多方面帮助他们的发展是有意义的工作。当孩子们在集体中被照顾时，他们学会互动以及与其他人相处。有的儿童看护或有早教背景的家托提供者可以提供额外的认知和语言刺激，以开发儿童潜能。很多参与家托行业的人说，他们所提供的服务不仅影响了他们所看护的儿童，也影响了这些孩子的家庭。这就使得这一职业成为一个受益者众多的行业了。

家庭式儿童看护是在家托提供者自己的家里进行的，这一方面给了他们一定程度上的便利。而另一方面，这就要求家托看护人员要在她自己的住处按自己的能力为孩子们提供一个健康、安全的环境。这对他们在情感上是有挑战的，孩子们所在的地方是家托提供者最私密的空间。结果则往往导致生活和工作混在一起，看护人员的家庭边界可能被关闭，在自己的家里也心烦意乱。另外，当一个家托提供者在很长一段时间里照顾同一些孩子，就会跟他们建立起个人关系，这在业务方面就会造成问题。逾期付费，有问题的态度——比如要求特殊待遇和晚接孩子——都是有可能的结果。一些家托提供者认为，他们所服务的家庭对他们的职业缺乏尊重。

离开这个行业

较低的收入和更长的工作时间可能会让这些家托提供者比一般职业的母亲感受到更多压力。即便家托的离职率远远低于幼儿教师，但是人员变动率仍在 15%~25%。除了压力以外，可能还有其他一些原因促使他们离开家托行业。这是一个孤独的工作，与成人的接触很少。如果家托看护人员有一个支持性的网络，或者能够与一个专业性组织的成员交流，她离开这个行业的可能性就会减小。从属于一个专业的组织也能够提升儿童托管质量。

同时，家托提供者自己的孩子可能不再需要家庭看护了。一旦她自己的孩子入学了或者离开了家庭，她可能觉得有需要为这种自由做一些其他的选择。照顾一个麻烦的孩子，或者孩子的家长带来很多问题，可能会让看护人员停下来问自己是否在做正确的工作。也有因为经济原因而离开这个行业的。家托提供者看护的儿童数量可能会减少或上升，因此她的收入也处于一种她不乐意见到的不稳定状态。这个工作没有医疗或其他的福利。如果家托提供者的配偶有一份健康保险或者国家给她自己的孩子提供医疗或补充健康保险，这种欠缺或许就可以被抵消。

但是同时，这个职业需要承担额外的责任保险，也是一份额外的支出。低收入和很少的福利让家托提供者处于一种不稳定的经济境况中。让家托提供者留在儿童看护领域的经济动机是很少的，特别是当有足够的培训和教育背景的看护人员能够在学校系统中找到一份报酬更丰厚的工作的时候。在家托领域，看护人员也很容易受到经济波动或家庭紧急情况的影响，比如严重的疾病。家托提供者在工作方面遇到的最大压力是，工作的低收益和不可预测性。因此，该领域的离职率很高。

自我测验

一个 45 岁的女人在自己家里开办了一个家托，她有高中学历和儿童看护许可证书，自己还有 3 个上小学的孩子。她的特点是：（　　）。

a. 跟一般的家托提供者不同，因为她自己还有孩子要照顾

b. 跟一般的家托提供者不同，她比大多数人年轻

c. 是典型的家托提供者

d. 跟一般的家托提供者不同，因为她受过教育

参与完整测验请登录网站 CengageBrain.com

作为管理者的家托提供者

作为管理者的家托提供者通常拥有并经营自己的业务，同时，他们也是提供服务的人员。这把他们放在了业务管理的终端，他们既是看护儿童的养育者，也要为儿童选择学习

材料，同时也是教师、厨师和清洁工。这种包揽一切的工作有很多方面，为了将这份工作做好，作为管理者的家托提供者必须要监管所有事情。作为管理者的家托提供者将这种多方面的管理工作做得越好，她就越有可能在这一工作领域停留更长的时间。

业务方面

在这个国家，家托是占了相当一部分数量的小型业务。大多数的家托是作为一个单独的实体独立运营的。然而，却有越来越多的组织把家托纳入他们的网络之内。这些组织包括早期开端计划（Early Head Start），国防部（Department of Defense），以及得克萨斯州家庭托管所项目（Texas Family Child Care Home project）。在这些情况下，个体家托成了某个网络的一部分。网络的赞助机构将负责为儿童提供培训、咨询及安置，并可能为家托提供人员支付费用。

大多数的家托提供者认为自己首先是个看护人员，然后才是商人。虽然很多家托非常商业化，但很少有复杂的业务或者行政与金融系统。作为管理者和业务所有者，家托提供人员需要为她的业务做很多事情。在开始业务之前，她必须研究这个地区，以确定需求和运营的费用，这有助于理解市场和提高成功的机会。重要的是，一开始就需要开发市场并在过程中继续这么做。口碑是最好的广告。在当地的儿童看护资源和推荐机构（Child Care Resource and Referral Agencies，CCR&R）注册是很有帮助的，这可以将你的信息提供给寻求儿童看护的家长。其他的营销方式还有，在当地的报纸刊登小广告和创建网站。

市场调研之后，下一个步骤是申请许可证，这可以在当地完成，或在某些情况向州政府相关机构申请。各州的法规和许可证颁发的联系信息可以在儿童与家庭管理部（Aministration for Children and Families）的网站上找到。一个家托提供人员，同时也是管理者，应该确保她能够从有关的保险政策中得到健康和生命的正确保护，如果出现责任问题，比如儿童受到伤害，这些政策可以帮助到她。从最开始，家托提供者就应该对财务进行管理，包括估算支出和收入，以及提供预算。幼儿托管的相关财务应该与家托提供者自己的家庭财务分开。要成为一个优秀的家托提供者，良好的记录是非常重要的。通常，家托业务的收入可能会占据其家庭总收入的25%~50%，这取决于她丈夫的工作收入。如果她是单身，这就是她的全部家庭收入。对于这类收入较低的工作，经济方面是没有考虑个人的幼儿看护支出，这是很值得考虑在内的。

一个有执照或合规的家托与其他商业形式并没有太多区别。所有的家庭或个体商业户有很多共性。他们都需要做出计划，并付诸实施。他们都必须处理财务，提供和维持服务，但外界的支持却很少。他们都有业务关系，并对所提供的服务收取费用。很少有家托提供者跟他们的客户之间有较为亲密的关系。因为这会增加他们收取费用和作为商业人员的难度。这就是为什么组织良好的科学管理尤为重要，这样的方式能够避免可能存在的一些常见陷阱。

正如前面所讨论的，家托业务的一个问题是离职率。家托提供者没有很多商业人员都

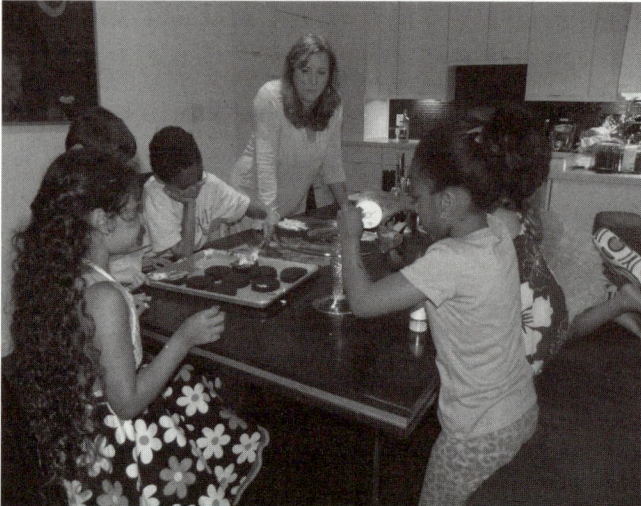

尽管面对各种挑战，如低工资、长时间的工作以及缺乏福利，但是家托提供者仍然对这份与儿童打交道的工作兢兢业业

有的福利。研究表明，如果家托提供者有更好的收入和福利，他们所做的工作得到了更大程度的尊重，他们更有可能会留在这个行业。一个自我雇用的、有执照的家托提供者的收入受多种因素影响，家托的位置是其中之一。如果家托位于一个低收入的地区，可能更难收取较高的费用。一个有执照的家托的收费通常会少于托幼中心，但可能高于不合规的家托。一些低收入地区的家托可能有资格获得联邦、州或地方的补贴。

托管儿童的数量同样也影响收入。在一些州，当托管的儿童数量从 6 个增加到 7 个，家托提供者就必须雇用另一个看护人员来照顾孩子。这是一个额外的支出，直到增加的孩子的收入足够支付第二个看护人员的工资。一般来说，家托不是有利可图的业务，人们不会争抢客户。另一个对收入的影响是当地政府、州政府或者是联邦政府的补贴。有大量的幼儿家庭符合资格享受幼儿看护补贴，家托提供者可以申请这些补贴。据估计，29% 的婴儿家庭和 25% 的学步儿家庭可以获得这些补贴（ZERO TO THREE，2012）。这有助于提高家托提供者的收入，但是需要管理项目的文件并达到要求。

自我测验

　　一位女士决定开一个家托中心，她调查了市场，并了解到有几对 1 岁左右孩子的父母对她的服务感兴趣。于是她在一个读书俱乐部的成员中推广她的新业务。她的下一步应该是：（　　　）。

a. 采购用品

b. 阅读有关儿童发展的资料书籍

c. 为购买材料筹集资金

d. 申请许可证

参与完整测验请登录网站 CengageBrain.com

家庭式儿童看护的未来

　　在过去十年左右的时间，家托已经被认为是这个国家儿童看护系统中的一个重要组成部分。它在很多儿童的生活中扮演着重要的角色，政策制定人员、幼儿看护管理人员和研究人员都对其产生了越来越多的兴趣。

早在 2000 年，就已经有关于家托的研究。一些研究试图衡量家托的质量及其对儿童产生的整体影响。获得优质幼儿看护的儿童，不论是哪种看护，也不论其家庭收入如何，都比获得低质量幼儿看护的儿童有更好的语言和社交技能，在学业上的表现也更出色（Burchinal et al.，2009）。另一项研究调查了美国开办家托人员的数量和范围，建议在将来对家托质量的提升实施一些法案（Paulsell，Porter，&Kirby，2010）。

在 2012 年进行的一项重要研究中，美国儿童看护资源和推荐协会（NACCRRA）的研究人员发现，在对家托的许可和规范监督上存在很多的不一致。他们使用了 16 个基准来对美国 50 个州、国防部和哥伦比亚地区的家托进行评估。其中一部分基准是：

- 他们被授权机构审查的频率。
- 是否检查犯罪背景。
- 家托提供者为家托的整体健康和安全所采取的措施。
- 该州是否对托管 6 个以上儿童的家庭要求额外的许可证。
- 对家托提供人员的培训要求。

他们所获得的结果是：

- 只有 9 个州进行了一次全面的背景调查。
- 只有 15 个州对性侵犯的背景进行了调查。
- 8 个州在没有经过任何审查的情况下就颁发了许可证。
- 26 个州每年都进行了审查，加利福尼亚州每 5 年进行一次审查，密歇根州每 10 年进行一次审查。
- 只有 15 个州列明了 10 个健康要求和 10 个安全要求。
- 初始培训的要求从 0~40 小时不等，年度培训要求从 0~24 小时不等。

通过使用 16 个基准来进行这项研究之后，美国儿童看护资源和推荐协会（2012）发现，42 个州的小型家托的评估结果为"F"。获得最高评估分数的家托在俄克拉荷马州，评估结果为"B"。但显然，无论是小型家托，还是连基本标准都没有提出的州，都认为确保这些家托中儿童的健康和安全达到预期是必要的。

质量提升

为了找到支持家托的依据，鲍尔塞勒、波特和科比（Paulsell，Porter and Kirby，2010）进行了一项文献研究，试图找到美国对家托已有的或许可的法案，以帮助提升家托质量。他们发现在全国共有 96 条相关法案，其中 80 条是专门针对质量提升的，有 4 条可以帮助家托提供者获得儿童发展的证书或学位，还有 5 条是帮助认证，另外 7 条是为了支持家托提供者获得家托许可证或满足规定。在评估这些法案时，鲍尔塞勒、波特和科比发现，这些法案会产生一些积极的结果促进看护质量的提升，但是没有明显的信息来确定这些积极的结果是针对看护质量的。研究人员得出的结论是，需要做更多的研究来确定哪些法案措施的结果不仅能对看护质量产生积极影响，而且对儿童及其家庭也是有益的。

早期开端计划与家托提供者合作开展了一个项目来增加其能够看护的儿童数量。为了通过早期开端计划增加儿童数量，家托提供人员必须由国家许可，在 6 个月内注册一个证书或学位项目，并满足所要求的儿童与成人比例。这个提升看护质量的项目的 4 个目标是：

- 增加看护提供者的技能、知识和认证。
- 加强沟通互动和实践。
- 在家托环境中促进积极的改变。
- 提升儿童的发展和入学准备。

这个项目还侧重于家庭综合服务，与家托所在的社区合作并提供服务。德尔·格罗索、阿克斯和欣科利（Del Grosso，Akers and Hinkley，2011）在报告中说，迄今为止，这种合作伙伴关系已经促进了家托质量的提升。这增加了家托看护人员的满意度，减少了他们的孤独感，并增加了他们的社区支持。对孩子们来说，也促进了他们的健康和安全，报道的事故和疾病减少了。参与这种伙伴关系的家庭反映他们的压力减小了，工作缺勤的天数也少了，对家托的看法也有所改善。这类伙伴关系的未来取决于资金投入。

另一种提升家托质量的方法是家托提供者参与某一类型的注册。38 个州都有这类注册（Neugebauer，2013）。其中一些注册中心是当地的，有些则是州范围内的。这种做法最早开始是 1990 年，在特拉华州实行，并从那时候开始广为采用。这些注册中心并不都是一样的，他们提供不同的服务，如培训、业务服务和评估。注册中心可能也会允许家托提供者有机会获得团体医疗、责任和家庭保险。重要的益处包括减少孤独感，获得反馈，以及获得一种专业感。

美国家庭式儿童看护协会（NAFCC）为家托提供专门的认证，但获得认证的家托还不到百分之一。家庭式儿童看护协会的认证范围覆盖 5 个方面共 289 个标准，这 5 个方面是：（1）关系；（2）环境；（3）发展的学习活动；（4）安全与健康；（5）专业和运营实践。这些标准的清单可以在网站 http://www.nafcc.org/ 上找到。还包括"家庭式儿童看护评量表"(Family Child Care Rating Scale)(Harms et al.，2007) 等评估工具，其最初版本自 1989 年被引进以来就一直被广泛使用。其评估内容分为以下 7 个方面。

- 空间和家具安排。
- 个人看护常规。
- 倾听和说话。
- 活动。
- 互动。
- 项目结构。
- 家长和家托提供者。

阿奈特看护人员互动评分表（Arnett Caregiver Interaction Scale）主要评估人际关系。一个新工具是"家庭式儿童看护全貌评量表"（Assessment Profile for Family Child Care Homes，APFCCH），这个评量表分为 6 个方面，包括安全、健康和营养、学习环境、互动、户外环境和专业性。

家庭中年幼的儿童会对家托感觉更舒服，
并肯定看护人员与他们之间的关系

为了提高儿童看护质量，联邦、州、地方政府和社会服务组织都提供了支持。有几个联邦项目拨给州政府的整笔款项都是旨在提升服务能力和改善儿童看护质量的。此外，家托可能有资格获得美国农业部（U.S. Department of Agriculture）下属的儿童及成人关怀食品项目（CACFP）的补助。这取决于家托服务的低收入家庭的儿童数量。

另一个有趣的质量改进措施叫"家庭式儿童看护雇员网络"（Staffed Family Child Care Networks）（ZERO TO THREE，2012）。这些网络有雇用人员跟进和核实家托提供者的资质和培训机会，协助认证，提供中介服务和设备贷款，并提供业务服务，包括税务筹划。他们也经常进行家访并为同行提供指导。这个网络有许多功能，可以减少家托提供者的孤独感并提供专业的反馈，不仅能够提高看护质量，而且有利于让家托提供者继续留在这个行业。他们还可以利用现有的资金来改善看护服务的质量。这类支持性的网络所面对的最大挑战是资金问题。

全美 50 个州的儿童看护资源和推荐机构为当地的家托提供者提供一系列的支持。这些支持可能包括提供培训机会、书籍和儿童用小型设备的租借。培训机会可能还涵盖某些奖励和报销。大多数的机构会有月度通讯，有支持家托提供者网络。通过研究、培训、注册、示范项目、质量评估工具和其他措施来提升看护质量，可以帮助家托提供者减少孤独感，增加收益，并让他们的专业实践向更高水平发展。对于接受家托服务的家长来说，这些措施对他们的家庭和孩子都会产生积极的影响。

质量的一个重要因素是家托提供者目前正在做什么，以及她可以做些什么来改善她的专业和实践。根据国家要求，家托提供者的初始培训时间是 0~40 小时，之后每年的培训时间是 0~24 小时。如果家托提供人员有意愿的话，她可以获得超过以上时间的培训和教育。当地的社区学院、成人教育课程、儿童看护资源和推荐机构及其他实体可以提供相关培训，以此来提高家托人员的实践能力。

工会组织

家托提供者缺乏福利，因为他们通常是自由职业者，他们没有工伤、残疾或失业的保险。他们的工作没有退休计划。这可能会发生改变，因为越来越多的人加入了家托提供者的行列并推崇这份工作。

家托提供者们通过成立工会组织这一种方式来提升项目质量，倡导更好的收入，并在儿童看护相关法律的制定上要求更多的决策。这方面的一个例子是加州家托提供者工会，它是众多工会组织中的一个。2011 年，已有 17 个州有类似的工会。最近由罗格斯大学（Rutgers University）和经济机会研究所（Economic Opportunity Institute）进行的两项研究中，核实了工会组织的价值。这些研究发现，工会不仅帮助家托提供人员获得关键技能的培训，还能帮助他们获得其他资源。总而言之，工会提升了儿童看护的质量（Lamere，2012）。

除了在各州的工会，还有三个范围更广的工会试图组织家托人员。他们分别是美国州县和市政雇员工会（American Federation of State，County，and Municipal Employees，AFSCME）、服务业雇员国际工会（Service Employees International Union，SEIU）、美国教师工会（American Federation of Teachers，AFT）。他们正在努力让家托提供者通过美国儿童援助补贴增加资源。这些工会正在努力中，因为获得国家资金补助显然好过直接提高家托费用。这些工会游说各个家托提供者联合起来，这样他们就可以派出代表与各个州进行直接或间接的讨价还价。通过获得公共资金来提升儿童看护的质量，家托提供者就可以参与获得福利。

工会已经在很多州开始进行谈判，以增加补贴率，提升该州的儿童看护法规以保障儿童的安全，并提供健康保险和其他福利。这些工会致力于当地的项目，同其他倡导支持家托提供者的组织一起致力提升儿童看护质量，例如支持全州范围内的质量保险项目。工会的活动在全国各地不尽相同，每一个工会与另一个工会也有差异。正如2013年一样，尽管在很多州家托提供者们已经联合起来，但仍然没有一个统一的声音为所有家托提供者们的权利而声辩。

自我测验

一位家托提供者一直在考虑寻找一份不同领域的工作，因为她感到孤独，还觉得难以维持认证标准。能够帮助她处理这些问题，并让她留在这个行业的一个质量提升措施是：（   ）。

a. 联合会

b. 质量改进工具

c. 示范项目

d. 家庭式儿童看护雇员网络

参与完整测验请登录网站 CengageBrain.com

小　结

在过去的 40 年里，越来越多的家庭中幼儿父母双方都要工作，单亲家长工作的比例也在急剧增加。这些家庭需要为他们的孩子找到儿童看护人员。一个可行的选择是家庭式儿童看护。大量的家庭选择这种儿童托管方式，因为他们觉得它的氛围更为温馨舒适，一个家庭里所有的孩子可以在同一地点被照顾；他们的孩子在较长的一段时间里可以获得连续性的看护，而且费用也比一般的托幼中心便宜。家庭式儿童看护（Family Child Care，FCC）可以是授权的或未经授权的。有许可证的家托符合所在的州的相关幼儿看护的健康和安全标准。没有许可证的家托被称为家庭、朋友和邻居看护（Family，Friend and Neighbor care，FFN），他们通常只照看一两个孩子，因而不需要授权。因为有大量没有许可证的家托和 FFN 家托，因而需要有推动授权和质量改进的措施。

家托有优势也有劣势。选择成为家托提供人员的通常是女性，其中 1/3 的人在家托中要照看自己的孩子。这份工作会带来一些内在的回报，但也有一些挑战，如薪资低、工作时间长。家托提供者的离职率在 15%~25%。

相信家托质量的提高可以减少离职率并改善工作条件。此外，这些措施可以为儿童提供更优质的看护。今天，在网络、质量改进措施、协会和工会的支持下，家托提供者正在建设自身并迅速成为一支不可忽视的力量。尽管家托提供者们要面对很多的挑战，如工作时间长、薪资低，而且没有福利，但是他们仍然对这份工作兢兢业业。他们对儿童所做出的奉献和这一份职业仍然是这个国家儿童看护服务系统中的一个重要组成部分。

案例研究

早上 6 点半，艾米接到另一个家托提供者打来的电话，需要找人帮助看护一个 6 个月大的女孩 Q。艾米同意照顾 Q，虽然她已经有 3 个孩子要照顾。Q 的妈妈把 Q 放在了艾米这里，没有提供任何书面说明，没有留下任何食物用品，也没有付费，因为她说她已经支付了原来的看护者一星期的费用。艾米告诉这个家长关于费用她会找原来的看护人，但是书面工作还是需要的。另外，这个家长没有提供任何的食物和饮食配方，Q 又不能吃艾米现有的任何东西。Q 的妈妈不得不离开去取一些用品，并且很不高兴，因为她上班要迟到了。Q 的妈妈离开后 Q 就开始哭，只有在有人抱着的时候她才会停止哭泣。艾米只有抱着她，Q 才能停止哭泣并入睡。当 Q 的妈妈来接她时，艾米将 Q 的情况告诉了她。当 Q 的妈妈签字离开时，她问艾米每日报告在哪里。艾米告诉她说自己没有时间写，但是说明了发生的一切。Q 的妈妈说，其他家托提供者总是会提供报告，然后带着 Q 离开了。

1. 如果你是原来的那位家托提供者，你会用什么不同的方式应对这种情况？

2. 原来的那位家托提供者需要采取哪些步骤才能确保像这样的事不会再次发生？

学生活动

1. 预约采访当地儿童看护资源与推荐机构的一个家托协调员，总结你的发现并在班上做一个汇报。以下是建议的一些问题。

   a. 他们为当地的家托看护人员提供什么样的培训和技术帮助？

   b. 在开办一个家托的过程中，潜在的家托提供者所面对的共同挑战是什么？

   c. 请描述一下当前的家托质量提升法案。

2. 探访一个家托，选择一个家托人员能够跟你交流的时间。观察整个场景，记录下孩子们活动的日常惯例。与家托提供者讨论她工作的优缺点。

3. 找一个较大的家庭托儿所，按第2条的要求同样再做一次，比较并对照一下家托人员的答案，以及在两个家托中所观察到的事物。

4. 参加一个当地家托协会会议，并在班上汇报你的经历。你觉得这次会议对于家托提供者来说有没有价值？请解释一下。

复 习

1. 请列举一些家托提供者的共同特点。

2. 请列出家长选择家托而不是托幼中心或其他的原因。

3. 相对普通托幼中心来说，家托的缺点是什么？

4. 请列出一些本章中推荐的成功运营一个家托的建议。

5. 请说出运营一个家托的挑战是什么。

6. 为什么建立联合会对家托提供者有如此大的吸引力呢？

7. 用来评估家托质量的特定工具有哪些？

有用的网站

免责声明：本书中所列出的网站地址旨在为您提供方便，不做推广。

http://www.cdacouncil.org

http://www.nafcc.org

http://www.nccanet.org

http://www.redleafpress.org

更多与管理相关的资源——包括教学资源视频，与每章内容相关的网址，教学测验，词汇卡等——请访问本书的教育伴侣网站 CengageBrain.com。

第三部分

员工管理

第九章　员工选聘与人事政策

第十章　员工监督与培训

目的

阅读完本章内容，您应该能够：

· 确定招聘合格员工的程序。

· 列出选择合格员工的标准。

· 列出从合格的申请人员中选择
  员工过程的要点。

· 列出一份人事政策声明必须包
  含的信息。

naeyc 标准

本章中涵盖的NAEYC标准如下：

标准1: 促进儿童的发展与学习
       （1a）。

标准2: 建立家庭与社区的关系
       （2b，c）。

标准3: 通过观察、记录和评估
       来支持幼儿及其家庭
       （3d）。

标准4: 通过发展的方法建立儿
       童与家庭之间的联系
       （4d）。

标准5: 运用本章的知识建立有
       意义的课程（5c）。

标准6: 成为一名专业人员（6a，
       b，c）。

一个儿童看护学习中心的园长一天的生活片段

因为几个员工回到大学继续学习，我们中心最近经历了人员的流动。这些变故让我感到了压力，家长投诉，我又觉得申请人不符合我的预期。我面试了20个候选人，但只考虑了几个人。我变得很沮丧。我觉得似乎所有优秀的老师现在正在离开早教领域，而申请职位的人又不太乐意跟儿童一块工作。

我总是让我的员工与我一起评估我考虑的申请人。因为他们必须一起工作，所以他们的意见对我很重要。面试期间，我的员工们也变得很沮丧，因为他们也觉得这些人不合适共事。一名自从中心开办以来就跟我一起工作的员工，走进我的办公室，她今天一整天都与三个申请人待在一块。她拍了拍我的肩膀说："别担心，凯伦，你还有我们。"然后她表示如果我有需要，她会提供任何帮助。

关键词

合同 技能 岗位工作说明 试用期 人事政策

员工流动

很多托幼机构的园长都知道，人员流动是不可避免的。尽管如此，一个有价值的员工的离开仍然是场灾难，免不了会造成焦虑。所有机构的教学人员平均流动率为30%，所以，大多数的园长都体验过突然之间就不得不找一个新员工的疯狂感受（Center for Child Care Workforce，2001）。

很多因素导致了人员流动，其中最重要的影响因素是幼儿教师的补助特别低，这给园长在保证托幼机构的整体质量上带来了困难。全国范围内的教师的平均薪资为10.25美元/小时，每年不超过21 310美元（Bureau of Labor Statistics，2011）。在过去的十年中，教师的薪资已经有所改变，相比于同等学力的女性，高素质的女性幼儿教师的薪资能达到她们的一半，而同等情况下，男性则只能挣到三分之一。除了较低的工资以外，很少有幼儿教师能够获得医疗保险、病假或带薪假期等福利。

另一个因素是儿童看护人员的职业地位较低。学前教育往往被认为是女性的工作，跟保姆类似。因此，学院和大学的学生并不认为学前教育是一种事业，而仅仅把它作为进入小学或者通往其他职业的阶梯。较低的社会地位和薪资让早教成为一个缺乏吸引力的职业。

很多时候，招聘和雇用的过程进行得太快，缺乏适当的计划。因为师幼比必须满足法规要求，所以托幼机构都迫切地需要填补空缺。而后，园长则常常发现聘用的教师不符合机构的目标和要求，不得不重新招聘人员，导致更多人员的流动。

面对有限的且有资质的申请人，每个托幼机构的园长都必须制订寻找并留住合格人员的有效计划。

自我测验

一位有教师资格证的学前教育机构的老师很沮丧地发现，虽然是同样的资历，但她的薪资仅仅是小学老师的一半。这种情况：（   ）。

a. 是正常的，因为一个学前班女教师的薪资只有其他职业同等学力的女性的一半

b. 是正常的，只有学前班男教师才能够挣得跟小学教师一样多

c. 是不正常的，因为学前班教师普遍挣得比小学教师多

d. 是不正常的，因为有教师资格证的学前班老师的薪资通常比没有证书的老师多一倍

参与完整测验请登录网站 CengageBrain.com

员工选聘

招聘流程的第一步是理解什么因素成就了优秀的教师。研究人员感兴趣的是，学历

或受教育程度越高的教师，是否越能与孩子更好地互动，抑或能够为孩子提供更好的学习环境，尤其是因为许多教师开始在早教机构工作时并没有或者只受过很少的专门教育。怀特布克、豪斯和菲利普（Whitebook，Howes，and Philips，1990）发现，教育水平可以很好地预测与儿童之间的敏感和关爱的互动。这个研究观察的是一般的教育水平。然而，专业的教育经历明显有助于教师效能的提升。怀特布克等人的一个后续研究（Whitebook et al.，1992）显示，专业的学院水平的教育有积极的影响，尤其是对为婴儿和学步儿提供看护的人员。

多项研究表明，教师所受的教育与儿童学习环境的质量是相关的。事实上，高等教育和不间断的工作培训与高质量的幼儿看护是有关联的。

教育背景

检查你所在州的有关幼儿教师学术背景的最低许可要求。园长为幼儿园设定的标准应该尽可能高于最低要求。公共资金资助的项目对教师有不同的要求。例如，在公立的儿童早教学校，教师必须有基础教育的教学证书，并满足其他当地学校董事会设定的任何要求。开端计划一直通过鼓励教师接受继续教育来提高其项目质量。一所学校的非教职人员也必须符合最低许可要求。他们必须保持身体健康，没有任何有可能传染给儿童的疾病。背景调查应该显示他们没有任何犯罪记录，除了轻微的交通违章这类小过失。

教学资源 视频案例 9.1

专业教学：一个幼儿教师的职责与发展

你将在视频中看到一个教师工作的多个方面，包括教育孩子，保证他们的安全，与家长和教学团队沟通，以及继续自己的专业发展。观看视频时请思考以下问题。

1. 对一个早教工作者来说，具备哪些品质是非常重要的？为什么？

2. 什么是一个专业的行为准则？为什么具备它如此重要？

观看完整视频请访问网站 CengageBrain.com

工作经验

园长最终决定的是员工应有的最低限度的工作经验。每个州的许可指南会确定一个最低限度的工作经验要求，但是园长可以决定有更高的要求。在一所新学校，最好是寻找一些有经验的教师，不用经过初始培训或监督就可以正常开展工作。这样第一年的工作将会进展得更为顺利，这很可能会增加预算中的工资分配的比例。

个人特征

一所学校的成功取决于这所学校的员工，以及他们彼此之间与儿童建立的关系。因此，必须基于一个清晰的有必备特征的形象仔细选择。在招聘新员工时，经验丰富的园长常常考虑新员工的以下特点：

- 喜欢和孩子打交道（一些成人喜欢和婴儿在一起，其他的则更喜欢学龄前儿童或者年龄更大的孩子）。
- 能培养幼儿（对婴儿和学步儿来说尤其重要）。
- 具备足够的灵活性。
- 在孩子们完成自己的任务时充满耐心。
- 是孩子们很好的榜样。
- 有良好的沟通技巧，包括写作和倾听能力。
- 能够让孩子们独立解决自己的问题。
- 能够与同事或者家长进行团队合作。
- 健康，精力充沛，喜欢体育活动。
- 有很多可以跟儿童和成人一起分享的兴趣。
- 愿意继续学习。

多元化

家长们使用一系列广泛的标准来选择能够最好地满足他们的需求的儿童看护提供者或托幼机构。这些标准包括：

- 从家到看护提供者的所在地是否方便。
- 看护人员是不是跟他们说一样的母语。
- 看护人员对待纪律规则的观点是否相同。
- 是否尊重他们的宗教信仰。
- 是否同意他们的早教观点。

教学资源　视频案例 9.2

幼儿指导：鼓励积极社会行为的教师技能

观看视频时请思考以下问题。

1. 视频中列出了哪些步骤来教学生解决问题？

2. 这个视频是如何描述有效的表扬方式的？为什么你觉得它有用？

观看完整视频请访问网站 CengageBrain.com

过去，儿童的看护机构可能集中在中心服务对象的个体文化、传统和家庭信仰方面。今天，机构支持各种形式的多元化，并提供给儿童一个家庭和社区之外的广泛的文化经历。这样的经历可以开阔儿童的眼界，培养他们的理解能力，以及对所有人的宽容和尊重。

现今，很多机构在招聘时不仅将重点放在了那些与服务儿童及家庭有不同文化背景的申请人身上，同时还关注那些"符合"机构文化的人员。这表明，如果未来的员工符合机构"文化"中的主导态度和核心价值观，他们更有可能适应组织的目标和期望。此外，他们所缺乏的技能可以很容易通过培训来获得。这种策略可能比雇用那些有合适的技能但态度错误的人员更有利（Wardle，2003）。

如果我们知道核心价值是创建一个"包容性体系"，那么机构所有管理下的员工都必须在他们的信仰体系和行为中反映这些原则。为了支持多元化，园长应该认识到雇用那些具备知识并懂得尊重的员工的重要性——不仅仅是了解服务家庭的文化和语言，还要理解他们自己在维护和支持包容性文化中的角色和职责。

所需技能

园长应该列出一个职位所要求的技能。根据字典的解释，技能是一种来自知识、实践和天赋的能力。它是能够完成一份工作的某些任务的能力。一个常见的同义词是能力。这个任务适用于所有职位。

作为他们工作的一部分，教师必须要能够完成各种任务。在工作要求中加入哪一种技能取决于托幼机构的类型。下面的清单可能适用于大多数机构的技能种类。

一位教师应该能够：

- 设计一个促进参与的环境。
- 提供能够鼓励思考、解决问题和做决策的活动。
- 在与儿童的交流中通过倾听和回应来促进他们的语言技能。
- 促进儿童的体育发展。
- 让孩子们经历成功。
- 创造一个包容性的、接受差异的环境。
- 观察、记录和评估每个孩子的发展水平。

2006 年，美国幼儿教育协会出版了一套升级的标准，供培养早教专业人员的机构使用。这个文件名为《我们所在之处》（Where We Stand），其中有他们对"教师应该知道并且能做到"的建议。这些内容分为 5 类，包括教学、学习和关系建立，以及职业精神和评估的重要性。参考完整的报告请访问网站 http://www.naeyc.org/。

知　识

知识是指对某一个学科或者学习分支具有相当的熟悉度，这也意味着获知事实、真理或原则。知识为工作人员提供了工作的相关信息。教师应该具备儿童发展的知识吗？厨师需要知道一些有关营养方面的知识来准

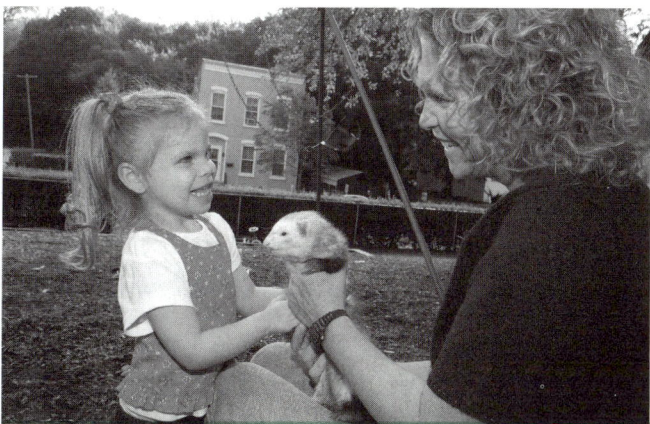

学校的成功很大程度上取决于学校的工作人员，以及他们所建立的关系，包括他们彼此之间的关系，还有与儿童的关系

备膳食吗？为了做出这些决策，园长必须了解每个岗位的功能和需求，然后再考虑执行这些功能所需要的知识。

naeyc   教师需要了解的一些知识如下：

- 儿童的发展阶段，尤其是社会、情感、认知、语言和身体。
- 非典型发展的标志。
- 儿童获取知识的方法。
- 吸引和激励儿童的方法。
- 提供指导的一些策略。
- 家庭在儿童发展中的作用。
- 为了儿童的益处，与家长成为合作伙伴的途径。
- 有效的沟通工具。

秘书需要知道的一些知识和技能如下：

- 电脑的类型以及使用。
- 建立和维护一个文件系统或计算机数据库。
- 手动或在计算机上执行簿记任务。
- 建立和维持一个时间表。

一个优秀的膳食准备人员可能需要知道：

- 食物指南金字塔。
- 推荐给儿童合适的食物分量。
- 能够保证健康和安全的准备以及储存食物的最佳方法。
- 大多数孩子喜欢的食物。
- 食物烹饪方法，让食物变得更有吸引力。
- 卫生条例。

自我测验

　　一个学前教育机构的园长在招聘新员工的时候放弃了一些有大学教育背景或幼儿看护证书的人员。她解释说，她做出这个决定是因为，在儿童看护方面，受过教育的看护人员并不比没受过教育的看护人员做得更好。她的解释是：（　　）。

　　a. 不正确的

　　b. 正确的

　　c. 只有对低收入人群来说才是正确的

　　d. 只有对高收入人群来说才是正确的

参与完整测验请登录网站 CengageBrain.com

员工招聘

只有在确定了每个岗位所需的人员素质要求后，才能开始寻找合格的人员。每个职位都应该准备一份简单的声明。正如表 9-1 和表 9-2 所示，需要包含的信息有：

- 托幼机构的名称和地址。
- 职位名称和简单的岗位描述。
- 合同期长（6 个月至 9 个月或者按年）。
- 薪资范围。
- 对应聘者要求条件的简短说明。
- 联系人姓名和电话。
- 职位申请过程。
- 职位申请的最后期限。
- 积极行为的声明，如机会均等。
- 入职日期。

表 9-1　班主任招聘通知示例

招聘通知

西部第八大街 8126 号乡村儿童看护中心正在为 18 名 4 岁的孩子寻找一位班主任。

班主任的职责包括计划和实施课程方案，与家长合作，参与人员规划和决策会议。

录用人员将签订一年的合同，年薪 18 000 美元到 24 000 美元。学校全年开放，员工享受每年 15 天的带薪假期。这个职位的上班开始日期是 8 月 1 日。申请的最后期限是 7 月 1 日。

申请人应该有儿童发展或相关领域的学士学位，或在学前教育机构中有至少两年的工作经验。我们坚持"机会面前，人人均等"。

申请人请准备一份简历和三封推荐信。需要申请表格请致电。

玛丽·安东
555-8659

资源下载请登录网站 CengageBrain.com

表 9-2　助理教师招聘报纸广告示例

招聘助理教师

一个教会主办学校的婴幼儿室需要一位助理教师。

职责包括：幼儿看护的所有日常方面，规划合适的活动，记录孩子的行为表现。

应聘人必须完成大学程度的幼儿教育专业 15 个单元的学习，修过婴儿—学步儿发展的课程。

有经验者优先，即时上岗。

请将简历发送到千橡市 1320 信箱，邮编 91359，或传真至 815-222-3487。

我们是一个公平的雇主，所有申请人的机会均等。

　　这样的通知不需要很花哨或者昂贵。使用电脑，就可以很容易通过改变字体，增大字母或者加一个边框来让声明变得有吸引力。用打字机、大写字母和下划线可以进行强调。通知的关键是要简单明了，因为大多数人不会读一个冗长的通知或啰唆的句子。工作信息应该尽可能让更多的人知道，这样找到合适的人的概率更大。如果有几个工作位置，可能会有更多的申请者。在这种情况下，应该从这个通知中删除电话号码，要求申请人寄送申请材料。

　　如果学校已在运营中，只有一个位置的空缺，园长应该让现有的工作人员知晓。因此助理教师可能会觉得已经准备好了申请正式教师一职，或一个秘书若已经参加了一些早教课程，可能准备找一份助理教师的工作。还可以将消息进一步传递到：

- 公立学校和私立学校。
- 失业服务办公室。
- 学院和大学的工作及职业中心，还有安置办公室。
- 民间团体、俱乐部以及特殊兴趣团体。
- 专业组织。
- 教堂。

　　园长也可以在当地的报纸上刊登广告。广告要比招聘通知更简短，长度应只有几行，包含以下信息：

- 托幼机构的名称。
- 招聘职位。
- 所需的背景和经验。
- 地址或联系电话。

　　很多园长发现，寻找一个合格的员工是一项困难的事情，也是一个恼人的工作。但是早教中心的人员高流动率导致这种寻找成了家常便饭。尽管员工流动率无法消除，但是建立一个让员工感觉受到重视的环境可以大大降低流动率并留住员工。一个良好的人事政策也很重要，你将在本章的后续部分读到。

自我测验

　　一个日托中心的园长在全城都散发了工作招聘的传单。她故意从传单上去掉了联系电话，而是要求申请人通过书面形式寄送申请材料。可能是什么原因让她删除了联系电话：（　　　）。

a. 她只想让会用电脑的人申请职位

b. 她只有几个职位的空缺，但是担心会收到大量的申请

c. 她希望在考虑雇用申请人之前看到他们的写作能力

d. 她害怕电话追踪者

参与完整测验请登录网站 CengageBrain.com

申请信息

园长应该制定一张可以反复使用的申请表的格式。可能有一份针对所有工作岗位的基本格式，或者一份用于教师职位的申请，一份用于其他工作岗位的申请。申请表的格式应当简单明了，提出的问题应该是清晰的，并与工作相关。

申请表可能要求填写以下信息：

- 填写日期。
- 申请人的姓名、地址和电话号码。
- 申请职位。
- 申请人的工作／当志愿者的经历（包括时间和工作类型）。
- 申请人的教育背景。
- 申请人的特殊才能／兴趣。
- 申请人的推荐人（包括姓名、地址和电话）。

此外，申请教师职位需要填写的信息可能还包括：

- 证书／学位。
- 社会兼职。

一些申请人可能需要帮助才能完成申请表的填写。语言差异、缺乏填写表格的经验，或者有限的教育背景不应该成为潜在的合格申请人的障碍，应该指定秘书或其他工作人员帮助填写。园长通过观察申请人对儿童的反应可以获得额外的信息。在教师的许可下，园长应当要求申请人旁听参与一个活动，参与点心时间或者给孩子们读故事。申请人与孩子们的互动如何？申请人对各年龄层次的儿童的回应合适吗？申请人要求看教学计划或者资源材料吗？一些园长会要求前三名候选人花半天时间在教室里。不过，期望候选人表现得与孩子们很熟悉或者孩子们对他们很亲近是不切实际的。尽管如此，观察一个候选人与儿童的互动会获得有用的信息，可以加入口头面试当中。

自我测验

一个日托中心的园长让一位申请人来面试一个员工的职位，但是看到这位申请人在完成书面申请表上有困难。园长应该如何回应：（ ）。

a. 分配工作人员帮助申请人完成表格

b. 免除这位申请人填写表格

c. 只有在申请人遇到语言障碍的情况下才提供帮助

d. 认为申请人不符合职位要求

参与完整测验请登录网站 CengageBrain.com

选聘过程

筛　选

在申请的最后期限过去之后，就开始人员筛选了。尽管是园长或董事会做最后的选择，但其他人也可以提出建议。咨询委员会的成员或教师可能会被要求提供帮助。当员工参与这个过程时，他们有机会学习一些新的技能。他们在影响同事人员的选择时也能够更为团结。园长应仔细查看每个申请人的材料，并将他们分为三组。第一组是那些满足所有最低要求的人，这通常包括学术背景、工作经历，以及凭证或证书。第二组是满足部分最低要求的人。第三组是不符合任何最低要求的人。最后一组可以免除考虑。审核推荐信是很重要的，它可以是与申请表格一同提交的一封信件，也可能是一个联系人的名字。

园长应该仔细阅读推荐信或电话联系申请人的推荐人。问一些具体的问题是有帮助的，例如"X 跟孩子们在一起工作的最大优势是什么？""您认为 X 还需要哪些领域的额外知识或经验？""您会雇用 X 照顾一群 3 岁的幼儿吗？"

一旦园长将申请人的范围缩小到几个候选人，她就可以安排面试了。通常可以从 3 到 5 个满足条件的申请人中选择出一个令人满意的员工。

申　请

申请过程中的面试部分是最困难的，但可能也是最有价值的。在会见未来的工作人员时，有一个机会去探索该人员与学校的适合程度。这是一个双向的过程。申请人需要找出这所学校是否符合他们的信念，园长需要确定该申请人是否适合这个机构。实际的面试时间至少要有半个小时，在两个面试之间还要留 10 到 15 分钟来记录每个人的结果或印象。最好不要依靠记忆。因为在连续进行了几个面试之后，申请人留下的印象就会开始互相混淆。在试图做出最终决定的时候，记录可以恢复你的记忆。

如果时间允许的话，面试之前应该让申请人参观一下学校。这可以让申请人获得有关学校的信息，也可以提供一个机会让园长看到申请人是如何回应儿童的。在参观过程中的评论或问题可以提供重要的参考信息。

如果时间允许的话，面试之前应该让申请人参观学校

有时，几个人可以组成一个面试委员会。园长、董事会成员，一个家长、一个主管，或者还可能包括一个老师，这由学校决定。如果有数人参与进来，一些园长可能会安排申请人与每个委员会成员进行单独面试。另一些园长则会安排所有委员会成员集体面试一个申请人。不过，如果面试官太多，可能会让一些候选人不太适应。

为了后来的评价，面试应该有一些结构。不论是一个面试官还是多个面试官，这都是适用的。向每个申请人应该提出相同的问题，这些问题需要在所有的面试开始之前就已经确定下来，从而免除偏见或任何的不公正。

表 9-3　面试问题表格示例

面试问题

职位申请人姓名：　　　　　　　　　　　　　　　　　　　　面试日期：

_____　　　　_____

申请职位：

_____

面试官：

_____

1. 简要陈述你的教育理念。
2. 作为一个幼儿教师，你有什么强项？
3. 你的弱点是什么？
4. 如果在你的班上有一个学步儿咬了其他孩子，你会如何应对？
5. 如果一个孩子踢你，你会怎么做？
6. 一位家长告诉你她对前一天发生的事件很不满，你的第一反应是什么？你会做些什么来帮助那位家长？
7. 简要描述 3 个适合 3 岁年龄幼儿的活动。
8. 作为一个婴幼儿托管机构的教师，你的主要关注点是什么？

面试官签名：

_____

请对职位申请人进行评分，0~10 分，10 分为非常优秀，0 分为不予考虑。

评分：

_____

资源下载请登录网站 CengageBrain.com

在一个面试委员会中，应该指定一个人作为领导。为了避免信息重复，每个成员应该选择一个问题领域。例如，一个面试官可以询问课程技能，另一个可以询问以前的工作经验。如果面试委员会的成员进行单独面试，程序也还是一样的。面试委员会的成员应提前约定好各自的面试问题。每个人负责一个特定的范畴，不然问题就可能会重复。表 9-3 是一个面试问题的范例。应尽量避免只用一个词就能回答的问题，因为这样提供的信息很少，例如"你决定成为一个学前教育机构的老师，是因为你喜欢孩子吗？"如果问题本身已经有个暗示性的回答也应避免，例如"对一个咬人的孩子，应该使用什么惩罚？"这个问题中暗含的意思是，惩罚是处理这种行为的唯一办法。面试应该安排在一个安静不受打扰的地方，让申请人觉得舒适是很重要的。不能让申请人坐着面对一排面试官，也不能让一个面试官被桌子拦着。圆形的设置是最有效的。

每个面试委员会的成员都需要时间来审阅申请材料，以及熟悉申请人的学术背景和工作经验。这可以帮助面试人员在面试中删减相关问题，从而节省时间。如果有多位面试官，园长应该在开始面试时介绍自己和其他人。如果申请人没有参观学校，园长可以简短地描述一下学校，并谈论一下现在正在开展的课程。最好先问一个容易回答的问题，主要是帮助申请人开始谈话。例如，"我在你的申请表中看到你曾经在 XX 工作，告诉我们你最喜欢这份工作的地方？"或是"请描述一下你曾经做的这份工作，哪一方面有可能让你适应现在的这个职位。"问题应该以如下的词为开头：

- 告诉我……
- 请描述一下……
- 请列出……
- 请大概说明……

要了解申请人的素质，可以提出一个能够反映个人感觉或态度的问题，例如：

- 对教学的热情："在与幼儿相处的工作中，你最喜欢哪一个方面？"
- 对待人的差异的态度："假设你的班上有一个盲孩子，你会做些什么来让那个孩子融入课堂活动？"
- 对情况的管理能力："如果你的班上有一个孩子拒绝参与你计划的集体活动，她或者是不愿意加入群组，或者即便她加入的话，也从来不说话。你会怎么做？"

要获得申请人技能方面的信息，园长可以让其为一个特定年龄的儿童小组计划一项学习活动，例如：

- "请为一组 4 岁的孩子计划一个适当的科学活动。"
- "请列出 3 件你可以做的事情来鼓励家长参与孩子的教育。"
- "请计划一项适合课后儿童托管方案的烹饪活动。"

要了解申请人对儿童发展知识的掌握，可以问下列问题：

- "请简要描述如何为一组 4 个婴儿和 6 个学步儿的房间设计室内环境。"
- "请说出 3 个大多数 2 岁的幼儿可以成功完成的活动，以及 3 个较为困难的活动。"

要获得非结构性的信息，应该鼓励申请人自由谈论自己。

- "你觉得还有什么是我们考虑这个职位会看重的？"
- "告诉我们你觉得你的优势是什么？"
- "你有什么想做的事情吗？"
- "你期望自己 10 年后做什么样的工作？"

面试也有一些应该要避免的范围，有些信息不应该要求回答——不管是在面试中还是在申请中。

以下是一些指导：

- 面试官可以询问申请人的住址，但不能问这是租的还是归自己所有。
- 要求申请人提供证据证明他们满足最低年龄要求是合法的，但是寻求任何证明他们超过 40 岁的信息是非法的。

- 面试官可以询问申请人的家长或监护人的姓名或地址，但是不能询问有关申请人的婚姻状态，孩子的数量和年龄，或者孩子的抚养问题。

- 询问任何有关申请人的种族、肤色、眼睛或头发的颜色的问题都是非法的。

- 向申请人强调工作前需要体检，可以询问申请人的身体是否有特殊状况会限制工作是可以接受的；但是详细询问申请人的身体和心理状况是不能接受的。

- 作为未来的雇主，可以致电推荐人，但是不能直接询问那些推荐人有关申请人的种族、宗教、国籍、医疗状况、婚姻状态或性别问题。

面试是一个观察申请人的机会。园长可能会根据要点观察如下方面：

- 沟通能力：申请人的答案明确吗？

- 组织能力：申请人组织答案的方式容易理解并有逻辑性吗？

- 紧张或放松：申请人的肢体语言表现出来的是极度紧张还是放松？

在面试结尾，申请人应该要有提问的机会。申请人提出的问题可以为判断他们对工作的看法提供有价值的线索，也可以据此洞察他们个人的特殊兴趣，甚至是偏见。这种面试形式可以用于教师以外的员工。面试官可以提出同样的问题，但是，问题的内容应该根据具体的工作做出修改。以下是一些示例。

- 为了确定维修人员如何应对孩子——"孩子们一直在使用自动饮水机的水玩沙箱。你到达的时候刚好看到一个孩子用一个沙桶来接更多的水。你会说什么？"

- 为了确定厨师是否能够为孩子准备营养又美味的膳食——"一组4岁孩子的典型午餐应该包括什么？"

- 为了确定秘书是否具有良好的公共关系技巧——"一些愤怒的家长告诉你他们的账单有错误，说你多收了费用。但是你知道账单是对的，问题出在付款日期上。你会说什么？"

一旦面试有了结论，面试官应该尽快记录下申请人留下的信息和印象，而不是首先跟其他面试官交流。某些情况下可能需要面试官对每位候选者进行评分。这应该是面试之后完成的。面试记录应该包括一个是否推荐录用的建议。

自我测验

一个日托中心的园长有一堆职位申请人都符合这份工作的基本要求，例如教育背景、工作经验和资历。但是她发现其中一部分申请人没有推荐信，所以她决定将他们判定为满足部分要求。她的决定是：（ ）。

a. 错误的，因为这会让她的学生处于危境之中

b. 合适的，因为通过这种方式她可能会发现合适的申请人

c. 非法的

d. 合法的，但是专家们不推荐这么做

参与完整测验请登录网站 CengageBrain.com

员工评估

评估申请人是选聘过程的最后一步，有时也是最难的一步。评估将基于几个信息来源：申请人的教育背景、工作经验、对面试问题的回答，以及个人形象。重要的是要尽可能客观。

通常评估申请人的背景和经验是较为容易的。如果要求一个特定的学位或证书，它将会出现在申请表上，申请人的经验也会列在上面。然而，判断一个人的背景和经验的质量高低的唯一方式却是经过面试。例如，某个人可能修过一门有关人类发展的课程，但可能并不真正理解人的各个发展阶段。也有可能有人有多年的教学经验，但可能是在一个与目前非常不同的机构中工作。评估申请人对面试问题的回答似乎是个不可能的任务，但如果面试官对于他们所寻求的东西有一个清晰的理解，这个任务就在他们的掌握之中。

一些优秀的申请人可能在面试中不会有特别好的表现，反过来也是如此。一些面试表现很好的人可能对学校来说是一个糟糕的选择。不过，有一种方法可以让申请人进一步展示他的能力，也能给学校一个机会来选择最合适的候选人。这个最后的方法是让申请人在教室工作半天，他们所花的时间应该得到相应的支付回报。这个过程将为最后的选择提供额外的信息。园长可以观察候选人是如何与儿童和成人打交道的？他们的肢体语言告诉你什么？他们在这种环境下看起来是舒适还是焦虑？他们对孩子的语气怎样？他们在教室里如何与成人交流？他们有跟其他老师交谈吗？他们问的问题明显缺乏参与感吗？

最后，候选人对于在教室里的这段时间有些什么感受或评论吗？倾听、观察和评估每个候选人是非常有必要的。园长经历这样的过程越多，他们就越能更准确地选择最合适的员工。

雇用通知或落选通知

当一个新员工已经被选定了，大多数园长都希望尽快完成这个过程。一种方法是给通过的人打电话，再附加一封信件通知。信上应该通知就业日期和薪资计算开始的日期。如果中心使用合同的话，也应该将合同包含在信件中。另外，应该告知通过的候选人一个最后返还合同或者来学校完成流程的期限。这个最后期限也可以是提交所需证件或公证书，以及完整薪酬或人事表格的时间。

招聘过程完成时，园长应该将新员工的信息发送给相关人员，包括董事会成员、顾问委员会成员或现有的员工。园长同样还应该将新员工的消息告知幼儿家长。孩子们也需要知道他们的新老师。

没有通过面试的人也应该了解情况，尽管这是一个不愉快的任务，但也要告诉他们。如果可能的话，园长应该致电所有参与面试的人，感谢他们来应聘，告诉他们职位已经满了。园长可能会想询问他们是否愿意接受未来的职位空缺或者临时性的工作。如果有必要的话，可以发送一封如表9-4的信件。此外，向每个申请过职位的人都发送一个简单的通知也是礼貌和专业的（见表9-5）。

表9-4　落选通知

乡村儿童看护中心

日期：

亲爱的：_____

　　感谢您对乡村儿童看护中心的兴趣，以及您乐意成为其中一员。我们想通知您，对于这个职位，我们已经在其他申请人中挑选出了合适的人员。

　　您的申请将会被保留，如果还要开办新的看护中心，我们会将招聘信息寄给您。如果您仍然有兴趣和我们一起工作，我们希望您能尽快回复。

诚挚的，

玛丽·安东，园长

（签名）

表9-5　给申请人员的通知

乡村儿童看护中心

日期：

亲爱的：_____

　　因为应聘人员太多，所以我们无法对所有的申请人员进行面试。不过，我们想通知您，这个职位已经满了。您的申请将会被保留，如果我们有其他的职位空缺，您将收到我们的通知。

诚挚的，

玛丽·安东，园长

（签名）

小资料

下列是对不同儿童看护工作的平均每小时工资的比较：

- 家庭式儿童看护提供者：8.75美元
- 儿童看护工作者：10.25美元
- 学前班教师：16.61美元
- 管理者：20.65美元

来源：美国劳工部，劳工统计局，2010，http://stats.bld.gov。

员工试用

　　在一些学前教育机构和儿童看护中心，员工会在同一个地方工作多年。而在另一些地方，则有很高的人员流动率。造成这种差异的原因是什么呢？有些人想找一个有更高薪资的工作，而另一些人则尽管工资低仍留下来工作。教师们留在一个薪资不高的学校，通常给出的理由是："这是一个工作的好地方。"园长让一个学校成为这种好地方的方式有：将员工视为专业人员，提供工作保障，在人事上尽量保证公平，为每个工作岗位的人员支付尽可能优越的薪酬，支持福利和退休计划，提供雇用合同。

合　同

　　合同或人事协议是雇主和雇员之间的书面承诺，能够促进工作的安全性。合同规定，在一段特定的时间内，双方都有义务履行自己的职责。雇主同意在某个员工的雇用期间支付约定的工资，雇员则同意开展某项工作（见表9-6）。对于任何教师员工来说，合同对他们来说是必不可少的。年幼的孩子需要教师或看护人员持续在场，从而带给他们安全感。如果在一个学校里，成年人频繁离开不再出现，年幼的孩子很难学会信任。对家长们来说，如果他们了解照顾孩子的成年人，也会感觉更好。教师也需要时间学习合作。老师们有时会说，在一个教室里进行合作就像是维持一场婚姻，需要"磨合"，但这并不会在一夜之间就能改变。

　　合同应是一个陈述所有就业条件的声明，应包括以下几项。

- 合同期限：合同生效的日期和终止日期。
- 试用期：全部合同生效前的时间，通常为1~3个月。
- 薪资：合同期间所规定的酬劳。

- 福利：假期和病假天数，以及医疗和退休福利。
- 终止：合同终止条件（包括由雇主或雇员终止）。

表 9-6　人事协议示例

人事协议

雇员：　姓名：＿＿＿＿＿＿＿＿＿＿＿＿＿＿＿

　　　　地址：＿＿＿＿＿＿＿＿＿＿＿＿＿＿＿

　　　　　　　＿＿＿＿＿＿＿＿＿＿＿＿＿＿＿

　　　　电话：＿＿＿＿＿＿＿＿＿＿＿＿＿＿＿

职位名称：主班教师

职位描述：

Ⅰ.基本职能：主班教师负责监督日常计划的制订和实施，促进儿童的身体、社交和情感发展。

Ⅱ.职责：

1.向儿童看护中心的执行董事汇报工作。

2.确保及时制订书面的班级计划，并张贴在醒目的位置。

3.在有需要的时候为其他员工提供及时指导。

4.与园长交流变化、计划或存在的问题。

5.与园长就个别需要外部机构服务的儿童进行沟通。

6.为员工的发展提供机会。

7.与指定的员工分享个体儿童有关的信息或担忧。

8.每周与员工进行协商，讨论计划及对个体儿童和个别员工的关注。

9.根据政策准备员工的绩效评估。

10.通过非正式联系和半年度会议确保员工和家长之间的沟通交流，并提供书面进展汇报。

11.在必要时安排与家长会面。

12.确保一个安全的物理环境。

13.确保日常考勤，填写健康日志。

14.保证休息时间。

15.在儿童早教领域不断进行专业发展的责任。

16.园长缺席时代为处理工作。

17.遵从人事政策。

Ⅲ.雇用条件：

1.薪资：年薪 24 000 美元，为期 12 个月。

2.转正后享受医疗保险。

3.带薪法定假期：新年、纪念日、7 月 4 日、劳动节、感恩节和圣诞节。

4.带薪年假：10 天（任职 6 个月后有 5 天，任职 1 年后增加 5 天）。

5.带薪病假：6 天。

6.试用期为 3 个月，3 个月后全部合同生效。如果在试用期间雇员没有履行或胜任上述职责，本协议可能被终止。任何一方终止协议必须提前 30 天通知。

批准人：＿＿＿＿＿＿＿＿＿＿　雇员：＿＿＿＿＿＿＿＿＿＿　日期：＿＿＿＿＿＿＿＿＿＿

新员工定位

托幼中心的园长有责任确保每个新员工工作环境提供的信息，包括有关的工作细节。所有的工作人员，包括临时工，都要在被雇用时给予一份人事政策的声明。这是一个书面文件，在下一节中我们会继续说明，文件要提供雇主和雇员关系方面的所有细节。园长应该让员工阅读这份文件，并就任何不理解的条例提出问题。

在新员工上班的第一天，园长应带他们参观整个中心的环境，并介绍给所有的工作人员。他们需要知道材料存储的地方、成人洗手间的位置以及个人物品可以安全存放的场所。新教师应该尽快被介绍给家长。一些园长会通过电子邮件通知家长有关新员工的情况；其他人则在公告栏或通讯中发布信息。不过，理想情况是，家长在送孩子上学时与新老师有个面对面的认识机会。园长必须在家长到来的时间在场，并向新老师和家长介绍彼此。如果时间可以同步，新老师可以在一次会议上被介绍给家长。在第一周的工作中，园长应该经常检查新员工的工作，回答疑问，帮助解决问题，并建立一个支持性的关系。在此期间，新员工应该熟悉园长的期待标准。园长有时不可能对每一个新员工都花足够的时间。在此情况下，应该有一位高级职员来支持新员工，直到她适应环境。但园长还是应该在最初几个星期找时间与新员工见面或者到教室来访。重要的是要建立一种关系，让新员工知道园长可以在需要的时候提供帮助和支持。

naeyc

除了人事政策的声明，一些园长会为新员工提供工作手册。工作手册有相关的指导，从户外空间可以容纳儿童人数的限制到日常清洁的责任都有相关规定，以及任何的教室行为管理规则，也有确保操场安全的规则。员工的工作手册可能包含以下几项。

- 办园理念。
- 目标陈述。
- 董事会章程（如适用）。
- 课堂过程。
- 操场上的规则和限制。

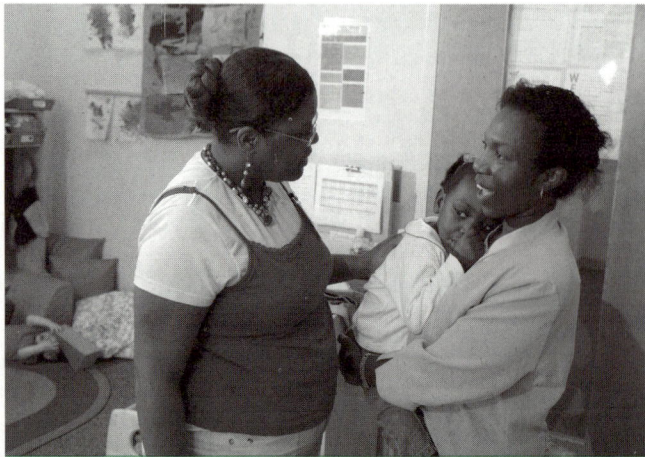

新教师应尽快被介绍给家长

- 与儿童互动的建议。
- 用于记录儿童的格式副本。
- 中心服务的社区信息。
- 员工目录。

当这些信息提供给所有员工时，他们会有一个共同的参照点。如果出现问题，他们可以参考工作手册。

最后一个方法是对新员工进行培训。如果同时聘请了多名员工，培训是特别有效的。对于高级职员来说，这也是一个很好的机会，他们可以认识新的成员，并分享有用的策略或材料。

人事政策声明

人事政策声明是一个书面文件，涵盖了雇主与雇员之间的关系，并清楚地论述了雇用条件。这类文件可以将工作信息以简洁明了的方式传达给新员工。尽管一些员工可能不会阅读整个文档，但它始终可以在那里作为参考。它不能消除问题，但是当问题出现时，该声明或许可以提供一个解决方案或者防止产生误解。如果雇员被要求阅读整个文件，他们可能会被要求签署一份已经阅读的额外声明。一份书面人事政策声明应该是：

- 简洁明了的。
- 清晰的。
- 组织有序的。

许多园长说他们没有书面政策，因为每年情况都在发生变化。一些情况的确会发生变化，但大多数却是保持不变的。通常重新修订几页的内容就可以满足学校的任何变化。使用电脑可以很容易地插入或删除一些信息。手册的页面可以复制，并凑成一个松散的小册子。园长必须决定在学校的人事政策声明中加入一些什么信息。下面几段介绍的是各部分的概要。

雇用细节

人事政策声明的某一部分应该专注于工作的细节：每天工作的小时数，节假日和长假。一个能够显示节假日和学年开始日期的日历是有帮助的。可以在其中注明试用期的长度和在此期间的事件。

示例

试用期为期 3 个月。在此期间，园长至少会每个月观察你一次，在 3 个月的末尾，她会安排一个会议来评估你的表现。如果你的表现令人满意，整个合同就会生效。一旦合同生效，每个员工每年会被评估一次。观察和会议都会在园长和雇用人共同商定的时间进行。

新员工应该了解学校的责任链。当问题出现时，他们应该知道谁先去处理，他们也应该知道谁负责直接监督他们。人事政策手册中的图表将会列出这些人事关系。

naeyc

如果学校要求培训或者为培训支付费用，那么相关信息应该包括在人事政策声明内。一些学校会支付研讨会和专业会议费，另一些学校则为参与课程的员工负担全部或部分费用。

物质环境

人事政策声明可能包括对物质环境的管理部分。员工可能需要知道在哪里取教室门钥匙或者在哪里停车。在某些地区，停车可能不是问题。但是在拥挤的城市环境中，它可能会产生问题。分配空间有助于减少麻烦和可能产生的费用。员工还需要知道如何安全地保存他们的私有财产。很多中心往往遗忘了这些而只专注于为儿童创造合适的环境。还可能有一个声明，涉及老师维护教室和设备的责任。尽管会有定期的清洁服务，老师们通常还必须做一定的清洁工作，并让教室里的一切井然有序。

健康和安全问题

　　每位员工都应该留下指纹记录用于背景调查。记录会显示这个人是否曾经被判有罪，是否会因此威胁到孩子们的安全。健康检查是必需的，包括结核病诊断。园长还应该考虑要求员工接种乙肝疫苗或者接受麻疹免疫接种。另一个需要澄清的问题是员工是否必须支付体检的费用。人事政策声明应列出员工事故汇报的主要过程。如果有格式要求，应该举例说明。在有关灾害的处理上，如火灾、地震或龙卷风等，都需要有清楚的应对程序。

　　雇员需要了解学校提供的福利的详细信息。如果其中包括医疗计划，那么一定要解释注册程序和服务范围。一些机构为雇员的孩子提供免费的看护或者减免其费用，另一些则提供一个范围更广的家庭福利待遇，如儿童看护、老人看护，产假或探亲假。同样，员工应该了解他们每个人有多少天的"病假"。这一年的病假可以到下一年请吗？员工在什么情况下可以请病假？如果有退休计划或者中心为他们支付社保费用，这些信息也同样应该包括在内。其他类别的福利，如团体生命保险、失业保险、工人补助等，也应该列出。

　　有关员工的休息信息也应该包括在这一部分。每个员工每工作4小时应至少有10分钟的放松时间。如果一个员工工作超过4小时，就应该安排30分钟的休息时间，而且不跟孩子们一块用午餐。一些学校允许员工在孩子们小睡的时候休息1小时，前提是他们必须留在这里，这样的话，如果出现紧急情况他们可以随时在场。

合同终止

　　人事政策声明中应包括合同终止的程序。如果雇主或雇员终止合同需要提前多久通知？通常情况下是提前两周的时间，并给出明确的理由。重要的是如果出现问题，可以遵循一个申诉过程。这样一个过程或许可以阻止合同终止，提升员工士气，减少人员流失。一个教会主办学校有如下的声明：

　　如果教师员工之间产生分歧，园长会做出最后的决策。如果园长和教师员工之间产生分歧，园长可能会征求副董事或教育董事的意见，双方都要接受他们的仲裁。

　　这个陈述提供了大多数争端的解决方法，即使用从员工到园长、再到教会董事这样一条申诉途径。如果员工与园长之间存在严重的分歧，还应该存在另一种方法。在通过常规渠道无法解决问题的情况下，可能需要在学校内部指定一个员工可以与之交流联系的人。

工作描述

　　所有的职位都需要工作描述。工作描述是一系列义务和职责的陈述。一个教师职位的工作描述应该包括所有与教学相关的活动，与家长的交流，以及参加员工会议。工作描述应该包括针对此职位的最低法律限制和当地的资格要求（见表9-7）。

　　非教学人员的工作描述还包含与特定职位相关的信息。例如，厨师的工作描述可能包括计划菜单、准备膳食、购买食品、存储食物以及保持厨房清洁卫生（见表9-8）。

表 9-7　教师工作描述示例

工作描述：主班教师

在这个职位上的人，负责 15 名 2~5 岁的儿童的综合管理。

资格条件

这个职位上的人必须至少修完早教课程的 12 个二级单元。另外，这个人必须有两年在学前教育机构当老师的经验。这个职位的资格条件包括能够有效地与儿童及家长进行互动，跟其他工作人员进行合作，并具备灵活性。良好的健康状态是非常有利的。

岗位职责

教师有责任计划和实施针对本班儿童的计划，以及所有和该计划相关的活动。教师的职责包括但不限于以下内容。

- 在学校目标的基础上为孩子们计划和实施日常的体验活动。
- 为该项目的进行准备所有的材料。
- 规划和维护达到学校目标的物理环境，保证它是安全无害的，并且是有吸引力的。
- 根据个体儿童的需求做出计划，适应他们的兴趣、特殊需求、学习速度和风格。
- 在课堂上加入相关的材料和体验活动，培养儿童的文化或民族身份的意识。
- 参与员工会议、培训和活动规划。
- 参与推荐课程、会议或其他有关职业发展的活动。
- 参与正在进行的儿童发展和进步的评估。
- 计划和参与一些活动，让家长关心孩子们的学习。
- 与家长保持接触，并组织会议，让他们了解孩子们的进步。
- 协助由学校主办的公共关系活动。

表 9-8　厨师工作描述示例

工作描述

在园长的监督下，厨师将为儿童看护中心计划、准备所有的膳食并做文档记录，并执行相关的工作。

工作范畴

厨师负责监督食品方案的日常运作，包括清洁卫生，计划和准备膳食，将食品分配到各房间，监督学生工作，做好记录，以及所有的厨房操作；确保遵循儿童看护中心的食品方案指南以及有关膳食准备和食品存储的所有公共健康条例。

主要职责和责任

关键职责的例子本质上是描述性的，而非限制于此。

1. 为所有的儿童准备营养丰富的膳食和点心，包括某些儿童的限制饮食的替代项。

2. 分发食物到每个教室。

3. 在食物准备和存储方面实践安全食品处理技术。

4. 计划和购买食物和必要的消耗材料。

5. 在食品验证和非食品的采购上满足儿童看护膳食方案（Child Care Food Program，CCFP）的要求。

6. 根据儿童看护膳食方案的要求记录每天生产的食品，使用简易食品购买指南（Simplified Food Buying Guide，SFBG）来计算数量。

7. 准确记录每天提供的食物。

8. 对简易食品购买指南清单中没有列出的任何商业加工食品，获取并保留食品生产商的信息（或儿童营养标签）。

9. 与园长合作，开发满足儿童看护膳食方案膳食模式要求的每周菜单。

10. 维持一个安全和卫生的厨房，以及食品存储区域；清洗各类器皿。

11. 有需要的话参与儿童看护膳食方案的研讨会或讲习班。

雇用标准
能力要求

· 与员工、厂商和资助监控机构进行合作。

· 维持准确的书面记录

· 精确计量。

需具备的知识

· 幼儿的营养标准。

· 食品烹饪。

最低资质

能够提供所需的知识和能力的任意教育背景和经验的组合就是符合资格。获取知识和能力的一个典型方法如下。

教育：

· 高中毕业，或同等学力。

经验：

· 生产或商业烹饪的经验。

· 符合儿童看护膳食方案的要求和书面记录的经验优先。

执照或证书

· 要求持有有效的驾驶执照和性能良好的汽车。

· 要求 ServSafe 认证。

特殊要求

· 必须能够进行一些身体活动，例如但不限于：站立、行走、弯腰和提起重物（无人协助的情况下至少能够提起 22 千克的重物）。

· 通过所有适当机构的指纹测试（如 FBI、司法部和儿童虐待索引服务）。

发展的机会

学校可以为员工提供发展的机会，让他们获得更好的薪酬或其他的职位。如果有的话，这些信息应该被包括在人事政策手册当中。人事政策手册应该列明员工发展的条件、是否继续进行教育或者延长服务的时间。列出一个显示每个步骤的工资表，每一步的要求，每个等级的工资，都是充实人事政策手册信息的绝佳方法。

创建一个有效率的人事手册

"我们的政策在病假方面是怎么规定的？""丧亲可以离开几天？""中心在哪个节假日关闭？"这些问题的回答，应该在一个员工手册里进行详细解释，这个手册也被称为人事手册。这样的手册列出了对员工的期望，可以防止误解，甚至还能让机构避免被起诉。所有的员工必须敏锐地意识到他们的义务和权利，以及机构对他们的期望。一个精心设计的手册会列出详细的表现标准，并澄清具体的程序和相关信息，如指挥链、着装、会受到即时处罚的行为等。

创建人事手册是领导的一个重要的任务。机构管理者有责任确保将有用的重要信息纳入其中。手册应定期进行审查，及时更新、删除或添加信息。管理者还必须监督政策的持续有效性，以便做出必要的更改，另外，还应让现有的员工与新员工一起对手册内容进行年度回顾，促进理解和共识。每名员工都要备有一本手册，如有更新或改动，应及时替换。

政策如果缺乏明确的定义，对雇主和雇员来说都会造成问题。应该注意的是，法院一般认为口头和书面的政策都具有合同效应。口头政策容易产生问题，因为它们往往不明确，并且提出的人可能没有这么做的权力。相比之下，一份书面文件列出了具体的条例，减少了很多雇主和雇员对某一个特定条例的争议，降低了法院诉讼的需求。除了通过人事手册保护自己的合法权益，大多数的机构都将员工视为一个有凝聚力的团队的一部分，能够共同努力完成自己的任务。因此，员工手册应该是一个描述政策和期望的有效工具，能消除混乱，建立凝聚力，确保工作人员的做法与人事政策保持一致。

手册的基调应该是乐观的。首先介绍这个机构，包括其办学理念和使命陈述。参考其他儿童看护中心的手册对于编写这个文档是有帮助的。虽然借用格式可以节省时间，但重要的是，其中的内容必须适应你这个特定的机构，并给出所有重要的操作程序。创建手册的另一个可能有用的来源是电脑软件，可以用它列出人事政策手册中的主要内容大纲。（有用的网站请参见 Jian Tools for Sales，Inc.）别忘记，员工或许也可以提供有用的信息。向工作人员寻求帮助也是给他们提供机会参与决策过程，这样能够促进团队合作，提高士气。

所有的员工手册都应定期审查和更新。任何的法律法规的更改都应该反映在政策当中，以提升机构的实践成效。确保在手册中有一个提醒，声明你有权在任何时候变更政策，新政策将取代现有的口头和书面条例。

人事手册的关键组成部分

在制定一个人事手册时，不一定内容越多越好。实际上，让你的文档尽可能地短，员工们才更有可能仔细、完整地阅读它。所以，应尽量避免包含无关紧要的信息，但是要注意包括所有重要的操作政策和步骤。下面是一个儿童看护中心员工手册的共同主题概要清单。

- 项目描述：包含历史、资金、项目、目标、阶段目标、使命和愿景的信息。
- 责任关系：列出谁负责以及每个职位向谁汇报。
- 工作描述：列出与每个职位相关的资质和职责。
- 性骚扰和歧视政策：提供一个清晰的声明，绝不容忍任何形式的骚扰或歧视。同时，纳入员工登记投诉的清晰流程；描述你作为雇主的义务。
- 行为标准：包括职业行为标准，定义员工的不当行为，列出可能的制裁，并概要说明解决问题的过程。
- 工作安排：兼职、全职和工作日。
- 薪酬与绩效问题：考勤、工资、加班费、实践监管、评估，以及员工个人的发展战略的总体信息。
- 一目了然的信息：姓名和更新的联系信息，包括员工、管理者、董事会成员、风险管理人员，以及福利代表。

- 辞职及合同终止程序：说明终止的原因，包括表现不佳、犯罪活动、虐待儿童和旷工等，还应涵盖立即开除的原因和规则。
- 员工培训和发展：培训类型，培训频率，以及培训是必需的还是可选的。
- 项目政策和程序：讨论着装规范，电话使用，健康和安全要求，以及其他相关事项。
- 格式：有空白表格及如何填写的说明。包含考勤表、请假单、出游申请表、事件和事故报告等。
- 书面确认：员工应该完整地阅读并确认他们已经了解了人事手册所提供的所有信息。这个表格的格式应该包含在每一份人事手册当中，还应提供一份复件给每位员工。

自我测验

一位员工向日托中心的园长抱怨她不应该在总统日这天工作，因为人事政策中列明了这一天是假期。园长认为手册需要更新，但是员工还是要在这一天上班。园长：（　　）。

a. 应该更新手册

b. 没有责任更新手册

c. 应该批准员工在所有的法定假日放假

d. 应该让她的员工放假一天，但是不支付薪资

参与完整测验请登录网站 CengageBrain.com

人事档案

许可指南通常要求每所学校维护并更新所有员工的档案。因此，在完成招聘之后尽快补充完成档案并在必要时更新是非常重要的。每个学校的档案内容可能会有所不同，但它们通常包含相类似的信息。下面的段落描述了一个人事档案中的记录分类。

申请材料

每份档案都应该包含一个申请表，在这个人被雇用之前就应该已经完成。表格中应有一个地方记录员工的姓名、地址、社保号以及紧急联系方式。

申请表也可能包括以下内容。

- 教育背景和相关经验的记录。
- 成绩单／证书。
- 推荐信或推荐表。

健　康

　　每个员工的健康记录同样也要维护。如果学校要求入职前体检，那么档案中也应该包含一份体检报告。许多州要求学前教育机构和儿童看护中心的人员定期检测结核病，那么相应的档案中也应该包括检测结果。乙肝疫苗是推荐员工接种的。每个人的人事档案中都应该包括健康记录。工伤及治疗结果也应包括在其中。表 9-9 提供了一个员工受伤报告示例。人事档案还应包括每个人的因病缺席的记录。经常生病可能表明员工需要采取一些措施，以确保更好的健康状态。

表 9-9　工伤报告示例

工伤报告

姓名：　　　　　　　　　　　　　职位：

地址：　　　　　　　　　　　　　电话：

工伤日期：　　　　　　　　　　　时间：

工伤地点：

工伤原因：

工伤描述：

证人：

医师姓名：　　　　　　　　　　　电话：

所需治疗类别：

雇用记录

　　每个人事档案中还应包括一个雇用记录表，显示雇用的开始日期，任何允许缺勤的状况，以及雇用终止日期。该记录还应包含雇用期间获得的不同等级的薪资，任何的岗位提升或组织内的转移。如果员工有意愿的话，应该允许他们补充自己的档案，例如增加特殊奖励或表彰到档案中。

评　估

如果这所学校有一个评价系统，员工所有的评价记录都应包括在档案中。一段时间的评估将为员工的工作表现提供有价值的参考。定期审查评估可能会显示需要提供更多的，或不同种类的在职培训。

会　议

园长应该记录任何有员工参与的会议，并将这些信息加入每个员工的档案中。这包括每个评估之后的例行会议，以及园长要求讨论问题的会议。会议记录应简明扼要，记录下所讨论的问题及所有的解决方案就足够了。

雇用终止

当一个员工离职或者被开除，园长应该记录在他们的档案中，并简要注明原因，原因必须客观及真实。

建　议

雇员离开中心后可能会为了新工作要求一封推荐信。如果园长不能写一封积极的推荐信，应该告知该雇员。如果园长同意并写了一封推荐信，就应放置一份在员工的档案中。以后若有同样的要求可以复制第一封信，除非必须添加新的特定信息。档案中应包括记录的日期以及复印件寄送的人员。

在中心建立一种以专业为导向的氛围是一个挑战。这意味着要在经济压力和人员需求之间建立一种微妙的平衡。中心应该在预算内为员工提供最好的薪资，以及一些补充福利。除此之外，通过人事政策向员工们传达他们的重要性，长远来说，可以为学校创设一个良好的工作环境。这些努力能够减少员工的流动率，也能促进员工之间的和谐。

自我测验

一个日托中心的员工获得了一个社区服务奖，以表彰她为社区儿童所做出的贡献。她问园长是否可以将这个表彰加入档案记录当中。这个请求：（　　）。

a. 是合适的，因为应该允许员工在他们自己的档案中加入内容

b. 是合适的，因为员工自己负责维护他们的记录

c. 不合适，因为不应该允许员工接触他们的档案记录

d. 不合适，因为表彰与档案记录无关

参与完整测验请登录网站 CengageBrain.com

替补人员

仔细规划替补人员有助于确保项目的质量和完整，但人们很容易忘记这一责任的重要性。然而，仔细的计划能够帮助确保项目的连续性。替补员工应该有和正式员工相同的职业资质。经过面试但没有被录用的求职者可能愿意成为替补员工中的一员。如果在将来有位置空缺的话，一个成功的替补员工也是一个有吸引力的候选人。建议让潜在的替补人员参观教室并了解项目、员工和儿童。孩子们也应该意识到，如果他们的老师某一天不在，代课老师将介入其中。

替补人员的详细书面计划和程序应该放在一个文件夹或牛皮纸信封中，或者记录在一个笔记本上，在每个教室容易辨认的地方放置一份。替补人员的指导应该包括以下内容。

- 替补人员的姓名牌，让其可以很容易地被识别。
- 孩子们的姓名清单以及姓名牌（带安全别针的毛毡圆圈很容易作为姓名牌，可以别在儿童的衬衫上。如果没有布料或毛毡，也可以使用胶带作为临时性的材料）。
- 有关儿童过敏和其他特殊需求的清单，有必要的话列出特定的看护指导和支持。
- 该中心的层级关系以及与负责人联系的最便捷的方式。
- 一份说明急救箱位置及其内容的单子。
- 一份说明个别儿童被隔离开的原因（例如发烧或呕吐）。
- 儿童的父母，或主要照顾人及紧急联系人的联系方式。
- 工作人员的清单，包括姓名、职位及日程安排（包括休息时间）。
- 每天的课程安排，以及每一块时间的例行活动安排。
- 常规过渡活动（例如"清理之歌"或调暗灯光以吸引孩子们的注意力）。
- 概述日常程序的员工手册。
- 2到3天的日程计划和相关材料位置的清单。午睡时间用的小床或垫子所放的位置图。
- 设备、紧急出口、灭火器、电话、浴室、操场和储藏室的位置图。
- 疏散步骤。

应该鼓励替补员工将自己介绍给家长、孩子和其他工作人员，并咨询任何可能出现的问题。园长应该记住每个替补员工的紧急联系方式，以防正式员工出现任何的事故或疾病。

自我测验

一个学前教育机构的园长决定拒绝一位教师职位的申请人，但是将这位申请人的信息加入了替补员工的选择范围。这个决定：（ ）。

a. 是不对的，因为不合格的个人不应该成为替补员工

b. 是不对的，因为根据需求，代课教师应该是其他岗位上的正式职工

c. 是合理的，因为面试过的申请者可以成为替补员工的一员

d. 是合理的，因为相比之下，申请人会觉得相比一个稳定的职位，成为替补员工更好

参与完整测验请登录网站 CengageBrain.com

小　结

　　一个儿童看护中心的园长在寻找新员工时应该制订并遵循一个系统化的过程。寻找合格人员的过程当中的重要因素是教育、经验、个人特点、技能和知识。可以列出每个职位要求的完整清单，在校内校外进行广告招聘。选择过程应该标准化。接下来，园长需要准备一个面试时间表，包括安排面试并通知面试委员会。面试委员会主席指定所有面试领域的问题。每个面试官在面试之后都应该立即记录下申请人的面试印象。

　　园长应尽快将面试结果通知所有的申请人员。人员选聘并不是一个容易的过程，但是一个细致的过程会带来非常有利的结果。一旦申请人被录用，他们就应该被当作普通员工一样公平地对待。书面合同是最好的方法之一。一份人事政策说明中应该包括关于物质环境、健康和安全条件、就业方面、工作描述和发展机会等流程步骤的解释说明。人事档案是至关重要的，通常会有法律规定。一份永久性的文件应该包括原始申请表、健康记录、就业日期和工作义务、评估和会议、以及合同终止的日期和原因（如果有需要的话）。开放、坦诚和合理的人事政策可以让员工更满意，并降低人员流动率。

案例研究

　　安吉拉·苏亚雷斯是一个大型儿童看护中心的园长，任职不到一年。新的学年马上就要开始了，但有几个教师的职位还是空缺的。她在当地的报纸上登了一则广告，通知了附近大学的就业办公室，并让尽可能多的人知道了她在招聘工作人员。有几个人申请了教师的工作，她每一个人都面试了。最后，她做了一些决定，参考了推荐信，并招聘了几个新员工。在新员工工作的第一天，安吉拉将必要的人事文件分发了出去，然后将这些新员工的一些信息寄给了美国司法部（Department of Justice，DOJ）。新学年开始得非常顺利，她相当高兴。

　　四个星期过去了，安吉拉收到司法部的一个通知提醒，其中一个新员工阿曼达·安妮斯顿有犯罪记录。她收到的信息非常有限，但在收集更多的信息之后，她发现阿曼达有酗酒史，还包括一个酒后驾车的记录。家长和孩子们似乎很喜欢阿曼达，她的教学表现也是令人满意的。

　　1. 在这种情况下，你会怎么做？

　　2. 你会跟阿曼达说什么？

　　3. 有任何的法律法规针对这种情况吗？如果有的话，是哪些？

　　4. 有没有办法让安吉拉避开这种问题？

学生活动

1. 为一个空缺的职位写一份招聘声明。

2. 参考 3 个不同学校的职位申请表，注意每所学校提出的不同问题，这能够反映出学校哪一个方面的信息？

3. 角色扮演面试一位教师职位申请人。转换园长和教师的角色，询问每个扮演者的主观感受。这个过程能让我们看到什么？

4. 为一个儿童看护助理的职位写一份工作描述。

5. 邀请几位老师和园长在你的班上一起讨论薪资和员工福利。

复　习

1. 列出 5 种招聘教师的渠道。

2. 本章列出了园长在招聘员工时所要求的特点，你能回忆起多少？

3. 列出胜任教师这份工作所要求的技能。

4. 招聘声明中应该包含什么信息？

5. 描述甄选合格员工的过程。

6. 在筛选合格员工的过程中谁应当参与？

7. 为了获得以下这些类型的信息，请列一些面试中会用到的问题。

　　a. 对待人的差异的态度。

　　b. 特殊技能。

　　c. 儿童发展的知识背景。

8. 雇用合同中应该包括哪些要点？

9. 列出一份人事政策声明中所应包含的信息种类。

10. 人事档案中应该包括什么类型的信息？

有用的网站

免责声明：本书中所列出的网址旨在为您提供方便，不做推广。

http://www.bls.gov　　　　　　　　　http://www.ccw.org

http://www.cdacouncil.org　　　　　　http://nieer.org

http://www.employeehandbookstore.com　　http://sampleemployhandbook.com

更多与管理相关的资源——包括教学资源视频，与每章内容有关的网址，教学测验，词汇卡等——请访问本书的教育伴侣网站 CengageBrain.com。

第十章
员工监督与培训

目的

阅读完本章内容，您应该能够：

· 列出有效员工监督的各组成部分。

· 将一个评估过程的各步骤按序排列。

· 引用员工培训的方法和来源。

· 列出防止员工倦怠的策略和大纲。

naeyc 标准

本章中涵盖的 NAEYC 标准如下：

标准 4： 使用有利于发展的方法来与儿童和家庭建立联系（4d）。

标准 6： 成为一名专业人员（6a，b，c）。

一个儿童看护学习中心园长一天的生活片段

一天早晨，一个 4 岁的孩子走进我的办公室，她很关心我们今天会提供什么样的午餐。我告诉她和她母亲，今天是意大利面条和肉丸。她的眼睛一下子亮了起来，她说："是的，我喜欢琳达小姐做的肉丸，我不喜欢我妈妈做的。我要让琳达小姐马上教我妈妈做。走吧，妈妈，我们现在去厨房。"

关键词

关键工作要素　导师　评估　监督

员工监督

　　早教机构的工作人员有不同的背景。他们成为教师或看护人员有三种典型方式：（1）传统的学术准备；（2）当父母的第一手经验；（3）最开始从事一份不同的工作，但是意外进入早教机构。第一组人员是那些已经准备在早教机构中工作的人，他们进入大学并学习教学。第二组人员从他们的亲身经验中学习如果看护儿童。他们可能会因为提供家托或者参与开端计划获得额外的经验。第三组人员并没有为儿童看护这个职业做出准备，但是由于运气或机会，偶然地从事了一项与儿童打交道的工作。他们觉得这份工作对他们很有意义，所以决定改变职业。

　　园长应与所有的员工建立融洽的关系，并尽可能地为他们提供帮助。一个好的开端是，当员工到来的时候跟他们打招呼，并进行一个简短的谈话。一些园长在教师需要休息、准备材料或者会见家长时，会短时间承担些教学。在教室里遇到紧急情况时，如有儿童受伤或生病，园长也能帮他们解围。在一天结束的时候，员工们可能也会需要园长，因为这时候教师容易感到疲惫或泄气，倾听他们可以帮助他们缓解一些负面情绪。这些策略可以有效地促进园长与员工之间的相互信任，但园长一定要表现出真诚的关心并愿意帮助他们。

　　监督的一个重要组成部分涉及制度和程序的执行。有时，管理者发出指令，并期望他们的员工遵守。安全规则、健康程序、日程安排和订购材料的方法，这些都是例子。让每位员工都清楚地意识到这些期望是非常重要的，因为接下来园长就会检查员工们是否满足了期望。教师在婴幼儿房间给孩子换尿布之后遵守卫生程序了吗？厨师在烹饪和提供食物的时候有没有按照指导方针确保食品安全？其他时候，对指导方针的阐释有差异是可以接受的，课程目标就是一个典型的例子，每个老师在实践学校的目标上都会有所差别。此处，监督包括评估每个老师的方法是否严格地遵循了指导方针，或者需要改变。园长需要花时间观察每个教师的工作情况，然后讨论这些观察。

　　当一个员工需要改变时，园长的工作是帮助他改变。这是作为一个园长最困难的方面，因为这需要花大量的时间和广泛的专业知识进行交流。园长要成为一个教练，提供想法，鼓励员工并给予反馈。有时这意味着观察，另一些时候则需要以身作则。没有经验的教师需要更多的时间和指导。即便教师有大量的经验，不需要那么多的时间，也仍然会在支持中受益。他们都在某些时候需要建设性的批评，在另一些时候则需要别人的鼓励。随着员工在工作上更加熟练，并学会在一个特定的设置框架内工作，管理者还有另一种监督的方式。园长可以帮助这些员工评估自己的表现，并发现更有效率的工作方法。此外，园长还可以帮助他们培养必要的技能，使他们成为监督员助手、助理、实习教师或志愿者。

员工表现评估

评估是一个确定早教中心的目标是否达成的过程。评估教师通过对员工实施该中心的教育目标的能力来进行评价，对支持性员工的能力评估则是看他们的工作方式是否能够对中心的教育功能进行补充。在大多数教育机构，每年至少要对所有的员工进行一次评估。老师们通常欢迎并受益于工作反思。虽然大多数的老师和园长将评估视为一种职业发展的手段及提升表现的基础，但仍然存在一些固有的问题。

首先，这个过程会让被评估人员和评估人都产生焦虑。有少数的教师对于别人评判他们的表现完全适应，但是很多园长对评价自己的员工会感到不安。

其次，在评估的时候，有两种不同层面的表现。一个层面是显而易见的——可以看到、衡量或计算的表现。例如，秘书每天可以准确无误地完成 10 封或者 8 封信的打字工作，虽然会有很多输入错误。老师可以让一个教室整洁有序或者凌乱不堪。另一个层面的因素是无法被看到、触摸到或听到的。例如，园长如何评估一位教师在鼓励儿童做决策方面的能力，或者秘书在接待参观者时是否创造了一个欢迎的氛围。如果只看到一个层面的表现，那么在评估员工能力时就是有所偏差或是不完备的。

最后，必须决定谁负责评估。虽然最终的责任在园长，实际的评估可能会由学校里的任意数量的人进行。当不止一个人参与评估的时候，可能会更有意义，每个人负责这个过程中的一个特定部分。

在一个规模较小的学校，园长很可能会对所有的员工进行评估。园长和工作人员商量好了评估过程，然后由园长进行。在一个更大的学校里，园长可能会跟一个更负责的组织一起来评估员工的表现。各个层级的员工可能会负责评估直属下一级的员工。例如，主班评估助理教师，大厨评估助理厨师。

在一个非常大的系统或组织中，一个人可能会评估所有的员工。这个评估者需要与园长或其他一些工作人员合作来设计并促进这一过程。有时，一个特定工作级别的人可能会评估其他相同等级的人。例如，一位教师可能会评估另一位教师。这是同行评估。这并不

评估是为了确定一个早教中心的目标是否达成

会取代其他的评估，但可以作为补充。

园长通常决定是否应该评估所有的员工，或者只选择一部分特定的工作类别进行评价。如果学校想要创造一种氛围让每个孩子都能够成长和变化，那么工作人员就不能保持不变。所有的员工都必须清楚自己的优点和缺点，必须借助别人的帮助找到提升自我的方法。如果学校鼓励真正的学习，每一个员工都必须适应这种评估。

评估过程

显然，评估不能够关注所有领域的细节。在某些时候某些特定领域的整体评价是足够的。不论关注点是什么，评估时间和评估内容应该是由被评估人和评估人两者共同决定的。员工不应该在没有提前通知的情况下被评价。

目 标

评估过程的开始应该是园长与工作人员之间达成一个协议，在一段规定的时间内完成某一目标。而这个期望所涉及的范畴是从整个学校的目标陈述到特定职位的工作描述。例如，学校的目标之一可能是发展儿童做决策的技能。园长和老师可能会就此列出尽可能多的方法，评估则判定教师是如何有效地实施它们的。

标 准

园长和工作人员在评估标准上也应达成一致。员工们应该知道什么程度才会被认为是一个令人满意的水平。在刚刚给出的例子中，教师应该知道所有促进儿童决策技能发展的方法中只能够实施其中一部分。可以通过建立不同层次的实现度来将此细化：优秀、卓越、普通、低于平均水平、较差，或类似的评级。如果要使用这样的评级方法，每个等级的程度都应该尽可能精确地定义。"合格""不合格"这样的标准倒是更容易理解，但有时很难使用。

园长和工作人员应该决定什么时候进行评估，并制定一个在何时对某一时期的表现进行评估的书面说明。例如，评分将在来年3月8日进行，评估阶段为9月1日到来年3月8日。评估人和被评估人应该对评估形式达成共识。每个人应该理解使用的评分表，或者将会有两个特定的观察日期（10月11日和来年3月8日），并有一个紧跟其后的会议。

教师在实施学习活动方面有他们自己的风格

如果评估人要观察某个工作人员，这个员工应该知道评估人的目标。如果园长要使用一个评分表，在第一次到访之前应该给教师一个复印件。

评估方法

前面的章节中已经列出了对课程进行评估和检测的方法。在评估员工上也可以使用同样的步骤。表 10-1 包含一个评估格式的示例。

表 10-1　评分表示例

评分表			

日期：＿＿＿＿＿＿＿＿＿＿＿＿＿＿＿＿＿

姓名：＿＿＿＿＿＿＿＿＿＿＿＿＿＿＿＿＿　　评分人：＿＿＿＿＿＿＿＿＿＿＿＿＿＿

工作表现特点	经常	有时	从不

个人素质

有幽默感　＿＿＿＿＿＿＿＿＿＿＿＿＿＿＿＿＿＿＿＿＿＿＿

友好，愉快　＿＿＿＿＿＿＿＿＿＿＿＿＿＿＿＿＿＿＿＿＿＿＿

责任承担

能够独立承担责任　＿＿＿＿＿＿＿＿＿＿＿＿＿＿＿＿＿＿＿

提出解决方案　＿＿＿＿＿＿＿＿＿＿＿＿＿＿＿＿＿＿＿＿＿

与儿童合作

确定每个孩子的需求并做出相应的计划　＿＿＿＿＿＿＿＿＿＿

创建一个启发性的学习环境　＿＿＿＿＿＿＿＿＿＿＿＿＿＿＿

与成人合作

配合其他员工　＿＿＿＿＿＿＿＿＿＿＿＿＿＿＿＿＿＿＿＿＿

在为儿童做计划时将家长纳入其中　＿＿＿＿＿＿＿＿＿＿＿＿

特别优势：＿＿

有待改进的方面：＿＿＿

我已经阅读过这份评价。

　　　　　　　　　　　　　签名：＿＿＿＿＿＿＿＿＿＿＿＿＿＿＿＿

　　　　　　　　　　　　　　　　　　　（员工及职位）

员工或主管的进一步意见：

＿＿＿＿＿＿＿＿＿＿＿＿＿＿＿＿＿＿＿＿＿＿＿＿＿＿＿＿＿＿＿＿＿＿＿

测　试

测试主要是一个入门级的筛选方法。然而，也可以用它来衡量员工的发展，尤其是在主题区域。提供教师培训项目的学院或大学是测试材料的很好的来源。教育考试服务则是准备测试的另一个来源。儿童发展知识、课程建设、营养要点、急救知识都是可以用来准备测试的主题。专业组织和大学正在努力开发教师能力考核的测试，但是总的来说，测试无法代替园长的观察。

工作表现要素

一个评估的新方法是，一开始就列出关键的工作要素，也就是整个教学工作中最重要的元素。这件事需要由园长发起，并需要园长和教师的共同努力。从这个清单中，双方都选择一定数量（通常是 3 ~ 5 个）的关键工作要素：如果不做，将严重阻碍整个教学实践。或者，也可以是教师特别希望（或需要）的关注点，以此形成未来周期评估的基础。对每个教师来说，这些元素可能都会独一无二。当所有人对获得的结果达成一致并将它们写下来时，园长和老师可能试图建立一个评分范围，同样地，也是 3~5 个等级（优秀到不合格）。当然，评分远远没有主要的工作要素这么重要。

研究有关工作表现要素的方法是一个持续的过程。它应该是针对一段相当有限的时间，并限制要素的数量。这种方法的一个益处是，相比使用任何一种评估方法，园长可以在这个过程中对每位教师有更多的了解。

观　察

一旦园长和员工在目标上达成一致，就是时候安排观察访问教室或工作场所的日程表了。员工应该知道来访时间。园长应该规划足够的时间，并尽可能准确地做出到访记录（园长应使用缩写词来记录更多信息）。有些员工可能会同意使用视频录像或录音机，但很多人会觉得不太适应。除非这个人对此不会感觉到不适，否则这并不是一个好主意，因为它很可能会影响到员工的表现。园长应该计划几次观察，可以是在一天之内的不同时间段，也可以分到一个月内的几天。另外，园长应该记下一些例子，让这份记录更加具体化，从而使评估更为客观。

行为抽样

评估教师表现的另一种方式是记录一些特定行为的样本。例如，一位教师可能会决定工作的目标或关键要素之一是鼓励儿童发展语言技能。为了衡量这一目标是否达成，其中一个方法就是数一下在一段特定的时间里，教师和儿童使用的词汇数量。此计数将间隔性地重复。分析的结果会显示儿童是否被鼓励说话了。也可以在特定的有间隔的时间段里做其他行为的采样。收集孩子们的作业是另一种评估方式。通过作业数量的增加或质量的变化来判断目标或关键要素是否已经达到了。例如，如果一个教师的目标是提升艺术材料使用的广泛度，比较学期开始和学期结束时候的绘画数量和质量就能够获得一些信息。

问卷或检核表

评估人可能会私下或者在老师面前以提问的方式完成问卷或检核表。自行设计的问题列表或许可以由一个简单的"是"或"否"来回答，但这些往往过于简单。需要更长的回答或多种答案的问题往往更常用。例如，"这位老师是否鼓励孩子们照顾自己的身体需要？"

回答可能是"是"或"否"，但也可以用其他回答，如"经常""有时""从不"。

使用评估

每一次评估之后都应该有一次会议，由评估人和员工共同参与。评估人首先应关注被评估人在这个过程中所展现出来的优势，要具体指出教师是以哪种行为支持学校目标的实现的。如果有地方需要改进，评估者应客观地不带偏见地将所有的观察结果联系起来，然后询问工作人员他们的观点是否一样。如果有所不同，评估人应该问是哪里不同。好的问题是"你为什么要按这种方式做？"或者"你这样做的理由是什么？"评估人可以通过认真倾听员工的回答获得很多的信息。"正确的方式"很少存在于任何教学环境。教师的行为应该反映良好的教学实践，有很多方法可以做到这一点。

园长应该对评估结果做一个永久性的记录——无论使用什么样的方法——用于日后的评估。每个员工的人事档案都应该包含这个周期性的评估。这样每个员工就能看到他们自己的整个发展过程，评估人也能看到他们在过去的表现。每位被评估人都应该获得一份评估结果的复印件。这可以是一份评分表的复印件或者是会议的笔录摘要。在评估结果或建议的改进领域不应该存在任何的疑问。对优秀表现的奖励也是同样重要的。员工在阅读完评估结论之后应该签字确认。

当一位员工得到一个不满意或者边缘的评分时，园长应该努力带来改善。园长和工作人员对改善的具体步骤的实施应达成一致。对员工来说，被告知不满意而对方又没有提出如何改善的方法，这样的事情是非常让人沮丧的。列出阶段日期和要做的事情有时是非常有帮助的。简单的鼓励通常非常有效。最重要的是，对每种尝试都要给予一个积极的注解。

本章的后面部分将会让人看到，评估过程可以显示教师的强项和弱点。很多的弱点，是因为教师缺乏相关知识，可以通过各类员工培训得到弥补。

naeyc

如果能够仔细谨慎地实施，评估也可以成为一个强大有效的工具。对于被评估人，它可以激发自我反省和成长。不过，如果没有做好的话，它也可能会让人非常泄气并丧失很多的自信。以下是对评估人的建议。

- 客观的：在阐释讨论的行为时使用具体的事件来说明（如果可能的话，数一下数量），"我观察到，在故事时间，有三次他想问一个问题的时候你没有回应。"
- 和气的：在讨论观察的事情时，先谈论积极的事情，然后再谈消极的事情。
- 建立一个讨论的氛围：让员工知道你很挑剔，但是留出时间听听他们的看法。试着从老师的角度去看这些行为。
- 建设性的：帮助教师或其他工作人员找到替代的方式。在适当的情况下提供进一步信息的资源，提供帮助和持续的支持。
- 专业的：不要跟其他员工讨论评估结果，除非他们也有评估责任。

员工专业发展

naeyc

　　为了确保为家庭和儿童提供优质的服务，儿童看护机构的管理者有责任支持新员工和已有的员工继续他们的专业发展。不论是对员工个人还是团队，管理者必须确定具体的目标，增加他们必要的知识和技能，从而提升服务，促进儿童的积极发展。

　　要让专业发展最有成效，就必须让它成为一个持续、专注和精心策划的过程，这一点很重要。优质的专业发展机会通常会给那些对自己的职业角色有积极看法的员工。早教专业组织的最佳实践建议可以对计划进行有效指导。2011 年，美国幼儿教育协会与美国儿童看护资源和推荐机构（National Association of Child Care Resource and Referral Agencies，NACCRRA）发布了一份"儿童早教的专业发展：培训和技术协助术语表"（Early Childhood Education Professional Development: Training and Technical Assistance Glossary）(NAEYC，2011)。这份文件的发布，描述了美国幼儿教育协会与美国儿童看护资源和推荐机构所认为的"全球定义"，定义了当前培训和技术协助的最佳实践理想。早教机构的员工在儿童发展和早期教育上具备很多不同程度的知识、教育和经验。然而，不论他们的背景是什么，每个员工都应该在他的职业生涯中参与很多类型的专业发展（教育、培训和技术协助）。专业发展能够帮助早教领域的从业人员增加他们的知识和技能，并在多样化的职业发展道路上不断进步。

　　作为对园长和项目经理的指导，美国幼儿教育协会（2011）建议员工教育、培训和技术协助遵循以下原则。

- 建立在以实证为基础的最佳实践上。
- 符合成人的学习原则，强调关系的研究、理论和实践。
- 将儿童的不同需求和能力范围考虑在内。
- 适应每个参与者的教育、文化和语言背景、经验，以及她当前的角色和职业目标。
- 提供资源，让所有的参与者可以寻求进一步的支持。

婴儿和学步儿：专业发展

你将在视频中看到教师参与角色扮演来促进专业发展。观看视频时请思考如下问题。

1.促进专业发展还有一些其他什么角色扮演的场景？

2.视频中的角色扮演练习是如何结合 NAEYC 的专业发展建议的？

个人专业发展计划

个人专业发展计划（Individual Professional Development Plans，IPDPs）是一个培养早教专业能力的有用且全面的方法。它的产生也是为了确保从业个体人员了解领域内的最新知识和实践。个人专业发展计划可以促进其职业的发展。它可以为那些在这个领域寻求不同角色或职位的人提供职业机会。个人专业发展计划，要求和支持个人负责规划自己的专业发展和职业道路。

- 在研讨会层面：由监督人审查和批准，计划是在个人需求和优势的基础上，通过自我反省，绩效评估和其他信息，包括项目和改进流程。

- 在个人层面：在顾问、咨询人员、导师或其他技术援助（Technical Assistance，TA）提供者的指导下，该计划侧重于规划个人的专业发展的职业道路。

- 个人在使用他们的计划时，在一个持续的基础上专注于他们的职业目标。

- 个人在回顾他们的计划时，反思他们的知识、经验、专业发展的努力和目标——借助其他人的指导，包括顾问、技术援助提供者、成人教育者，和 / 或个人工作场所的行政领导。

个人专业发展计划可以帮助所有早教专业人员制定自己的职业目标，并通过提供有关专业发展机会的信息及其相关决策指导来帮助他们实现这个目标。

表 10–2　个人专业发展计划

姓名：_____

完成日期：_____

长期目标：在儿童早教 / 儿童发展领域内完成至少 12 个学分的高级大学课程。

目标 1：在 2013 年完成 3 个学分的课程。

行动步骤	来源	时间范围	进展
·在当地的学院或大学收集可参与的课程信息，包括：课程成本、课时安排、可以获得的学分、研究领域的联系人，以及注册过程。	·当地大学 ·社区学院办公室	2012 年 8 月 1 日—2013 年 7 月 31 日	2013 年 1 月在当地大学注册儿童发展课程
·确定我已经参与或计划参与的任何培训或专业发展课程，要能够转换成学分。	·将以前修的大学水平的课程转换成学分		

续表

·调查就业的地方是否有激励制度，或在日程安排上是否允许一定的灵活度允许课程的完成。	·经济援助项目	
·注册课程		

管理者的角色

机构管理者在设计一个高效的员工发展和培训项目中发挥着关键的作用。他们有责任提供以下内容。

- 对所有新员工、现有员工和志愿者进行深入导向，其中包括提炼项目的任务、目标和阶段目标，并回顾整个员工政策手册。
- 为所有的员工和志愿者提供个体监督和专业支持。
- 在员工表现的基础上进行评估，评估要与员工所在职位的工作描述相关，并包括自我评估。
- 在工作日的不同时间段，对员工与儿童及家长共同参与的多种活动进行正式和非正式的观察，在此基础上给予个体反馈。
- 制订一个既能反映个体员工的需求，又能支持项目总体目标的员工发展和培训计划。

管理者如果能够将员工个人的专业发展计划和他们所了解的每位员工的学习风格结合起来，就能够更好地设计出一个成效显著的有价值的员工发展项目。将这个计划集合起来应该能够对设计有意义的项目策略提供参考和指导。

制订员工年度发展计划

员工培训能够为那些在儿童看护中心想改变职位的人员提供信息

在起草一份员工年度发展计划时，管理者应该审查当前项目可用的专业发展资源。战略的选择应该能够反映员工和项目的需求，并能够合理地获得。与研讨会、培训和资源相关的成本是另一个需要考虑的因素。现今项目中常用的员工发展战略包括为个人反思提供固定的时间，监督人的观察与反馈，同事监督，员工培训，课程、研讨会和会议的报销，以及 QPIS 工具，如 ITETS、ECERS，以及课堂评估评分系统（Classroom Assessment Scoring System，CLASS）。

沟　通

　　园长应该帮助员工获得良好的沟通技能，从而开始专业发展。一种方法是计划一个关于有效沟通的研讨会，使用"我"这个信息。员工被要求练习解决问题或缓解忧虑，以一个句子开始，例如"我很伤心""我生气了""我很气馁"，然后小组讨论使用这个方法时听众的反应。重要的是考虑非言语交流，沉默不语、抱臂而立、目光闪躲或者大跌眼镜这些行为都传达了什么类型的信息？讨论之后可以进行角色扮演。参与者应该被要求，注意是否使用了"我"这个信息，以及言语信息是否与非言语信息一致。

　　在研讨会之后，应该鼓励员工自己来解决一些问题，而不是让他们期望每次出现问题后都有人来帮忙。园长应该让他们回去彼此交流。在他们靠自己解决了问题之后，他们很可能会喜欢这种有能力的感觉，并与彼此建立一个更紧密的关系。在员工会议上，成员的参与是很重要的。在任何一组人中，某些人会喋喋不休，即便他们所说的并没有太多意义，而其他人则很少说话。园长应该对那些"健谈"的人有所限制，而鼓励那些沉默的人开口说话。

决　策

　　如果一所学校有一个民主的氛围，员工们会觉得在某些重要的决策上自己也能参与其中。高效的园长们应该鼓励这种参与。购买昂贵的操场设备就是一个例子。一些员工会要求购买这一个设备，而其他人想要另一个。如果园长做出选择，一部分员工会很高兴，而另一部分会觉得不满。让员工参与这个决策过程并自己解决这一问题会更好。

　　要决定购买操场设备，员工可以通过以下步骤。

1. 收集信息：他们应该尽可能多地了解可能的选择。设备看起来是什么样子？可以使用多长时间？每一件的成本是多少？孩子们能够用来做些什么？操场上有没有合适的地方放置所有的设备？

2. 设置优先级：下一步是基于学校的目标列出他们的优先级。这一件设备可能适合充满想象力的游戏，而另一件则可以发展孩子们的体能。哪一种设备会更紧密地配合学校的目标？

3. 做出选择：员工们应该在设备的选择上达成共识。

4. 决定如何实现选择：设备应立即购买吗？是在孩子们上学的时间安装设备让他们看到，还是在周末安装，给孩子们一个惊喜？

5. 评估选择：为了将来的学习，员工们应该在做出决定的一段时间后评估一下这个选择是否正确。孩子们使用这个设备是不是跟预期的相同？有没有其他没有估计到的使用方式？是不是应该做一个不同的选择？

　　在描述这个决策过程时加入了一个具体的对象——一件设备，在做其他选择时也可以采用相同的步骤。

高效率会议的计划

高效的会议管理需要一整套的技能，但却常常被机构管理者所忽视。下面是一组建议，可以帮助你改善你的会议效率。如何使用这些建议取决于儿童看护项目的特定文化。

参与人员

谁应该参与一个会议取决于会议的目的。这可能是显而易见的，但仍然值得强调，因为大量已经结束的会议并没有合适的人参与。一旦你确定了一个参会人员名单，就必须联系他们，告诉他们有关会议的信息，并邀请他们参加。如果被邀请人从来没有参与过类似的会议，那么重要的一点就是，在邀请时应该说明他们的参与对你的项目的价值。另一个建议是给每个参与者发一封电子邮件，附上参会日程，以及电话号码和联系人，以防他们有任何问题或者无法参会。

员工会议是所有工作人员进行沟通的时间

会议日程

在制定会议日程时，注意会议的预期结果，要实事求是。在会议开始之前，要求参会者看一下日程并询问有没有任何要补充的地方。注意时间，并让参会者专注于目标。

组织会议

尽一切努力在规定的时间内开始会议。让

受邀人员及时到达是很重要的，它反映了你的效率水平。任何迟到的参会人员都会看到会议是准时进行的。对于会议领导者来说，注意时间也很重要，这样才能够让所有的事务都能够在规定的时间得到处理。以下是一些有用的提示。

- 提供一个签到表，并提醒每位参会者签到。这可以作为一个出席和缺席的提醒。签到表的格式应该包括姓名、电话、电子邮箱，以及每个参会人的专业从属关系。此外，这些信息将确保你有最新的联系信息。

表 10-3　员工会议日程示例

员工会议日程

星期三，2 月 19 日

7：00 P.M. 教师休息室

Ⅰ. 讨论个体儿童

　　帕蒂将讨论杰罗德

　　提出建议

Ⅱ. 讨论个体儿童

　　安娜玛丽将讨论艾米丽

　　提出建议

Ⅲ. 已经入园或者即将入园的新来的孩子

　　唐娜会给出每个孩子的简要背景信息

　　汇报最近唐娜和几个老师参与的专业会议

Ⅳ. 展示新材料和资源

　　讨论新的想法

Ⅴ. 休会

资源下载请登录网站 CengageBrain.com

表 10-4　有嘉宾参与的员工会议日程示例

员工会议日程

星期四，5 月 28 日

7：00 P.M. 教师休息室

Ⅰ. 最近入学

　　新来的孩子的背景信息和任务

Ⅱ. 介绍嘉宾

　　玛莎·恩琳博士，儿科医师

　　她将讨论携带艾滋病毒儿童的融入

　　讨论和提问的自由时间

Ⅲ. 休会

您将会在邮箱里看到一篇关于儿童艾滋病的文章，请在会议前阅读文章以做准备。

资源下载请登录网站 CengageBrain.com

- 欢迎每一位参会人员，感谢他们在忙碌的一天中抽出时间来支持你的项目。

- 安排一位计时员来保证会议和日程按照既定的时间进行，还有一位后续任务的负责人，确定任务完成的截止日期。
- 在会议上还要提供"温馨信息"。这些信息通常包括出口、卫生间的位置和停车信息，如果有中间休息，那么还要告知与会人员会议结束的时间。这也为参会人员提供了一个让他们提出任何可能存在的问题的机会。
- 有时参会人员所提出的问题可能与议题不相关，但仍然很重要。在参与人员的视线范围外，在发言人旁边的墙上贴一张画架纸很有帮助，它被称为"保留区"。这是恭敬地告诉参会人员，他们想知道的事很重要，但是这些问题将在会后留出时间另外讨论，而会议时间则需要首先针对手头的问题。会议领导在会议结束前提到"保留区"，并解决相关的问题是很重要的。

建立基本规则

基本规则可以帮助确保每个人都理解为会议选择的协议，帮助创造一个安全、舒适的会议空间。在确定基本规则清单时需要邀请所有与会者的参与。常见的会议基本规则如下。

- 全面参与。
- 保持专注。
- 保持动力。
- 维护机密性（即参会人员同意不论会议上发生什么事都不会向外谈论，也不会泄露任何的相关信息）。
- 没有私下的交谈。
- 一次只有一个人说话。

回顾初定的基本规则，询问是否有人有任何问题，并根据需要进行澄清。如果在一个已建立的组里有新的参与者，你可能需要在日程上加入已有的基本规则，重新回顾一遍，并将其张贴在房间内作为参考。

时间管理

时间管理是促进会议的一项重要功能。对于会议领导者来说，有效地管理时间是非常重要的，除此之外，还需要维持良好的发展势头，并避免陷入与讨论无关的困境。有时候暂停讨论的主题，推进日程，或者要求志愿者或任务团队致力于一个特定的困难问题，并在稍后的时间汇报也是很有帮助的。

结束会议

　　注意会议的预期结束时间。出于对所有与会者的尊重，会议应在规定的时间内结束。感谢所有人的参与，并回顾这次会议所进行的一切事务。提醒所有的参会人员，会议纪要将在一周内发送给他们。小组负责人应重申谁负责会议记录，而这个人应该知晓这一事实。

自我测验

　　在一个如何满足会议需求的培训会上，一位日托中心的员工提到她对工作人员缺乏停车位的担心。会议领导人应如何回应这位员工的意见：（　　　）。

　　a. 立即讨论这个问题

　　b. 提醒工作人员这个会议与政策相关，不涉及个人问题

　　c. 将这个意见写在一张画架纸上，告诉员工他们将在会议结束后讨论这个问题

　　d. 让参会人员表决这个问题是大家都关心的问题还是个人的关注

参与完整测验请登录网站 CengageBrain.com

职业倦怠

　　压力和倦怠问题困扰着很多人，尤其是对那些工作中需要很多情感投入的人。儿童早教项目的特点很有可能让员工倦怠。我们可以对员工产生职业倦怠的原因做一些分析。

倦怠原因

　　在教师列出的原因中，其中一个就是这份工作没有被当成一个职业。他们的社会地位不高，通常反映在低薪资及缺乏福利上，如医疗或退休计划。社会地位不高同样也可以从一些家长对待早教机构的老师和看护人员的态度上反映出来。他们可能会评论说"你只是整天跟孩子一起玩"，或称儿童看护中心的老师为孩子的"保姆"。很少有家长清楚地了解学校的课程，因此，对所教的内容也并不认同。所有这些都会让教师觉得自己并不受重视。

　　时间压力也会导致疲劳和倦怠。儿童看护中心的老师每天花 6~8 小时跟儿童在一起。在这段时间里，由于孩子们的需求，他们很少有机会能做任何计划或准备。很少有学校会对教师额外的工作时间支付费用。他们为了加强课堂活动所做的任何工作都只能在漫长的一天结束之后再进行。因此，计划也可能是随意的，从而进一步导致工作令人不满意。

　　对这份工作不切实际的观点也可能是导致教师倦怠的另一个原因。教师"难以维持一种有限度的关注"，因为他们认为自己是代理家长。教师对孩子们是如此投入，如果孩子

们没有达到自己的期望，他们会感到很失望。学前教育机构的教师常常觉得自己对孩子们的发展负有责任。儿童的任何成就都在肯定他们作为教师的价值，儿童的失败也会被认为是教师的失败。

课堂管理问题有时也会造成明显的压力，让教师倦怠。一群孩子中，如果有一个难管的孩子的行为没有受到约束，他就可以在其他人当中造成混乱。没有经验的教师在还没有想出方法来管理这些孩子时，会有一段特别困难的时期。稍有经验的老师，如果不够严厉，也会发现这样的孩子"相当令人厌烦"。

在有关倦怠的讨论中，当然还应该谈到行政无能和缺乏敏感性。这是指园长未能考虑员工的需求或感受。有时候发生这种情况是因为园长在做某些决定的时候没有咨询员工们的意见。另一些时候，是园长没有顾及教师的感受。在被问及这一点的时候，教师会将很多行为归到这一类，例如："我一天早上进来时发现我的组里有两个新来的孩子。""有人告诉我，我不能请假去我女儿的学校参与亲子活动，因为他们付不起一个替补老师的费用。""我的园长无法真正了解我组里的一个孩子能捣多大的乱。她说我应该能够管束他。"所有这些例子都说明园长没有花时间来考虑员工的感受，从而导致不满并引起倦怠。

预防倦怠

在减轻压力和预防倦怠方面有各种提供建议的来源。以下所列的就是从中挑选出来的。在下面所列的项目中，有一些是园长可以做到的，另一些则可以让员工参考。

- 发生问题时及时处理。不要积累问题，使用非对抗性的方式讨论问题。
- 为你自己找一个释放压力的出口。可以尝试散步、园艺、游戏、填字游戏等。远离那些只能在短时间内有效果的事，如大吃大喝。
- 了解更多有关儿童发展的知识。如果你了解儿童在哪一个年龄阶段会有一些什么样的行为，那么当出现这种行为时，你就不会觉得惊讶，也不会由于别人的无动于衷而感到失望。
- 准备好每天的课程计划，但是保持一定的灵活度，并准备根据需要随时调整或修改。
- 保留孩子们的记录，这样你可以真正看到他们所取得的进步。
- 尝试从无法解决的困境中抽身出来。总是会有一些你无法改变的儿童或者无法帮助的家庭。学会接受这一切。
- 保持良好的身体状态。睡眠充足，均衡饮食。
- 一天的工作当中可以抽一小段时间远离儿童，10分钟的休息就很有帮助。
- 尽量避免成为同事"抱怨"的对象，这对你没什么好处，只会让你感觉更糟。
- 成为一个倡导者，承认早教工作是一份职业，值得一份足够的有竞争力的报酬。

作为一所托幼机构的园长，要面对的挑战之一是帮助员工尽可能去成为最好的自己。诚然，这比试图帮助儿童改变更难。成年人已经形成了他们自己的方式，可塑性较小。他们往往通过愤怒或焦虑的反应来抵制任何的改变。然而，当园长开始看到一个优质培训项目的效果时，会清楚地知道所有的努力都是值得的。

员工流动和保留

研究表明，员工的流动率就是一个机构质量的指数（Cassidy，Lower，Kintner-Duffy，Hegde，&Shirm，2011）；（Mims，Scott-Little，Lower，Cassidy，&Hestenes，2008）。雷克斯（Raikes，1993）表明，儿童没有能与教师建立起安全的依附关系是由于员工的高流动率。另外，据报道，高流动率会对儿童的情感和社会发展，以及他们的语言习得产生消极的影响（Korjenevitch&Dunifon，2010）。员工的高流动率也会让教师之间以及教师与家长的关系不佳（Cassidy et al.，2011）。

招聘、雇用和培训新员工对于一些机构的管理者来说，可以消耗全部的精力，从而无暇专注其他同样重要的任务。此外，员工流动会影响工作人员的士气和工作表现（Whitebook，Sakai，Gerber，&Howes，2001）。在早教机构中，如何留住员工是一个复杂和充满挑战性的问题。虽然员工流动是由各种原因造成的，但研究仍然显示一些共同点。

- 在美国，很少有职业的薪酬比早教专业人员更低。儿童早教专业人员的工资常常被描述为贫困水平。正是因为如此，很多人，包括园长都转而离开去别的领域寻求发展（Hale-Jinks，Knopf，&Kemple，2006）。美国劳工部（2011）估计，儿童看护工作者和托幼机构老师的平均工资在每小时 7.90 美元到 9.53 美元之间。这个数字明显低于幼儿园和小学老师的工资水平。卡斯蒂等人（2011）在报告中说，一个托幼机构的老师所挣的钱只比一个幼儿园老师工资的三分之一多一点，即便这些老师具有同样的教育背景。

- 研究显示，在增加报酬和保留员工之间有一定的联系（Whitebook and Bellon，1999）。雇主无法给予的工作福利——包括健康保险，退休养老金和支付教育费用——是教师决定去其他领域寻求发展的另一个重要因素。有些人甚至认为，相比低薪资，这些福利对教师决定换工作的影响更大（Holochwost，DeMott，Buell，Yannetta，&Amsden，2009）。

- 此外，很多教师反映对工作环境不满意。一些人觉得他们的家人、朋友、同事，甚至是父母都看不到他们的工作能力。对儿童看护中心的员工来说，支持、尊重和灵活度是非常重要的。如果没有这些，他们就可能会选择离开。

管理者必须对很多对象投入精力和时间，包括认同机构价值与使命的合格的员工、儿童、新员工，以及缺乏经验的员工。研究显示，如果教师被善待，即便有更高的薪资待遇，他们也不太可能会离开一个机构。此外，寻找合格的教师是一个持续性的挑战。专家认为，"监管、要求和经济原因已经减少了进入这一领域的合格人员。管理者面临的是从一堆勉强合格的申请人中做一个低风险的可接受的选择，而不是从一长串的合格申请人中选择最佳的人选"（Staley，Ranck，Perreault，and Neugebauer，1986）。所以，管理者要做什么呢？

要进一步解决这个问题，一些威斯康星州的管理者确定了四个留住员工的关键领域（Klinkner，Riley，D.，&Roach，2005）：（1）对职业的承诺；（2）团队建设；（3）员工、管理者和家庭之间的有效沟通；（4）来自管理者、其他员工及家庭的肯定。当这四个因素存在时，可以显著减少由于低薪资所造成的员工流失。管理者可以通过使用以下部分（或全部）的策略来鼓励员工坚持下去。

- 维持高质量的机构标准。
- 鼓励和支持专业发展。
- 改善工资和福利（可以是一个一次性的奖金或带薪假期）。
- 促进员工、管理者和家庭之间的良好沟通。
- 在休息时间和做计划的时间为教师安排成人使用的空间。
- 提供内部和社区培训的机会，创建一个建设强大团队的环境。
- 在课程计划、活动及日程安排上允许更多的自主性。
- 雇人做日常的清洁和维护，还要安排一个临时工来帮助进行一些任务，如准备公告牌、提供膳食、帮助幼儿上厕所等。每个月，或至少每季度组织员工聚会，提供食物、游戏、奖品（邮件和图片展示是不够的），以获得员工的认可。
- 留出时间来倾听教师并确认情况；创造员工合作和共享决策的机会。

总之，管理者需要认识到一个组织良好的环境的重要性，这类环境的创建需要培养员工与家庭的关系，建立一种合作性的方式来建立和扩充机构，以及庆祝所取得的成功。尽管这些方面的努力不能够取代恰当的薪酬和满意的工作条件，但确实可以提高工作满意度，而这对留住员工来说是相当重要的。

人们会忘记你所说的，人们会忘记你所做的，但人们永远不会忘记你带给他们的感受。

——玛雅·安吉罗

（Maya Angelou）

小　结

　　早教机构的员工通常通过三种路径成为教师：（1）传统的学术准备；（2）作为父母的亲身经验；（3）从一个不相干的工作意外进入此行业。所有员工都需要关心并照顾早教机构中的儿童。

　　园长既要重视员工的个体差异，也要帮助所有类型的员工成为专业人员。这可以通过公平、有效的监督和评估方法，以及培训活动来达成。另一种让教师更专业的方法是参与儿童发展协助认证项目（Child Development Associate Credential Program）。这个认证由华盛顿的职业认证委员会负责管理，要获得更多有关认证的信息，请访问网站 http://www.cdacouncil.org/the-cda-credential。

　　监督意味着对员工的表现进行审查。这也是园长和员工之间一个不断变化的关系。评估是一个确定幼儿看护中心的目标是否达成的过程。在评估的最开始，园长应该就目标、评估的时间段和评估标准与员工达成一致。评估方法包括测试、观察、教师行为采样、问卷和检核表。评估结果应包含在教师的人事档案中，并给个人一个副本。每次评估之后都应该有一个园长和员工共同参与的会议。

　　员工发展是一个广泛的概念，它指的是鼓励员工在任何工作环境中成长的过程。在早教机构中，它指的是帮助教师变得更加专业的这个过程。员工培训的需求在监督和评估活动中显示出来。其他信息来源包括员工的自我评价和专业信息来源。园长在计划培训活动时，应该合适地组织人员、确定一个适应员工日常安排的时间，选择一个恰当的地点，并决定是否要求必须出席。在培训完成后，应该鼓励员工们实践他们的新技能。

　　常用的培训方法包括员工导向、导师关系、团队教学、大学课程、员工会议、组合写作、研讨会、小组讨论、角色扮演、交换观察、视听材料、实地考察、嘉宾演讲、专业会议，以及阅读。

　　员工发展必须包括帮助员工们彼此和谐相处，并让他们都在交流和决策实践当中受益。在早教机构工作的人员可能会发生倦怠。确定倦怠发生的原因，并为员工提供预防或缓解压力的建议是很重要的。

案例研究

伊娃在过去的 15 年里都是幼儿老师。这些年来，她看护过学步儿、2 岁和 4 岁的幼儿。一般来说，她跟孩子们、家长和其他员工都相处得很好。但是最近，她似乎是有一些"懈怠"了。她的课堂安排都缺乏活力，并且跟孩子们和其他员工在一起时也没有耐心。最近一天晚上，中心的园长收到一个孩子的妈妈的投诉。据吉瑞泽太太说，伊娃对安吉丽娜很生气，因为她拒绝参与一个活动，并在圆圈活动时间戳了其他的孩子。伊娃大声呵斥孩子，安吉丽娜哭了起来。吉瑞泽太太很担心，因为她的女儿不想回到中心了。吉瑞泽太太不满意伊娃的处理方式，并且觉得伊娃或许不应该继续跟孩子们在一块儿了。

1. 园长应如何回应吉瑞泽太太？应该提供什么信息来跟吉瑞泽太太说明儿童看护行业的"倦怠"现象？
2. 园长可以做些什么来帮助伊娃和其他工作人员，以防止或克服倦怠呢？
3. 园长可以怎样计划一个员工发展日来进一步教育工作人员让他们恢复活力呢？

学生活动

1. 在园长的许可下，调查一个儿童看护中心的员工。提出以下的问题。

    a. 您作为一个老师或看护人员有多长时间了？

    b. 在做这个工作之前您从事什么职业？

    c. 您做这份工作是因为有什么专业背景或经验吗？

总结一下你的发现，将这个中心的员工的个人资料与本章描述的三种成为教师的方式做个比较。

2. 采访一个儿童看护中心的园长，询问关于评估教师的方法。支持性员工也需要评估吗？如果需要的话，使用什么方法？
3. 计划一个员工培训研讨会。具体列出要获得的结果、所需材料和地点安排。如果可能的话，在你工作的学校实施这一计划。这个研讨会进行得是否成功？有没有一些事情你应该采取不同的办法？

复习

1. 成为一个教师或看护人员有哪三种不同的路径？
2. 定义"监督"和"评估"这两个词。
3. 简要描述下面的几种评估方法和使用方式。

    a. 测试

    b. 表现要素

    c. 行为采样

      d. 观察

      e. 问卷或检查清单

4. 陈述两个员工培训的目的。

5. 在一个全日制的学校要腾出员工培训的时间往往是困难的。这一章提供了一些什么建议？

6. 列出 7 个常用的培训方法。

7. 讨论组合写作是如何作为一种员工培训方法被使用的。

8. 描述设立一个培训会的步骤。

9. 列出民主决策的步骤。

10. 造成职业倦怠的原因是什么？

11. 列出预防职业倦怠的建议。

有用的网站

免责声明：本书中所提供的网址旨在为您提供方便，不做推广。

http://www.cdacouncil.org

http://www.ccw.org

更多与管理相关的资源——包括教学资源视频，与每章内容有关的网址，教学测验，词汇卡等——请访问本书的教育伴侣网站 CengageBrain.com。

第四部分

经营管理

第十一章　预算

第十二章　托幼机构的营养、健康和安全

第十三章　开端：新机构和新学年

目的

阅读完本章内容，您应该能够：

· 讨论在运营一个儿童看护机构中预算的作用。

· 列出主要的支出类别。

· 列出可能的收入来源。

· 描述一个制订预算的过程。

· 确定家托和普通托幼中心的各种市场营销策略。

naeyc 标准

本章中涵盖的 NAEYC 标准如下：

标准 6：成为一个专业人员（6a, e）。

一个教会附属学校的园长一天的生活片段

　　一天，我们学校一个孩子的妈妈把脑袋探进我的办公室说："我只是觉得您可能想知道，我儿子称您为办公室夫人。"

关键词

预算　预算日历　固定支出　附加福利　可变支出　主要设备　次要设备

预　算

预算是一个中心最重要的文案工作之一。它是以财务条款的方式来表述年度目标。那些选择开始儿童看护项目的人这么做是因为他们想要改变儿童的生活，而并不是因为想经营一个业务。然而，一个儿童看护中心的成功与丰富的幼儿教育知识和负责任的财务管理密切相关。园长必须使用有效的财务管理技能来最大化中心的资源。不幸的是，只有很小一部分园长在上任之前接受过财务管理的培训。

有人说，园长在处理财务任务上会花费一半的工作时间。一个没有高效财务管理技能的园长处于一个明显的劣势地位，甚至可能会将中心的未来置于风险之中。一个机构的财务状况同时会影响到其服务范围和质量（Peisner-Feinbeig，1995）。

建立第一个预算是最难的，之后的预算会变得容易一点，但同样重要。

自我测验

在计划一个新的儿童看护中心时，C 女士决定将预算责任外包给中心的会计，这样她在管理中心时就可以完全专注于儿童发展。她的想法是：（　　）。

a. 明智的，因为园长不应该将其注意力从所负责的儿童转移开

b. 错误的，因为会计会误用他们所管理的业务资金

c. 错误的，因为一个机构的财务状况会影响其质量

d. 明智的，因为一个没有财务技能的园长不应该参与预算

参与完整测验请登录网站 CengageBrain.com

预算的制订

明智的做法是在制订项目的初步预算时寻求一个会计的帮助。虽然会计和法律费用是昂贵的，但是在年终的时候能够保证所有的支出且没有赤字，这个费用就是值得的。

时间在计划预算时是另一个重要的考虑因素。大部分组织都有一个预算周期。当一个预算完成时，下一年的计划就开始了。一个常见的预算周期是 7 月到第二年的 6 月 30 日。一个董事会或员工的常务委员会，可能会负责提供预算方案。园长负责推进预算过程。

在陈述目标和阶段目标后，下一步是准备预算日历。在这个日历上记录所有的截止日期。同时，建立一个"备忘录"的文件作为特定预算阶段的提醒。它可以通过列出你必须做的每一件事的特定日期来"激活你的记忆"。这通常是一个比任何类型的纸张或电子规划师都有用的组织工具，因为它可以让你用小纸片作为线索。机构内不同领域的预算要求应该伴随一个支出理由。这个理由必须与机构的目标或阶段目标有关，并且让每个参与预算的人都清楚。一旦收集了所有的预算需求，下一步就是建立一个工作预算。

　　一台电脑和一个数据管理软件能使预算过程更加简单。企业或政府资助的学校经常有一个已经确定的预算表格。一个营利性中心的园长会有一个单项的现金流预算。表 11-1 是一个示例。预算有两个主要部分：收入和支出。

表 11-1　预算表格示例

运营周数：	52
儿童人数：12 名婴儿，12 名学步儿，40 名学龄前儿童	64
学费：婴儿 ~$230 每个孩子 / 周 = $143 520/ 年	
学步儿 ~$185 每个孩子 / 周 = $115 440/ 年	$518 960
学龄前儿童 ~$125 每个孩子 / 周 =$260 000/ 年	
收入	**金额**

学费来源
- 作为一般规则，计算第一年总入学的大约 75%。
- 决定你是按周收取平均费用还是按小时收费？
- 决定你是否会就多于 3 小时的时间段额外收费
  （通常是学龄前培养和儿童看护）。 　　　　　　$519 200
- 节假日、病假日、特殊员工培训日、员工发展日和长假，
  这些时间你会收取家长的费用吗？
- 你会为一个家庭中的兄弟姐妹提供第二个孩子的学费折扣吗？
- 你有没有一个阶梯式的收费单？

注册费
- 你会收取每个孩子的注册费吗？频率多高？ 　　$50 每个孩子 / 每年
- 你会将这个费用从学费中扣除吗？ 　　　　　　　　$3 200
- 这个费用是按儿童人数算还是按家庭算？

交通费
- 你会为儿童提供从家里到学校的交通服务并收取 　　$50 每个孩子 / 每周
  这个费用吗？如果是的话，计划这个服务 　　　　　×12 个孩子 =
  所需的天然气、汽油、修理和额外的保险费用。 　$12 × 52 × $50=$31 200

美国农业部食品报销程序
- 如果你选择参加，潜在的 USDA 的收入将取决你服务的家庭的收入水平。

资金筹措和捐款
- 设计一个募集捐款或捐助的计划。 　　　　　　　$6 000
- 实际可能筹到的金额是多少？

政府或其他机构的拨款 　　　　　　　　　　　$5 000

　　　　　　　　　　　　　　　　　　　　　总年收入 $564 600

支出	**金额**

人员注意事项：
- 根据所看护儿童的年龄确定员工与儿童的比例。
- 根据你所在区域的价格确定每个职位的薪资。
- 确定你是否要提供高于平均水平的工资来吸引高素质的职位申请人。
- 你会提供带薪休息和午餐时间吗？你会为员工的入园、闭园及每周的计划时间支付费用吗？
- 你需要替补员工以防正式员工生病 / 休假吗？

· 你需要雇用人员准备餐食、维护建筑物、负责交通、绿化 / 铲雪吗?

· 将每年招聘替补员工的 20 天的支出考虑在内。

工资细节

· 园长的年薪 FT	$35 000
· 班主任的年薪 FT	$28 000
· 助理教师的年薪 FT	$24 000
· 助手的年薪 FT	$15 000
· 秘书的工资：50% 的时间，每周 20 小时	$15 000
· 替补员工：$15/ 小时 ×8 小时 / 天，20 天 / 年	$2 400

人员支出

1 个园长	$35 000
4 个班主任	$112 000
4 个助理教师	$96 000
4 个教师助手	$60 000
（含替补人员）	总支出 $303 000

附加福利

计算：

- ◆ FICA
- ◆ 失业补贴
- ◆ 员工补贴

确定你是否提供如下补充福利：

- ◆ 健康保险
- ◆ 延税年金
- ◆ 儿童看护
- ◆ 带薪病假
- ◆ 带薪假期　　　　　　　　　　　　　　　　约总数的 25%
- ◆ 食堂计划　　　　　　　　　　　　　　　　总计 $75 750

员工附加福利总计	$378 750

运营支出

活动——每个孩子 $25/ 年	$1 600
宣传	$1 500

- · 名片
- · 广告
- · 传单和 / 或宣传册

续表

审计	$1 200
书籍和杂志订阅	$600
应急基金：建议不少于运营预算的 3%	$14 000
手续费和会员费	$250
主要设备：可以使用超过两年以上的设备，任何价格折算成美元超过 $500 的物品	$6 000

·厨房—厨房用具（烤炉、冰箱）

·家用电器—吸尘器

·办公室—电脑、书桌、复印机、文件柜

·教育类

　孩子们用的其他家具

　其他玩具 / 用具：

　　　粗放和精细的肢体运动

　　　戏剧表演游戏

　　　语言发展

　　　智力刺激

次要设备	$3 500

·CD 播放器

·微波炉

·照相机

·餐车

费用—证件费、指纹识别费用等	$1 500
食物—膳食和点心	
·目前美国的平均水平大约是每天 $1.52。	$25.293

　食物成本计算公式 $1.52 \times$ 天数 $\times$ 儿童人数

垃圾处理费用—计算：每月支出 $\times$ 运营月数	$600
保险	$5 000

·责任保险

·建筑物和经营场地保险

·个人财产保险

·职业责任保险

·汽车保险

兴趣	$1 000
法律 / 会计 / 咨询	$1 500
维护 / 维修—（管道、草坪护理、除雪、维修、暖气 / 空调维护等）— 每周支出 $\times$ 运营周数	$3 200
邮资—寄送宣传小册子、包裹或简讯给潜在的家长客户。	$600
打印	$800

续表

租金 / 抵押贷款	$15 000
维修—每月支出 × 运营月数	$500
办公费用和物资—每周支出 × 运营周数	$600
物资—家居、厨房和教室里用的消耗物资	$4 000
电话	$720
旅游和运输	
·员工旅游—员工参与会议的外出开支，等等	$10 500
·汽车费用—租赁 / 购买一辆面包车和相关的汽车费用	
公用事业（水、电、暖气、空调费）——每年增长 5%	$3 600
	总支出 $491 113

表 11-2　一个营利性学校的预算

收入			
学费			
婴幼儿：6@$700/ 月	$50 400		
学步儿：8@$650/ 月	$62 400		
学龄前儿童：50@$550/ 月	$330 000		
学龄儿童：25@$300/ 月	$90 000		
		$532 800	
空缺：5%	<$26 640>	$506 160	
注册费：$89@50	$4 450		
		全部收入 $510 610	
人员支出			
园长	$26 500		
教师：4@$17 800	$71 200		
教师：4@$16 000	$64 000		
教师：4PT@$10 000	$40 000		
助手：5@$8 000	$40 000		
替补员工	$4 000		
秘书	$17 500		
厨师：PT	$8 000		
		$271 200	
福利（FICA，员工补助	$35 256		
失业补贴，医疗补贴）：13%			
		总人员支出 $306 456	
可变支出			
教育设备	$4 000		
物资 & 材料			
教育类	$5 500		
办公室	$1 500		

续表

居家	$1 000
食物	$27 000
员工发展	$4 000
宣传	$3 500
小额备用金	$1 800
	可变支出总额 $48 300
固定支出	
场地租金	$60 000
公用事业	$12 000
保险	$10 000
税收	$800
其他	$500
	固定支出总额 $83 300
总支出	$438 056
每个儿童的成本（89 个儿童）	$4 921
净利润（收入减去支出）	$ 72 554

注：表中 "@" 表示 "每人" 的含义；"6@$700/月" 即 "6 人，每人 700 美元 / 月" 的意思。表中 "PT" 表示 "兼职" 的意思。

自我测验

一个日托中心的工作人员正致力于制订一个预算。一个员工组成的常务委员会负责输入，确定如何引进和花费资金。谁负责一直跟进预算过程直到完成：（ ）。

a. 日托中心的董事会

b. 日托中心的园长

c. 员工常务委员会

d. 所有的集体工作人员

参与完整测验请登录网站 CengageBrain.com

人员支出

员工薪资

薪资在预算中占了最大份额的比例——平均为 70%，在某些学校甚至高达 75%~85%。预算包括行政人员（园长和副园长）、教学人员（教师、助手、替补教师）和非教学人员（秘书、厨师、清洁工、巴士司机、维护人员）。

人员成本还包括税收和提供给员工的附加福利，需要支出的还有员工的社保、员工补贴，以及事业保险。提供福利是留住合格员工的一种手段。附加福利包括医疗保险、事假、病假、带薪假期，通常还有退休计划。在考虑其他一些选项如减免儿童看护费用时，请记住，根据法律规定，你提供给一个员工的福利，必须提供给所有的工作人员。

附加福利可能占工资总额的30%。在做一个初始预算时，这个百分比也可以作为指导。一个预算软件可以帮助预算的形成，让园长准确地计算附加福利，确保没有遗漏关键项。

自我测验

在考虑中心的预算时，园长决定给主班教师提供医疗保险，但是提供给助理教师的是带薪休息日，没有医疗保险。她的计划是：（　　　）。

a.公平的，因为她给了助手一个不同的福利选择

b.不合法的，因为任何有价值的福利不能够只提供给一部分员工

c.战略性的，因为这可以让助手期望升职从而努力工作

d.合法的，但是很可能会造成员工之间的嫉妒

参与完整测验请登录网站 CengageBrain.com

可变支出

可变支出是园长有某种程度的控制的支出。它们将取决于有多少钱花在物资和设备上，使用哪些服务，以及食品或运输花费。

设　备

主要设备通常被定义为短时间内不会被更换的非消耗性物品，使用时间通常是3~5年。三轮车、电脑、复印机、冰箱和桌子都包括在其中。次要设备是教室里使用的非消耗品，CD播放器和木工工作台都属于其中。园长应该维持一个主要设备的维修记录及状态，并准备两种设备定期更换的时间表和预算。

物资和其他材料

消耗类物资是必要的日常用品，需要定期更换或补充（如教室、办公室用的办公用品和厨房用的消耗品等）。

交通工具

交通或运输服务是昂贵的，通常包括汽油费、维护费用和保险。

食　物

这一项包括所有在学校的用餐和点心。美国的平均水平是每个孩子每天支出1.52美元。这个数字会根据中心提供的营养计划有所变更。每年在原本预算的基础上应该加上一个通货膨胀的幅度。

市场营销

在做初步预算时，最好是略微高估市场营销的资金。每个企业都需要向其所在的社区的特定客户进行营销。潜在客户需要知道它的存在，以及它提供什么产品。例如：

- 延长的服务时间。
- 幼儿园辅导。
- 来回的巴士服务。

自我测验

一个日托中心的预算包括教师使用的照相机的费用。照相机的费用会被列入什么类型的支出：（　　）。

a. 主要设备

b. 消耗品和其他材料

c. 次要设备

d. 固定费用

参与完整测验请登录网站 CengageBrain.com

固定支出

固定支出是在一段较长的时间内支出金额的变化很少或不变的支出，并且不受注册的儿童人数所影响。园长对这一类的支出只有非常有限的控制权或完全没有控制权（如租金、保险和电话）。

场地成本

场地成本涵盖房租或建筑物的分期付款。从学费所获得的收入必须要满足这一项支出。

公用事业

公用事业包括水、天然气、电力、电话和垃圾清除。在一些地区，它还可能必须包括下水道清理的费用。

保　险

近年来，责任保险变得越来越昂贵。园长可以同时购买火灾保险和必要的事故保险。

税　收

税收支出可能会根据中心类型的不同而有所差异。相比营利性学校，非营利性学校在税收上有显著的优势。有关非营利组织税收的相关问题可以直接咨询注册公共会计师或地方、州或联邦的税务机关。

每年由一个独立的审计师进行审计是所有业务操作的必要组成部分。

审　计

审计是为了监督总体的会计事务，通过确保所做的工作严格按照程序执行从而保护财务人员。它还为董事会和机构保证了资金能够按照预期使用。

其他成本

安排一部分资金作为储蓄或者应急资金以防意外的支出也是非常重要的。这些"紧急"的款项可以安排在此类当中。

自我测验

在一个日托中心，夏天的电费预算比其他季节高，因为空调运行的时间较长，冬天的电费预算则较低，因为是使用燃气供暖。这部分的预算属于：（　　　）。

a. 公共消耗的支出

b. 固定支出

c. 可变支出

d. 季节性支出

参与完整测验请登录网站 CengageBrain.com

收　入

学费收入

第一个运营收入预算必须估计所有来源的收入。学费收入是一个主要来源。园长必须根据当地相类似的早教和教育服务的市场价格来确定中心最终将收取的费用。从学费所获得的收入要足以应付学校维持运营的预期支出。

其他收入来源

一般来说，任何除学费以外的收费都只是为了支付费用。大多数学校每年收取注册费，并且不予退还。这个费用可能从 25 美元到 75 美元不等。如果安排了特殊课程，会收取书籍或材料费。如果学校负责接送儿童，可能还会收取交通费。

一些学校对膳食单独收费。许多学校觉得提供膳食太贵，所以他们的食品服务只限于提供午餐的点心或牛奶。在这种情况下，孩子们需要从家里自带午餐。很多提供早餐 / 午餐的中心可能是从美国农业部（United States Department of Agriculture，USDA）的食品项目获得资金。如果没有这个资金，对这项服务就必须收取额外的费用。

资金筹集和捐助属于变化很大的收入来源。

联邦、州和地方资金

还有一部分其他收入，偶尔数额很大，本章就不做详细介绍，包括联邦、州和地方基金会资助。一般来说，一个学校是美国国内税务局（Internal Revenue Service，IRS）所认证的非营利性组织（有 501–C3 的法律身份）才有资格获得，虽然也有例外。

在寻求资金时，尤其是为了推出一些特别的项目，当地的社区资金会、扶轮社（Rotary Clubs）、联合慈善总会（the United Way），或其他服务集团、个人捐助者，甚至是社会服务部门，都可能有兴趣支持中心，造福社区。写筹款申请书的机构应该利用基金会中心，这是一个提供一系列有价值的信息包括捐赠信息的在线资源库（见本章末尾的"有用的网站"）。

一些不确定因素

当为制订的第一份运营预算计算收入时，最不稳定的收入领域之一应该是"收缩"，或者空缺和退学的因素。这可能会由于学校的地理位置、紧急因素、学费成本和许多其他因素而有所不同。此时，经验可以为我们提供可靠的指导。一个学年结束时，儿童的数量可能不会与开学的时候完全相同。因此，在估计学费收入时应该考虑到注册率不满的情况。最后一个提示是无法收到的学费坏账。一些中心会收取逾期费用或要求在提供服务之前先交费。这样家长就是在月初而不是月末支付。

早教项目的财务计划：制订预算

这个儿童看护中心制订预算的具体和特定的信息都已经提供。观看视频时请思考以下问题。

1. 一个准确的工作预算之所以重要是因为什么？
2. 什么是可变支出和固定支出？

观看完整视频请访问网站 CengageBrain.com

如何计划你的收支平衡

收支平衡是一个机构必须招收的最低儿童数，以产生足够的收入来支付支出。也就是说，收入等于支出。在收支平衡上没有利润可言，但是这是一个计算预期利润的基点。对管理业务的人员来说，图表是很重要的。收支平衡的计算可以使用以下的方法。

例如：

一年的利润	$26000
除以一个儿童的学费	$6 500 = 4
如果规定的招收人数最多为 64 人，收支平衡点就是 64–4=60	
学费标准是	$6 500/ 年
已经计算出来的每年的支出为	$39 000/ 年
每年的支出除以平均学费	$60
如果儿童注册率是满的，那么利润就是	$26 000

当中心运营一年左右之后，就可以收集到足够的数据来确定在哪一个月份支出哪个特定的费用是最有利的了。例如，大的维修通常安排在 9 月主要入学时间之前，圣诞节（1

月收费），或者是 9 月财务年度结束时。使用电脑就可以在月度基础上比较当前的支出。电脑将当前的支付和分配数额进行比较，从而及时实行一个更严格的预算控制。

自我测验

为了提高中心的收入，园长对每个家庭收取年度注册费。这个筹集资金的来源是：（　　）。

a. 非法的

b. 只面向新注册的家庭才是合法的

c. 是中心的常用方式

d. 不道德的，可能会导致家庭选择退学

参与完整测验请登录网站 CengageBrain.com

预算过程总结

以下是对计划预算的建议。

1. 在当前的预算已经完成时开始一个新的预算——这个过程是周期性的。
2. 围绕年度目标列出预算。
3. 在做第一个预算时，如果有必要，可以寻求外界的帮助。
4. 指定一个人作为预算的主要负责人。
5. 公布提交预算的截止日期和对每个员工的期望。
6. 尝试尽可能将更多的人纳入预算制订当中。
7. 要求按照标准格式制订书面预算。
8. 每个主要的预算都要给出合理的原因。
9. 安排预算审核，并建立项目审核的优先顺序。
10. 预算制订中考虑收支的平衡或利润。
11. 考试使用计算机。
12. 发布一个初步预算，然后让员工传阅并给出书面意见。
13. 将主要的收入和支出预算分开。
14. 获得委员会的认可，可以是董事会、员工委员会或其他级别的委员会。
15. 根据最后的意见和讨论进行调整后，提交上级机关申请批准。
16. 发布最终预算。
17. 开始新一轮的预算。

当然，这个列表是一个理想化的预算。它不包含进行真正预算时候的各种意外境况。然而，重要的是有一个日程安排并照其进行下去。

预算分析

在预算结束之前，园长应该确保每一项都包括在内，并且这个文档要能够支持本学年的项目目标。随着时间的推进，在一个预算文件中保持记录是一个有用的措施。在一个财务年度结束前就"用光了钱"是一个相当可怕的经历。良好的规划和持续的分析有助于避免这种情况发生。评审过程可以确保预算中包含了每一个至关重要的因素。在制订预算时，以下是一些需要问的问题。

- 为了达到学校目标的每一个必要项都包括在内了吗？
- 有过时的目标和新加入的目标吗？
- 每一个成本项都包括在内了吗？这一份预算和去年的预算有显著的差异吗？如果是，描述一下发生的变化以及原因。
- 有没有任何单一项有显著的增加或减少？如果有的话，是不是变更了一些阶段目标？注意，任何增加都是需要采取成本控制措施的信号。
- 协调收入和支出之间的差异有没有很大的困难？如果有的话，是不是需要去掉一些主要设备的采购、维护或其他项？去掉哪一项呢？

预算记录的保存

如果保存了一份准确的预算记录，将来制订预算会更容易。表 11-3 显示了一份每月的预算信息跟踪。以下是作为永久性文件条目包含在内的最低限度的类别。

- 所有预算项的当前支出。
- 学校或其他机构使用的预算表格。
- 税收、保险和证照的复印件。
- 持续了三年的预算复印件。
- 成本控制措施的文本复印件。
- 预算的信函。
- 预算审查会议的会议记录。
- 前三年的年度报告复印件。

表 11-3　预算跟踪的月度财务汇报

预算时间：	从_____	到_____
收入	本月	迄今
学费	_____	_____
其他费用	_____	_____
捐助	_____	_____
总收入	_____	_____
支出	_____	_____
薪资	_____	_____
税收和福利	_____	_____
员工培训	_____	_____
租金	_____	_____
食物购买	_____	_____
公用事业	_____	_____
消耗品	_____	_____
设备	_____	_____
保险	_____	_____
宣传	_____	_____
总支出	_____	_____
上期账单	_____	_____
月收入	_____	_____
月支出	_____	_____
当前账单	_____	_____

表 11–4　按月份列出的预算细节示例　　　　　　　　　　　　　　　（单位：美元）

可变支出	10 月	11 月	12 月	1 月	2 月	3 月	4 月	5 月	6 月	7 月	8 月	9 月	总和
教育用品	484	484	1 166	497	506	870	524	510	1 155	494	494	1 176	8 360
设备租赁	123	123	123	123	123	123	123	123	123	123	123	123	1 476
维护	2 500	800	875	1 350	875	1 125	800	850	875	900	875	1 250	13 075
家长交流	150	150	150	150	150	150	150	150	150	150	150	150	1 800

资源下载请登录网站 CengageBrain.com

自我测验

在开始制订一个新的预算之前，园长检查了她前几年的预算复印件。她应该要能够在记录中找到几年的预算：（　　）。

a. 中心运营的年数

b. 七年

c. 十年

d. 三年

参与完整测验请登录网站 CengageBrain.com

其他收入来源

市场营销

naeyc

很多年来，各类人口的增长趋势促进了儿童看护行业的发展。但是过去几年，美国经济的急剧下滑对学前教育机构的入学率产生了负面影响。机构的管理者必须在这样一个竞争激烈的时代里努力工作，从而为他们的机构开拓市场。坊间证据表明，"口碑"可能是最好的营销工具，因为一般家庭都会跟他们的朋友及邻居分享有关您这个机构的成功经历。虽然便利性和低花费是重要的标准，但是在选择儿童看护时，幼儿父母们都会被家人、朋友、邻居或者可信赖同事的积极或消极的经历所影响。

了解幼儿父母是如何选择一个日托中心的

除了口碑推荐，家长们在选择儿童看护时还可能会考虑下列部分或全部因素：环境、设施、花费、便利性和课程设置。儿童看护机构的环境是否温馨洁净？有没有很多迹象说明孩子们的生活既充实又愉快（如玩具和游戏、艺术用品、装饰品等）？这个园所的位置是否交通便利？学费是否在他们的承受范围内？这个托幼中心有适合儿童年龄的课程计划和较多的发展机会吗？

我们知道孩子们每天都在学习，然而，一些家长希望看到明显的迹象表明学校有适合儿童年龄的持续课程，并且每天的日程安排都井然有序，而且能够激发孩子们的学习潜能。因而，学校若能够提供较多的发展机会——如田径、外语学习课程或数学辅导等——可以使这个机构更有吸引力。

其他营销办法

- 在你的电话自动应答里设置一个专业的、信息量大的，而且友好的问候。如果你所在的地区有相当数量的人口说英语以外的其他语言，可以提供英语和其他语言的问候。

- 一个独特的、专注的、引人注目的网站可以成为一个吸引客户和潜在客户的载体，并且能帮助他们选择合适的项目。让你的网站成为你的营销合作伙伴。然后，当潜在的家庭客户在使用高速互联网进行调查、购物，以及决定去哪参观并做出选择时，你和你的中心需要缩短清单。搜索其他一些儿童看护机构的网站，看看是否能借鉴一些有价值的想法。互联网上也有很多的免费文章，为家托和普通托幼中心提供有效的网站设计和维护的具体指导。

- 把你的宣传单 / 宣传手册翻译成其他语言，适应你所在地理区域的居民的语言文化。如果你不知道使用最频繁的是哪一种语言，可以给当地的资源和推荐机构（Resource and Referral Agency）打电话。他们可以回答你的很多问题。

- 让你的学区变得活跃（例如，成为幼儿园过渡小组的成员）。邀请当地的小学校长访问你的中心，成为一个"嘉宾的读者代言人"（Celebrity Guest Readers）。这些联系可以让你的教育社区变得活跃，而当地学校的老师在寻找幼儿看护时，他们更可能会首先考虑你的项目。

- 在当地的企业和周边地区散发有吸引力的传单，作为激励，为各个公司的多个注册家庭提供折扣。只要有可能，找他们的人力资源部门的员工，谈谈你的机构可以为他们的员工提供什么特色服务。

- 使用社交媒体。为你的学校创建一个社交页面，使用图片记录一些特别的事件和有趣的日常活动——家长们喜欢。如果你没有获得对孩子肖像权使用的允许，你可以使用孩子们的美术作业（看看我们今天做的！）或者是孩子们参加一个有趣的活动的背影。不要更新太频繁，但是一定要让你的学校的名字出现在发帖中，这样，如果有人使用浏览器或通过社交网站来搜索有关当地学校的更多信息时，学校的名字或社交网站的页面就会出现在搜索中。

- 进行清理，美化学校的外部。

- 定期参与当地的农贸市场，在节日安排一个"儿童活动桌"，这样可以吸引儿童和家庭。在主要的商业街上设置一个桌子，向外提供有关机构项目的信息，并向每个带着孩子的成年人免费提供便宜的儿童适龄玩具，或者带 logo 的有用小物件（如日历）。带领有意向的家长们参观园所后，让他们填写一个完整的信息表，留下他们的电子邮箱地址。创建一个"来访家长"数据库，定期向他们发送电子邮件，或者你可以计划向公众开放一些学校活动，如"年度儿童欢乐日"（Annual Children's Fun Day）或有特殊演讲者到来的活动。

家托提供者的营销技巧

在你自己的家里提供家托服务不仅仅意味着只是照顾孩子。今天，家托提供者们在业务营销上也必须是精明的！营销家托业务的技巧有哪些？一定要记住，你需要不停地对外宣传你的家托项目。令人惊讶的是，营销理念可以非常简单（Kirchner，2012）。例如：

- 欢迎来自社区的居民，常备你的名片。
- 使用视觉辅助，如家长手册、学校剪贴簿、日常记录表、儿童视频等，向外展示你的项目是如何运营的。
- 在儿童离开你的看护之后与其家庭仍然保持联系。
- 与同类供应商联合进行广告宣传（可以是相同地域、同类的职业认证、看护理念等）。

筹款申请书写作

很多面对经济挑战的早教机构会通过申请拨款的方式寻求额外的资金。以下是一些筹款申请书的写作技巧（Schreiner，2012）。

1. 专注于你所希望实现的目标。

你需要专注于这个项目最终会如何服务于你的学生，而不是将所有的细节拼凑起来，如你将如何构建、创造或实现你的项目。具体指出学生们将会获得的技能和经验。

2. 让自己与众不同。

大多数的出资者都会把资金投给一些努力的机构，并且是独一无二的、创新和有价值的努力（Starr，2008）。因为筹款申请人很多，竞争激烈，因此你要让你的项目脱颖而出。拨款人欣赏那些能够为境况不佳的人群提供更多新机会的项目。

3. 用数字来强调你的目标的重要性。

搜索你希望实践的项目类型的相关统计数字。例如，研究是否表明，儿童获得特定技能的能力随着年龄的增长而不断下降？如果是这样的话，这不就凸显了你提出的计划的重要性了吗？

4. 不要放弃。

如果你的方案没有获得拨款，不要放弃。一种选择是密切关注拨款人现在将资金投给了什么样的项目，并据此做出必要的调整或提升（例如，改变形式，如有必要的话，努力去满足新标准）。另外，调查其他的资金来源。确保你的项目符合拨款人的特定目标。

其他筹款申请书写作来源

- 筹款申请写作基本要素（Basic Elements of Grant Writing）

公共广播公司（Corporation for Public Broadcasting）：

http://www.wmm.com/filmmakers/members/forms/Fundraising_Information/Basic_ElementsofGrantWriting.pdf

- 基金会拨款趋势和美国企业捐赠的目录（Foundation Giving Trends and National Directory of Corporate Giving）

http://www.fdncenter.org

- 非营利性指导（Non-Profit Guides）

从专业筹款写作人的角度全程进行指导，从前期建议到拨款申请：

http://www.npguides.org/guide/index.html

- 获得资助（Getting Grants）

http://www.libraryspot.com/features/grantsfeature.htm

- 筹款申请写作来源和技巧（Grant Writing Sources and Tips）

http://712educators.about.com/cs/grantwriting/a/grantwriting/htm

募 捐

在募捐时，组织有序，并且具体列出你的项目需求和目标是一个非常好的主意。要澄清捐款将如何支持你实现目标，并尽可能多方面地宣传你的项目。可以要求支持者与委托人分享有关项目的信息，并向他们解释捐款将被如何使用。设计一份新闻稿描述你的项目，并列出计划将要进行的活动，在报纸、电视或互联网上进行宣传。另外，重要的是要记住定期与捐赠者进行沟通，一定要正式表示谢意。可以向捐赠人发一些孩子们和员工在一起使用捐赠物的照片，感谢他们促进你的项目开展，并与他们维持一个良好的关系。

直销筹款

另一个常见的筹款活动是直销筹款。这些项目是让家长和员工从直销产品目录中向外销售产品。直销融资公司与儿童看护机构分享一部分预定的利润比例。该公司提供目录和订单表，有订购和付款的最后期限。在很短的时间内，产品被邮寄出去，支票按约定的利润百分比寄给儿童看护机构。常见的直销产品包括糖果、蜡烛、T恤、饼干、礼品包装袋。类似的筹款活动是通过小册子和目录销售的。

在线筹款

尽管在线筹款仍然是一种相对较新的筹款方式，但有望在未来几年快速增长。有效的在线筹款的基本策略包括以下几种。

- 建立并维护一个捐助者的电子邮件地址清单。网页基础的应用程序，例如MailChimp，尤其有用。
- 指定这笔钱将用于做什么。不幸的是，一些慈善捐款的高调滥用已经导致了许多潜在的捐助者用怀疑的眼光看待任何的基金申请。你要让捐助人知道你希望通过这笔钱实现什么，并在如何使用这笔钱上保持开放。
- 为了让捐赠人可以见证他们的捐赠行为而提供定期更新。使用社交媒体与社区取得联系，进一步推动你的事业。电子邮件并不一定是最好的，当然也不是唯一与在线人员取得联系的方式。你需要调查哪一种平台最有可能成为你的目标受众。

与融资公司合作

在《今日PTO》（PTO Today）的最近一篇在线文章中，艾琳·贝克（Erin Beck）与读者分享了如何选择一个融资公司以及需要记住的要点（Beck，2010）。

- 你需要跟一家著名的公司合作。问他们是否可以提供有关他们的产品和销售代表的参考。
- 每个公司在与你合作的时候，都会有一份既定利益。通过你的努力，他们最终可以盈利。为了确保你的特定需求得到满足，你应该经常跟公司的销售代表谈谈谁将在这个过程中迈出下一步。
- 防止问题出现的最好的方法之一是确保机构和公司对彼此的期望和筹款工作的进行都有一个明确的理解。
- 验证与公司相关的所有重要的信息，并写成一份协议。
- 与公司要进行频繁交流，所以要确保有一名客户服务代表随时参与工作。
- 任何可能出现的挑战或困难应立即处理。

自我测验

在发宣传单到街区的每座房子之前，一个日托中心的营销经理向这个地区的资源和推荐机构询问这个区使用最频繁的语言是哪一种。他的问题的目的是：（　　）。

a. 将宣传单翻译成地区居民能够理解的语言

b. 为了凸显文化意识

c. 雇用会说本地区常用语言的员工

d. 为了确定是否要搬到一个主要说英语的地区

参与完整测验请登录网站 CengageBrain.com

小　结

　　预算是以财务条款的方式对一年的目标的陈述。园长开始制订预算时要加入提供的服务清单、包含的项目和要达到的目标。

　　下面是主要的预算支出项：

- 员工薪资。
- 附加福利。
- 咨询服务。
- 设备。
- 消耗品和材料。
- 交通运输。
- 保险。
- 场地支出。
- 公用事业。
- 食品。
- 税收（如有的话）。
- 其他支出。

　　下面是主要的预算收入项：

- 学费。
- 材料费。
- 交通费。
- 营养费。
- 特殊活动费。
- 资金筹集和捐助。
- 可能来自联邦、政府或基金会的拨款。

　　预算应该允许注册率的不足和一些学费坏账。一个预算日历包括每个预算发展阶段的截止期限。园长负责估计收入和协调支出。一旦创建了一个初步预算，要求进一步的讨论是很重要的，还应该做出分析，看看遗漏了一些什么项，并删除一些不需要的条目。制订预算的最后步骤，包括做出妥协，协调预算的收入和支出，建立利润，获得最终的批准并发布预算。

　　预算管理的权力应该集中。园长必须不断检查预算，并致力于维持一个预算平衡。良好的记录将有助于筹划未来的预算。

案例研究

一个地区由于经济的不景气，12个幼儿父母从本地零售商的企业下岗。其中11位家长在没有提前通知的情况下就让孩子退学了。所有的合同都规定家长必须提前两周给出书面通知方可离园，但是在这种情况下，这些家庭无法遵守条约。

园长制订的预算基础是95%的入学率，中心可容纳的全托儿童人数是70人。她现在每个月的收入比预期少了4 700美元。另外，她为这些孩子配备了相应的人员，这11个孩子被安排在不同的项目中，因为他们的年龄从2岁到3岁半不等。

1. 园长应该如何调整预算？

2. 园长怎样才能避免裁员？裁员有可能吗？

3. 你认为园长定的95%的入学率目标符合实际吗？为什么？

4. 你能从这个案例研究中学到什么？

学生活动

1. 联系几个儿童看护机构的园长。询问每个孩子每年的成本估计数额。这个数字跟表11-2相比有何差别？差异的原因是什么？

2. 准备一份问卷分发给幼儿园的教师。告诉他们交回的问卷将是匿名的。在问卷中提出以下问题。

   a. 你目前在儿童早教中心教学吗？

   b. 你一个星期工作多少小时？

   c. 你每周获得的工资是多少？

   d. 除了法律规定的福利，你是否还获得一些其他的福利？如果是，请列出它们。

   总结你的发现，并在班上汇报儿童看护中心的教师的工作条件。

复习

1. 预算的定义。

2. 列出至少6项预算支出。

3. 在开始制订一个预算时，你的第一步行动应该是什么？

4. 谁负责预算的准备过程？

5. 一个预算中最大的单项支出是什么？

6. 预算制订周期有哪些主要步骤？

7. 对于一个学前教育机构来说，合理的利润百分比是多少？说明你的理由。

8. 指出一些具体的预算审查方法。

9. 说说如何控制一个预算，为什么这一点很重要？

10. 哪些项目应该包含在预算记录中，以便日后的预算规划？

11. 在制订、维护和 / 或平衡一个预算时，你会去哪里寻求帮助？

有用的网站

免责声明：本书中所提供的网址旨在为您提供方便，不做推广。

http://www.bls.gov

http://www.familiesandwork.org

www.hhs.gov/grants

http://www.sba.gov

http://www.fndcenter.org

http://www.countyfoundation.org

http://unitedway.org

更多与管理相关的资源——包括教学资源视频，与每章内容有关的网址，教学测验，词汇卡等——请访问本书的教育伴侣网站 CengageBrain.com。

第十二章

托幼机构的营养、健康和安全

目的

阅读完本章内容，您应该能够：

· 说出营养与健康的联系。

· 解释良好的营养对一个早教中心很重要的原因。

· 列出几个安排的食谱计划。

· 描述一些食品服务的机制。

· 说明体育活动与营养和健康的联系。

· 为一个儿童看护中心的健康计划列出目标。

· 讨论如何实现健康目标。

· 讨论一个清洁卫生的环境是如何有利于健康的。

· 讨论一个安全环境的组成要素。

· 区分维护和运营活动。

· 说出维护和安全之间的联系。

· 描述如何处理紧急情况。

naeyc 标准

本章中涵盖的NAEYC标准如下：

标准1：促进儿童的发展与学习（1c）。

标准2：建立家庭和社区的关系（2a，b）。

标准3：通过观察、记录和评估来支持幼儿和家庭（3b）。

标准4：使用有利于发展的方法来与儿童及其家庭建立联系（4c）。

标准5：使用现有的知识来建立有意义的课程（5a）

一个教会主办的学校园长一天的生活片段

园长在生活中也会有焦虑的日子。一天，帕特里克的妈妈在午饭时间来接他，但是我们找不到他。他刚才跟一群孩子还有两个老师在操场上，前一分钟他在那里，下一分钟他就消失了。我们的操场有围墙，但有一个门是学生可以打开的。门附近的一个老师总是会监督那些去卫生间的儿童，我们检查了卫生间、所有的教室和停车场。

现在我的心脏跳得飞快，帕特里克的母亲开始恐慌，我永远不会忘记她的脸色。我们差一点就要打911了。我一直在想，一个孩子要不被人注意地离开操场或学校是很难的，所以我决定再检查一次操场。我查看了所有树丛和玩具屋。我在有沙子的地方转来转去，那里有一个大拖拉机轮胎。我看到帕特里克蜷缩在舒适温暖的轮胎里睡着了！呦！帕特里克"失踪"了不超过10分钟，但这绝对是我园长生活中最长的10分钟。

这件事使我认识到，将认知和社交发展放在优先的位置是很容易的，但是作为一个园长，我对学校的物质环境方面也是负有责任的。这包括为孩子们提供营养丰富的膳食并确保一个健康和维护良好的安全环境。

关键词

食品安全　儿童看护健康顾问　儿童及成人关怀食品项目　医药之家

营　养

营养、健康和安全彼此之间有紧密的联系。要提供一个健康的环境，儿童需要获得良好的营养。健康的孩子更可能是安全的，因为他们更警觉。由于儿童大量的时间都待在看护中心和托幼机构里，那么这些机构对儿童的饮食、食品安全和体重就会有影响（Korenman et al.，2013）。反过来，这三个因素对儿童的健康和自我保护的能力也会产生影响。

良好的营养搭配应该是园长和教师所掌握的儿童知识的一部分。这些知识对于安排儿童的食谱并确保他们在学校期间获得充足的营养是非常重要的。看护人员或教师必须了解儿童的营养需求并密切观察他们的饮食模式。他们应该意识到儿童对于食物的好恶，每个儿童的需求量和任何饮食习惯的改变。

园长和教师还必须知道儿童在每个发展阶段对食品消耗的变化。在发育迅速的时期，孩子们会有很好的胃口。当发育减缓时，他们会自动减少摄入。除非成人有足够的知识意识到这是一个正常的变化，不然就有可能对此产生不必要的焦虑或压力。在学校的能力范围内为儿童提供最好的膳食，园长应该制定与以下内容有关（但不限于）的制度。

- 为员工提供培训，让他们了解相关的营养知识。
- 依照标准计划膳食，设计食谱。
- 提供多样化和文化适宜的餐食。
- 用餐的环境应该设置恰当。
- 让儿童体验烹饪活动。
- 对儿童进行营养教育。
- 家长参与。
- 食品采购、准备和安全。

餐点和食谱计划

园长的责任可能是计划食谱，也可以是监督其他人计划食谱。如果一个学校是全天开放的，可能需要每天都提供早餐、午餐和两顿点心。这些餐食和点心构成了孩子很大一部分的日摄入量。因此，合理计划饮食，尽可能满足儿童的日常需求是非常重要的（Stallings, Suitor, &Taylor, 2010）。在儿童膳食的法规要求方面各州都有差别，但是都是基于托幼中心的一天开放时长。一般来说，指导方针会有如下方面的一些具体要求。

看护人员必须密切观察儿童的饮食习惯

- 如果中心每天的开放时长为 3~4 小时，它应该在上午或下午的中间时段提供一顿点心，距离下一顿正餐不超过 2 小时。
- 如果中心每天的开放时长为 5~8 小时，食品服务应满足儿童三分之一到二分之一的日常需求。

- 如果中心每天的开放时长为 9 小时或更多，它所提供的食物至少应该满足儿童三分之二的日常需求。

- 如果中心还有婴幼儿，每个孩子都应该有一份个性化的饮食计划和安排。

图 12-1　"我的餐盘"健康饮食指南

来源：MyPlate.gov

教学资源　视频案例 12.1

学龄儿童：营养教学

你将在视频中看到一个教师与儿童互动，教师向儿童解释如何通过颜色辨别蔬菜。观看视频时请思考如下问题。

1. 为什么让儿童知道通过颜色辨别蔬菜并选择它们作为健康食品来食用是非常重要的？

2. 园长能够做些什么来支持一个中心为儿童提供良好的营养？

观看完整视频请访问网站 CengageBrain.com

要开发一系列的食谱，可以从参考指南开始。第一步是熟悉《美国人的膳食指南》（Diatary Guidelines for Americans，2010），这份指南的目标是为了让人们保持健康的身体，建立一个健康的基础，以及明智地选择食物，这个指南可以在网站 http://cnpp.usda.gov/DGAs2010–PolicyDocument.htm 上找到。

负责计划饮食的人应该以"我的餐盘食品指导系统"（MyPlate Food Guidance System）为框架。该系统由美国农业部 / 人类营养信息服务（United States Department of Agriculture's，USDA's）基于《美国人的膳食指南》开发。"我的餐盘食品指导系统"（参见图 12-1）显示了一个盘子里的四类不同分量、不同种类的食物，还有一杯奶制品。这个盘子的每一个区域代表一个不同的组：谷物、蔬菜、水果和蛋白质。"我的餐盘食品指导系统"及补充信息可以在网站 http://www.ChooseMyPlate.gov 上在线查看。

计划健康饮食可以使用"我的餐盘"作为参考。选择"我的餐盘"的原因之一，是因为它是基于 2010 年的《美国人的膳食指南》的推荐。其中有几个目标与儿童的肥胖问题直接相关，这在这个国家一直被认为是普遍存在的问题。反过来，肥胖会导致高血压、心脏病、糖尿病，以及其他健康风险。膳食计划中使用更少的脂肪、钠和糖，但是包括全麦制品、谷物、很多的水果和蔬菜，为儿童在学校的健康提供支持。

一个重要的食谱指导是根据预算选择食物。一些儿童看护机构能获得儿童看护膳食方案（CCFP）的资金。这个机构提供儿童看护中心的餐食费用报销以及相关的劳工成本和管理。在这个项目中，超过 300 万名儿童每天接受两餐一点（USDA–FNS，2010）。美国农业部的食品和营养服务（The Food and Nutrition Service）提供资金，每个州的教育部门负责管理这笔资金。"我的餐盘"指南确定了 0~12 岁儿童具体的营养标准和膳食供应分量。很多中心都可能有儿童有资格从美国农业部的儿童及成人关怀食品项目（Child and Adult Care Food Program，CACFP）获得免费或优惠餐食。儿童获得餐食的资格是基于其家庭收入，餐食提供者每年可以获得特定比例的报销，这个数字每年都会有所调整。合格的餐食提供者是公立或私立非营利性中心，营利性中心则可以收到名称为"某某"的 25% 的注册儿童的补助，还有开端计划、房屋安置和休闲机构，以及家托。所有参与的机构都必须提供餐食，并且满足美国农业部为儿童及成人关怀食品项目餐食所定的标准。儿童及成人关怀食品项目餐食示例见表 12-1 和表 12-2。

表 12-1 婴幼儿每日餐饮和点心模式推荐

CACFP 营养指南
婴儿—0~5 个月
早餐，午餐和点心
114~170 毫升配方奶或母乳
婴幼儿—6~11 个月
早餐，午餐和晚餐
170~227 毫升配方奶或母乳
1~4 汤匙含铁的婴儿麦片（不是点心）
或者
1~4 汤匙肉、鱼、鸡肉、蛋黄或干豆，或者 28~112 克鲜干酪、芝士酱或奶酪食物，或 14~56 克奶酪
外加 1~2 汤匙蔬菜或者 1~2 汤匙水果
点心
57~114 毫升配方奶或牛奶或高浓度的果汁
1~2 汤匙蔬菜或 1~2 汤匙水果外加 2 块饼干或 1/2 面包片

制订食谱的其他注意事项

儿童及成人关怀食品项目指南和其他联邦项目，如学校午餐计划，是面向健康、低脂肪、高复合碳水化合物的选择。主要的午餐盘应该包括蛋白质食物或替代食品；蔬菜和水果都必须包括在内，可以作为沙拉、主菜或者甜点；至少要有一半的面包和谷物，谷类食品必须是全天然的；餐食还必须包括牛奶。点心和早餐的安排要完善日常的需求，并应遵循学校参与的儿童及成人关怀食品项目推荐点心计划。

许多学校有循环食谱。第一步是制订几个健康的每周食谱并测试孩子们是否会吃这些。做一些必要的更改后，这个食谱每两个月可以循环一次。这种方式有一些确定的优势，因为这样可以大量采购食物了，从而节省这方面的支出。此外还可以节省时间，因为不用每周都制订新的食谱了。孩子们喜欢熟悉的食物，也不介意定期吃同样的东西，但是也很高兴有变化。食谱的基本改变可以考虑季节性的水果和蔬菜。

表 12-2　CACFP 推荐食谱计划

食物组	1 岁	2~4 岁	5~13 岁
		早餐	
水果或非淀粉蔬菜（杯）	1/4	1/2	1/2
谷物 / 面包（克）	14	28	154
牛奶（杯）	1/2	1/2	3/4
		以及	
瘦肉或其他肉类 *（克）	14	28	28
		或者	
谷物 / 面包（克）*	28	56	294
牛奶（杯）	1/2	1/2	3/4
		午餐 / 晚餐	
水果（杯）	1/4	1/2	1/2
蔬菜（杯）	1/4	1/2	1
谷物 / 面包（克）	14	28	56
瘦肉或其他肉类（克）	14	28	56
牛奶	1/2	1/2	1
		点心 （每周供应次数）×（供应分量）	
水果	2 × 1/2 杯	2 × 1/2 杯	2 × 1/2 杯
橙色的蔬菜	2 × 1/2 杯	2 × 1/2 杯	2 × 1/2 杯
非淀粉类蔬菜	1 × 1/4 杯	1 × 1/4 杯	1 × 1/2 杯
谷物 / 面包	2 × 14 克	2 × 28 克	2 × 28 克
瘦肉或其他肉类	2 × 14 克	2 × 28 克	2 × 28 克
牛奶	2 × 1/2 杯	2 × 1/2 杯	2 × 1/2 杯

* 每周三天的早餐供应瘦肉，另外两天提供谷物或面包。

注意：儿童及成人关怀食品项目会对参与者进行评估。这个评估是一个复杂的过程。建议参与者使用一个自我评估的工具，其中包括一个指导最佳实践的检查清单。这些检查清单可以帮助参与者提升他们的项目，并记录下他们的进步，从而使正式的评估过程更易进行。

　　菜单包括一些民族或地区性的食物是很重要的，可以帮助不同背景的孩子们感到更舒适，并显示对其文化的尊重。这样还可以向所有的儿童介绍文化差异和相似性。一些学校在早上和下午提供点心，但他们希望家长为他们的孩子提供午餐。如果是这种情况，家庭仍然有责任确保孩子们的午餐尽可能有营养。家长会、讲义形式的营养信息或营养师授课，可以帮助教育家长为他们的孩子提供适当的营养，以及如何烹制吸引人的饭菜。

　　选择孩子们喜欢的食物很重要。儿童对四个基本口味很敏感：咸、甜、酸、苦。因为

这些学龄儿童已经可以选择他们自己的健康点心了

这四种口味增强了他们的味觉意识，但他们对于食物很保守，一些孩子会拒绝有强烈味道或很辣的食物。他们甚至会拒绝尝试新的食物。在点心中可以加入新品种的食物来拓宽儿童的饮食范围，但对他们的营养摄入的影响要最小化。

制订食谱的人应该考虑厨房设备的可用性。应该有足够大的锅来满足儿童看护环境的需求。

园长应该考虑能够准备和提供食物的员工数量。如果学校很大，可能会有一个厨师和一个帮厨。这类学校所提供的食物很可能会与其他只有一个兼职厨师的学校不同。在家托中，家托运营者也是所有者，并且还要做所有的烹饪工作。因此，餐食必须简单而且容易准备，但也要有吸引力。

食物要多种多样且有吸引力。应该提供不同的味道、颜色和质感的食物。在提供味道强烈的食物时也要提供味道温和的食物。酥脆的食物和软的食物一起提供。颜色单调的食物要和颜色丰富的食物搭配在一起。

表 12-3 根据 CACFP 指南制订的食谱示例

	周一	周二	周三	周四	周五
早餐	牛奶 谷物 香蕉 葡萄	牛奶 全麦肉桂卷 干酪条 橙子片	牛奶 百吉饼 奶酪或切片火腿	牛奶 鸡蛋卷饼 蜜瓜片	牛奶 酸奶冻糕和麦片 全麦吐司
午餐	牛奶 面条和 火鸡肉 番茄汁肉丸 西兰花 新鲜水果	牛奶 红烧鸡肉和 蔬菜 糙米 橘子	牛奶 鸡肉沙拉三明治 沙拉酱西葫芦 新鲜水果 菠萝片	牛奶 豆子 大米玉米饼 胡萝卜	牛奶 全麦奶酪比萨 沙拉
点心	牛奶 花生酱椒盐卷饼	牛奶和胡萝卜 全麦饼干	奶酪和哈密瓜	酸奶 芹菜和甜椒 全麦饼干	牛奶 橙子片

资源下载请登录网站 CengageBrain.com

小资料

在一项有关食物提供和摄入的研究中发现，让儿童自助用餐不太可能会浪费食物。他们消耗的食物比一般情况下少 25%（Sigman-Grant, Christiansen, Fernandez, Fletcher, Branen. Price, &Johnson, 2011）。另一方面，已经观察到，如果提供给儿童的食物分量比平时多，他们消耗的食物比一般情况下多 25%。在这种情况下，让孩子们自助用餐，家庭式服务就会有更少的浪费，从而节省了花费，孩子们也不太可能吃得过饱。这似乎是一个儿童食品服务的健康、经济之选。

在介绍一种新食品的时候，应加入熟悉的或孩子们已经接受的食物。例如，如果目标是让孩子们尝试一种新的蔬菜，在提供点心时应加上他们最喜欢的蘸酱。这也是介绍新食品最好的时机。

儿童在帮助计划他们自己的餐食和点心时可以学到很多。当给出有限的选择时，学龄前儿童和学龄儿童可以帮助计划他们自己的餐食和点心。

自我测验

杰克逊小姐是一个学步儿教室的老师，她坚持让这些孩子每天至少吃五份水果或蔬菜，因为她相信孩子的健康会影响到他们的安全。她的信念是：（　　　　）。

a. 不正确的，因为健康与安全没有联系

b. 不正确的，因为良好的营养对整体健康影响不大

c. 正确的，因为健康的孩子更聪明，聪明的孩子不容易发生事故

d. 正确的，因为健康会影响人的警惕性，提高安全度

参与完整测验请登录网站 CengageBrain.com

儿童的烹饪体验

可以计划让儿童体验烹饪，作为整个食品服务过程的一部分。作为教室课程的一部分，孩子们可以准备他们自己的正餐或点心。园长应该鼓励教师参与进来，并提供相应的设备和材料。一些老师喜欢做饭，并很享受与孩子们分享有关食物的技能、兴趣和知识。针对那些对烹饪没有兴趣的老师，园长则应该鼓励他们参与进来，并让他们为了儿童做更多的尝试。

园长应让员工参与菜单的讨论，并邀请他们就如何与儿童一起准备食物提出建议。从点心开始是最简单的，因为不需要很多的准备或烹饪。一个2岁的孩子就可以用塑料刀在一块饼干上涂奶油芝士。学龄前儿童可以用搅拌机做水果奶昔，或者用鸡蛋切片机切自己的熟鸡蛋。学龄儿童则可以为自己准备各种营养点心。

在员工会议上，讨论教师应如何安排烹饪体验来降低孩子们受伤的风险是很重要的。许多成年人只要一想到三四岁的孩子使用刀具或者对着一个电煎锅就不寒而栗。现在有很好的儿童用刀具和微波炉，成年人也可以使用。周密的计划是至关重要的：如果一个活动计划合理并有充分的监督，老师们所面对的问题就会少很多。

课堂上的营养教育

对于幼儿来说，准备食物的行为是有趣和令人兴奋的，也可以成为一个难以置信的知识来源。他们从计划、购买、准备和提供食物中学到很多，从种植和收获食物中也能增长

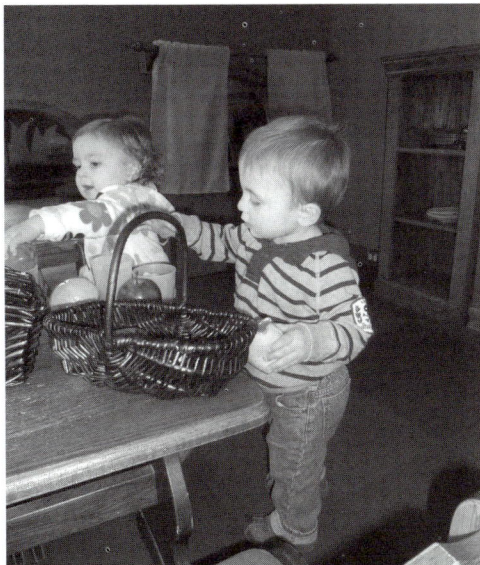

每一个幼儿都开始学习食物与健康

很多知识。很多孩子不知道玉米在进入超市或者罐头以前是什么样子。恐怕更少有人知道，胡萝卜和土豆生长在地下，芹菜生长在地面上，而豌豆是长在藤上的。在许多家庭里，孩子们很少有机会帮助准备食物。今天，很多的家庭由于生活节奏快，可能一家人都无法常常坐下来一起吃饭。一些家庭依赖于快餐，使用半加工食品，或者要求送餐上门。很多家长没有烹饪的知识或技能。

因此，儿童看护中心有一个独特的机会给予儿童有关良好的营养、身体的健康需求的知识，以及如何选择和准备营养又美味的食物。以下是一些建议。

- 在每一组儿童中展示"我的餐盘"和其他食物的海报。
- 展示有关种子、植物以及最终食物产品的海报。
- 在烹饪区域加入准备食物的照片。
- 展示不同的民族的食物准备和烹饪方式。
- 讨论营养的概念，使用一些单词，如维生素、蛋白质和碳水化合物。
- 收集种子，让它们在教室里发芽。
- 准备一块园地，然后种植一些蔬菜，如胡萝卜、莴苣、白萝卜、南瓜、豌豆和绿豆。

让家庭加入其中

naeyc 　　让幼儿父母了解学校的食谱是很重要的。很多家长在一天结束的时候来接孩子时第一个问题就是"我的孩子今天吃得好吗？"家长们都关心他们的孩子是否吃了足量的、合适的食物。每周的菜单应该张贴在教室和学校的网站上。简讯也是一个为家庭提供食品和营养信息的好办法。有很多网站可以找到这类信息，如"http://ChooseMyPlate.gov"和"http://www.letsmove.gov/"。如果家长们自己准备孩子的午餐，可以给他们提供有关健康午餐盒的信息。这对于婴儿和学步儿的家庭来说尤其重要。为这些幼儿准备食物需要特别仔细，以避免食物过敏、消化紊乱和营养不良。另外，简讯也是一个给家庭提供受孩子们欢迎的食谱信息的好地方。它还可以让一些家庭与其他人分享一些他们最喜欢的食谱，如具有某一文化的特色菜。

　　园长应该鼓励教师告诉家长，孩子的食物摄入是否在正常范围，这样家庭才能知道他们是否需要努力弥补那天的营养不足。家长们则需要告知学校，儿童对哪一种食物过敏。常见的食物过敏源有花生、牛奶和乳制品、小麦/谷蛋白、猪肉和鸡蛋。在计划菜单时，应该将这些考虑在内。对有过敏症的孩子，应提供一种其他的食物来替代过敏的食物，但是孩子如果对花生过敏的话，这是没有用的。对花生或花生制品过敏的孩子对这类食物会产生非常强烈的反应。这种情况下，如果有一个孩子出现过敏，学校就不应该出现任何的花生制品。如果孩子们从家里携带午餐，一个对花生过敏的孩子就不应该坐在另一个午餐里有花生的孩子旁边。

自我测验

学校里三四岁的儿童，怎么才能最大限度地参与准备他们自己的红辣椒条作为点心：（　　　）。

a.清洗辣椒，然后给老师切

b.在成人的监督下使用儿童用刀具

c.去市场买辣椒，然后让父母在家切好

d.在学校的花园里采摘辣椒，然后让园艺老师切成条

参与完整测验请登录网站 CengageBrain.com

食品采购

随着食品价格的不断攀升，园长在安排食品购买时需要聪明的采购人员。我们的目标是在预算内提供一个能负担得起价格且高质量的膳食。园长应该参考本地社区内为餐馆和学校提供食品服务的公司。他们通常可以比当地超市更低的价格提供大量的食品包装。如果学校是一个非营利性机构，这些公司甚至还可以给一个额外的折扣。一些公司还提供送货上门，但重要的是考虑其服务的成本，考虑采购食品所需的时间，这个价格可能过高或者也可能完全合理。

食品的选择应该适合其目的。高质量的产品很可能价格也更高，但并不总是必要的。重要的是先查看食品标签检查它的等级，然后再决定是否购买。例如，如果要买一罐桃子做水果馅饼给孩子当点心，可以选择一个较低的等级。购买易腐食品时，购买的数量应该是能够尽快食用完的。肉、水果、蔬菜和牛奶都属于这一类。订购的数量应该符合儿童的消耗量。

自我测验

一个日托中心负责食品采购的员工决定买一个 B 级的苹果酱，因为它是混合到面糊里做生日蛋糕用的，孩子们很可能不会注意到它的味道。这位员工的决定：（　　　）。

a.是非法的，因为联邦标准要求日托中心使用 A 级产品

b.只在少数不要求日托中心使用 A 级产品的州才能够被接受

c.不能满足儿童的日常营养需求

d.是可以接受的，因为等级较低的产品可以用作食品调料

参与完整测验请登录网站 CengageBrain.com

食物烹饪

　　计划再完美的食物，如果做得不好，孩子们也不会吃。食物可能会被煮得过老或者火候不够，食物的营养也可能在烹饪过程中流失，这样对促进儿童的健康就起不到作用。园长有责任确保学校准备食物的人员遵循恰当的指导。这包括学前教育机构或课后托管项目中在教室里帮助孩子们烹饪食物的老师，也包括在厨房里为整个学校准备餐食的人员。应采取以下措施：

- 提前准备那些可以被安全地冷藏或在适当的温度下能够保温的食品。
- 在烹饪之前做计划，使所有的食物大约在同一时间可以准备完成，这样就不会有食物被放置太长时间或者要被再次加热。
- 使用尽可能保留食物营养的烹饪方法。不要长时间浸泡蔬菜，或者大量烹煮，蔬菜不要过度烹饪。
- 食物的准备要能够吸引儿童。加少量甜椒粉或者欧芹粉可以增加食物的颜色。准备的食物要让儿童容易食用。蔬菜和肉要切成小块，以防儿童被窒息。

自我测验

　　一个日托中心的园长让厨师用水浸泡蔬菜，但不要超过一小时。她提出这个要求最可能的原因是：（　　　）。

　　a. 保持蔬菜的味道

　　b. 确保厨师们好好干活

　　c. 防止受细菌污染

　　d. 保持蔬菜的营养

参与完整测验请登录网站 CengageBain.com

食品安全

　　学前教育机构或儿童看护中心的儿童食品安全应该是首要关注的。食品必须被正确地存储和安全地准备。所有的食品准备和服务区域都应该保持干净。教师、厨房员工，以及任何处理食品的其他人员都应该有良好的个人卫生和环境卫生习惯。这包括穿着干净的衣服和经常洗手。头发应该整洁并且用发网绑好，在准备食物之前，脖子和手上的任何珠宝首饰都应该取掉。在准备食物时应禁止吸烟，食品处理必须遵循最严格的健康实践标准。这些人员还应该定期进行医疗评估以确定他们的总体健康状况，并确保没有感染肺结核。任何人若患有疾病都应该待在家里直到康复。

　　在处理食品时应该确保食品是干净的，并且没有受到任何的污染或损坏。订购的食品送货上门时，应检查是否有损坏。水果和蔬菜应彻底进行清洗，可以使用比例为 1 : 3 的白醋水溶液。需要冷藏或冷冻的食品应立即收好放在冷藏或冷冻室。散装食品如面粉和大米应存放在密闭的容器内。食品存储区应有保持食品安全和营养价值的最佳条件。冰箱的温度应保持在 3 ~ 4℃。长期保存食品的冷冻室应该保持在 –18℃。食品货架应该有一个均匀的、阴凉干燥的温度。所有的食品容器都应该与地面隔开，避免害虫侵入。

如果食物只被留存很短的时间，最好记得，热的食物应该保存在 70℃，冷的食物必须保存在 4℃以下。如果食物有太长的时间没有维持在这个合适的温度范围内，你就建立了一个"危险地带"，因为食物有可能感染细菌，使人生病。已经提供但是没有被吃的食物也不应该保存下来。唯一的例外可能是没有切的蔬菜和水果，这些可以清洗并留下来在稍后的时间再次供应。确保儿童在学校营养充足，身体健康，培养积极乐观的饮食态度，与让他们获得适当的认知技能同样重要。如果这成为学校的一个目标，每个人，包括员工、家长和儿童都会从中受益。不过，遗憾的是，一些园长认为营养远远没有那么重要。

自我测验

在一个日托中心，孩子们用餐完毕并且出去玩了。一位员工把剩下的橙子片用塑料膜包起来放在冰箱里，这样她可以在第二天再拿出来给孩子们吃。她的行为：（　　　）。

a. 是明智的，因为这教育孩子们不要浪费

b. 是明智的，因为水果很容易存储，可以在稍后的时间再提供给儿童

c. 是不适宜的，因为只有没有切开的水果才能留下来并在稍后的时间再提供给儿童

d. 是不适宜的，因为只有熟食才可以留下来并在稍后的时候再提供给儿童

参与完整测验请登录网站 CengageBrain.com

儿童的膳食服务

除非儿童真正吃到食物，不然最好的菜单都是没用的。在提供食物时应该创造一个氛围，鼓励孩子们用餐。

在用餐时间开始之前应该清理教室。许多教师让孩子们一起参与这个任务。要创造一个最佳的进餐时间和环境，也可以让孩子们在户外，或者在另一个区域听故事。教师们应把分散注意力的玩具拿出孩子们的视线，并清除架子上或地板上的杂乱物品。

餐桌的布置要尽量吸引儿童。孩子们可以做自己个性化的餐盘垫。为了延长使用，可以把餐盘垫用干净的接触纸覆盖。餐桌的摆放应该整齐有序，餐巾纸、餐具和盘子都应该小心地放置在儿童能够拿取的范围内。特殊场合，如节日或生日，应该有特别的餐桌装饰。

进餐的家具安排应该适合儿童的年龄层次。一个考虑因素是学步儿是否使用桌子或高脚椅。一旦婴儿能够爬并且坐起来，他们就可以到一个不太高的桌子旁边。与学龄前儿童

相比，学龄儿童需要更大的桌子和更高的椅子。

儿童应尽可能多参与进餐前的准备工作。 在用餐开始之前，他们可以摆放桌子。还可以让孩子们自己取食物，而不是让每个盘子在上桌之前都"装满了菜"。用餐结束时，可以让孩子们把自己盘子的剩菜倒掉，并把餐具放到一个统一的容器里。

教师和看护人员在用餐时间应该和孩子们一起吃饭。 成年人享受食物，对儿童来说也可以成为一个发展适当态度和行为的榜样。用餐时间也应该是成人和儿童有机会安静说话的时间。成人不应该强调餐桌礼仪，也不应该对儿童施加"把盘子吃干净"的压力。

自我测验

一位照顾一些 2 岁孩子的老师每天都为了午餐仔细布置餐桌。他这样做最可能的原因是：（　　）。

a. 鼓励孩子吃足够的食物

b. 强调餐桌礼仪的重要性

c. 在位置之间划定明确的界限

d. 最大限度地减少用餐时间的混乱

参与完整测验请登录网站 CengageBrain.com

体育活动

对儿童来说，体育活动常常被认为是营养的一部分。根据儿童的年龄，他们每天应该活动 30~60 分钟。如果他们在上学，一些活动都应该在学校进行。如果我们考虑到国家的肥胖流行病——以及儿童包括最小的孩子对于电视、电脑和小型电子设备的大量使用——我们就能意识到如果他们被置之不管，就根本不会参与体育活动。园长可以让教师计划一些体育活动，然后与教师一起合作来为儿童制定运动目标。

自我测验

一个学前教育机构的政策规定，教师要给学生安排每天至少 30 分钟的体育活动时间。这一政策：（　　）。

a. 与营养无关

b. 可能是学校的营养政策的一部分

c. 是不必要的，因为儿童通常在家里就可以满足他们身体活动的需求

d. 破坏了学校食品项目的营养目标

参与完整测验请登录网站 CengageBrain.com

在 20 世纪 80 年代，越来越多的儿童是被家庭以外的机构看护这个现象变得更显著。在许多其他的组织中，美国公共健康协会（American Public Health Association）和美国儿科学会（American Academy of Pediatrics）确定儿童看护的健康、安全和营养领域对国家标准有巨大的需求。1992 年，这些标准在《关爱我们的孩子——国家健康和安全执行标准：家庭外儿童看护机构指导原则》（*Caring for Our Children*，*National Health and Safety Performance Standards*：*Guidelines for Out-of-Home Child Care Programs*）中被列出来，并且每 10 年修订一次。最新标准可以在 2011 年出版的第三个版本中找到。这个文档可以在网站 http://nrkids.org/CFOC3/CFOC3-color-small.pdf 上找到。下面的信息表明了这些标准的范围。

创建一个健康的早教环境的第一个步是建立制度，针对一些影响到健康、安全和营养方面的问题。这些制度应该包括，但不限于以下方面。

- 健康评估和免疫接种。
- 儿童和员工的医疗记录。
- 环境卫生和个人卫生。
- 感染控制。
- 促进健康和预防疾病的计划。
- 处理紧急医疗看护或威胁性事件的指导。
- 照顾生病的儿童或员工。
- 员工的健康。
- 将有特殊健康看护需求的儿童包括在内。
- 儿童和员工中传染性疾病的隔离政策。
- 药物管理。
- 灾害、紧急情况的计划和演习。
- 安全。
- 设备和设施的维护。

表 12-4　维修和保养服务表格示例

项目	地址	电话	价格	备注
管道				
木工				
油漆				
铺砌				
屋顶				
电工				
园艺				
一般维修				
其他				

表 12-5 设备维护保养记录示例

设备名称＿＿＿＿＿＿＿＿＿＿＿＿ 购买日期＿＿＿＿＿＿ 价格 ＿＿＿＿＿＿

购买地址

＿＿＿＿＿＿＿＿＿＿＿＿＿＿＿＿＿＿＿＿＿＿＿＿＿＿＿＿＿＿＿＿＿＿＿＿＿＿＿

保修单号＿＿＿＿＿＿＿ 制造商＿＿＿＿＿＿＿

保修期限 ＿＿＿＿＿＿＿＿＿＿＿＿＿＿＿＿

维护保养记录 ＿＿＿＿＿＿＿＿＿＿＿＿＿＿

服务日期	描述	维护保养人员	维护保养费用

园长的主要任务之一是为所有的儿童和他们的家庭提供一个安全、健康、发展和文化适宜性的儿童看护环境。制度可以帮助园长创建和维护一个有益于保护儿童、预防风险、促进良好健康和安全的氛围。

除了要有好的制度之外，重要的是，还需要一些培训让员工们能够评估健康并促进健康的良好发展。园长要成为一个这样的领导人，即确保教师在内部能接受培训，或者接受外部的培训。开端计划和一些合作性的儿童看护机构可以在园所内部进行培训。其他一些机构则要求教师参与大学课程或从一些外部组织获得有关健康和安全问题的培训，如红十字会或美国心脏协会（American Heart Association）。教师是每天都评估儿童的健康并监督他们的发育和成长的人。在一周中，教师有很多个小时可以看到孩子们，常常可以发现一些以前没有被注意到的问题。他们可能会注意到一些行为，显示出孩子们过度活跃或有听力或视觉障碍，或者肢体协调困难。一个孩子精神萎靡或者不愿参与集体活动的原因之一可能是由于营养不良。教师可以通过与家长的日常交流来分享他们对儿童健康的观察结果。如果员工们对这些工作准备充分，园长的工作就容易得多。

当一个孩子进入一个儿童看护中心时，就应该为他建立一份医疗信息的文档。儿童的这份医疗记录应该包括最近的一次体检、成长史，和有关诸如过敏和身体限制方面的信息，以及其他任何相关的医疗信息。儿童免疫接种经历也应该包括在这份记录中，确定这些免疫接种记录是最新的并继续安排接种是园长的工作。对于员工记录来说，这也是一样的。员工应该有相同的基本记录和至当前日期的免疫接种记录。

免疫接种可以预防很多的儿童疾病——包括风疹、流行性腮腺炎、麻疹、脊髓灰质炎、百日咳、白喉、破伤风。大多数的家长让他们的孩子从很小开始就按惯例接种疫苗。"健康人 2012"（Healthy People 2012）致力于为所有的儿童接种疫苗，他们的目标是到 2020

年90%的儿童可以获得接种。2011年，超过90%的儿童接种了麻疹、腮腺炎和风疹、水痘、乙肝病毒疫苗和脊髓灰质炎疫苗。然而，乙型肝炎、甲型肝炎、轮状病毒、B型流感病毒、白喉、破伤风、百日咳和肺炎的儿童疫苗接种率还低于90%。不到1%的孩子根本没有接种过任何疫苗（MMWR，2012）。这些统计数据似乎表明，一些家庭选择不让他们的孩子接种某些疫苗是担心有自闭症和其他对疫苗的消极反应。要查看目前的疫苗接种时间表，可以访问疾病预防控制中心网站（CDC）http://www.cdc.gov/vaccines/schedules/hcp/child-adolescent.html。儿童在进入所有州和哥伦比亚特区的公立学校之前，必须进行免疫接种。在那些没有要求儿童进入学前教育机构或儿童看护中心之前接种疫苗的州，园长、教师和其他负责政策的人员已经要求疫苗接种作为一种入学条件。在一些州，家长可以因为个人或宗教原因退出免疫接种。这对于园长来说是一个额外的负担。园长应该了解所在的这个州在此方面的要求。如果一个孩子没有接种疫苗就进入学校环境，应该特别注意。针对这一方面的政策要到位，并且要让该儿童的父母了解此政策。应该为这些儿童填写医疗豁免表格并保存在文档中，同时保存的还有一份需要保密的宗教或个人信仰的记录（Robertson，2013）。如果疾病爆发，这些儿童应被立即隔离，因为他们感染某些疾病的概率是普通孩子的35倍，如麻疹。教师也应该遵循成人免疫接种的时间安排，可以在网站 http://ww.cdc/gov/vaccines/schedules/hcp/adult.html 上找到。

教学资源　视频案例 12.2

婴儿和学步儿的日常健康检查

你将在视频中看到日常健康检查的重要性。观看视频时请思考以下问题。

1. 为什么日常健康检查对儿童看护环境中所有人的健康都很重要？

2. 园长能够做些什么来确保这些检查的进行，以及免除病得太厉害的儿童参与日常检查？

观看完整视频请访问网站 CengageBrain.com

评估儿童的健康是一个持续性的工作，通常由老师完成，如果出现异常的话则由园长进行协助。如果需要的话，园长可以创建一个更高级的筛选和推荐过程。一些学校使用健康筛查，尤其是那些获得政府资金的机构，如开端计划。除了医疗和牙科检查，儿童还可以接受听力或视力测试。一些人可能会接受肢体协调测试。如果发现症状，园长应该寻求外部资源来帮助家庭面对问题。

一些政府资助的学前教育机构和儿童看护项目所提供的综合健康保健涵盖了这些症状的治疗费用。一个由家长组成的开端计划营养委员会会每月计划菜单并协助开展针对儿童的营养活动。该委员会还与家长一起计划并实施营养活动。

没有公共资金支持的学校必须找到其他的方式来与家庭合作，从而对儿童进行治疗。园长必须利用社区的资源或从国家机构寻求帮助。卫生部门有时有低成本的诊所或治疗中心。地区的治疗中心设在很多区域，并针对3岁以下的儿童有一系列的服务。学校区域可能对3岁以上的儿童提供相关服务。服务和研究机构——如美国儿科学会、美国心脏协会，或者美国癌症协会——有员工和家长教育的最新信息。他们还可以提供治疗设备的信息。雇主赞助学校的园长可能有另一个选择。支持中心的该业务或行业可能会与一个健康关怀组织有联系，能够提供健康服务。园长的职责之一是了解这些福利并建议家长对合适的部门或健康组织进行预约。

园长可能还需要选择一个儿童看护健康顾问。儿童看护健康顾问可能是一个护士、公共健康护士、护士工作实践人员或其他健康专业人员。这个人可能接受过儿童早教的专门培训，并在相关机构有过咨询的工作经验。要找儿童看护健康顾问可以从健康诊所、卫生机构、资源和推荐机构或儿童医院寻找。每个儿童都应该有一个他的"医疗之家"。这是一种家庭与医疗人员之间的伙伴关系，其中也可能包括孩子的老师或中心的园长（华盛顿州医疗之家，2010）（Washington State Medical Home，2010）。有特殊看护需求的儿童尤其需要这个医疗之家。

维护儿童的健康

每个参与早教项目的人都应该关注他们照顾的儿童的疾病问题。年幼的孩子在各种感染和传染性疾病面前尤其脆弱。减少疾病发生的最有效的方法是为看护环境和其中的人员制定制度。关键则是采取一般的预防措施，防止疾病在儿童看护环境当中蔓延。

清洁、消毒和一般卫生程序

洗手是一种防止疾病传播的主要预防措施。知道何时以及如何洗手可以消除大量的病菌传播（Rose，2012）。

园长对进行教室清洁和消毒的制度和程序负有责任。过去，漂白剂是通用的消毒剂。今天，建议使用安全的——也就是环保局批准的"绿色"清洁产品（Rose，2012）。疾病控制中心（2010）认为，这些产品在儿童周围使用更为安全，也能保护环境。在有血液污染、呕吐物和其他体液污染的情况下，允许使用更强的解决方案：一汤匙漂白剂兑四分之三杯水。工作人员在清理体液时应戴上乳胶手套。手套应该只使用一次，然后丢弃。此外，不论是否戴手套清理，员工都应该遵循洗手程序。对呕吐物、尿液或粪便，员工应清理和消毒——包括地板、墙壁、浴室和桌面。

被血液污染的材料应装进有安全结的塑料袋里，放在儿童无法够到的地方。沾染了呕吐物、尿液或粪便的儿童衣物应装进有安全结的塑料袋里，送回家让家长清洗。

所有的教室都应该定期清洁，包括地板、地毯，都要定期清洗。房间里的桌子应该用洗涤剂和水清洗，然后进行消毒。记得清洗和消毒玩具、餐具或任何儿童使用过或放进嘴里过的物品。使用洗碗机或安全的消毒清洁剂。卫生间也应该用环保的消毒清洁剂进行清洗和消毒。每周至少对小床或床垫进行一次清洁。每个孩子都应该有一个带床单或毯子的小床或床垫。要用消毒剂定期擦拭婴儿床和床垫。床单有任何的潮湿或污染都应该更换。只要有可能，使用干净的纸巾替代毛巾进行清洁。

应当洗手的时候：

·吃东西之前。

·准备食物之前、期间和之后。

·照顾生病的人之前和之后。

·治疗伤口之前和之后。

·如厕后。

·换尿布或帮一个上过厕所的儿童清理之后。

·擤鼻涕、咳嗽或打喷嚏之后。

·接触动物或动物粪便之后。

·接触垃圾之后。

洗手的正确方法：

·用干净的自来水（温水或冷水）湿润双手，擦上肥皂。

·两手互相摩擦搓出泡沫，一定要擦洗你的手背、手指缝和指甲。

·继续摩擦双手，至少持续20秒。需要一个计时器吗？从头到尾哼"生日快乐"歌两次。

·用自来水冲净双手。

·用干净的毛巾擦干或晾干双手。

来源： 从洗手开始：干净的双手可以拯救生命，疾病控制和预防中心（2013）。摘自 http://www.cdc.gov/handwashing/，2013年1月28日。

很少有儿童看护中心可以负担得起雇用一个内部监护人员。一些联合学校会有清洁和修理人员，但这并不是大多数学前教育机构的正常配置。另一种日常清洁方式也必须存在。我们的目标应该是最大限度地确保孩子们的健康和安全。为了获得最佳的清洁效果，雇用兼职人员获得外部的清洁服务是唯一可行的经济方案。园长在添加新项目的时候必须特别警惕。除了房间和设备的成本，还必须有足够的钱来提供一个安全、清洁和舒适的环境。虽然这对于任何增加的项目来说都很重要，但是在增加一个婴儿—学步儿房间时尤其值得重视。员工、家长和儿童都会注意到差别。在一些

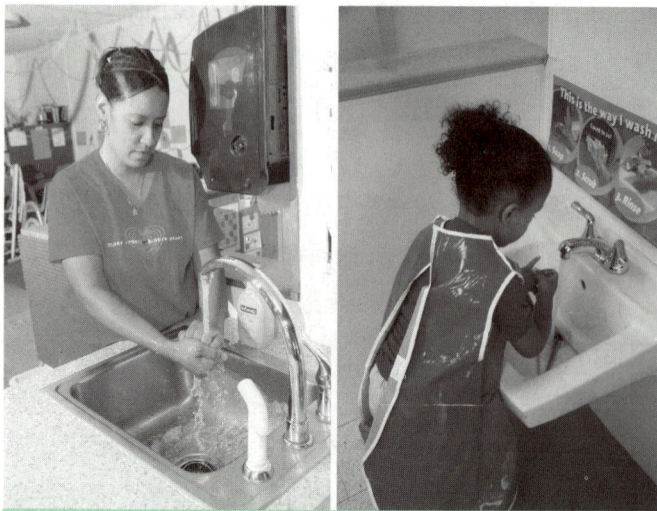

看护人员和儿童都应该在适当的时间洗手

教室应当采用良好的健康和安全措施维持清洁

调查中，清洁（广义来说）是一个家庭寻找儿童看护中心时最重要的考虑。

婴儿和学步儿应该经常更换尿布。尿布要随时准备着，并且在工作人员把孩子放在尿布更换区时，尿布在他们随手可及的范围内，尿布更换区要提前垫好衬纸。员工在给孩子换尿布之前应洗手，并且应让幼儿距离员工的身体一定距离。脏尿布应拿开放在一个塑料袋里扎起来扔进有盖的垃圾桶里。用湿巾或者纸巾沾自来水和肥皂擦拭婴幼儿的屁股。尿布换好之后，移除脏衬纸，脱掉手套，用温水彻底清洗双手。最后还要对尿布更换区进行清洁和消毒，然后重新垫上干净的衬纸。

对待疾病问题

园长的另一个重要的健康管理工作是鉴别传染病。日常的健康讨论应该包括生病儿童的管理。每个学校都应该有一个儿童隔离制度指示儿童在什么情况下应该被留在家里或者送回家。这样的制度可能会说明生病的儿童在下列情况下既不会被拒绝入学，也不会被送回家。

1. 生病让儿童无法参与活动，但该疾病是不传染的。

2. 生病的儿童需要更多的照顾，但是不会影响到其他孩子的安全和健康。

如果下列的症状出现，或者医疗诊断认为儿童被送回去更安全，那么儿童就应该被留在家里。

- 口腔温度达到 38.8℃ 或更高；腋窝温度达到 38.2℃ 或更高；除了发烧之外还伴有其他的行为变化或疾病症状。

- 严重疾病的症状和体征，如咳嗽、气喘、昏睡、易怒、哭泣。

- 呕吐：在 24 小时之内出现两次或两次以上。

- 不受控制的腹泻。

- 皮疹、发烧或行为改变。

- 口腔溃疡伴有流口水。

- 结膜炎（红眼病）。

- 肺结核。

- 脓毒性咽喉炎或其他链球菌感染。

- 疥疮或脓包病。

- 水痘。

- 腮腺炎。
- 百日咳。
- 甲型肝炎。
- 风疹。
- 麻疹。
- 脑膜炎。

对待患病儿童的第一步是培训教师和看护人员识别儿童疾病的早期征兆。最明显的症状是流鼻涕、喉咙发红、打喷嚏和咳嗽。腹泻和呕吐也可以很快和可能的疾病联系起来。不太明显的迹象是"玻璃状的"或水汪汪的眼睛，或者孩子显得无精打采。烦躁、疲劳或食欲不振也很可能是疾病的前兆，但是很容易被忽视。几个工作人员应该知道如何测量并辨认儿童的体温。管理患病儿童的下一步是在确认疾病后决定下一步要做什么。如果疾病的症状在第一天的日常健康检查中就很明显，那就应该把儿童送回家。如果病症只是随着时间一天比一天明显，也许要做一些其他的决定。

理想情况下，应留出部分学校场所照顾患有非传染性疾病的儿童。孩子们应该留在这个地方直到家长来把他们接走。一些机构提供这类服务。学校的环境必须做出规划，让这些孩子比在普通教室受到更少的刺激，还应该根据需要通过电话提供医疗服务。美国加利福尼亚州的费尔法克斯的圣安塞尔莫儿童中心（The Fairfax-San Anselmo Children's Center）就提供这种服务。其中一个教室被称为"康复"间，可以容纳6个儿童，负责这个房间的是经过特殊培训的员工。家长应该让工作人员了解孩子在早晨和晚间的症状。员工应该认真地记录孩子在白天的表现，并在家长来接孩子时提供这些信息。

让生病或康复期的儿童待在普通教室里意味着员工要在白天负责分发药物。工作人员只有在经过儿童的父母和医师允许的情况下才可以这么做。药品必须保存在一个单独的地方，放置在高架子上或者冰箱里。维持一个详细的记录记下药物分发的种类、时间、剂量和分发人是绝对必要的。家长与看护人员应该互相告知日常的药物延续治疗。

尽管有所有的预防措施，但是当一个学校的儿童患上了前面所列出的疾病之一，园长有责任将情况通知所有的家长，并让他们注意自己的孩子是否有任何的症状。可以发给父母一个简单的表格，写出他们的孩子是否显露出了某一个特定疾病的症状，包括潜伏期、可能的迹象和症状。

只有医师证明了儿童的病症是非传染性的，他们才能被允许回到教室，这是为了更好地保护员工、儿童和家长。任何适用于儿童生病的条例也适用于员工。生病的教师不应该参与工作。对老师来说，带病工作很常见。因为园长往往没有应急的准备，所以教师觉得不上班的话可能就会失去这份工作。没有病假的老师在生病的时候也工作，因为他们需要这部分工资。这种情况会使疾病渗入学校环境中，应加以解决。园长需要制定针对生病员工的制度。一些中心或学校有一个"流动的"老师，在另一位教师生病或培训的时候可以填补空缺。其他学校则有一份替补员工的清单，在有老师生病的时候知道

老师和家长可以通过在学校和家里进行
一些特殊活动来帮助有表达障碍的儿童

如何找到可靠的后备员工。还有一些园长使用替代服务，这在城区或大城市更为常见。任何的替补人员都应该按照一个普通教师的标准进行审查。如果没有可用的替补员工，园长应该在教室里帮助照看儿童，以维持一定的师幼比。

有特殊需求和患有慢性疾病的儿童

大多数有特殊需求的儿童可以受益于特别设计的项目。对于患有一些慢性疾病的儿童，如哮喘或糖尿病，也是一样。这些项目可能会需要一些额外的员工、材料，或许还有物理环境的变更。尽管《美国残疾人法案》禁止在招生政策中歧视残疾人，但是一些私立学校可以决定他们是否能提供必要的环境。在接收一个儿童之前，园长和工作人员都应该对孩子的需求做一个诚实的评价。园长应该观察儿童，与其父母讨论他的需求，与员工交流是否可以改变环境和课程来适应这个孩子。有特殊需求的儿童——如精神发育迟滞，视觉或听觉缺陷，身体上有困难或患有大多数慢性疾病——在普通的教室里是易于管理的。

自我测验

一位日托中心的新员工拒绝把自己的医疗记录交给园长，并托词说这是隐私。她说员工的医疗记录与中心的健康制度无关。她：（　　　）。

a. 在法律上是正确的，但是道德上不正确

b. 在她的合法权益范围内，是完全正确的

c. 是不正确的，因为卫生标准要求中心政策中包括员工的医疗记录

d. 是正确的，但是某些州仍然要求员工的健康档案

参与完整测验请登录网站 CengageBrain.com

安　全

安全与健康是交织在一起的，应以一种健康的方式维护物质环境，包括预防受伤、安全操作和实行监控以防止意外的发生。在任何儿童群组的机构中，创建一个安全的环境应该是一个首要任务。在儿童发展的不同阶段，他们测试儿童的体育技能——有时候

活动可能存在潜在的损害或危险。所有室内和户外的设备和材料应该要能够让儿童毫无风险地发展他们的技能。承认潜在的危险是必要的，因为这样才能时时保持警惕，防止环境的恶化。园长应该全面了解如何创建一个安全的环境。此外，教师必须警惕潜在的危险，并指导儿童防止受伤。安全制度应该被创建，这些制度可能包括，但不限于以下方面。

- 检查室内和户外环境的危险、风险和不安全的做法。
- 环境危害如空气质量、宠物、病虫害管理和安全性。
- 交通工具。
- 所有设备的维护。
- 预防儿童虐待。
- 处理突发事件。
- 提供急救。
- 灾害应急和减灾计划。
- 处理灾害善后事宜。
- 帮助儿童应对灾害。

预防措施应该从每周的教室和操场检查开始。除了自己负责的教室，教师还应检查其他的教室，或许可能会注意到一些在日常区域被忽视的异常。园长应该查看一些学校当中儿童可能会受伤的地方，根据需要安排设备维修，并移除无法修复的设备。为某个特定的环境制定一个清单是有益的，这样在巡检的时候就不会忽视任何地方。表 12-6 是一个推荐的环境安全评估检查单。

环境危险

除了显而易见的室内和户外的清单，环境危险还包括空气质量和通风、宠物或动物、害虫管理和教室安全。要让空气质量保持在一个安全的水平，免除细菌、烟雾和其他的安全风险，就有必要保持足够的通风。室内空气的质量往往比户外的空气更有毒性（Boise，2010）。考虑到这些动物可能携带的疾病，疾病控制和预防中心建议不要带爬行动物、两栖动物或家禽进教室。有关宠物的进一步信息可以在网站 www.cdc.gov/healthypets/ 上找到。害虫管理应该由一个有执照的专业人员管理，该专业人员需要理解综合病虫害治理，这是由环境保护机构推荐最适宜儿童环境的害虫治理方案。教室安全包括监看儿童，并有一个系统能够监测进入该环境的人员，以排除那些未经授权的人的进入。园长的工作是确保所有这些安全建议被考虑在内，并且落实相关的政策。

表 12-6 安全检查单示例

安全检查单

教室

_____ 家具没有尖锐的边角。

_____ 所有家具的尺寸都适合儿童使用，并经过安全测试。

_____ 所有的电源插座上都有防护装置。

_____ 装有清洁用品的柜子外面都有儿童安全锁。

_____ 热水器的温度设定在 48.9℃。

_____ 所有直径小于 3 厘米的玩具都已经被移除。

_____ 工作人员已经经过培训知道如何使用"窒息管"测量工具。

_____ 没有儿童能够接触到的小物件，如图钉、钉子或订书针。

_____ 所有破碎的玩具或玩具部分都已经被移除。

_____ 美术用品都不含有毒成分。

_____ 没有松动或撕裂的地毯区域。

_____ 乙烯地板不滑。

_____ 每个教室都有一个烟雾探测器。

_____ 在每个教室可见的地方都贴有一份紧急疏散计划。

_____ 紧急关闭天然气、电和水的说明张贴在明显的地方。

_____ 在婴儿—学步儿房间有一个带轮子的婴儿床，清楚标明用于快速疏散还不能走路的幼儿。

户外

_____ 所有的设备，如果有一块可能的跌落区域，就需要有安全认证的地面覆盖。

_____ 设备的所有可移动的部位都应该充分检查，确保没有缺陷。

_____ 所有的设备都要满足许可要求。

_____ 在不同的设备之间要有足够的间距。

_____ 平台有坚固的护栏。

_____ 游乐设备是坚固的，并且没有尖锐的边缘或碎片。

_____ 设备上没有松动的螺母或螺栓。

_____ 游乐设备被安全地固定在地面上。

_____ 在人行道上或者攀爬设备的表面没有可能绊倒人的凸起。

_____ 草坪经过修剪，人行道没有碎石杂物。

_____ 操场上没有破碎的玩具、玻璃或者任何被扔进来的其他物品。

_____ 所有的栅栏都至少有 1.2 米高，有带安全锁的大门。

_____ 沙箱是干净的，并且至少每周清理一次。

_____ 骑乘类玩具的重心设置要尽量低，并且平衡能力良好。

_____ 带轮子的玩具区域与其他游戏区域分开，远离交通模式。

_____ 带轮子的玩具区域地面是平整的，并且不易滑倒。

_____ 儿童和工作人员都要了解设备的使用规则。

资源下载请登录网站 CengageBrain.com

交通安全

如果在讨论环境安全时没有考虑到儿童的交通安全问题，那肯定是不完备的。这对于现今来说尤其重要，因为很多的儿童看护中心或学前教育机构提供儿童的接送服务，并且带孩子们去实地考察。所有出行的安全预防措施都应该从学校开始。汽车必须有安全的停

定期检查户外设备

车和让儿童上下车的地方。任何学校负责交通运输的司机都必须要有相应的执照。其他的人则应该负责并且有能力管理一群儿童。要具备这样的能力可能需要一些培训。家长应该了解负责学校交通的人员，这能让他们更放心。有时教师也可以作为司机。在这种情况下，园长必须特别确保该教师获得跟司机一样的训练和执照。不管出行的原因是什么或者谁负责驾驶，学校都应该保留一个书面的许可文件。这些表格的复件和紧急通知的编号都应该伴随儿童的每一次出行。

用于乘载儿童的所有车辆都应该根据每个孩子的年龄和体重进行配备，并获得使用批准。婴儿应该安置在后置的婴儿座椅上。2岁以上以及9千克以上的学龄前儿童可以使用正面朝前的座椅，并使用完整的安全带约束（肩带和下安全带）。当幼儿达到了安全座椅的最大重量——或者他们的耳朵与椅高齐平——他们可以使用肩带，并在安全带上加一个辅助。少数车辆配备了内置的学龄前儿童座椅。不管行程多短，在每一次旅途中对每个孩子都应该做好安全防护。

所有儿童用的车辆维护都是极其重要的，需要定期检查并做必要的修理工作。灭火器应该放置在驾驶员附近，这样在需要的时候容易拿取。必须购买足够的责任保险，能够覆盖车辆、驾驶员和最多数量的乘客。

在一些学校，家长们会送孩子们去实地考察。考虑到存在的风险，为了确保儿童的安全，额外的预防措施是必要的。园长可能需要提醒家长采取安全措施并在关闭车门时特别小心。虽然当家长用车送自己的孩子时学校不承担任何责任，但是如果家长同时也送其他的孩子去实地考察，学校就需要承担责任了。园长需要确保在这种情况下保险能够覆盖到。

预防儿童虐待

创建安全环境的一部分是制定制度防止学校环境中发生儿童虐待。园长是一个重要的人员，有责任在招聘过程中防止雇用不适当的人。这包括筛查、审核推荐信和提出一些能够获得相关信息的面试问题，通过信息判别该职位申请人是否适合与儿童一起工作。作为预防儿童虐待的策略，园长也需要提供足够的人员监督和培训。其他一些制度，如明确的师幼比、儿童规则、对儿童和家庭进行有关虐待的教育，这些方面的制度也应该到位。

维持环境安全

维持安全、健康的环境包括处理突发事件以及如何解决问题。每个学校或儿童看护中心需要一个标准的程序来管理学校或儿童在被运送当中出现的任何事故。下面是对园长的一些建议。

- 在每个儿童的档案中保留一份由家长签字授权的医疗急救表格。
- 打印一个标准表格，一式三份，记录相关的事故。
- 在事故之后尽快填写事故汇报表（见表12-7）。
- 根据事故的性质需求，呼叫医护人员或带孩子到最近的急诊室。
- 尽快电话通知家长。
- 如果儿童需要被带离学校，请家长直接去医院。
- 即便儿童的伤势很小，不需要紧急护理，也要通知家长。
- 可以跟家长共同决定儿童是留在学校还是被带回家。
- 如果儿童留在学校，确保教师进一步观察儿童以便及时发现任何的困难迹象。
- 尽可能完全和诚实地回答其他儿童的任何问题，让他们知道受伤的儿童正在接受治疗。

表 12-7　事故汇报表格

学校名称：＿＿＿＿＿＿＿＿＿＿＿　汇报日期：＿＿＿＿＿＿＿＿＿＿＿＿

儿童姓名：＿＿＿＿＿＿＿＿＿＿＿　性别：M F　出生日期：＿＿＿＿＿＿＿

家长姓名：＿＿＿＿＿＿＿＿＿＿＿　联系电话：＿＿＿＿＿＿＿＿＿＿＿

家庭地址：＿＿＿＿＿＿＿＿＿＿＿＿＿＿＿＿＿＿＿＿＿＿＿＿＿＿＿＿＿

受伤日期：＿＿＿＿＿＿＿＿　时间：＿＿＿＿＿＿＿＿＿＿＿＿A.M. P.M.

受伤地点：＿＿＿＿＿＿＿＿＿＿＿＿＿＿＿＿＿＿＿＿＿＿＿＿＿＿＿＿＿

负责老师：＿＿＿＿＿＿＿＿＿＿＿＿＿＿＿＿＿＿＿＿＿＿＿＿＿＿＿＿＿

事故时间的在场人员：＿＿＿＿＿＿＿＿＿＿＿＿＿＿＿＿＿＿＿＿＿＿＿

涉及的设备类型：＿＿＿＿＿＿＿＿＿＿＿＿＿＿＿＿＿＿＿＿＿＿＿＿＿

事故描述：＿＿＿＿＿＿＿＿＿＿＿＿＿＿＿＿＿＿＿＿＿＿＿＿＿＿＿＿＿

＿＿＿＿＿＿＿＿＿＿＿＿＿＿＿＿＿＿＿＿＿＿＿＿＿＿＿＿＿＿＿＿＿＿

＿＿＿＿＿＿＿＿＿＿＿＿＿＿＿＿＿＿＿＿＿＿＿＿＿＿＿＿＿＿＿＿＿＿

采取的行为：＿＿＿＿＿＿＿＿＿＿＿＿＿＿＿＿＿＿＿＿＿＿＿＿＿＿＿＿

急救措施：＿＿＿＿＿＿＿＿＿＿＿＿＿＿＿＿＿＿＿＿＿＿＿＿＿＿＿＿＿

（急救人员姓名）

治疗医生：＿＿＿＿＿＿＿＿＿＿＿＿＿＿＿＿＿＿＿＿＿＿＿＿＿＿＿＿＿

（医生姓名）

送去的医院：＿＿＿＿＿＿＿＿＿＿＿＿＿＿＿＿＿＿＿＿＿＿＿＿＿＿＿＿

（医院名称）

拒绝的治疗方式：＿＿＿＿＿＿＿＿＿＿＿＿＿＿＿＿＿＿＿＿＿＿＿＿＿

（拒绝治疗的人员姓名）

家长通知：

是否通知了家长？　是　否　通知时间：＿＿＿＿＿＿＿＿＿＿＿＿＿＿

通知方式：＿＿＿＿＿＿＿＿＿＿＿＿＿＿＿＿＿＿＿＿＿＿＿＿＿＿＿＿＿

家长意见：＿＿＿＿＿＿＿＿＿＿＿＿＿＿＿＿＿＿＿＿＿＿＿＿＿＿＿＿＿

＿＿＿＿＿＿＿＿＿＿＿＿＿＿＿＿＿＿＿＿＿＿＿＿＿＿＿＿＿＿＿＿＿＿

事故证人：＿＿＿＿＿＿＿＿＿＿＿＿＿＿＿＿＿＿＿＿＿＿＿＿＿＿＿＿＿

园长签名：＿＿＿＿＿＿＿＿＿＿＿＿＿＿＿＿＿＿＿＿＿＿＿＿＿＿＿＿＿

急 救

每个学校应该至少有一个主要的、药品充足的、随时更新的急救箱。还应该至少有一个成年人参与过美国红十字会急救课程，包括心肺复苏（CPR），以及如何识别和照看有呼吸或心脏问题的婴儿或非常小的孩子。如果可能的话，每个教室都应该放置一个小急救箱，最少包括一些消毒剂和创口贴。

火灾、警局和公用事业的电话号码清单应该永久地贴在急救箱上和每个有需要的房间。学校的医生或护士的电话号码应该是现成的。距离最近的急诊室、医院或急救单位的电话也应该贴出来。所有其他的信息也应集中在一处，使工作人员能够迅速地应对突发事件。

急救箱内应备有的主要急救物品包括：

- 胶带
- 外用酒精
- 所有尺寸的胶布绷带
- 毯子
- 棉花球
- 手电筒
- 各种纱布垫

- 即时冰袋
- 消毒湿巾
- 肾上腺素笔
- 安全别针
- 钝剪刀
- 抗菌肥皂
- 蜂蜇伤、虫咬伤救援棒

- 弹性绷带
- 温度计
- 消炎药膏和可的松软膏
- 毛巾
- 三角绷带和蝴蝶形绷带
- 镊子
- 洗眼液

灾难计划

你所在的州的法规可能会要求制订一个灾难计划。即便不是强制的，对灾难的准备——如火灾、洪水、飓风、龙卷风和地震——应该在孩子们进入一个看护机构之前就已经做好。可能还会需要对其他灾难做一些准备，如炸弹或枪击恐吓。建筑物出现的紧急情况，如停电，天然气泄漏、化学品泄漏所产生的有毒烟雾，也有可能发生。每个员工都必须熟悉疏散儿童或者带他们到安全区域的程序。在紧急情况发生时，每个员工都要分配具体的职责。学校门口及每个房间都应该贴上紧急疏散路线图。火灾报警器、灭火器和紧急出口指示灯都应该清晰可见，并且要定期检查。应经常安排演习，让儿童有机会进行实践，工作人员也有机会评估计划是否需要任何更改。家长必须对灾难计划有所意识，包括儿童有可能被带去的后备避难所。

通常，园长应该指定一名员工，负责召唤紧急援助，并确保建筑物已经完全清空。这个人还要负责联系家长。最后对建筑物的检查应该关闭所有设备、关闭管道煤气（地震时尤其重要），并对任何特定的设备采取必要的措施。完成这些任务的工具装备应该随时可用，包括钩扳手、管子钳、铁铲和螺丝刀。

疏散儿童和成人的应急物资应装在容易移动的容器内，这样员工可以在必要的时候带去后备避难所。这套紧急工具装备应该包括：

- 灭火器。

- 急救用品。
- 毯子。
- 尿布和湿巾。
- 儿童和成人的鞋子或靴子。
- 水，至少有一天的供应量。
- 有特殊需求的儿童的基本药物（例如，哮喘患者的吸入器）。
- 不易腐烂的食品，如盒装果汁、能量棒、罐头食品。
- 手电筒和备用电池。
- 用电池的收音机。
- 手机。
- 家长或任何的替代联系人的联系电话清单。
- 儿童书籍、游戏、蜡笔、纸张和小玩具。
- 抗菌洗手剂。
- 求救用的哨子。

帮助经历灾难的儿童

美国幼儿教育协会手册第 533 条说明了如何帮助经历自然灾害或社区暴力的儿童，不论是直接帮助还是通过新闻媒体的报道（Farish，2006）。以下的策略显示了家庭和儿童看护人员如何提供支持。

- 通过亲密的身体接触让孩子们放心：拥抱、牵手或微笑。告诉他们有人会保证他们的安全，并且照顾他们。
- 维持惯例和活动：当孩子们的世界变得不可预测时，一致性和安全是非常重要的。维持每一天的熟悉惯例和所有的活动。
- 当儿童想谈论灾难时做出回应：跟一个理解发生了什么事的成人交流可以澄清他们的担忧和感受。不要迫使孩子们说话，但是让他们知道你随时准备倾听。你可以告诉他们，你也同样担心和焦虑，但是让他们知道你是如何管理这些情绪的。
- 提供一些帮助儿童缓解压力的体验：让孩子们在玩水、黏土或沙子的过程中放松。一些孩子可以通过表演游戏缓解他们的焦虑。要为儿童提供户外体育活动的机会。
- 注意任何的行为改变：一些儿童可能退回到一个发展的早期阶段，包括吮吸手指或尿床。另一些则会通过睡眠模式的改变显示出来。其他人可能会自我孤立，变得易怒或者咄咄逼人。
- 留出时间来照顾你自己的感受，这是尤其重要的。

一个日托中心的教师被要求每周检查一次另一个同事的教室，以排除安全隐患。实行这一政策可能的原因是：（　　　）。

a.教师只有在另一个教室才能学会识别安全隐患

b.如果另一个老师在场，孩子们会表现更好

c.如果教师知道他们被其他教师评判，他们会更警惕

d.他们可能会注意到一些被这个教室的老师忽略的事物

参与完整测验请登录网站 CengageBrain.com

小　结

园长必须有足够的儿童营养知识让他们对儿童的饮食需求和行为保持敏感。计划或监督菜单的制订是园长日程安排的一个重要组成部分。如果学校或中心从儿童及成人关怀粮食计划署获得基金，他们应该确保遵循"我的餐盘食品指导系统"和儿童及成人关怀粮食计划署的指导。在计划中应该考虑厨房员工能够准备的餐食、预算要求并促进文化多元性。

儿童可以参与体验烹饪，并学习有关营养方面的知识。园长可以通过提供菜单或者获取儿童的饮食习惯的信息让家庭参与进来。教室里用于吃饭的地方应该是整洁并有吸引力的，家具应该是舒适的，儿童应该参与环境的布置和服务，教师应该和孩子们一起吃饭。

园长应该花很多的心思管理食品的采购、准备和安全机制。食物必须在严格的卫生条件下进行烹饪和提供。园长应确保教师根据儿童的年龄为孩子们计划每天 30~60 分钟的活动时间。一个保证了充足营养并经常进行体育锻炼的儿童更可能是健康的。

儿童和员工的健康档案都应完整。卫生制度中应涉及儿童的健康状态。园长应该制订计划，控制疾病感染，确保儿童和工作人员的免疫接种。各类设施在任何时候都应该保持清洁和卫生。园长应确保教师知道疾病识别以及任何与疾病相关的症状。对儿童和员工都应该制定隔离制度。制度还应涉及有健康需求的儿童，满足他们的需求。当一个儿童的健康需求得到满足时，他更有可能是安全的。

园长应计划一些能够在任何时候都提醒人们考虑到安全的制度。应该有一个检查室内和户外危险、风险和不安全做法的常规流程，这包括环境危害，如空气质量、宠物、病虫害管理和安全性。安全的交通运输和对所有设备进行维护可以降低风险。预防儿童虐待是安全的重要组成部分。

为紧急情况做出计划并提供必要的急救是园长的重要任务。还应该为急救准备充分的物资。防灾准备，包括灾难应急演习和减灾都可以帮助降低可能的安全风险。当灾难发生时，园长应该有应对灾难和帮助儿童的制度。

案例研究

阿罗约是一个 4 岁的孩子，是一个学前教育机构的全托儿童。她有一个健康的胃口，她母亲每天送一大份午餐和一些点心到全托中心。大多数食物，包括淀粉类食物的糖、盐和脂肪含量都很高。阿罗约在过去的 6 个月里增加的体重比普通孩子都多。其他孩子也开始注意到了。在探访教室时，园长无意中听到阿罗约和其他几个孩子的对话。一个女孩叫阿罗约"胖子"，另一个孩子叫她"猪油屁股"。阿罗约试图为自己辩护，但是她变得很沮丧，最后哭起来了。

1. 园长可以对孩子们说点什么？老师可以说点什么？
2. 园长应该对阿罗约的家长提出一些什么建议来改善她的午餐质量？
3. 园长如何才能为这个学前小组计划并实施一个合理的体育项目，同时也让阿罗约的家长更多地参与到体育活动中来？
4. 为这个班组的儿童提供一些建议来选择适当的食物。

学生活动

1. 为学龄儿童准备一张海报展示"我的餐盘"的指导，其中包括为每个组准备点心的建议。
2. 为 4 岁的儿童计划一个系列的营养课程，向一组儿童展示这个课程，然后评估其有效性。儿童能够理解你提出来的概念吗？他们对于你讨论的食物有没有任何可察觉的态度改变？
3. 在一个儿童看护中心观察儿童的两顿用餐。使用下面的表格进行评分。

	优秀	良好	一般	差
餐具的清洁度	____	____	____	____
座位的舒适度	____	____	____	____
食物外观	____	____	____	____
儿童餐食的分量安排	____	____	____	____
教师的参与	____	____	____	____
总体气氛	____	____	____	____

4. 为儿童创建一个健康隔离制度，为员工也创建一个，比较这两个制度。
5. 你的学校使用什么清洁方法？这些方法是否能够满足学校的清洁需求？学校使用的是绿色清洁产品吗？这些清洁方法能够满足清洁需求或者不能满足的原因是什么？
6. 参观一个幼儿学校，观察操场 1 小时。如果你是负责人你会做什么改变？为什么？
7. 参观一个学前教育机构，看看教室里有没有安全风险。列出你的观察结果。

复习

1. 为什么一个儿童看护中心的儿童获得充足的营养很重要？

2. 如果一个中心每天的开放时间达9小时或更长，为了满足儿童的最低日常营养需求，要提供多少分量和种类的食物？

3. 请提出5个鼓励儿童吃有营养的食物的建议。

4. 园长如何鼓励教师为儿童设计烹饪体验活动？

5. 储存食品应保持食物的营养含量，确保食品安全。冰箱应保持在一个什么温度？长期储存食品的冷冻室最适宜的温度是多少？"危险区域"是什么意思？

6. 儿童的健康档案中应该包括哪三类信息？

7. 列出5个在儿童看护环境中预防疾病蔓延的措施。

8. 在哪些情况下儿童应该被送回家或者被留在教室？

9. 列出在乘载儿童时需要采取的安全措施。

10. 在一个灾难应急计划中应该包含什么样的信息？

有用的网站

免责声明：本书中所列出的网址旨在为您提供方便，不做推广。

http://www.healthychildcare.org/

http://www.ada.gov

http://www.cdcnpin.org

http://www.fns.usda.gov/cnd/care

http://cec.sped.org

http://www.fema.gov for Kids

http://www.usfa.fema.gov/kids

http://fnic.nal.usda.gov/

http://www.cdc.gov/nchs/

http://playgroundsafety.org/

http://nrckids.org/

http://www.safekids.org

更多与管理相关的信息——包括教学资源视频、与每章内容有关的网址、教学测验、词汇卡等——请访问本书的教育伴侣网站 CengageBrain.com。

目的

阅读完本章内容，您应该能够：

· 列出一个商业计划的组成。

· 列出新开办一个学校的启动
  成本。

· 确定一个学校在开始运作之前
  需要满足的大多数要求。

· 为了促进学校的日常开放，制
  定一些程序和任务。

· 确定一些留住注册儿童的
  办法。

一个教会主办学校的园长一天的生活片段

度过了漫长的暑假，9月回到学校，看到那些返校孩子的微笑和棕褐色面孔，我感觉很有趣。在开学第一天，一个小女孩伸开双臂向我跑过来，扑到我的怀抱里。"哦，香奈儿夫人！你太想我了。"我说："我也很想你。"当她意识到自己说错了话并做了更正时，我只是简单地答道："你说得没错。"

naeyc 标准

本章中涵盖的NAEYC标准如下：

标准1：促进儿童的发展和学习
       （1a）。

标准2：建立家庭和社区的关系
       （2a，b）。

标准3：通过观察、记录和评
       估来支持儿童和家庭
       （3c）。

标准6：成为一个专业人员（6a，
       b，c）。

关键词

商业计划　非消耗类物品　启动成本　物资供应　持续成本　家庭小组　同龄小组

一个商业计划

计划开办一所学校必须跟任何业务一样筹划仔细。初始投资的数额可能较大，没有人愿意因为糟糕的计划而赔钱。为学校的启动和持续运营起草一个实际的商业计划，以及这两个阶段的预算，是非常重要的。

不论是否用电脑完成，一个商业计划都是至关重要的。它是一个书面文件，详细地描述了可能出现的风险。其目的是反映一个新的业务的预测需求和预期结果。它帮助规划者来确定项目的可能性、评估资源和借用资金。一个商业计划的组成如下。

- 简短的项目描述，包括独一无二的特点和目标人群。
- 市场营销方法：有关销售的信息如何到达目标人员。
- 可用资源，如专业人员的参与，用于首次花费的现金，与运营的合理支出有关的知识。
- 有关业务需求的研究综述。
- 实际风险的评估，包括潜在的问题和可行的解决方案。
- 收入和支出的财务预测。
- 从规划阶段到财政稳定运作阶段的时间轴。

自我测验

在为一个新的日托中心写一份商业计划时，福勒女士对实际的风险进行了评估。她考虑的问题包括中心的位置安排、中心附近有没有很多幼儿，由此可能产生的风险。所以，她的商业计划中还应该包括：（　　）。

a. 申请分区批准

b. 让她所选的这个位置变得合理

c. 解决这个问题的计划

d. 解释为什么她不应该担心这个问题

参与完整测验请登录网站 CengageBrain.com

机构位置

社区调查

投入时间和金钱之前，应该评估社区的需求。收集的信息涉及有孩子的家庭数量，家长的收入，工作的家长数量，家庭的可用交通方式，以及附近已有的儿童看护设施的数量。我们可以从美国人口普查的数据库、劳动力和就业统计局、学区数量和儿童看护组织的数量中获得一部分信息。现有学校的园长可能愿意讨论他们的学校是否完整或者是否需要额外的地方安置儿童。当地的资源和推荐机构还可以共享一个地理区域的家托和中心机构的数量以及注册数据。

通过一个需求评估问卷，可以有多种方法来调查一个社区。初步信息会显示是否需要一个新学校，以及需要什么样的学校。例如，如果该地区的学龄儿童比年幼的儿童更多，那么可能需要一个课后托管项目，同时提供暑假和节假日的儿童看护。如果婴儿、学步儿和学龄前儿童更多，那么一个带婴幼儿房间的学前教育机构应该会获得成功。如果该地区有大量工作的父母，那么就有可能要排除合作性的机构，将目标设置为开办一个全日制的托幼中心。

表 13-1　社区儿童看护中心需求调查问卷范例

> 5329 中心路
>
> 爱默生，邮编 16112
>
> 为了响应员工的要求，我们在社区医院中评估一个儿童看护中心的需求。它可能成为您的工作或家庭福利的一部分。请填写调查问卷并于 12 月 15 日之前反馈您的意见。
>
> 姓名：_____　雇员编号：_____
>
> 部门：_____　家庭住址：_____　变动_____
>
> 您的孩子的数量和年龄：_____
>
> 您有没有需要特殊看护的孩子？_____
>
> 请描述他 / 她的特殊需求：_____
>
> 您的孩子现在在什么看护机构？
>
> 　　学前教育机构或儿童看护中心：花费 / 小时_____　每周_____
>
> 　　您家里的看护人：_____　花费 / 小时_____　每周_____
>
> 　　家托：_____　花费 / 小时_____　每周_____
>
> 　　亲戚的家里_____　独自在家_____
>
> 您需要什么样的儿童看护服务？
>
> 　　部分时间_____（小时）　　　全托_____（小时）
>
> 　　晚上_____（小时）　　　周末_____（小时）
>
> 您会在我们的建议下注册一个优质的儿童看护中心吗？_____
>
> 请就以下的福利对您和您的家人的重要性进行评级：（1- 最重要，2- 比较重要，3- 其次，4- 最末）
>
> 　　*预付的医疗和牙齿护理_____　*儿童看护_____
>
> 　　*老年看护_____　*产假 / 探亲假_____
>
> 其他意见：
>
> _____
>
> _____
>
> *这些项目可能需要根据特定的福利包进行变更。

办学许可认证

办学许可条例规定了可接受的看护和安全的最低标准。所有的州都有许可认证要求，但是地区差异很大，所以在制订进一步的计划之前先了解该地区的要求规范是至关重要的。

每个州的儿童看护许可办公室在互联网上都会列出。

为什么要进行认证？

良好的监管体系不仅对儿童和家庭是有益的，对儿童看护提供者来说也是有益的。一个正式的许可意味着你的设施达到了安全的可接受水平和该州的要求。在招收儿童的时候这也是一个优势，因为家长们会觉得把他们的孩子放在一个获得许可的设施中会更安全。幼儿父母还可以通过另一种方式受益，当他们为自己的孩子选择合适的托管机构时，许可机构能为他们提供有关优质儿童看护标准的有用信息。

谁来注册

一般来说，有其他制度规范的机构就不是必须要注册的，能够被豁免注册的机构包括那些被州教育法规覆盖了的项目，如公立学校系统中的儿童中心。公立学院或大学中的实验学校也属于这一类。开端计划和其他联邦政府资助的项目有自己的标准，通常高于办学许可要求。

许可规定并不适用于家托。照看非家族成员的孩子的家托还没有得到监管。一些州对家托进行注册，而不是将他们纳入许可程序。在这种情况下，家托在注册之前就不会被要求检查，因而不受监控。应告知家长机构的标准，并鼓励家长加强检查和监控。

所有其他的项目都必须获得办学许可才能够开始运营，如私立营利性学校、教会主办学校、雇主赞助的儿童看护中心，或联合机构。一个企业链中的每个学校都要有它自己的许可证。许可证只在一段特定的时间内有效，在过期之前必须要更新。

规划一所新学校的第一步是联系这个州的许可证授予机构，它会发给你一个申请包和一份许可指南。指南包括设计一个学校或者选择一个合适的建筑物的必要信息。申请包还包括所有必须完成的书面工作。

申请过程需要获得建筑许可证，采集员工指纹，进行记录编制。完成这些任务可能需要3到6个月的时间。一旦申请完成，返回到许可的机构，就可以安排一个面谈。检察官将考察你的学校是否达到了相关要求或遵守了规范。如果没有的话，会留出一段时间让申请者去达到这些要求。许可证的有效期通常为一年。在授予一个新的许可证之前，检察官会进行一个现场视察。除了许可证的更新，大多数的许可法规包括执行的方法。如果许可机构突然到访学校并发现违规行为，就会发送一个未遵守规范的通知。被许可人将被给予一段时间来纠正问题。如果在下一次检查中问题没有得到纠正，被许可人将被处以罚款。无证经营或者证件过期的学校可能会由法律手段关闭。

许可涵盖的内容

一般来说，许可法规关注的对象是影响儿童健康和安全的各类条件。为了适应各种不同情况，如学校和儿童看护中心位置处于改装的仓库、店面、教堂或住宅等，陈述内容往往较为广泛和普遍。因此，认为一个具体的要求能够适用于所有这些设置是不切实际的。各个机构的项目监管人员可以根据每个学校的需求对这些总体的规则陈述进行阐释。

许可法规可能会涵盖以下部分或全部的主题。

- 许可程序和注册记录。
- 一般行政管理程序。
- 空间数量，包括室内和户外。
- 设备——一般的法规通常会要求机构的设备适合儿童的年龄和数量，并且能满足他们的发展需求。
- 食品服务和营养——要求提供给儿童营养充足的食物，并在安全的条件下准备。
- 健康程序——要求儿童的档案中包含入园前的健康报告，维持儿童的健康记录；隔离生病的儿童，为儿童提供紧急医疗护理的用品。
- 安全程序——关于清洁用品或其他任何有害物的安全存放；设备和建筑的安全维护，消防和灾难应急程序的设立。
- 项目——要求项目的日程安排要为儿童提供机会参与活动，促进他们的成长和发展，同时也要留出时间让他们休息，照顾自己的身体需求。
- 员工——涉及一些具体的要求，如师幼比，所有工作人员的资格认证，人事流程，以及记录保存。
- 规章——禁止某些类型的惩罚，鼓励使用积极的方法让儿童遵守规章。
- 交通——对乘载儿童的车辆进行安全维护，在交通过程中有保证儿童安全的方法，确认司机的资格。
- 家长参与——法规要求家长参与机构计划，在顾问委员会中担任职务，获得有关机构目标和政策的信息和材料，并且通过会议与工作人员进行联系和交流。

有些州还没有涵盖婴儿和学步儿看护项目的补充指南。上面列出的很多相同主题都将被覆盖，有具体的条例适用于这些最小年龄段的儿童。对婴幼儿来说，可以增加以下领域。

- 针对睡眠设备的具体条例。
- 提供食品存储、食物准备和食物感觉测试的程序。
- 提供可以遵循的换尿布的流程规范，包括需要的设备。
- 通用卫生程序的具体说明。
- 满足儿童发展需求的程序，比如如厕学习、固体食物的引入。
- 将家长纳入计划之中。

许可要求指定了室内和户外所需的面积，从而限制了学校只能在有充足空间的社区开办。在一些州，每个孩子的最低室内空间要求是 3.25 平方米。为了提供最大的游戏空间

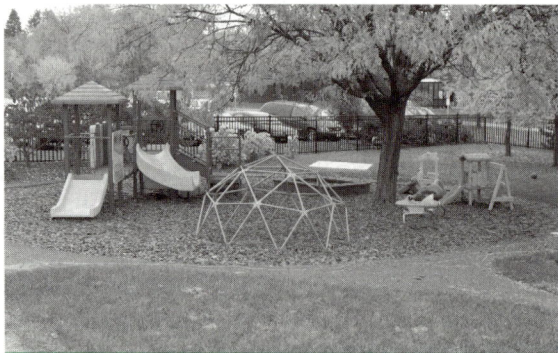
多功能操场设备

和行动自由，每个儿童的建议空间分配是 3.72 到 5.57 平方米。儿童用空间通常占学校总面积的 60%，其余 40% 的空间需求包括存储空间、一个厨房、办公室和卫生间等。户外空间的设置和适宜大小是一个带围栏的院子，每个孩子平均有 6.97 到 9.29 平方米的活动场地。

在一些州，学前教育机构不能在建筑物的二层开办，这就进一步限制了可采用的空间。对学校来说，一楼更为安全，因为一些孩子攀爬楼梯还有难度。他们需要很容易地出入户外的游戏区域。在为儿童看护中心寻找合适的场地时，满足卫生间的设施要求也会成为一个挑战。卫生间应该接近教室，需要有足够的洗手台、马桶满足预期的儿童人数的需求。窗户数量、取暖方式、厨房设备、饮水机等，这些设施的要求都会影响决策。

其他规定

除了许可法规，早教设施还受一些其他规范的约束。在许多社区，市区划分法令规定营利性的儿童看护机构只能位于商业或商务区。市区划分法令有时也会有差异，可能会允许一个中心的位置安排在居民区，但条件是中心的运营不会对该地区造成不必要的干扰。分区法规也可能要求为员工和来访人员提供街道之外的停车场，进一步限制了地理位置的选择。

在选择一个地点之前，重要的是先开车穿过学校选址的临近区域进行观察。这是一个家长想带他们的孩子来的地方吗？这是一个适合办学的环境吗？这个地点要能够轻易地从马路上看到，因为标志和学校建筑将是最好的广告。也不能有阻碍到达学校入口的任何障碍物。最后的考虑是，对于孩子们来说，这个地方要能够让他们安全地度过每一天。

针对幼儿看护的建筑，还必须符合使用人员的健康和安全的严格规范。在对一个机构进行授权之前，该城市将派出建筑、消防和卫生部门的代表人员来访。熟悉这些规定，包括任何针对残疾儿童的特殊要求，都是必要的。

购买、建造、改造或租赁

对很多潜在的所有者来说，在一个方便的地点建造一所学校是他们的梦想。这可能是满足他们对学校的大部分要求的唯一途径。然而，随着过去几年中土地和建筑成本不断攀升，改造现有的建筑是一个更加可行的选择。估算新建筑成本的一种方法是找到一所新建的学校，并获知它的建造成本。如果这样行不通，该区域的建筑商或建筑师应该能够估计建筑物的成本。房地产经纪人可以估算购买土地的成本。

如果建造一所学校是个不切实际的梦想，那么仍然存在一些其他的选择。很多有吸引力的幼儿学校设置在装修过的住所内。如果能够以合理的价格找到一个面积大的老房子，这也可能是一个不错的选择。不幸的是，一些社区禁止在居民区开办学校。此外，建筑物翻新的成本往往很高，通常必须要有额外的卫生间和浴室。门厅、楼梯、走廊、取暖设备、户外围栏、符合安全标准的大门也增加了成本。

另一种可能性是租用一所公立学校的闲置教室。有孩子的家庭的减少让一些学区的闲置空间增多。对于一个儿童看护中心来说，这或许是一个可行的解决方案，但也可能存在几个问题。卫生间如果不靠近教室或者操场，就有可能会造成不便；改装墙壁或增加管道也可能会有限制；另外，可能没有多余的空间满足办公室或其他需求（例如会议室、员工休息室、室内运动区、洗衣机和烘干机安置的空间，存储区域）。不过，通过精心规划，空间通常是可以被改造的。

店面也可以用于早教项目。这类地点的一个优势是托幼中心对购物者来说有很高的可见度。这个优势可以提供足够的广告宣传来吸引最初的注册家庭并维持注册率。一个不足之处可能是需要安装卫生间设施、划分室内空间以及建立操场的费用。

工业场所，如工厂或仓库，也可以被改造成学校，当然这需要一点想象力。这些地点可能靠近家长们工作的地方，这样在白天家长们也能来访。最后一个可能的选择是购买一个现成的学校。每年都有一些学校因为各种原因更换业主。购买一所房子时，对建筑物进行调查并确定所需的维修费用是非常重要的。购买一所学校可能是一个聪明的决定，尤其是对于营利性学校来说，因为除了商业投资，它还可以是一个实际的房地产投资。

当一所学校的校址已初步选定，接下来需要联系控制托幼设施运营的所有监管机构。买方应该有一个检查员查看现场。建筑和安全法规指出，建筑物必须排除任何可能的危害，石棉、铅涂料和电线必须符合现行的标准。如果窗户不能够打开，还必须有足够的通风。还可能存在使用地毯的种类、安全出口的数量或标志的相关要求。安全出口可能要求有发光标志和在紧急情况下容易打开的锁。消防规范要求包括灭火器的数量和位置，烟雾/火灾报警系统，以及炉子和热水器的位置。

直接影响到儿童看护中心的联邦法规是 1990 年的《美国残疾人法案》（*Americans with Disabilities Act*，*ADA*），以及 1970 年的《职业安全与健康法案》（*The Occupational Safety and Health Act*，*OSHA*）。《美国残疾人法案》要求所有的设施和服务向所有的个人包括残疾人平等开放。这意味着有楼梯的地方必须提供坡道，门口的宽度必须能够容纳一个轮椅，以及卫生间必须可供残疾人使用。《职业安全与健康法案》所提出的要求是环境当中不能有任何有可能对雇员造成死亡或受伤的危害。如果地方和联邦的指导方针有重叠的地方，设施必须同时符合两者的要求。

小资料 儿童看护的高成本使许多家庭很难负担得起优质的看护。全职幼儿看护每年的平均费用从 3 550 美元到 18 750 美元不等，取决于家庭的生活区域、看护类型和儿童年龄。低收入家庭受这些支出的影响更为显著，选择范围更小。因此，他们常常不得不将他们的孩子托管给低质量的看护机构（NACCRRA，2010）。

财　务

启动资金

在做出最终决策之前，必须考虑在所选的地点开办一个学校的启动资金。启动资金是那些在计划初始阶段的必须支出项——在学校开始运营收取注册费之前。学校可能需要装修，也必须购买一些设备。必须聘用一些员工：

- 与分配到该地理区域的许可分析师一起工作，确保每个室内和户外的游戏区域都达到所要求的健康和安全标准。
- 订购设备和材料。
- 与家长面谈。

对一个大的学校来说，生均花费可以高达 5 000 美元。表 13-2 显示了一个有 70 名儿童规模的翻修学校的启动资金预算。即便是租一个建筑物，最开始的支出将会包括第一个和最后一个月的租金和要求的安全保证金（见表 13-2）。

学校运营所需的一切设施设备都必须在开放日之前购买好。设备、家具和学习材料，所有这些意味着一项重大投资。规划人员可以借助各个公司的商品目录估算成本。一些公司会派一个销售代表到学校协助进行这一项任务。不是所有的学校都能在一个理想的环境中开始运营，所以他们经常在学校开放之后添加设备。可行的选择是制作一些必要的家具，如桌子和仓储货架，并购买二手设备。

园长应该分配足够的资金来覆盖这一时期的费用支出，可能长达几个月，甚至一年，直到获得足够的注册率，从而获得所需的收入。在此期间，支出并不会成比例地减少。所以在一个学校的启动阶段，求助于一个财务安全网或"有回转余地"是个好主意。

人员成本也是启动成本的一部分。一些员工可能必须经过一个漫长的过程来获得执照。在城市地区，这可能需要 6 个月的时间。必须有人订购材料和设备，然后收货安置。建筑物必须准备好，任何的装修都必须完成。因此，园长在学校开放之前至少要进行 2 个月的全职工作。兼职秘书可以在这段时间内协助一些文书工作。

表 13-2 启动资金示例

容纳儿童数量：70 名儿童

购买的学校建筑

启动人员成本	
园长—$35 000/ 年（3 个月）	$8 750
3 位教师—$22 000/ 年（2 星期）	$2 538
2 位助理教师—$19 000/ 年（2 星期）	$1 462
秘书—$16 000/ 年（1 个月）	$1 333
人员成本小计	$14 083
员工福利（约为 15%）	$2 112
	人员成本总计 $16 195
设备翻新	$50 000
合同服务和咨询	
建筑物	$3 000
律师（3 小时，$250/ 小时）	$750
承包商（10 小时，$35/ 小时）	$350
	合同 / 咨询服务总计 $4 100
物资	
办公室（电脑、纸张等）	$2 500
清洁用品和纸产品	$500
食品（早餐，2 份点心）	$900
教室用材料和耗材	$2 000
	物资总计 $5 900
宣传（电话簿，宣传单页，通信）	$1 000
房屋占用成本	
建筑物的首付款	$75 000
公用事业	$1 000
家具、设备、车辆	$45 000
其他	
商业执照	$500
保险（季度付款）	$1 500
杂项费用；支付用的现金储备	$35 000
	启动成本总计 $236 195
	平均每个儿童的启动成本 $3 374

naeyc

学校在运营前应该完成核心员工的招聘，其余的工作人员可以随着注册率的增长而不断补充。核心员工应该至少在学校运营前两周开始工作。在此期间，园长可以对员工进行定位和训练。这段共同工作的时间也可以帮助员工们建立良好的工作关系。教师还可以设置他们的班级教室，并计划最初几个星期的课程。这段时间内的员工工资也应该包括在启动预算内。

其中的一些人员开支可以通过实物捐助来满足。园长，同时也是学校的所有者，他们有时会放弃启动阶段的工资。在其他情况下，有时间和精力的家长会负责一些启动任务。教师还可能自愿充当一两天的志愿者安置自己的房间。如果一个熟练的志愿者可以翻新设备，或者有捐赠的材料、设备或消耗品，还可以减少一些设备成本。

有些费用可以在运营的第一年分期偿还，也可以延迟支付一些账单直到开始获得学费收入。翻新的成本有时也能以同样的方式处理。如果一个租赁物业的业主进行了改进，园长或许能够在第一年付清成本。在运营预算中添加这些成本并确保收入能够冲抵覆盖是非常重要的。在某些情况下，合同服务和咨询也可能是必要的。如果一所学校有两个或以上的业主，法律咨询则尤为重要。在一个简单的合作伙伴关系中，任何一方都要为合作伙伴承担债务。任何一方的私有财产都有可能因为债务而被没收。如果学校的举办者是一个公司，那么则由公司承担债务，因而能够保护个人的权益。

尽管律师是昂贵的，但是在起草学校文件或协助建立伙伴关系中都是必不可少的。良好的法律建议值得推荐。不同的州之间的法律要求会有所不同。学校的业主应考虑合作伙伴在报税时以及分担债务时的优势。

有一个建筑师拟定建筑安全认证或分区的改造计划可能是明智的。会计可以帮助建立一个记账系统；儿科医师和发展专家可以为婴幼儿房间的设置提供建议。这些服务是昂贵的，某些服务的费用甚至高达每小时几百美元。法律服务机构有时可以提供价格较低的法律服务。

在开办一个新学校时，广告和宣传是必不可少的。为了提升学校的注册率，必须让家长了解这个学校。在学校启动时期，一些方法是相对昂贵的，但还有一些成本较低的方法。一种没有成本的方式是被当地的报纸报道。园长可以联系记者，描述该机构的一些独一无二的特点。记者可能有足够的兴趣来写一篇文章，这可以提供免费的宣传。互联网的宣传效果相当好，因为家长在寻找一个儿童看护中心首先会在网上寻找。其次是在电话簿上做广告，无线广播也可以成为一种儿童看护的广告方式。当地的广播电台可以在早晨的交通时间播放一些广告，家长在这段时间可能会收听广播。广告的成本依播放时间而定。鼓励现有的客户向其他有学龄前儿童的家庭宣传也是一个有效的营销。一些学校对一些推荐成功的家庭提供奖励（例如免除一天的儿童托管费用，或者赠送任何需要家长参与时间的学分）。

园长也可以为中心的发展前景选择购买一个邮件清单。提供清单的公司可以在互联网或黄页查号簿的"邮寄清单"上找到。清单可以指定一个地理区域，带儿童家庭的住址，以及那些有一定收入的家长的地址。花费 50 美元，公司就能够提供一个一次性的清单，甚至可以发送地址标签。公司还提供为期一年的清单租赁服务。清单应该被用于发送一个醒目的宣传单，宣布学校的运营，并邀请收件人的来访。直邮营销是昂贵的，邮件广告的成功与否取决于是否达到了目标市场。这种广告形式的平均回应率是 5% 左右。更多的人会打开和阅读的邮件是：

- 由普通信件发送。
- 手写地址。
- 创造性的设计。
- 有促使对方回应的小优惠。

- 有易于辨认的配色方案和标志。
- 发送多次，尤其是在一年的招生高峰期。

园长可以在群发邮件中提供注册费或学费优惠，这可能会让潜在家庭客户致电预约学校参观，为营销提供机会。园长应该热情地欢迎家长和儿童，解释学校的项目，回答所有的问题，并在参观结束时提供自己的名片以备有进一步的交流。

一份有吸引力的宣传手册是为学校进行营销的有效工具。不过，如果手册使用优质的纸张并印有图片，它也可能是昂贵的。在学校启动的阶段可能还是需要谨慎地使用一些成本较低的方法来做广告，但是宣传手册在学校启动以后还是可以继续作为宣传手段来使用的。宣传手册的内容和格式将在第十四章进行讨论。

这里有几种方法可以为一所新学校做宣传。在运营之前可以保留一所开放的教室。教室应该布置得有吸引力，材料的准备好像等着孩子们到来。园长可以带领家长参观学校，告诉家长有关学校的项目、老师和理念。社区团体可能会欢迎学校的介绍演讲。如果准备了手册，这是一个很好的分发手册的时间。图片、幻灯片或视频都可以成为一个高效的演讲的一部分。园长应该与附近大型企业的人事主管会面，因为企业有可能会寻找一个为他们的员工托管孩子的机构。当地的职业机构可能会发行通讯出版物，园长可以提供一篇介绍文章。明智的做法是参与专业会议，并了解其他园长的有效方法。最后，园长应该通知当地社区的资源和推荐机构。所有这些推销工具都可以成为让社区了解学校所提供服务的有效方式。

另一种有助于招生的广告方式是学校外部的有吸引力的标志牌，标志牌需要符合社区的风格并可以从大街上看到。一旦学校投入运营，学校外部和操场都可以吸引有兴趣的家庭。但是学校的"标志牌"对于任何开车经过的幼儿父母来说都是一个更醒目的广告。保险费用通常典型地划分为启动成本和第一年的预算费用。一般来说，在学校开放之前必须支付一部分的保险费用，余款则在接下来的一年支付完毕。因为费用的大幅上升，保险在近年来对学校逐渐成为一个问题。美国幼儿教育协会提供了一个良好的保险方案，可以联系他们获取相关信息。大多数学校有以下类型的保险。

- 责任和财产损失险：为学校的所有者/经营者提供法律保护。
- 火灾损失险：包括建筑物及内部设施。
- 火灾以及扩展损失险：保护其免受恶意破坏的损失。
- 汽险：包括任何用于乘载儿童的车辆。
- 事险：针对儿童和工作人员。
- 员工补偿险：工伤（如果雇员达到10人或以上，则有法律规定）。

以下类型的保险也应该纳入考虑范围。

- 盗窃和抢劫险：针对建筑物内部物品。
- 业务中断险：针对维修期间所造成的收入损失。
- 忠诚险：针对员工偷窃。

运营资金

在做进一步的决策之前，园长应该初步估计一下运营资金。第十一章详细讨论了预算，但最重要的是在开始的时候就要比较一下潜在的收入与经营学校的预期成本。招收儿童的数量决定了潜在的收入。要获得这个数字，可以用学校的室内空间的总量除以该州的许可机构的设置要求。下一个要考虑的是本地其他学校所收取的学费数额。学费应该接近这个数字。然后，将学费金额乘以儿童数量。然而，即便学校已经建立了一段时间，也很少有百分之百的注册率。一个已经建立的学校最成功的时候约有95%的注册率。在第一年最开始的几个月，注册率会缓慢增长，最高为60%~75%。预估一个较低的收入比在年底经历短缺更好。第一年之后，在做第二年的预算时会有一个更好的信息基线。

学费的收入低于预期还有另一个原因。在某些月份，儿童较其他时间更容易生病。如果儿童无法去学校，家长就觉得没有理由支付费用。尽管出勤率低，但支出仍然是一样的。如果政策要求家长仍然支付儿童在短期生病时间的费用，就可以减少出现低现金流。大多数学校只在儿童生病长达几个星期或更多的时候才免除这段时间的学费。

另一个影响预期收入的因素是，学校总有无法收取到的学费。因为这样或那样的原因，总有一些家庭迟迟无法支付学费，一些人甚至没有支付学费就离开学校。在制订预算时，应该预估学费收入的10%~15%是无法收取到的坏账。制定跟进逾期支付的程序会减少这个数额。

成本的估计应从工资开始，因为它们所占的比例最大。支付所有员工的工资可能要花费60%~75%的总收入。园长应该估算一下在学校有最多儿童时所需的人员数。在一个全日制学校，入学的高峰时间可能从早上8：00开始持续到下午4：00。在这段时间内必须有足够的教师人数来维持许可规定的师幼比例。园长还应该估计高峰期之前和之后的儿童数量和所需的教师人数。在儿童实际入学前，要知道有多少孩子可能在早上8：00之前和下午4：00之后出现。在估计数量后，园长可以制作一张儿童和员工的表格，如表13-3所示。

表13-3　教师分配表示例

小时												
		早上				下午						
	7点	8点	9点	10点	11点	12点	1点	2点	3点	4点	5点	6点
儿童人数	15	45	60								30	20
教师												
#1												
#2												
#3												
#4												
#5												
#6												
#7												
#8												
#9												

建筑物的成本可能是仅次于工资的第二大预算开支。它通常占据总收入的15%，但不应超过25%。这个支出包括购买房产的还贷、翻新或持续的租金。总人力成本一般占预算的70.3%。

报告中的非人力成本的预算项如下。

- 房屋占用成本（租金或按揭还款）   13.8%
- 食物   4.6%
- 教育材料/设备和其他运营成本 *   8.7%
- 日常管理费   2.7%

　*其他运营成本：包括电话和公用事业，修理，维护，办公室物资和设备，保险，健康和社保服务，以及其他杂项费用。

来源：赫尔本，S（Ed.）. 儿童看护中心的成本、质量和儿童教育成果：技术报告。科罗拉多州丹佛市：经济部，经济和社会政策研究中心，科罗拉多大学，1995。

自我测验

　一个新中心的园长沮丧地发现在入学的开始日期，学校的注册率不到百分之百。她的最佳行动选择是：（　　）。

a. 解雇一些工作人员并在另一个地点租一个更小的场地

b. 等待下一年的开学，同时增加营销方面的努力

c. 找到一个可以依靠的金融安全网，直到她达到全部的注册率

d. 暂时将新生送到另一个中心，不开放学校，直到她找到足够的注册儿童

参与完整测验请登录网站 CengageBrain.com

员工选聘

　第九章更充分地讨论了员工选聘的整个过程。然而，对于一个新学校的人员招聘，这里还有一些有用的指导。招聘员工可以通过在当地的报纸上刊登广告，或者发传单给教师组织或者当地的学校和大学。在很多机构中，有必要遵循行动指南。广告或传单应该列出职位所需的教育和经验，以及职位申请方法。如果时间很短，园长可以要求电话回复。不过，如果时间足够，应该要求申请人通过邮件、传真、扫描或电子邮件发送书面简历和申请。

　第一批教师的选择应该尤其慎重，因为第一年是树立学校声誉的时间。教师是这一过程的重要组成部分。园长应该确保教师了解学校的目标，并花时间来帮助他们实施这个目标。

naeyc

工作清单

　　开放一个新学校中的每个必要任务都可能需要几个星期的工作。有可能在满足许可要求上有延误，恶劣的天气也有可能耽误建筑和改造计划。根据实际，为无法预料的事件留出一段缓冲时间是非常重要的。表 13-4 提供了一个示例。

表 13-4　新学校启动的任务清单

任务	预期完成时间	实际完成时间
1. 准备需求评估。		
2. 联系授权和分区机构。		
3. 如果有需要的话，寻求法律意见。		
4. 调查网站。		
5. 估算启动成本。		
6. 选择建筑物或者决定建造学校。		
7. 监督建设或者整修。		
8. 与所有许可机构的代表会面。		
9. 获得建筑许可。		
10. 开始获得许可的过程。		
11. 建立一个银行账户。		
12. 获得保险。		
13. 准备第一年的预算。		
14. 订购物资和设备。		
15. 准备一本宣传册。		
16. 为招生做广告。		
17. 撰写工作描述。		
18. 为招聘员工做广告。		
19. 面试和选聘员工。		
20. 制定人事政策。		
21. 准备儿童档案的文件格式。		
22. 会见家长和儿童。		
23. 为员工定向。		
24. 为家长定向。		
25. 准备启动日。		

自我测验

一个新日托中心的园长沮丧地发现要完成所有中心开放的任务需要很长的时间，因为满足许可要求的难度较大，天气原因也会耽误建筑的施工。为了帮助她确保中心有开放所需的一切，可以推荐：（ ）。

　　a.董事会

　　b.一个能干的会计

　　c.一个带时间轴的任务清单

　　d.一个有能力的律师

参与完整测验请登录网站 CengageBrain.com

计划开学日

学校的开学日所定的时间应该适合社区的需求或者某个特定情况的需求。例如，在一个雇主赞助的机构中，时间可能不会很重要。如果是在一个社区开办一所私立学校，园长就需要为学校的开学考虑最合适的时间。传统上，家庭都在夏天为他们的孩子制订教育计划，所以儿童看护安排的变化往往是在这个时候。与校历一致的 9 月开学往往效果最好。在开学之前留出 2 个月的时间完成所有的准备工作是非常必要的。

现有的机构也会发现，变化往往发生在夏季，不论是家长决定更换住址或者改变儿童看护的安排。因此，即便是管理一所现有的学校，也会有一些跟新开学的学校相同的任务。

新学年的开始，学校会收到很多家长的来电，家长要为他们的孩子寻找合适的地方。在这段时间里，订购材料和准备教室也是必要的。操场上可能需要新沙子，设备也必须进行安全检查。如果园长制定一个管理所有这些任务的流程，幼儿园运行起来肯定会变得更加容易。

自我测验

一个现有的全年开放的日托中心的园长选择在整个 8 月去度假，因为她觉得那些 9 月开学的新学校的任务跟她没关系。她的决定：（ ）。

　　a.是糟糕的，因为园长不应该休假超过三天，以确保中心的平稳运行

　　b.是明智的，因为大多数的家长在 8 月不需要日托，9 月也不会有大大的变化

　　c.是糟糕的，因为即便对于一个现有的机构来说，夏天也会发生很多变化

　　d.是明智的，因为对于现有机构来说，大多数的变化发生在 12 月的假期

参与完整测验请登录网站 CengageBrain.com

　　在学校开学的前几周，最重要的任务是让儿童注册。家长通常让他们通过电话进行第一次接触。记录每次通话并有一个后续的过程是很重要的。印刷卡片或汇报表格将提供一个有组织的方法来收集信息。表13-5显示了一个表单，可以用来记录有关学校的问题。与每个家庭的通话过后，园长都应该邮寄一份学校的宣传册或信息表给这个家庭。即便家长没有让他们的孩子在学校注册，他们也可能会将信息传达给其他家庭。对于有意向让儿童注册的家长，应该给他们寄送一个申请包，包含申请表、宣传册、费用表和医疗表格。

　　电脑会让这些任务看起来更加容易。任何咨询学校相关问题的人的姓名和地址都要输入数据库中。当添加了新项目，或者有任何的相关变化，就可以很便利地通知这些人。要使统一格式的信件更加个人化，可以印上清单中每个人的姓名。这个清单应该定期更新。

表13-5　咨询报告格式示例

咨询报告
姓名：＿＿＿＿＿＿＿＿＿＿＿　　日期：＿＿＿＿＿＿＿＿＿＿
地址：＿＿＿＿＿＿＿＿＿＿＿　　电话：＿＿＿＿＿＿＿＿＿＿
＿＿＿＿＿＿＿＿＿＿＿
儿童的出生日期：＿＿＿＿＿＿＿＿＿＿　月　　日　　年
您是如何了解到我们的学校的？＿＿＿＿＿＿＿＿＿＿＿＿
寄送的宣传册＿＿＿＿＿＿＿＿＿　日期：＿＿＿＿＿＿＿＿
寄送的申请包＿＿＿＿＿＿＿＿＿　日期：＿＿＿＿＿＿＿＿
补充意见＿＿＿＿＿＿＿＿＿＿＿＿＿＿＿＿＿＿＿＿＿＿
＿＿＿＿＿＿＿＿＿＿＿＿＿＿＿＿＿＿＿＿＿＿＿＿＿＿
＿＿＿＿＿＿＿＿＿＿＿＿＿＿＿＿＿＿＿＿＿＿＿＿＿＿
资源下载请登录网站 CengageBrain.com

招　生

　　在正式开学前几周，园长应该进行招生。一些家长想在发送申请表之前参观学校。另一些家长已经知道这所学校，并在发送申请之后约定一次来访。表13-6显示了一个登记表格的示例。在没有入学面试的情况下，是不能让儿童注册的。事实上，一些州将访问设为许可的一部分。这些访问通常要花费半小时或更长的时间。

naeyc　　这些访问的目的是为园长和儿童父母提供信息。如果可能的话，访问应该安排在教室里，注册之后将儿童安置在教室里跟老师待在一块。在访问过程中孩子应该有一些玩具。这是一个非正式的观察孩子的机会，也可以获取一个亲子关系的印象。家长可以询问与学校有关的问题，并表达孩子是否能适应学校的忧虑。如果家长决定让孩子注册，这是一个很好的去获得一些儿童发展资料的时机。

表 13-6　申请表示例

儿童注册表

基本信息

儿童姓名：_____　　出生日期：_____

　　　　　　　　　　　　　　　　　　　　　　　社保号：_____

父母／监护人 (1)：_____　　社保号：_____

家庭地址：_____　　住宅电话：_____

　　　　　　　　　　　　　　　　　　　　　　　手机：_____

_____

雇主：_____　　　工作电话：_____

工作地址：_____　　工作小时：_____

_____

其他授权可以接送孩子的人

姓名：_____　　　电话：_____

姓名：_____　　　电话：_____

医疗信息

儿科医师姓名：_____　　电话：_____

地址：_____

牙医姓名：_____　　电话：_____

地址：_____

我的孩子有以下过敏和／或特殊需求：_____

_____

注册信息

入学首日：_____

到达时间：_____　　离开时间：_____

注册费：_____　　定金：_____

材料费：_____

父母／监护人（1）：_____　　父母／监护人（2）：_____

日期：_____　　　　　　　日期：_____

注册决定

　　一个中心可容纳的最大儿童数量，取决于该中心物质空间的大小以及许可规定。因为限制了接受儿童的数量，招生到允许的最大值是可能的。全部的儿童应该被分成很多个可管理的小组。小组的规模将取决于教师的技能、儿童年龄以及每个州的许可规范。

　　当儿童被安排在小组内时，还需要做另一个决定：每个小组的儿童应该是同一年龄，还是一系列的年龄段？第一种方法被称为同龄小组，包括同一年龄阶段的儿童，通常的年龄差距在6个月到12个月。第二种方法被称为混龄小组，包括一个广泛年龄跨度内的儿童。这个小组内的儿童的年龄可能相差几年。倾向于同龄小组的教师和管理者认为这样划分的优势是便于计划课程活动或者使用材料。那些倾向于混龄小组的人员更推崇让孩子们互相学习，尤其是在儿童看护的机构中，这种小组的设置更类似家庭，对儿童来说也更熟悉。

园长必须决定哪一种划分更加适合学校和学校的目标，以及教师。

另一个重要的考虑是有特殊需求的儿童。1990年颁布的《美国残疾人法案》禁止歧视残疾儿童。这个措施影响了早教机构，因为它要求所有的公立学校、私立学校、儿童看护中心和家托提供者为了纳入有特殊需求的儿童做"合理的调整"。他们必须确定每个儿童的个体需求，然后提供一个包容性的教育方案。拒绝接收有特殊需求儿童的一个主要的合法原因是这么做会让看护提供者承担过重的负担，并且没有其他合理的选择。此外，如果其他儿童的安全或健康会因此受到影响，或者机构的员工会因为该儿童的出现受到直接的威胁，也可以合法拒绝招收该儿童。

在接受有特殊需求的儿童进入学校这一方面，还有许多其他的问题有待回答。如一些社区有"健康热线"这样的资源。当地的资源和推荐机构或许能提供有用的信息和材料。每个园长都应考虑在手头备有一份《关爱我们的孩子——国家健康和安全执行标准：家庭外儿童看护机构指导原则》（*Caring for Our Children*，*National Health and Safty Standards*：*Guidelines for Out-of-Home Child Care Programs*），这是由美国公共健康协会（American Public Health Association）和美国儿科学会（American Academy of Pediatrics）联合出版的。此外，加州儿童看护法律中心出版了手册《看护有特殊需求的儿童：美国残疾人法案和儿童看护》（*Caring for Children with Special Needs*：*The Americans with Disabilities Act and Child Care*）。该手册涵盖了法律问题、保险和税收。

园长应该制作一份每个儿童将要出勤的日期和时间表。大多数儿童都会一直在相同的日期和时间来到学校。一些学校会给家长一个选择，他们可以让孩子一周只来2~3天，而不是5天。儿童出勤的差异还可能更大，例如，在家长倒班工作的情况下。这些信息的记录是非常重要的，这样教师们就会知道在他们的计划中要照看哪些儿童。

可以使用学校的整体日程安排来计划每个小组进行活动的日期和时间。每天的日程安排中应该包括用点心和正餐、进行个人卫生、洗手、小睡的时间，和室内、户外活动的大块时间。一天的生活步调应该是悠闲的，不能让孩子们觉得他们不断地从一个活动迅速换到另一个活动。这对一所全日制学校来说尤其重要，因为儿童在学校的时间有很多个小时。学校应该为每个注册的儿童建立一份档案。每份档案中都应该包含该州许可法规要求的表格。这些表格及填写指导都可以在州许可法规的网站上找到。常见的必要表格包括注册表、病历和当前身体状况、需求和服务计划、饮食限制、过敏、医疗权限、实地考察和照片、个体教育计划，以及一个列出了看护天数和小时数还有每周每月学费的合同。

所有使用的这些表格都应该反映每个中心的特定信息需求和要求。我们有三个常用表格（参见表13-7、表13-8和表13-9）。除了上述信息，一些州目前要求家长正式签署一份表格，承认收到了预防儿童虐待的小册子或"父母权利"的通知。如果家长拒绝签署这份表格，园长必须在儿童档案中记录下这一情况。一些园长使用一种连续清单，一目了然地显示还需要什么文件。另一个系统是把完成的文件放在一个地方，把未完成的留在另一个地方直到完成。不论是什么系统，重要的是要确保所有档案中需要的表格在新学年开始之前尽快完成。

表 13-7 身份证明和紧急信息表格示例

身份证明和紧急信息
父母或监护人填写

儿童姓名：_____ 出生日期：_____

街道地址：_____

_____

　　　　　城市：_____ 邮政编码：_____ 家庭电话／手机：_____

父母或监护人（1）：_____

手机：_____ 工作电话：_____ 小时：_____

父母或监护人（2）：_____

工作电话：_____ 小时：_____

＊紧急情况下的其他联系人：

姓名：　　　　　　地址：　　　　　家庭电话／手机：　　　　　关系：

_____

_____

_____

紧急情况下的联系医师：

姓名：_____ 电话：_____

地址：_____

如果医师联系不上，要采取什么行为？

　　呼叫急诊医院：_____

　　其他：_____

可以带走儿童的授权人员：

姓名：_____ 关系：_____

儿童会被带走的时间：_____

父母或监护人的签名：_____ 日期：_____

＊请记得告知所有的紧急联系人，如果我们无法联系到您就会让他们来接孩子。此外，我们建议您将中心的电话号码给他们，让他们接听我们的电话。

表 13-8 权限允许表格示例

权限允许

我特此允许_____（儿童姓名）在_____学校参与以下活动。

_____跟班进行实地考察。我理解我将被预先通知行程，并获得有关交通、目的地、午餐或其他食物，以及出发和到达时间的相关信息。

_____我的孩子的照片被用于教学目的、教师培训或学校使用。我知道我的孩子的姓名在任何时间都不会被使用。

_____我的地址／电话会发给这所学校其他注册儿童的家长。（地址将不会被用于任何商业用途。）

　　　　　　　　　　　　　　　　　　　　家长签名：_____

　　　　　　　　　　　　　　　　　　　　日期：_____

表 13-9　财务协议表格示例

财务协议

我同意每月支付_____美元，为我的孩子提前支付学费。我理解，除非我的孩子病了两周以上，否则不能因为无法出勤而免除学费。

我也同意如果要让孩子退学，必须提前两周通知学校。我理解如果没有提前通知，我有义务支付这两周的学费，或者直到这个空位有人占用。我读过《家长手册》并理解学校有关学费支付的相关政策。

签名：_____
父母或监护人（1）
签名：_____
父母或监护人（2）
日期：_____

资源下载请登录网站 CengageBrain.com

学校必须有一个登记儿童出入的程序，所以要有一个书面的出勤记录，加上入园和出园的时间。如果不知道家长已经接走孩子，一些老师会在发现孩子失踪的时候惊慌失措。在学校门口或者每个教室都贴上入园和出园登记表可以达到这个目的。计算机程序可以简化这一任务。还应该要有地方显示家长的信息。在接待区域设置一个公告牌可以提醒全部人员。还应该使用一些其他的方法来让家长了解儿童在学校的一天生活或者是家长需要知道的某些特殊事件。一些学校会在每个教室的外墙上挂一些类似于收纳袋的物品，为每个家庭指定一个口袋。其他学校则会在学校门口安放一个带分类槽的橱柜。一些学校使用表格，另一些则只使用一个非正式的便条。通过电子邮件与家长沟通是另一种可能的方式。

如果学校对年龄稍大的儿童有课前和课后的项目，就有可能要安排校车服务。学校可以从校车公司租一辆巴士并雇用一个司机。园长应该列出使用该服务的儿童姓名，并接送他们往返家和学校之间，还要列出他们的住址以及适合家长和学校日程的大概时间，此外还要为巴士司机指定路线。一旦路线和时间表都定下来了，司机应该在实际的接送时间进行一趟试行。考虑到现实的交通情况和距离，这是检验时间安排是否符合实际的唯一途径，以此知晓接送时间是否还需要一些调整。

自我测验

一个日托中心的园长在新学年里招收了很多2岁的幼儿。她决定将2岁到2岁半的孩子安排在一个教室，2岁半到3岁的孩子安排在另一个教室。她遵循的是以下哪一种方法：（　　　）。

a. 按月分组

b. 年龄分组

c. 同龄分组

d. 家庭分组

参与完整测验请登录网站 CengageBrain.com

家 长

naeyc

一本手册可以为家长提供信息，帮助他们尽快定位。它也能在学年当中作为一个参考。其他机构的手册样本是很好的信息来源，可以作为设计自己的手册的一个有用的指南。手册中讨论的主题包括但不限于以下内容。

- 机构的理念、使命和目标。
- 入园和离开时间的流程。
- 卫生政策：纳入或隔离生病儿童的指南（参见表 13-10）。
- 安全：当一个儿童受伤或者需要医疗帮助时学校将做什么。
- 师幼比。
- 规章制度。
- 接送儿童和入园政策。
- 对表现出行为问题的儿童的制度。
- 应急和撤离计划。
- 如厕学习。
- 沟通制度。
- 家长访问制度。

表 13-10　生病或受感染儿童的隔离指南

疾病或感染	症状或病症	可以回学校的条件
发烧	口腔温度达到 38.3℃以上，直肠温度达到 38.9℃，伴随着行为改变或其他症状	直到医生允许儿童回到看护中心
严重疾病的症状	不寻常的嗜睡，烦躁，不受控制的咳嗽，气喘	直到医生允许儿童回到看护中心
不受控制的腹泻	大便次数增加，大便含水和／或无法成形，漏出尿布或内衣	直到腹泻停止
呕吐疾病	24 小时内发生两次或两次以上呕吐	直到呕吐停止并且儿童没有脱水症状，或者医生确定该疾病没有传染性
口腔溃疡和流口水		直到确定该症状没有传染性
皮疹	皮疹，伴随发热或者行为改变	直到医生确定是非传染性的
结膜炎	眼内出现白色或黄色的分泌物，伴有眼睛疼痛和／或眼周发红	直到治疗开始的 24 小时之后
头虱、疥疮或其他虫害侵扰	存在虫害侵扰	直到治疗开始的 24 小时之后；头发或头皮上没有残留的虱子
肺结核	咳嗽、发烧、胸部疼痛、咯血	直到医生或卫生员允许儿童回到看护中心

续表

脓包病	出现皮疹和水泡，之后形成蜂蜜色的结痂；口、鼻和下巴周围出现病变	直到治疗开始的24小时之后
脓毒性咽喉炎	发烧、喉咙痛、喉咙渗水；淋巴上有软结	停止发烧后；或者使用抗生素治疗24小时之后
水痘	突然出现轻微发烧、疲劳、食欲不振，之后皮肤上爆发水痘	皮肤上爆发水痘的6天之后或者水痘干掉结痂
百日咳	严重的持续咳嗽	使用抗生素治疗防止感染5天之后
流行性腮腺炎	软结/腺体肿胀/发热；	肿胀发病9天后
甲肝	发热；疲劳；食欲不振；腹痛；恶心；呕吐；和/或黄疸	发病后一周或按当地卫生部门指示；员工和儿童都已经注射了免疫血清球蛋白
麻疹	出现皮疹、高烧、流鼻涕、眼睛发红或流泪	皮疹出现6天之后
风疹	轻烧；皮疹；淋巴结肿大	皮疹出现6天之后
不明呼吸道疾病	发冷，喉咙发炎，支气管发炎，中耳炎，肺炎	直到儿童感觉良好，能够参与活动
带状疱疹	身体损伤	直到医生允许儿童回到看护中心或者孩子穿的衣服可以遮盖疱疹
单纯疱疹	清晰的有疼痛感的水泡	直到包括脸和嘴唇上的疱疹不再渗出任何分泌物

另外，许多家长手册中包含一些基本信息，可以帮助家长更好地了解他们的孩子在学校的经历，也能让儿童更容易适应学校。

这些基本信息包括：

- 儿童的关键发展阶段。
- 与父母分离的建议。
- 进度汇报：员工用于向家长汇报儿童进步的方法。
- 重要的信息：家长可以向教师提供的各种信息。
- 中心关闭的节假日。
- 家长参与学校活动的方式。

对家长和员工来说，家长手册应该是一个有用和有吸引力的工具，因此，在撰写和编辑手册时应该深思熟虑。以下的建议可以在园长制定手册时提供帮助。

- 确保手册的更新，包括每年节假日的结束时间。

- 有逻辑地安排信息，使用包含内容的表格。
- 信息简洁明了。
- 写作清晰，避免糟糕的语法或单词拼写错误。
- 句子容易理解。
- 向家长解释手册的用途，并确保每个新家长都收到一本。
- 如果两位家长共同承担儿童的监护权，确保每人都收到一份，并且跟他们一起浏览一下所有的部分。
- 考虑手册的复制成本。
- 手册应该看起来很专业，简明扼要，封面经久耐用。

自我测验

学校有关隔离生病儿童的指导方针应该列在：（　　　）。

a. 家长手册中

b. 接待区的海报上

c. 员工手册中

d. 园长的笔记里

参与完整测验请登录网站 CengageBrain.com

新学年

员　工

在学校开学之前，让所有的员工都先工作一到两个星期是很重要的，这也是教师准备每个教室的时间。教师应该有时间去做以下事情。

naeyc

员工们之间建立起关系是很重要的

- 做最后的房间清洁整理。
- 确定房间反映了被服务儿童的文化。
- 重新安排教室的家具。
- 为教室的总体维护建立一个时间表。

员工应该有时间检查教室里和公用存储区域的教学用材料。他们也应该有时间去做以下事情。

- 根据需求制订新的项目。
- 阅读每个儿童的需求和服务计划，以及任何的个体教育计划文件。
- 为第一周的课程准备课程计划和材料。

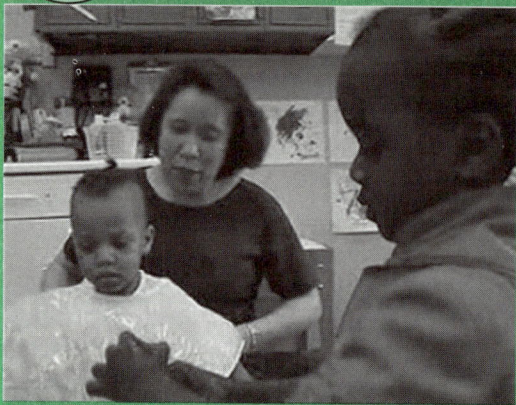

对员工来说，在学校开学之前一起工作的这段时间对于建立彼此的关系很重要。这段时间可以为园长和员工之间的工作伙伴关系定下基调。这段时间园长可以：

- 将儿童名单和几个星期的出勤表分发给每个教室的老师。
- 准备好儿童的档案。
- 在开学之前为每个儿童制定一份紧急联系人的完整列表，并在入园登记表的剪贴板旁边贴一份复件。
- 分享至关重要的医疗信息。
- 准备和分发姓名贴。
- 讨论小组的日程安排。
- 审查家长的入园和出园登记的流程。
- 审查为了儿童安全的紧急流程。
- 鼓励教师安排和完成入学面试。
- 计划开学第一天的流程。
- 列出园所开放和关闭的流程。
- 澄清指挥链。

物　资

学年开始前的这段时间是准备物资和设备最好的时机，可以进行详细的准备或者只考虑最常用的物品。例如，没有必要知道手头到底有多少支铅笔，但重要的是要知道有足够的颜料。

颜料是一个消耗品的例子。其他消耗品包括纸张、胶水、纸巾、卫生纸和清洁用品。自行车、电脑、办公室、户外设备是非消耗品。因为它们在被更换以前可以使用很长的时间。库存用品可以分为这两类。园长应该盘点完库存，并在订购物资之前货比三家。大量订购通常可以降低成本。很多时候需要长达 6 周的时间订购的物品才能最终送货上门，所以允许足够的时间交货是非常重要的。为每个教室建立一个小额基金库是提供物资的补充方式。每年为每个教室制订一个特定的预算，可以让教师根据需要购买材料。这可以减轻园长的责任，也能够给教师更多自由去购买他们所需要的物品。

员工们参与制订计划

财 务

大多数园长都要承担财务管理的工作，其中包括记账。审核收取学费、记录收入、支付账单这个流程是否高效的时机是在每年开学前这段时间。是否需要做出改变也由此凸显。以下的建议可以帮助作为簿记员的园长。

- 每个月在同一天及时收取学费。
- 一次性积累几天的支票，依字母顺序排列，然后贴上每个儿童的账簿（参见表13-11）。
- 对用现金支付的家长给出收据，一式两份，一份给家长，一份留在学校。
- 在所有现金收据的记录中记录所有的支票和现金收入（参见表13-12）。
- 在一个特定的时间检查个人账单，通常是10天后，查看学费是否已经支付。通知所有没有支付学费的家长。收取学费的逾期滞纳金是可以接受的。
- 记录每一笔支出并在每个月做一次总结（参见表13-13）。
- 准备每月的预算汇总（参见表13-14）。

教学资源 视频案例13.2

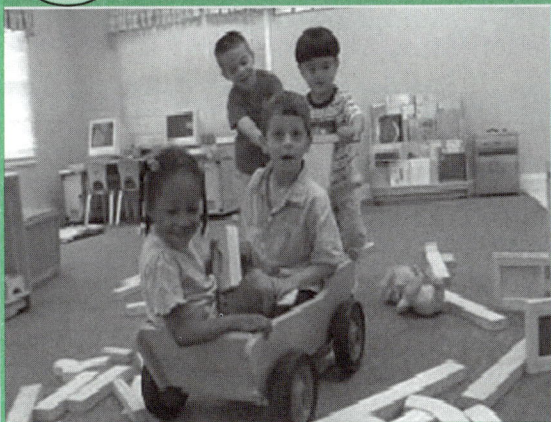

学前教育机构：适当的学习环境和房间安排

你将在视频中看到环境是如何影响孩子们做游戏的，以及教室布置、家具类型、艺术展示和游戏物资选择的建议。观看视频时请思考以下问题。

1. 一个精心策划的环境是如何支持儿童看护的目标的？
2. 对于房间、设备和材料的布置的建议是什么？
3. 为什么要给出这些建议？

观看完整视频请访问网站 CengageBrain.com

表 13-11　个人账单表示例

姓名：_____　每星期天数：_____
地址：_____　学费金额：_____
电话：_____

日期	项目	学费	已支付	信用	余额

表 13-12　现金收讫记录表示例

现金收讫记录				
日期	项目	现金	支票号	金额

表 13-13　支出记录表示例

支出记录				
日期	项目	支票号	金额	账户

表 13-14　月度预算总结表示例

月度预算总结					
日期	项目	预算金额	本月（最后一天）	今年迄今	余额

有许多可用的电脑软件能够协助机构维持精确的记录。负责做决策的新园长可以让其他园长推荐一些购买项目。

设　施

学年开始前的最后一个任务是检查学校的整体外观和安全性。学校应该是干净、有吸引力和安全的。通常，家长们说他们寻找学校注重的第一件事就是整洁。家长对于学校的第一印象就是学校的外观。学校的入口是否有吸引力呢？有没有一个能够引起家长兴趣的公告栏？环境是否让家长和儿童觉得温馨？操场也应该是安全的，看起来引人入胜。这就是人们通常看待学校的方式，所以它应该看起来是一个对儿童安全并且能够享受快乐的地方。学校附近有没有花园，管理好吗？学校的照明在黑暗的早晨或傍晚是否充足？园长应该在早上驾车到学校，并且站在一个家长的角度进行审视。它有没有"招牌吸引力"？它是不是这样一个地方，可以让家长愿意停止为他们的孩子寻找托管之处？如果回答"是"，那么学校已经为新的一年做好准备了！

自我测验

在学年开始审查物资清单的时候，园长告诉她的一位工作人员，纸盘是消耗品。它们是消耗品是因为：（　　）。

a. 它们对于一个日托中心来说并不是真正必要的

b. 它们是一次性的，必须进行更换

c. 可以用真正的盘子替代使用

d. 它们比其他的物品占了更多的预算

参与完整测验请登录网站 CengageBrain.com

留住家庭

一个儿童看护中心只有在维持业务的情况下才能成功。对园长来说，让儿童注册是一项重要任务。然而，留住家庭同样重要。丹尼斯·威卡尔斯（Dennis Vicars）在 2010 年的一篇文章中建议了一个有助于留住注册家庭的缩略词：CARE（Customer Attention Retains Enrollment）。CARE 是所有明智的机构需要记住的，尤其是如果家庭在开学的 90 天内就退出园所的话。威卡尔斯（2010）建议说："CARE 的关键是向家庭传递日常的积极信息，强化这个想法，让他们觉得在这个学校注册是做出了正确的决定。"他进一步说，在最开始的 90 天与家长每天进行沟通是至关重要的。因为"面对面的相遇"才是最终确保与家庭之间关系的关键。

一星期的沟通理念包括：

第一天：用电子邮件向新家长发送一张孩子在学校快乐地参与活动的照片，配上一句积极的简短话语。

第二天：打印一张儿童在游戏当中玩得很开心的照片，夹在一张折叠的卡片中，卡片外面印有中心的名称，然后寄到家长的工作地址。这种方式可以增加他们寻找儿童看护的同事的注意。

第三天：寄送艺术品到家长们的住址，附上一张园长写的便条，感谢他们选择你的学校。

第四天：园长要计划一个时间亲自问候家长，并分享有关他们的孩子的逸事。

第五天：让孩子的老师给家长发邮件，告诉他们孩子在学校的进步。

威尔卡斯（2010）建议说，这样的行为可以帮助家长们看到自己的孩子是幸福的，觉得选择你的学校是做了一个好决定，因此，不太可能让他们的孩子退出园所。

自我测验

在一个日托中心开学的第二周，园长让她的员工拍一些孩子们在游戏时的照片，然后将每个孩子的照片寄到家长的工作地址。这个活动：（   ）。

a. 不值得推荐，因为这会激怒家长，让他们觉得自己的职业外表被破坏了

b. 不值得推荐，因为它忽视了儿童的隐私

c. 值得推荐，因为它可以阻止家长让他们的孩子退出园所

d. 值得推荐，因为它将帮助员工们了解家长

参与完整测验请登录网站 CengageBrain.com

小 结

决定开办一个托幼机构必须深思熟虑，因为它涉及很多的选择和任务。第一步是评估需求，以确定是否存在一个潜在客户群。咨询关于社区人口普查的信息是确定该社区是否能够支持开办一个儿童看护中心的方式。

为一所学校提供房屋场地有多个选择，可以建立一所全新的建筑，改造住所，租用公立学校的空闲教室，使用教堂的空间，翻新店面或工业建筑，使用预制建筑，或购买一所现有的学校。开办一个机构的启动成本包括土地和建筑成本，设备和材料，以及人员。额外的费用包括咨询或法律服务，广告和保险。

在做任何进一步的决策之前，有必要估计运营成本。学校设施能够支持的儿童数量将决定潜在的收入。这里有些固定支出的建议可以帮助确定基本费用。学校的选址必须能够容纳足够的儿童来支付所有的花费。

学校开学的时间应该符合社区的需求。最佳时间通常是在夏季的末尾。园长应该制订一个儿童注册的流程，确保所有的问题都能够获得足够的重视。一旦申请开始，就是时候做一个招生决策：能够接收的儿童总数；是将儿童分为同龄小组还是混龄小组；以及如何让有特殊需求的儿童融入机构。还有一些额外的任务必须完成，例如制作出勤表，安排学校的整体日程，为每个儿童建立和完善档案，以及为传达给家长的信息安排一处场所。学龄儿童的注册可能需要一辆安排好日程的巴士来接送他们。

每一个新家长都应该收到一份手册，包含学校的宗旨，以及有关规则和流程的特定信息；这份手册在学校开学前或开学最初几周内对家长是非常有用的。非正式的会议提供了时间让家长和老师之间建立关系并提出各自的问题。员工至少应该在开学日之前两个星期开始工作，准备教室的环境，审查教学材料。

在开学之前需要完成的一些额外的任务包括订购物资，制定学费收取流程，对学校的设施进行最后一次审查。学校的外观必须整洁、干净、怡人。

案例研究

阿曼达在过去的 6 个月里都在为她自己的儿童看护中心的开学做准备。她选好了场地，做了必要的装修，获得了许可证，聘请了工作人员，并做了所有其他开学需要的事情。这一天在迅速接近，但她只有 43 个注册儿童。她至少需要 52 个全托儿童的学费来平衡收支，更不用说还要给自己发工资。

1. 阿曼达应该做些什么来吸引更多的儿童入学呢？
2. 她还可以做些什么以确保有足够的资金来支付第一个月的开支？

学生活动

1. 访问你本地的分区机构。询问有关儿童看护中心和家托的分区要求。如果有差异，询问背后的理由是什么。将这个信息分享给负责这个任务的小组成员。
2. 获取一份你所在区域的许可要求。确定以下几点。
    a. 一组学步儿最多能有几个孩子？
    b. 一组 4 岁孩子的合适师幼比是多少？
    c. 有没有与学龄儿童相关的规定？
    d. 员工的最低资格要求是什么？
3. 邀请一位儿童看护中心的园长访问你的教室。跟她讨论哪一部分的许可规范可以简化园长的工作。再问一下有没有应该更改的规定。
4. 收集几个儿童看护中心的家长手册，对它们进行比较，并回答下列问题。
    a. 它们包含相同的信息吗？
    b. 它们在哪些方面有不同？
    c. 其中包含的信息容易理解吗？
    d. 你认为有没有被忽略的重要信息？

复习

1. 在一个社区调查中，应该包括什么信息才能确定该社区可以支持开办一个儿童看护中心？
2. 列出一个早教中心可能使用的房屋类型。
3. 讨论使用以下的空间作为儿童看护中心的优势和不足：教堂建筑，工厂和现有的学校。
4. 区分启动成本和运营成本。
5. 列出一个启动成本预算中包含的支出类别。
6. 在运营成本中哪一类支出所占的比例最大？

7. "同龄小组"和"混龄小组"是什么意思？

8. 列出在一个儿童的注册文件中应该包含的表单。

9. 家长手册的目的是什么？它应该包含哪些信息？

10. 消耗物资和非消耗物资是什么意思？

有用的网站

免责声明：本书中所提供的网址旨在为您提供方便，不做推广。

http://www.americatakingaction.com

http://child care-resource.com

http://www.searchERIC.org

更多与管理相关的补充资源——包括教学资源视频，与每章内容有关的网址，教学测验、词汇卡等——请访问本书的教育伴侣网站 CengageBrain.com。

第五部分

园所外部公共关系

第十四章　家庭和社区的参与

第十五章　儿童看护质量的维持

目的

阅读完本章内容，您应该能够：

· 讨论家长和学前教育机构的角色变化。

· 列出家长可以参与学校的方式。

· 陈述有关家长教育的可能目标。

· 引用几个学校可以帮助家长学习的方式。

· 详细列出可以对学校进行宣传的一些活动。

naeyc 标准

本章中涵盖的 NAEYC 标准如下：

标准 1： 促进儿童的发展和学习（1a，b）。

标准 2： 建立家庭和社区的关系（2b，c）。

标准 3： 通过观察、记录和评估来支持儿童和家庭（3b）。

标准 4： 使用有利于发展的方法来与儿童及其家庭建立联系（4a）。

标准 5： 使用本章内容来构建有意义的课程（5c）。

标准 6： 成为一个专业人员（6c，e）。

一个企业儿童看护机构某区域中心园长一天的生活片段

几个月前，我在我监管的四个托幼中心其中的一个学校。中心的园长已经安排了与一群家长的会面。这些家长曾表达过对这个机构的密切关注，他们非常热情，为了做进一步的讨论，我们安排了另一个会议。会议结束后，我单独跟园长见了面，并解释了家长协会的角色。我告诉她，如果家长们积极参与了一个有组织的协会，他们会有一种主人翁意识。她似乎觉得这个想法不错。

几天后，我们又会见了这些家长，并让其他所有的家长都参与了会议。跟之前一样，会议以一串投诉和抱怨开场，但园长控制住了局面。她解释说她决定建立一个家长协会，并问有没有人愿意当志愿者。家长们的反应超出她的预料！

两个月后，我再次见到园长时，她说这个协会改变了中心的家长群的状态。在这个新集体成立之后，园长的生活比之前愉快多了，她还留住了很多家庭。

关键词

家长会议　家长参与　家长教育

传统上，家长的责任在于抚养孩子，学校的任务是对他们进行教育。但近年来，这两者的角色有了一些变化。

家庭角色的变化

家庭生活的变化迫使家长的传统角色不得不有所改变。在美国，许多母亲在外工作，所以孩子们不再留在家里。很多孩子从婴儿期开始就被托管在儿童看护中心，直到——甚至在那里度过——青春期。因此，家长们不再是唯一承担抚养责任的人。看护中心的教师或者看护人员分担了这一任务。那么，教师和看护人员扮演家长这个新的角色就并不奇怪。除了教学之外，他们还会被期待承担家长的传统育儿角色，为儿童的健康提供支持和关心，并帮助儿童度过每一个发展阶段。

naeyc 抚养和教育儿童责任的合并让家长和老师意识到他们的责任是重叠的，必须紧密合作。当涉及婴儿时，尤其如此。我们对家长把自己的孩子让别人看护所感到的担心是可以理解的。他们想要看护人员倾听他们的担忧，按他们的要求进行喂食，哄孩子睡觉，照顾孩子的个人卫生。相应地，学校也需要家长的投入来为孩子提供合适的看护。当孩子的年龄逐渐增长，他们仍然需要共同努力。

自我测验

一个婴儿的父母要求日托中心的看护人员让孩子只午睡一个小时，为的是让他晚上睡得更好。涉及家庭和中心之间的关系，这对父母：（　　　）。

a. 逾越了界限

b. 可以要求，但不能指望一个中心为了他们的孩子就要改变其制度

c. 期望中心的看护人员遵循他们的建议是正确的

d. 不能理解当孩子在中心时，他们就要交出为孩子做决定的权利

参与完整测验请登录网站 CengageBrain.com

家长参与

naeyc 研究一致表明，即使儿童在看护中心，父母对他们的孩子也有巨大的影响（Barber，2000）。虽然看护人员和老师会更换，但是父母对他们的孩子来说是一个主要的和稳定的存在。因此，家长参与学校活动对儿童的最适宜发展必不可少。对于那些参与了开端计划——或者那些类似开端计划的项目——的儿童的后续研究显示，他们在学校里所获得的益处可以持续到成年，其关键因素是家长和社区的参与（Hayes, Palmer, &Zaslow, 1990;

Schweinhart & Weikart，1993）。

许多参与合办早教学校的家长和教师都发现，他们的参与带来了意想不到的好处。父母了解到了更多有关他们孩子的事，还学到了一些有关儿童发展的基本原则。当他们发现其他家长也有类似的问题时，会互相安慰。事实上，他们了解到一些问题只存在于孩子成长的某个阶段。学校提供了一个许多社区缺乏的支持系统。当他们的孩子长大了，一些父母所受到的启发足以让他们成为老师。

从 20 世纪 60 年代开始，一些家长开始要求在子女的教育中扮演一个更积极的角色。这是一个社会动荡的时期，民权运动成为标志。其中一些需求就来源于对学校的总体批评。更具体地说，不满是由于教育系统缺乏对少数群体的了解而造成的。一些人觉得学校反应迟钝并且官僚化。开端计划项目就是这一混乱所产生的一个结果。让家长参与开端计划的早期尝试对家长和学校来说都是困难的。家长的参与被"内置"进了立法中。然而，父母们有时候会对老师的权威象征的存在感到不安。相对应地，教师也不愿意让家长参与进来，担心他们可能会主导机构。开端计划中强制要求的伙伴关系需要时间来实施。

在成功的开端计划中心，家长和专业人员似乎可以和谐共处。家长代表在顾问委员会担任职务，他们对于课程有高度的参与。一些家长则作为助手在课堂上直接帮助老师。同时，家长们还学到如何通过家庭活动增强儿童的学习能力。

非营利性学校让家长参与资金筹集、招聘和公共关系活动。在以前，普遍的态度是，教育方面应该留给学校的员工。现在，学校发现，家长们有很多愿意分享的技能可以让学校更加充实。

私立学校也发现，家长们愿意在许多方面参与。作为顾问，家长们的职业提供了很多技能；其他人则使用他们的特长来丰富主题事务。得到满足的家长们更愿意帮助学校扩大它的招生活动。正因如此，儿童看护机构中儿童的数量稳步增加。当孩子们待在学校的时间越来越多的时候，家庭和学校之间的关系必须更加紧密。在这种情况下，园长必须成为变革的工具。在园长巧妙的引导下，家长和教师共同承担这份责任，创造一个有利于儿童的身体、社会和智力发育的最佳环境。

家长参与的类型和程度取决于学校提供的项目。在开端计划中，家长的参与可能是特定的指导方针所强制要求的。如果没有具体的书面协议，家长参与的程度将取决于学校的

小资料

以家庭为中心的儿童看护特点如下。

- 以家庭为中心的儿童看护是促进儿童与家庭之间关系的纽带。它重视家庭的参与并强调所有的家庭成员都应该受到尊重和欢迎。
- 中心的员工也来自其服务社区的人群。员工应会说注册家庭的语言。中心通过确定儿童的个体需求并允许家庭成员贡献自己的想法来寻求支撑家庭的力量。
- 中心为其员工提供持续的教育和培训。

来源：儿童看护办公室，1996。

宗旨和态度。如果一个中心的主任和员工能够充分意识到家长参与的重要性，那么家长能够参与的范围可能更为广泛，甚至几乎不受限制。

家长的角色

家长可以从多个方面参与学校活动。他们可以作为决策委员会的成员，可以在课堂上发挥支持性的作用（如给孩子们读故事，协助装饰房间，做点心），协助监督室内和户外的儿童，或者在自己的家里给孩子们充当老师。

让家长参与的理由是因为他们会觉得要对自己参与做出的决策有所承诺。研究表明，父母的参与对家长和孩子都有好处（Becher，1986；Powell，1986）。家长们会更加感觉到他们是子女教育的重要成员，孩子们受到父母的鼓励也能够更加成功。另外，实际上，很多税收支持的机构要依赖社区的积极支持才能够获得新的资金。

让家长参与的进一步理由来自一种信念，那就是决策能力和其他技能的发展可以改善他们生活的其他方面。家长们认识到，他们的个人参与可以影响学校，也能够鼓励自我成长，并进一步促进他们在学校之外的参与。

在一个政策制定的角色中，家长可以通过提供目标建议来参与计划一个新项目。他们可能会被要求参与一些操作性的工作，如员工招聘或者评估。他们也可以为家长教育的活动主题提供建议。家长们的一些政策制定功能可能有：

- 作为顾问委员会或理事会的成员提供服务。
- 在董事会代表全体家长。
- 帮助制定有关财务和人事方面的制度。

有些家长可以充任一些支持性的角色。家长们可以在家里或者学校之外进行这些任务。设计这些任务是为了对教育功能进行协助或者补充。支持性的任务包括：

- 提供部分主要的维护项目。
- 作为办事员进行支持。
- 计划并进行资金筹集。
- 负责社会活动。
- 提供保姆或拼车服务。

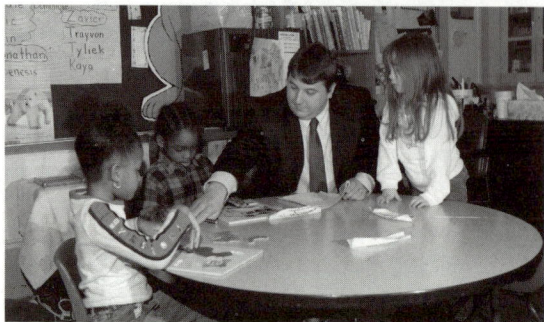

父亲们被鼓励参与学校活动

家长的支持性角色的真正目的是为了满足共同的需求：学校和家长都希望给孩子们最好的。学校可能会迫切地需要一些父母提供服务。支持性的角色应该让家长以一个舒适的方式参与，因为并不是每个人都能够花费尽可能多的时间和精力，但是要成为一个有能力的决策人或助手，花费时间和精力是必不可少的。

naeyc 当家长在教室里充当助手时，他们必须学习一些作为老师的职责和技能。作为助手，家长可能要：

- 执行一些教师分配给他们的任务，例如在参与人数较多的活动中提供帮助或者跟个别儿童合作。
- 准备材料，安排空间，记录儿童的进步。
- 在特定的时间监督儿童小组。

在一些机构中，家长作为助手参与是"职业阶梯"概念的一部分。这可能是向有偿就业前进的第一步。开端计划和许多儿童看护中心对妈妈们进行幼儿学校的工作培训。家长们经过培训可以成为子女更好的老师。在这个角色当中，家长们学会：

- 认识到孩子对学习的准备。
- 看到不同的学习体验在促进儿童发展方面的价值。
- 使用身边的普通材料增强孩子的学习兴趣。

限制家长参与的因素

每个社区和社区内的学校都有自己与众不同的特点。家长的参与必须进行适当的约束，只有符合情况需求的家长参与才能够是有效的。这些因素是：（1）工作父母的人数；（2）种族价值观；（3）社区的稳定；（4）社区的大小；（5）学校的物质环境。

工作父母的人数，尤其是母亲，当然决定了参与的数量和时间。在一个儿童看护学校，如果几乎所有的家长都要工作，那么能够提供服务的家长人数显然少之又少。一些家长可能从事兼职工作，有一个灵活的工作时间表，因而能够有限地参与进来。学校必须认识到家长的工作安排决定了他们的参与度。

以下是一些全职家长参与子女的教育方式。

- 在方便的时间参与决策。
- 通过在家里工作或者在下班后提供支持。
- 参与培训成为孩子在家庭里的老师。

园长必须意识到，应该提醒员工，经常工作的家长仅有很少的剩余时间与精力。不愿意参与学校可能只是因为疲劳，并不意味着他们不感兴趣。家长的价值观、态度和传统也会影响他们参与学校的程度和方式。如果在对待儿童的方式上出现差异，园长和教师必须意识到家长的信念。也许成年人的态度不会改变，但至少他们应该互相倾听并尊重彼此的差异。

在很多的实例中，家长和老师来自同一文化，但有不同的价值观、信念和实践（Gonzalez-Mena，2000）。教师必须尊重这些家长，即便他们在很多问题的看法上有差异。在他们身上附加一个文化标签，有时倒更容易理解和解释差异。如果这些人看起来跟我们一样，要接受和尊重多样性反而更难。重要的是不要基于外表对人做出假设。

如果园长能够考虑以下问题，他们会更加高效：

- 家长对参与孩子的学校有什么感受？
- 家长和教师对儿童的教育有没有截然不同的态度？
- 在家长们眼里，学校和家庭是两个独立的实体吗？

学校招收的儿童所属社区的稳定性和机动性也决定了家长参与的程度：

- 如果人口的流动性很大，需要很长的时间来发展的参与就没有太多可能性。
- 如果社区是相对稳定的，家长们就可以花时间提升决策和教学技能。

学校所在的社区大小也会决定家长的参与程度：

- 如果孩子们需要从很远的地方坐车来学校，让家长参与可能会更有难度。

学校的物质局限也可能限制家长的参与：

- 如果学校很小，空间非常有限，许多家长可能会觉得"很拥挤"。
- 如果可以留出某些区域安排一些特定的时间段专供家长们使用，他们可能会觉得更受欢迎、更自由。

首次接触

　　家长在儿童进行注册之后第一次去学校对于奠定未来的相处基调是非常重要的。当孩子们的父母走进学校时，他们会觉得自己受到欢迎吗？环境有没有表达"欢迎家长们的到来"？园长或其他工作人员在家长们进入时有没有表示欢迎？学校有没有开放式的政策表明随时欢迎父母们的来访？一些学校选择了一间开放的教室为双方的关系定下基调。通常这个时间的安排就在学年开始之前，一间开放的教室给家长们提供了一个与学校的工作人员面对面并去了解其他的家长的机会。

　　员工与家长的每一次联系都是很重要的。教师应该像回应儿童一样回应家长。即便在父母送孩子入园或接走孩子的短暂会面时间，教师也应该随时观察家长们的情绪，让家长们觉得学校关注他们就像关注他们的孩子一样。给家长们留一个物理空间是很重要的。如果一个房间可以用作家长休息室，或者让家长们觉得宾至如归，那么可以积累很多的回报。一个公告牌是非常有用的，可以用于宣布一些信息，如家长会通知、社区讲座、筹款活动、有趣的书籍等，还可以贴上每周的菜单。给家长们的简讯也可以让他们了解信息并从情感上参与进来。

鼓励参与

　　一旦与家长的最初联系已经建立，那么鼓励家长参与的任务就开始了。园长在这一方面有主要责任。园长必须创建良好的工作环境。如果员工的士气高涨并在工作中获得安全感，他们会更积极地对待家长和儿童。

　　园长的第二个任务是实施一个流程，强调家庭和学校之间的联系。教师可能需要鼓励

家长们可以利用他们的特长来丰富课程

家长们参与课堂活动。园长可以建议学校让家长们担任助手或扮演支持性的角色，同时也让学校了解家长可以提供的天赋或技能。

园长的第三个重要任务是扮演家长参与机构的协调人员。忙碌的老师们可能在时间安排和其他细节上需要帮助，这时可以让家长参与帮助课堂活动，协调人也可以强化家长的参与。家长参与孩子的教育过程中可能有一些内置的障碍。家长和老师们通常对彼此有一些刻板的印象，这会让合作变得困难。家长们可能会将老师们看作专家，会向他们提要求，这可能会让家长在访问学校时感到不安，觉得自己不受欢迎，从而会回避与学校进行接触。

相反，教师可能会觉得家长对学校的期望不切实际。如果这些期望没有达到，老师们会感觉受到了打击。回避再次出现，但这一次是教师。家长们对学校的态度往往是基于自己的经验，如果他们小时候讨厌上学，他们可能就需要很多的鼓励才能参与孩子的学校活动。相反的情况是，一些家长喜欢学校，因而渴望参与进来。

缺乏经验的老师们常常觉得，暂且不论与家长打交道的额外负担，要学会与儿童相处就已经有很多工作要做了。他们中的一些人可能尝试过让父母参与进来，但没有成功。另一些人仍然觉得如果以父母不够关心他们的孩子为借口，就很容易把家长们排除在外。此外，与家长接触的负面经历，即使对有经验的教师来说也会产生不利影响。

有些教师担心，家长们会因为自己没有孩子而觉得缺乏知识。少数家长确实会对教师说："你根本不知道跟一个孩子一天24小时待在一起是什么感受。"而另一些教师则确信即便家长们没有说出来，也是这么认为的。

如果教师缺少与家长合作的培训，就可能会出现很多问题。与成年人合作确实需要特殊的技能和机敏。教师培训项目可以帮助新教师对家长产生更多的移情。另外，一些教师更容易与家长们相处，可以帮助其他教师。园长应该计划安排一些时间让新老师可以观察经验丰富的教师是如何与家长志愿者们一起工作的。他们的观察会在后续的员工会议中进行讨论。

鼓励坚持参与

要维持家长参与学校的兴趣跟最初获得他们的参

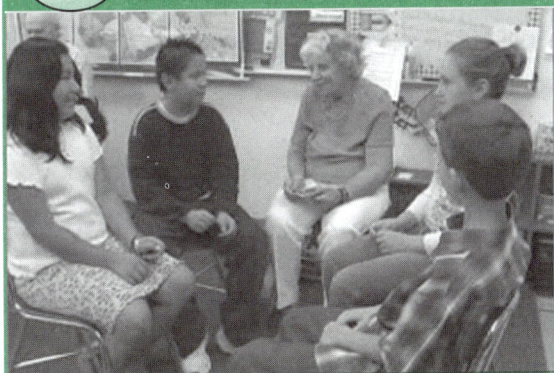

▶❚❚ 教学资源 视频案例 14.1

学前教育机构：家庭互动、学校和社区

你将在视频中看到一个家长／儿童参与的活动，被称为"我一书"。"我一书"是为了帮助儿童庆祝自己的独特性和成就。观看视频时请思考以下问题。

1. 为什么"我一书"活动对儿童和家庭来说都是有价值的？

2. "我一书"的组装过程是怎样的，你建议还应包括一些什么在内？

观看完整视频请访问网站 CengageBrain.com

与一样困难。孩子是家长们最重要的动力。家长们都希望自己的孩子在学校取得成功，所以反馈儿童在学校的进步是非常有帮助的。他们也希望知道如何成为更好的父母。学校应该在这些需求的基础之上促进家长们的参与。如果家长们相信他们是在帮助自己的孩子，就会免费帮助学校。

很少有学校可以给家长们支付酬劳。一些公共基金资助的项目可以提供实付费用的报销。不过最主要的回报还是鼓励、知识和正面强化。某些雇主赞助的学校可以让家长们在很有限的一些工作时间离开来帮助学校。在儿童看护中心，学校关闭后可能会安排晚餐会议，同时提供免费的儿童看护时间。

促进幼儿成长可以增强父母们参与的兴趣。在一些机构，联系学校是家长们在家庭或工作之外的首要或唯一活动。如果他们感觉到成功，他们会觉得更有价值。这可能是拓宽社区活动的第一步。

通过家长参与开发社区关系跟维持他们的兴趣同样重要。特别是单身父母们，可能会发现友谊成了他们生活中的一个重要组成部分。与其他成年人的关系为单身父母们提供了一个比以孩子为中心的世界更宽的视角。以家庭为中心的社会活动也可以让家长们了解彼此，以下是一些活动建议，如儿童音乐会、木偶剧、家庭面条晚餐以及博物馆旅行。

一些机构应该为了成年人的需要做出调整。营养课程或家庭金融可能会成为成功的凝聚点。如果有教室，这些课程就可以在学校进行，家长们会有更多的归属感。甚至一些远足活动，如参观博物馆、艺术画廊或者剧院，都可以拓宽家长们的体验，增强他们之间的友谊。

记录家长的参与

园长应该维持一个显示家长参与的记录。在一些公共资金资助的机构，这是指导方针中会保留的必要事项。无论如何，在对机构进行评估或者确定是否需要做出改变时，记录会被证明是有价值的。以下记录可能会被证明是有用的。

- 当前委员会的成员清单。
- 所有家长参与会议的会议记录。
- 委员会和董事会会议的出勤记录。
- 与家长们的努力有关的通信。
- 家长参与的评价。
- 任何引用或奖项的记录。

让家长们觉得他们是学校这个团队中的一部分是最有效的。教师和家长们有类似的目标，但他们有时会因为错误的印象而感到挫败。家长参与的一个主要目标是突破这些障碍，给孩子们提供优越的教育。教师、园长和社区被看作一个集体，没有这种合作的意识，儿童的教育和发展就会出现缺口。

社区参与

　　社区机构或组织可能会要求儿童看护中心的园长为其成员提供配置。在高中课堂教儿童发展的教师，通常希望他们的学生能够实际地观察儿童并有亲身的工作体验。一些组织如美国退休人员协会（American Association of Retired Person，AARP）和灰色美洲豹（Grey Panthers）将一些想要保持活跃和喜欢孩子的老年人纳入其中。

　　让社区志愿者参与的指导与让家长参与的指导相类似。当使用学校以外的人员时，存在一些额外的挑战。对于一个成功的志愿者项目，园长应：

1. 制定一份申请表，包括姓名、地址、申请人电话、受教育程度、兴趣和爱好，汽车牌照和保险，工作经验，健康记录，以及一份推荐人名单。

2. 进行面试筛选，对每个申请提出相同的一系列问题。问题应该有关特定的技能以及志愿者想要进行的任务。

3. 建立明确的工作描述，陈述需要的工作时间和参数。

4. 书写一个定位说明，包括一个中心的全面介绍，以及学校组织结构的解释。

5. 提供一份声明，陈述中心的教育理念、项目目标以及它们是如何被实现的。

6. 声明应包括儿童的发展信息和对儿童的期望（或不期望）。

7. 定义恰当和不恰当的纪律方法。

8. 明确志愿者在处理问题时应采取的步骤。

9. 陈述志愿者的职责：总体期望，整体时间安排和书面任务。

10. 指出志愿者要对谁负责，可以向谁提出问题，谁会评估他们，以及可以向谁寻求帮助。

11. 确保志愿者通过一个美国司法部的背景调查，作为一个保护儿童免受潜在的猥亵和其他可能损害的屏障。

12. 确保志愿者的服务时间与监督人员有规律地划分在一块，任何情况下都不能让志愿者单独与儿童在一起。

为所有的志愿者准备一份简短并且简明的手册。其中的信息可能包括：

1. 学校的规章制度。

2. 一份时间安排样本，包括入园登记和出园登记的说明。

3. 一份评估表样本。

4. 跟儿童在一起时处理问题的建议。

5. 员工和儿童的安全规则。

6. 实地考察和远足的程序。

7. 跟儿童一起工作时，"可以做""不能做"的简单说明。

计划一些策略，认识为学校提供服务的志愿者，具体内容如下：

1. 在一个聚会上答谢所有的志愿者。

2. 设计识别证书。

3. 记下每个志愿者的个人特点。

4. 创建一个小册子，包含志愿者参与活动的照片和描述。

5. 让孩子们画一些跟志愿者在一起时最喜欢的活动图片。

自我测验

在一个儿童看护中心，允许社区志愿者提供帮助是合适的吗：（ 　　 ）。

a. 是的，任何想要充当志愿者的人都应该获得允许

b. 不，在一个儿童看护中心让志愿者提供帮助从来都不合适

c. 是的，但是只有在每个志愿者通过面试，并经过定向和获得手册信息的情况下才可以

d. 是的，但是只有在志愿者有一个早教或儿童发展学位的情况下才可以

参与完整测验请登录网站 CengageBrain.com

家长教育

家长参与的目的是为了建立一个合作伙伴关系，照顾在学校里的孩子。家长教育应该为他们提供所需的资源，让他们了解更多的育儿知识和家庭生活。园长负责制订家长教育项目的结构，并鼓励教师尽可能全面地参与进来。对园长来说，独立完成所有的家长教育工作可能更容易，但员工们将从参与中受益。

制定目标是一个好的起点：他们应该计划家长教育活动的基础。同时致力于多个目标，或者一次只专注于一个目标都是可以的。虽然下面的列表可能并不完整，但是它仍然为制定目标提供了一些想法。让目标跟学校或机构的理念一致，这一点很重要。

与家庭建立伙伴关系是为了儿童的教育和看护。园长要将建立伙伴关系的这种态度传达给每个员工。这从一个家长第一次走进学校跟秘书或园长谈话的时候就开始了。在儿童和家长正在适应学校的时候传达这种态度尤为重要。

帮助家长承认和尊重他们自己的能力。大多数的父母在育儿上做得不错。然而，他们有时也会感到不足。家长教育的一个重要组成部分是帮助他们认识到自己的长处并在知道什么是适合自己的孩子这一点上相信自己的感觉。

为家长提供有关儿童发展的信息。许多家长对跟幼儿在一起的经验有限，可能会觉得有些孩子做的事情不寻常。儿童发展的知识可以帮助他们将这些看作儿童发展阶段的正常行为。

解释学校的课程和计划活动。家长们应该知道为什么学校要提供某些活动和材料。他们应该理解为什么教师用一种特定的方式介绍材料。他们需要理解自由发挥的价值和集体参与的益处。

帮助家长理解儿童的学习方式。一些家长认为，只有当指导者在的时候儿童才能学习。他们可能不记得当孩子们玩耍的时候也在积极地学习。儿童的学习方式有很多种，教师可以鼓励家长们识别家庭中一些重要的学习机会。

向父母介绍各种各样的教育材料和途径。家庭可以利用现成的材料帮助孩子们体验学习。他们可能需要一些来源和有价值的指导，有关玩具、书籍、纸张、拼图或其他帮助——如教学书籍和游戏。使用适宜儿童年龄水平的材料来鼓励他们的创造性和自我成长。

活 动

一个有吸引力的家长教育项目，可能有各种各样的活动和方法让家长们可以从中学习。有些活动是经过计划和安排的，其他则是自发进行的。一个有效的机构可以使用如下模式。

让家长在学校学习的第一次机会是学校的见面会。这个会议有可能在一个新学年的开始举行，或者在全年中有新家庭注册的时候召开。这个会议应该是一个传达有关学校信息和回答家长问题的时机。会议时间安排在晚上最适合有工作的父母。如果在这个时间提供儿童看护，可能有更多的家长能够参加。

园长应该：

- 计划持续一小时到一个半小时的会议。
- 在会议开始或结束时提供简单的茶点。
- 应让一个"资历较老"的家长或老师提供服务。
- 给家长们写邀请函。
- 如果邀请函中有回复要求，跟进没有回应的家长很重要。
- 准时开始会议，欢迎家长。
- 介绍工作人员，并指出他们在教室内的任务。
- 分发一份学校的目标，并解释每一条。
- 解释学校的规则（例如要求儿童穿的衣服，从家里带玩具或点心）。
- 描述将孩子引入教室和离开家长的方法。

- 留出时间回答家长们的问题。
- 使用一个友好的语气与家长们建立合作伙伴关系，共同对儿童进行看护和教育。

观察是一个重要的学习途径。家长们可以观察学校的活动，看看教师和孩子之间的互动。观察可以是偶然和不定期的。家长们每次在课堂上都是一个观察的机会。如果学校有一个教室有单项屏幕，家长们可以在不干扰课堂的情况下进行观察。这种类型的观察对于跟儿童分离有困难的父母们来说尤其有用。家长们可以看到，当老师安慰孩子或者转移他们的注意力时，孩子就停止了哭泣。这可能有助于极大地减少家长们的内疚感。

单项屏幕可以让家长们隐藏起来。通常孩子们在家长在场和不在场的表现是不一样的。这是一个鲜有的更客观地看待孩子的机会。在一个以儿童为导向的学校环境中，孩子们的表现通常跟在家庭中有所不同。

随意的观察也有陷阱。父母们可能会看到他们无法理解的东西。园长或教师应该现场解释一个组里儿童的角色。很多时候，家长们的问题，对园长这个中立的观察者来说最容易回答。预定的观察活动也可以帮助父母们学习。他们的注意力可以被引向特定的活动，在指导下去寻找或期望特定的行为。他们也可能被要求去注意老师对每个小组或儿童的不同活动安排。

如果是一群家长同时进行观察，之后应该有个时间进行讨论，澄清和加强学习。正如在任何的观察中，每个人都会看到事物的不同方面一样。

小组讨论对家长教育来说是一次宝贵的机会，特别是由一个熟练的工作人员进行引导的时候。小组可以是结构化的，专注于一个特定的主题；或非结构化，由小组成员的兴趣来决定主题。

结构化的小组可以从一个简单的信息介绍开始。这个话题可以是一个孩子的发展阶段、一门学校课程，或管理在学校或家庭中可能出现的各种状况。家长们要有机会把他们自己的经历和信息联系起来。

非结构化的小组可以让家长们讨论在一个特定的时间出现在他们脑海里的话题。家长们有机会非正式地交流思想，而领导者则作为一种信息资源，不让他们留在管理孩子的混乱或挫折当中。他们还能了解到他们的孩子跟其他的孩子并没多大区别。如果他们没有机会看兄弟姐妹长大或者有其他的幼儿，这一点是非常重要的。

在不同的时间使用结构化和非结构化的讨论，加上课堂内的观察，家长们有一个很好的机会去更多地了解他们的孩子，并获得育儿的相关知识。会议中的讨论经常会刺激家长们在小组设置外的持续讨论。

讲座或座谈会是额外的教学方法。可以邀请各领域的专家在家长会上发言。演讲者应该是知识广博并且有趣的。如果在工作时间之后有一个又长又无聊的演讲，那么就会毁掉一个家长的教育会议。讲座主题必须谨慎地选择。一些主题会给人带来焦虑，而不是增加人的知识。有争议的话题可以吸引兴趣，但必须巧妙地处理。问题的两个方面都应该被论述。

社交媒体。不应低估今天的机构中社交媒体的力量。它不仅能有效地充当低成本、高效率的营销工具，同时也能够吸引一批层次完全不同的家长参与进来，并且可以帮助培养一种社区意识。家长们可以通过社交媒体网站与中心的工作人员建立联系。家长和工作人员可以简洁方便地分享消息或故事，从而获得一种沟通（几乎是实时的）和能力提升的感觉。

naeyc　　**研讨会可以提供有关课程的信息**。家长可以跟他们的孩子参与同样的活动。他们可以画手指画，使用木材或木块，以及唱歌。这能给他们第一手的感觉，了解孩子们所做的事情。

另一种研讨会中，家长们可以制作在家里使用的儿童学习材料，可以是一个游戏、一块设备，或一套学习工具。这种类型的家长研讨会有两方面的益处：一是他们可以为自己的孩子制作一些用具，二是可以探索材料的潜力。

家长们可以通过参与课堂进行学习。许多家长有特殊的技能，可能在短期内对课堂非常有用。让家长读一个故事、带领一个音乐活动，或者分享一个烹饪经历，都是非常受欢迎的。有些家长可能还会分享一些自己的种族背景的故事，这可以成为增加课堂内容的有效方式。

如果家长希望长期作为助手提供服务，培训则可能会出现问题。每个人的培训需求可能不同，但是，一个简要的概述，加一个工作中的指导或许就足够了。志愿者必须理解学校的特殊目标。他们需要知道在一个集体中与幼儿互动的基础。他们首先应该定期在教师的密切监督下开始工作，并以个人或小组为单位不断进步。

学校的周六或假日会话活动能够给家长提供一个参与的机会。一些学校至少每年安排一次这样的活动。在现今儿童父母双方都有工作的情况下，这种类型的时间安排越来越受到欢迎。

所有跟家长的沟通都有教育潜力。任何学校与家庭之间的电话沟通都是家长参与教育项目的一部分。当儿童生病在家时，致电尤其重要，它传达给父母的是教师的关心，它也可以给家长提供一个让他们跟老师谈谈自己的孩子的时间。

日常的接触，虽然是按程序进行的惯例，但却是非常重要的。教师回答家长有关孩子的问题的方式能够激起某种情绪。一个简单的问题，比如"约翰尼吃过饭了吗？"回答可以很详细，或者也可以是一个冷淡的"是的。"教师知道并关心孩子白天的活动能够让家长们放心，这也是他们想要的。当给予这种反馈时，结果就是他们对学校产生更多的信任和信心。每一个小小的努力都会有所回报。

正式安排的会议是固化家长与学校之间关系的有效方式。以下是让园长和老师记住的有关家长会的一些建议：

- 提供一个舒适的不被打扰的环境。
- 不要怕告诉家长你没有所有的答案或信息，但你会找到的。
- 向家长们保证你跟他们一样对孩子非常关注和担心。
- 留出足够的时间来讨论主题，但不要让讨论变得过于冗长。
- 当涉及自我表露的谈话时，对每个人的舒适区域保持敏感。在一个特定的文化中成长，所学习到的价值观和信仰可能会对沟通模式和养育子女的做法产生强大的影响。

- 在会议结束时进行总结，并重申任何商定的家庭或学校战略。
- 必要时安排后续会议。

如果会议是关于孩子的进步的，下面的建议可能有所帮助：

- 准备提供孩子的成绩和事件描述来对信息进行说明。
- 如果孩子有需要改进的地方，准备一些能够帮助孩子达到更高水平的建议。

如果会议涉及需要解决的问题，以下的建议可能有所帮助：

- 记住，家长们对他们的孩子投入了很多的感情。在父母们谈论他们的担心时要尽量感同身受。例如，你可以说，"我明白，当这一切发生时，你真的感到非常沮丧"。
- 避免用一个标签定义孩子，或者做一个宽泛的陈述。不要称一个孩子为麻烦制造者，而是告诉家长，"在故事时间，他会戳坐在他旁边的孩子"或者"当老师正在读一个故事的时候，她不停地打断老师，她会问一些问题，说她听不到，或者说她不喜欢这本书"。
- 承认要汇报在学校发生的问题并不容易。
- 对行为或者情况进行描述，而不是让家长们觉得这是他们的错。
- 允许父母们提出问题，或者让他们描述自己如何看待孩子的行为。
- 记住，无论你多么小心或温柔，家长们有时也会具有防卫性或生气。他们会否认问题的存在。"我从来没有在家里看到孩子有这种行为。"他们也会以推测的态度进行回应。"这是学校的问题，因为教师不知道如何管我的孩子。"
- 提醒家长，你跟他们一样关心孩子。
- 避免使用教育术语，居高临下，或者使用冗长的解释。清晰简明地进行行为描述或者简短地解释孩子的发展阶段。必要时使用家长的母语。
- 指导家长们对问题找到自己的解决方案或者准备描述你在学校将如何处理这个问题。"现在我们已经谈过了之前的种种，你现在有没有什么想法来回应他发脾气？"或者"现在我更加理解为什么她会有这样的表现，我认为在学校这些事情会有帮助。"
- 不要期望一个方案能够解决所有的问题。有时仅仅是给孩子时间，让他过渡到另一个发展阶段或者找到他自己的方式，就可以改变之前种种让人伤脑筋的行为。
- 安排一个后续会议，讨论新的步骤是否有效或者需要找到另一种方法。"让我们在两周后再会面，看看我们的计划是否管用。"
- 做会议笔记（会议结束后而不是家长在场时），并将其加入孩子们的文档之中。

跟家长的电话交流有时会成为一个迷你会议。交流开始的原因可能是由家长或工作人员向对方报告儿童的改变或对孩子的一个更好的理解。相比跟工作人员正式地面对面进行交流，通常父母们在电话里会更加放松。某些话题更适合电话会议。例如，家长将孩子在上学之前发生的事联系起来，或者老师描述孩子今天的特殊成功之处。电话是一个分享有关儿童信息的机会。

有时父母们想要讨论一个问题，却发现很难找到时间坐下来开会。处理他们的担忧是很重要的，电话是这么做的有效媒介。如果发生这种情况，在交流的时候就应该遵循在会议上进行问题讨论的相同指导。

naeyc　　**工作人员和家长们之间的随意接触也应该被视为家长教育的一部分。**这通常发生在早晨和傍晚家长们接送孩子的时候。简短而随意的接触——如电话交谈——应该用于交换信息、回答问题或讨论机构的目的。随意进行交流的时候不应该讨论一个过于重要的问题，因为存在太多的机会造成误解。早晨，家长们和员工都是急匆匆的，而在一天结束的时候，双方都很疲累。

离园的时候，在学校的员工也必须知道孩子们在一天当中的所有重要信息。这意味着在早上当班的老师必须传达任何家长们需要了解的重要信息。如果家长或教师表达了担忧，就应该安排一个座谈会议。

家访是另一种帮助父母们更有效地教育子女的方式。开端计划有一个项目被称为"从家庭开始"（Home Start），致力于通过训练有素的专业人员进行家访来教父母们如何为他们的孩子提供教育活动。大多数的儿童看护中心无法配备一名专门的工作人员，主要负责去各个家庭与家长们进行合作。然而，家访可以用作一种儿童在学校所接触到的教育活动的扩充和增强。家访的一个优点是，员工们有更多的机会去了解儿童的生活环境。这可以有助于教师理解孩子和家庭。家访的另一个优势是，家长们可以学习如何使用一些家庭中容易找到的材料为他们的孩子提供学习体验。工作人员也会带给他们一些材料并展示如何使用。最后，当老师花时间来到他们的家中时，父母和孩子们都是很骄傲的。这有助于弥合家庭和学校之间的鸿沟。

信息可以通过父母书目、定期简讯或公告牌传达给家长。有些家长可能更喜欢通过阅读增加自己的知识。其他人则可能对这种方式有强烈的抵触。不管怎样，学校还是应该提供一些儿童发展的书籍——在该领域中最好的书。如果预算不允许直接购买，那么提供一个当地图书馆的优秀资源阅读清单可能就足够了。如前所说，简讯可以让家长了解学校和儿童正在发生的事。园长和教师都可以写一些针对父母们的文章。在入口或出口附近的正中央安置一块有吸引力的公告栏，可以作为一个兴趣中心。公告栏应维护良好并及时更新。

儿童教育的一个组成部分是家长启蒙。孩子们每天只有一部分的时间在学校。为了让每个孩子的教育是一致的，父母们必须将相同的目标带入家庭。为了做到这一点，学校必须协力合作将其展示给家长。家长教育确实是学校和父母们的一项联合事业，其目的是为了让孩子们的教育真正独特而完整。

有时家长会是非正式的

学校和社区

学校必须积极提升自己来保持竞争力。没有人会要求非常小的孩子去上学。有时，家长们会任性地做出选择，把自己的孩子放在学校。也许学校坐落在家庭或工作地点附近，有交通上的便利；也许学校的收费很便宜……这些都是家长选择的动机，并且多种多样。不论如何，有满员注册率和排队等候的申请者的学校肯定是做出了认真的努力来提升自己。

或许最好的公共关系的形式是良好的家长教育和家长们对学校的热情参与。最真诚的广告形式是口碑和满意的客户。满意的家长是优秀的推广人。园长能够让学校吸引潜在家长的方式有几种。这些例子包括：

- 美化学校的外观，使其作为广告牌吸引积极的关注。
- 友好专注的电话接听程序，可以让潜在的客户想要参观学校。

学校的外观

员工们很容易习惯学校的样子，但是随意的路人却会受到第一印象的影响。所以有时候采取一个陌生人的态度客观地问自己是很有用的："学校的外观看起来是什么样子？有没有剥落的油漆或者褪色的标志牌？入口是不是维护良好？颜色有没有吸引力？"

操场区域往往可以从外面看见。可以看到什么样的设备？有人使用它吗？它看起来是不是维护良好？够不够结实？设备的设计只能够吸引儿童或成人吗？当参观人员进入建筑物时，他们首先会看到什么？入口有没有安排人迎接他们？有一个可以坐下来的地方吗？接待区域看起来赏心悦目吗？有没有能够吸引家长兴趣的展示区或其他区域（例如观察间，家长资源中心）？这些区域是否干净整洁？有没有什么让人不愉快的气味？感官印象对于确定参观者的首次访问基调是非常重要的。

电话接听程序

很多的第一次接触和第一印象都是通过电话获得的。接听电话的人变成了一个公共关系的前线人员。这个人通常是秘书。家长们来电通常是为了获得有关价格、时间、年龄段或其他的相关信息。为了减轻园长的负担，可以训练秘书提供有关学校的这类相关信息。

园长应该提供表格记录家长的姓名、地址和电话号码，并建议一个后续的书面调查程序。秘书应该知道什么时候提及来电。园长们可能想要回答关于政策、课程或目标本身的问题。秘书在接听电话时应该是愉快而有礼貌的，发音清楚、言辞明确。一种从容不迫的应答方式可以让有疑问的父母放心。

来访者

已经注册的儿童家长应该觉得可以随时来访学校。特定的时间段应该留给其他参观者。例如，每周可以计划一两天的时间留给未来的家长、社区成员或任何希望看到学校的人。应该有一个参观对象的计划。书面材料通常是有帮助的。应该提前告诉教师会有人来参观教室。简短的介绍之后，园长应该带来访者参观教室并把他们介绍给老师。他们应该坐在远离儿童活动的地方。参观者能在教室里停留的时间最长为 30 分钟。

在观察之后应该留出另外半小时到一小时的时间供讨论。这个时间是鼓励参观者分享他们的所见和提问的时间。如果是不同兴趣群体，如来访的教师和有意向的家长来游览学校，单独会见他们更好。他们的问题和观察可能会有很大的不同。接待参观者应该安排在一个正在进行有趣的活动的时间，这样他们可以看到孩子们在学习中心学习或者参与小组活动。与参观者的讨论可以专注于课程是如何推进学校目标的。

宣传手册

宣传手册是一种有效的销售工具，它应该是学校的一个简单描绘。手册应该是有吸引力和品位的，可以使用一些不太艳丽的颜色。宣传手册的发出可以是回应致电，发给临时经过的家长，在专业会议上作为宣传材料进行分发，或者散发到社区。它就像是一个大使。一本糟糕的手册还不如什么都没有，一本好的手册几乎找不到能够匹配的宣传竞争对手。有特殊艺术能力或写作能力的员工或家长志愿者或许可以帮助制作宣传手册。

很多人都不会仔细阅读手册。因此，信息应该是浓缩的。当读者浏览文档时，应该要清楚一些基本的事实。它必须包含所有相关的信息。它的大小和重量所需花费的邮资应该是一等邮资的最低价格。宣传手

一个优秀的秘书对公共关系非常重要

册的纸张应该要有质感，通常使用的是 20 克的铜版纸。直接邮寄不带信封的宣传手册也可以减少成本。

虽然必须要考虑总成本，但是一分一厘地计较是不明智的。添加图片和一些颜色可能会花费更多。不过，通过招标来选择印刷厂商，并明智地进行选择，或许可以相应地平衡支出。减少宣传手册的印刷数量，有限度、有控制地进行分发可能比降低品质更好。

一本宣传手册应该包括：

- 学校的名称、地址和电话号码。
- 学校的赞助商（如果有的话）。
- 学校的开放会谈时间。标明一周中安排哪一天或一年中安排哪一个月也是有帮助的。
- 注册过程和费用。
- 如果只在特定的时候进行招生，也应该注明。
- 服务的儿童年龄。
- 学费和其他费用（使用一个单独的费用单可以在学校的成本变化时减少印刷费用）。
- 学校理念的简短陈述，使用每个人都能够理解的语言。
- 学校特色的简短描述。
- 招生负责人姓名。
- 学校的所属关系或认证。

表 14-1 是宣传手册的范例。

表 14-1　宣传手册示例

（儿童的日常活动照片）	奥查德山谷中心 1000 山谷大道 奥查德山谷 请在此粘贴邮票	（儿童的日常活动照片） 奥查德山谷儿童看护中心 为您的孩子提供 一个独一无二的学习环境
项目： 　　松苗早教项目致力于为我们所托管的儿童提供一个最佳的环境。项目的计划和实施的方方面面都体现了我们的理念和目标。我们相信： 　·每个孩子都是独一无二的，他们都有选择发展独特个性的机会，都有权在成功时获得鼓励。 　·在一个安全的物理环境中，孩子们可以进行探索并通过挑战来发展最佳的运动技能。 　·所有的教职员工都应该是儿童的榜样，应该安排各个年龄阶段的儿童适宜的学习活动。 　·父母是孩子生活中最重要的成年人，在计划孩子们在学校的成长和发展时应该将他们作为合作伙伴纳入其中。	（儿童愉快地参与一个新活动的照片） 招生： 　　在学校开放的任何时间均可注册。申请必须亲自进行。如需预约，请致电 　　　　玛丽·安东夫人 　　　　555-3014 　　在初次登记和每年入学时需交纳 35 美元的注册费，注册费不予退还。 年龄： 　　我们的婴儿—学步儿项目可以接收 6 周以上的孩子。2~5 岁的儿童可以注册我们的学前教育项目。幼儿园教室是为那些准备接受更多学校教育的儿童准备的。	课前和课后的托管服务能够满足 6~12 岁的儿童的需求。如果有需要的话，我们的校车可以在早上送孩子们去学校，下午再将他们接过来。 开放时间： 　　奥查德山谷中心的开放时间是从周一到周五，6:00 A.M.~6:00 P.M. 收费： 　　费用的收取是在每个月月初，按儿童被托管的小时数收费。托管形式分为半托和全托，每星期 2~5 天。可以按您的要求寄送费用清单。 （儿童愉快地参与一个新活动的照片） 　　奥查德山谷中心是学前机构业主协会的成员。1988 年，学校通过了美国幼儿教育协会的认证。

开门办学

开门办学是宣传学校特色的最好的方式，在开办一所新学校时，这种方法尤其有效，它可以起到宣传和吸引社区参与的作用。让尽可能多的员工参与到开门办学中来，突出教育机构生动、鲜明的教育特色。用儿童的艺术作品装饰的教室可以显示创造力。建筑、图片、故事书和不同的构造本身都是一种宣传。房间的安排应该也要具有吸引力。准备一张吃点心的桌子，可以适当地显示营养，这是机构重要的一部分。

参观教室和展览后，来访者应该要有足够的机会提问。接待的员工要根据提问来回答问题，或者谈谈机构的教育方案。在门口应该有一个来访登记簿，让客人写下他们的名字、电子邮件、家庭地址、电话号码和意见。这些名字可以添加到总的邮寄清单中。宣传手册应该在一个显眼的地方进行展示。如果没有手册，一个显示学校理念和目标的宣传页就足够了。不论使用什么宣传材料，都应该包括学校名称、地址、电话和联系人的信息。

如果来访者人数很少，那么开门办学也起不到太大作用。园所不仅要对邮寄清单上的人发出单独的通知，而且还需要一个更宽泛的推广。在一些地方还要张贴一些包含与机构相关信息的简单海报，这些场所包括：

- 食品商店。
- 图书馆。
- 社区中心。
- 教堂。
- 儿科医师办公室。

社区报纸可能会有一个专题栏目，学校也可以在上面刊登一则广告。当地的服务俱乐部或社区有限电视台也可以发出通知。另一个建议是提前进行宣传——几周的时间也不会太长。

社区活动

参与社区活动是另一种对学校进行宣传的方式。一些学校充任兼职的社区中心，有相邻的会议室。其他学校则可能因为提供的各种服务逐渐演变为中心。无论是哪种方式，学校都会因为其开放和友好而被社区所熟知。

学校在开放的房间里展示其最好的一面

有很多种方法可以将社区人员带进学校。推荐的方法是为家长、年长的人和年龄较大的儿童提供服务。如果宣传到位，社区成员和父母们都会参与讲座、观看电影，讨论有关育儿的问题。清仓甩卖、艺术品展示和二手书销售可以吸引各个年龄层次的人。学校可以为年龄较大的儿童提供星期六的艺术课程和一般的娱乐活动。

应该鼓励员工去加入社区组织，例如商会、社区儿童看护工作队、妇女组织或家长群。工作人员应该作为学校的代表有意识地这样做。实际上，园长必须肩负起社区活动的主要重任。园长和工作人员也应该参与专业会议、座谈会和研讨会，在早教人员的群体之中交换想法和意见。另外，在针对父母的杂志或专业期刊上发表文章，间接地为学校做宣传，也能使人们对学校有进一步的了解。

如果学校有创新的项目，或许可以被广播或电视免费提及。媒体人们在不断寻找有人情味的故事，很少有主题像幼儿活动一样能够吸引公众的注意力。不过，园长必须去让他们意识到，才会获得一些可能性。园长将一些信息透漏给当地媒体是第一步，后续的致电常常是有必要的。

科技和互联网的介入为学校的宣传打开了一条新的途径。学校现在可以创建自己的主页，这相当于一个在线的宣传手册，能够将信息快速地传达给各类受众。创建一个主页可能要花费100~200美元，另外还有每个月的小额费用用于维护和更新主页。

网站上应该包括学校照片，应该邀请网站来访人员发表评论或提出问题，在来访登记簿上签名，留下他们的电子邮件地址。园长用这些信息可以生成一个大的联系人列表，然后给联系人发送通信、通知或给家长的短篇建议文章。如果列表中包括一些捐助者、医生或社区专业人员的联系信息，网站可以更好地服务社区。

自我测验

一个日托中心的园长决定重新装修接待区域和中心的办公室，虽然在装修前已经有足够的空间和家具。她做这个决定的原因可能是：（   ）。

a. 提升前台员工和其他工作人员的幸福感

b. 为初次来访的人员设定一个积极的基调

c. 提升中心的儿童的幸福感

d. 提升她在员工中的地位

参与完整测验请登录网站 CengageBrain.com

小 结

- 家长参与对学校和家长都是有益处的。
- 家长们成为学校一部分的方式是多种多样的。
- 学校对家长参与的期望也有限制因素。
- 鼓励家长参与的方式多种多样。
- 最初的接触能够为进一步的家长参与定下基调。
- 保持兴趣和专注的一个主要动机是儿童的福利。
- 家长教育的一个主要目标是使家长更好地理解孩子和胜任家长的角色。
- 家长教育的目标必须符合学校的整体理念。

案例研究

康斯爱萝是一个婴儿—学步儿项目的教师，她决定邀请家长们参加一个志愿者计划。她首先获得了园长的支持，然后安排了几位家长读故事、唱歌、帮助喂饭。凯莉的母亲——玛丽，在过去的两周里参与了这个项目。玛丽大多数的时间都花在她女儿身上，并经常跟组内的员工聊天，干扰他们的工作。康斯爱萝听到过玛丽和另一位助理教师关于工作人员的对话。谈话的内容完全是一些闲聊和八卦，所以康斯爱萝跟园长约了一次面谈讨论这个问题。

1. 你会期望园长如何对待这个消息？
2. 如果你是康斯爱萝或者园长，你会如何处理这种情况？
3. 康斯爱萝要怎样才能激励玛丽继续她的志愿者活动，同时对中心的政策保持敏感？
4. 如果你是园长，你会如何处理涉及此事的其他员工？

家长活动

许多具体的活动会直接引向对儿童的更深入了解。这些措施包括：

- 入学前的面试，讨论家长们对孩子的目标，澄清每个孩子的个体需求。
- 对儿童的观察。
- 儿童发展的讲座或座谈会。
- 儿童发展各个领域的 DVD 和录像带。
- 研讨会。
- 活跃的课堂参与。

家长会是家长教育的一种有效的手段，能支持父母们作为孩子的第一任老师，并巩固他们与学校的关系。有时候，讨论会是通过电话进行的，当家长和员工之间有较为随意的接触时。家访是家长教育的另一种方式，要定期进行。

家长和社区的关系

对现有的和潜在的消费者来说，学校的形象必须积极。以下是一些最基本的建议。

- 学校的外观应该尽可能有吸引力。
- 接听来电，尤其是第一次接触，必须尽可能让人愉快。
- 为未来的家长或来访团体做准备，向他们展示学校最好的一面；开放办学可以被有效地使用。
- 一份有品位的宣传手册可以作为一个有吸引力的、翔实的宣传大使。
- 任何的社区志愿者项目都必须要组织良好，为学校和志愿者双方都创造价值。
- 工作人员应该代表儿童和家庭参与到更广泛的社区活动中，社区成员在学校应感到宾至如归。

🎓 学生活动

1. 讨论你认为适合你所在学校的家长参与的方式。在确定家长参与方式的时候有哪些重要因素？

2. 跟你所在社区的开端计划项目中的一些家长谈谈。他们对参与学校活动有何感受？

3. 为你的学校计划一个家长教育活动。使用一份评估表检查其有效性。

4. 采访几个不同类型学校的园长，他们对家长教育的目标有何不同？

5. 从你所在的社区获得至少三个不同学校的宣传手册，比较它们并进行评估。

6. 写一篇有关学前机构中一个最近的事件的新闻稿。

📖 复 习

1. 描述第二次世界大战以来学校和家庭角色的改变。

2. 家长参与能够给儿童带来什么益处？

3. 学校可能会对家长们有些什么不合理的要求？

4. 学校能通过哪些方式鼓励家长参与？

5. 家长教育的主要目标是什么？

6. 公共关系最具体的形式是什么？

7. 为什么学校的外观很重要？

8. 列出一些宣传册中需要包含的重要信息。

🖥 有用的网站

免责声明：本书中所提供的网址旨在为您提供方便，不做推广。

http://www.nhsa.org/

http://www.managementcenter.org/resources

http://www.Interracialvoice.com

http://www.npin.org

更多与管理相关的资源——包括教学资源视频，与每章内容有关的链接，教学测验，词汇卡等——请访问本书的教育伴侣网站 CengageBrain.com。

目的

阅读完本章内容，您应该能够：

· 描述认证过程。

· 列出几种儿童虐待的类别。

· 解释如何避免儿童虐待。

· 引用一些与儿童看护有关的法律。

naeyc 标准

本章中涵盖的NAEYC标准如下：

标准 2：建议家庭和社区的关系
（2b）。

标准 3：通过记录、评估和观
察来支持幼儿和家庭
（3c）。

标准 5：使用本章内容的知识来构
建有意义的课程（5b,c）。

标准 6：成为一个专业人员（6b,
d）。

一个学习中心的园长一天的生活片段

感恩节的最后一个活动是所有学龄前儿童参与的"盛宴"。孩子们将在节日里吃到自己在课堂上准备的传统食物（当然了，有人提供帮助）。宴会在学校的中心庭院举行。这场面可真是壮观。那些3岁就进入了我们学校的孩子们每年都会进行这样的活动，我担心他们可能会厌倦这个宴会，所以我们还为一年级的学生计划了另一个活动。两个一年级的学生看着庭院里的宴会，其中一个对另一个伤感地说："难道你不希望你再年轻一次吗？"

关键词

认证　儿童发展　儿童虐待　儿童发展助理证书（CDA）

根据美国幼儿教育协会所言："美国的大多数中心的儿童看护质量是中等到差，40%的婴儿和学步儿房间的质量低于最低标准。"美国幼儿教育协会（1995）发表的一份研究报告总结了科罗拉多大学一篇文章《成本、质量和儿童看护中心的培养成果》（*Cost, Quality and Child Outcomes in Child Care Centers*）的研究发现："只有 14% 的中心提供了发展适宜性的看护。随着我们国家越来越多的儿童在看护中心度过他们的幼年，让托幼机构的质量达到最佳是非常重要的。"

儿童看护的质量对儿童的影响是持久的。2010 年，美国儿童健康和人类发展研究所（National Institute of Child Health and Human Development，NICHD）发布了万达尔及助手（Vandell，2010）的一篇报告，指出在最开始的几年进入优质托管机构的儿童在学业上和认知上都会比进入低质量看护机构的儿童更为成功，其行为不端也会更少，这种影响可以长达 10 年。虽然所有的儿童都有权利进入优质的看护机构，但是费用可能会不菲。今天的父母必须为孩子们选择他们最想要的以及能够负担得起的看护机构。

提升托幼机构的看护质量

提升托幼机构看护质量的一种方法是通过认证。早教机构可以选择从儿童看护认证组织获得认证。许多组织已经开发出认证系统去识别比国家规定更高标准的早期看护和教育机构。下面是美国早期看护教育机构的国家认证系统。

- 专业学前机构学习环境认证（Accredite Professional Preschool Learning Environment，APPLE）。
- 美国蒙台梭利协会（American Montessori Society，AMS）。
- 国际基督教学校协会（Association of Christian Schools International，ACSI）。
- 认证委员会（Council on Accreditation，COA）。
- 美国早期看护和教育机构认证委员会（National Accreditation Commission for Early Care and Education Programs，NAC）。
- 美国早教专业人员和机构认证委员会（National Accreditation Council for Early Childhood Professional Personnel and Programs，NACECPPP）。
- 美国课后托管协会（National After School Association，NAA）。
- 美国幼儿教育协会（National Association for the Education of Young Childen，NAEYC）。
- 美国家托协会（National Association for Family Child Care，NAFCC）。
- 美国早教机构认证（National Early Childhood Program Accreditation，NECPA）。

在下一节中，我们会介绍美国幼儿教育协会的认证过程，美国幼儿教育协会的认证始于 1985 年，目的是通过提供一个认证系统，提升早教机构的质量水平。

美国幼儿教育协会认证

　　美国幼儿教育协会认证服务是由美国幼儿教育协会早教机构学院所管理的。任何服务0~5岁儿童的项目团体都可以进行认证。已经认证，或者在认证过程中的机构，包括半日制或全日制的教会主办机构，家长合办机构，公立学前幼儿园或幼儿园，蒙台梭利机构，开端计划中心，实验幼儿园，营利性儿童看护中心和医院附属中心等。系统是自发的，涉及三个步骤：（1）园长、教师和家长的自评；（2）训练有素的专业人员的验证访问；（3）早教专家队伍的认证决定。托幼机构可以决定完成这个过程的速度和节奏，但通常需要4到18个月的时间。

　　自评是认证过程的关键要素。在支付了费用和接受了认证手册后，园长、教师和家长对机构质量的10个种类进行评估。完成自评之后，机构将准备的最终报告和结果汇报给学院。学院人员审查材料，以确定信息是否完整或是否需要进一步的材料。

　　美国幼儿教育协会所要求的必须满足的10个标准可以分为四个重要领域（早教利益相关人员群体）：（1）儿童；（2）教师；（3）家庭和社区的伙伴关系；（4）机构管理。这些重要领域包含10个项目标准，每个项目都有一个标准清单（NAEYC，2007）。一个机构必须证明它满足所有的标准才能获得认证。这些重要领域总结如下。完整的指导清单可以在网站 http://www.naeyc.org 上找到。

重要领域：儿童

机构标准 1 — 关系
　　该机构能够促进儿童和成人之间的关系和团体精神。

机构标准 2 — 课程
　　该机构的课程能够促进其教育目标的实现，课程领域包括情感、身体和社交发展等。

机构标准 3 — 教学
　　该机构的教学方法适合儿童的年龄并具备文化敏感性。

机构标准 4 — 儿童发展评估
　　该机构通过持续的评估获知信息，评估包括正式的和非正式的。

机构标准 5 — 健康
　　该机构鼓励健康的生活习惯，并采取步骤措施减少儿童和员工的疾病和伤害风险。

重要领域：教师、家庭和社区关系

机构标准 6 — 教师

这一项标准的关注点是机构的教学员工的素质、知识和专业承诺。

机构标准 7 — 家庭

该机构与每个儿童的家庭建立合作性的关系，并考虑到不同的家庭背景。

机构标准 8 — 社区关系

该机构通过促进社区关系来支持其目标实现。

重要领域：机构管理

机构标准 9 — 物质环境

该机构在室内外都配备了能够促进健康和学习的安全设施。

机构标准 10 — 领导和管理

该机构对课程、政策、员工和财务都进行了有效管理。

当园长觉得中心已经准备好了，就应该要求现场验证来访。由学院指定的一个或多个评估员可能会到现场来访。访问的目的是为了验证办学报告是否准确地描述中心的日常运营。评估员与园长见面，观察课堂，与员工会谈。访问结束时，评估员和园长开会讨论验证的结果。这个时候，园长可以提交任何有关非确认标准的补充信息。

最后一步涉及一个认证委员会，由 3 ~ 5 人组成，从早教专业人员的各类群体中选拔出来。委员会将审查评估员提供的信息，可以决定授予认证或推迟认证，直到进一步的改善。如果决定推迟认证，需要给出推迟的原因和具体建议。被判定延期的中心可以上诉，如果有正当理由，另一个委员会将会分配过来重新认证。认证的有效期为五年。在这段时间里，中心必须提交年度报告。在认证过期之前，中心必须重复评估过程。

那些已经参与认证过程的机构认为，参与认证所花费的钱和时间都是值得的。园长支持参与认证的过程会促进员工的发展、提升士气和加强工作人员之间的沟通。家长们在参与学校的认证过程之后似乎对学校更加信任。有时，认证在融资时可以作为卖点。即便学校已经是一个高质量的机构，认证可以进一步帮助其实现社区内的认可。

除了由美国幼儿教育协会开发的认证体系，还可以使用评分表来评估团体机构的环境。早教环境评分表是一个自我评估的工具，针对 2~5 岁儿童的群体，由北卡罗来纳大学教堂山分校（University of North Carolina at Chapel Hill）的弗兰克·波特·格雷厄姆儿童发展中心（Frank Porter Craham Child Development Center）的塞尔玛·哈姆斯（Thelma Harms）和理查德·M.克利福德（Richard M. Clifford）两位研究人员共同研发。一个机构功能的评估范围包括：（1）儿童的个人看护惯例；（2）为儿童安排的家具和装饰；（3）语言推理的经验；（4）精细和粗放的肢体运动；（5）创造性的活动；（6）社交发展；（7）成人需求。评估结果可以用量化的术语表达，以此总结这个过程。

教师或看护人员的认证

机构质量的提升也可以通过对教师或看护人员的认证来实现。儿童发展助理证书（Child Development Associate，CDA）是对早教专业人员的一种认可证书，在全美范围内都获得承认，它是基于一系列的能力获得而提出的，对日托中心或家托的工作人员都是有效的。早教专业认可委员会（Council for Early Childhood Professional Recognition）所设计的模型课程包含了一套目标，以及为了达到这个目标的一系列分级的学习经验。

其目标是为了：

1. 建立和维护一个安全、健康的学习环境。
2. 促进身体和智力方面的能力。
3. 支持社交和情感发展，并提供指导。
4. 与家庭建立积极和富有成效的关系。
5. 确保一个应对参与者需求的运行良好的、目标明确的机构。
6. 保持对专业精神的承诺。

分级经验是通过三个阶段的工作来完成的。第一阶段是实地考察，学生参与项目的日常活动。他们遵循委员会准备的书面材料，包括帮助候选人建立阅读和练习的技能。一个早教的专业人员会通过与儿童在一起的亲身经历指导学生并提出建议。在第二阶段，学生参与当地学院、大学或其他高等教育机构提供的课程或研讨会。教学课程涵盖了儿童早期教育的基本部分，但机构可能会用自己的资源补充课程，并鼓励学生将他们在课堂上获得的信息和实地考察的经验联系起来。第三阶段是为了整合和评估学生的经验。在此期间，学生将与儿童在一起的经验进行总结，同时完成一系列的练习。委员会的书面材料包含一个基于学生成就的表现评估表。这个过程的最后一步是跟委员会的代表进行一系列的面谈，面谈是在该代表对该学生提交的所有文档进行审核之后。如果代表的评价是积极的，那么该候选人就会收

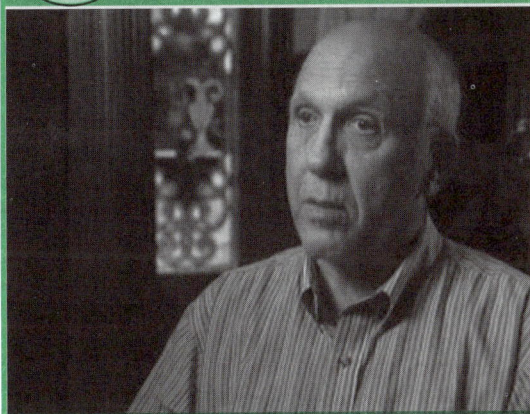

教学资源　视频案例 15.1

高宽课程：早期教育很关键

你将在视频中看到高宽课程的研究主管介绍高质量的早期教育对儿童影响的追踪研究。观看视频时请思考以下问题。

1. 研究的结论是什么？
2. "早期教育很关键"的含义是什么？

观看完整视频请访问网站 CengageBrain.com

到一个 CDA 认证，这是终身有效的。

增加儿童看护专业人员的薪酬

提高儿童看护机构质量的一种方法是聘用受过专业教育的老师——那些了解儿童发展和知道如何与儿童群体一起工作的人。不幸的是，看护人员的平均工资很低。2006 年，美国劳工统计局的职业统计数字和就业预测显示，在华盛顿特区，除了特殊教育领域，学前教育机构老师的平均年薪，是 22 120 美元。学前教育机构和儿童看护中心 / 机构的管理者的平均年薪是 37 270 美元。任何一个园长，要经营一个高质量的机构，都需要不断寻找员工且再培训员工。

美国幼儿教育教师劳动力中心（The National Center for the Early Childhood Work Force）在 1994 年发起了一个有价值的工资运动来改善教师的经济地位。他们的计划是团结政府代表，通过媒体资源和名人效应进行集会。其他人也为改善儿童看护工作人员的工作条件提高了公众意识。美国幼儿教育协会一直倡导使用训练有素的高薪教师。一篇在《幼儿》杂志（Young Children）（NAEYC，1997）上发表的社论列出了园长提高员工薪酬和品质可以做的 6 件事，具体如下。

1. "使用你的年度预算作为工作的工具。大多数决定会影响到预算。"园长应该学会阅读预算的项目并跟踪每个类别的支出。通常会有替代的消费选择，或许可以增加工资的费用。

2. "认识到预算是一种政策：积极参与年度预算的制订。"园长应该对预算中的项目提出问题，并对任何提出的修改建议给出理由，特别是包含任何提升质量的理由。

3. "必要时从一个金融分析师或业务管理员那里得到支持。"使用成本分析，可能会有方法消除未提供有效成本的项目。

4. "打磨你的领导能力和协商技能，有效地指导预算制订过程。"为了指导他人进行修改，园长需要有作为一个领导者的技能。

5. "在与员工合作时，不要忘记强大的人力资源。"有效的领导者支持自治并有高水平的专业需求。

6. "确保你的机构提供了一个职业阶梯。"当员工有平等的机会在职业阶梯上向上爬，将会有更低的人员流动率。每个人都知道，增加教育和能力，才会有更高等级的薪水。

自我测验

为了寻求美国幼儿教育协会的认证，一个园长完成了自评，也包括教师和家长。她将进行的下一步是：（ ）。

a.早教专家团队审查认证价值

b.评估人员来访，确定自评报告如实反映了中心的日常

c.分成四个重点区域

d.审查员工的许可和教育凭证

参与完整测验请登录网站 CengageBrain.com

儿童虐待

新闻报道经常强调耸人听闻的儿童虐待，这在儿童看护中心和家庭中都存在，但更多的事件未被发现或被隐瞒。那些发生在中心的事件有时是质量控制不足的结果。园长的主要关注点应该是预防这类事件的发生，这可以通过选择最好的员工、计划培训和对所有员工进行充分的监督来实现。园长有责任确保采取一切可能的措施来防止儿童虐待，以及让员工了解与报告有关的法律。

所有州的法律都涉及了儿童虐待。这些法律旨在保护儿童和照顾儿童的成年人。每个州的相关法律都可以通过联系总检察长办公室找到。有几种类型的虐待是已经被公认的。

- 身体虐待：除了偶然事故之外的儿童身体伤害。严重的体罚可以归为虐待。
- 物质忽视：未能为儿童提供足够的食物、住所、衣服、保护、监督，以及医疗或牙科保健。
- 情感虐待：过多的口头攻击，持续的消极反应。不断的家庭不和也可以归为情感虐待。但这些案例的证明和起诉是极为困难的。
- 情感剥夺：由于儿童父母无法提供让儿童感到被爱、被需要和安全的正常体验而导致的情感缺失。
- 性虐待：任何成人与儿童之间的性行为。当这种行为发生在有血缘关系的人之间时，叫作乱伦。使用儿童拍摄色情照片或电影也属于性虐待。

儿童虐待的成因

虽然人们经常认为，大多数的儿童虐待者是一些贫穷、没文化的人，或者是有情绪困扰的人员，但这是不正确的。大多数的施虐者跟其他任何的家长没有太多的区别。他们爱他们的孩子，想给他们最好的，但是却发生了虐待的事情。

根据一些研究，存在以下因素时成年人更有可能虐待儿童。

- 他们自己在童年时受过虐待。
- 他们自己还不够大——父母的年龄小于 20 岁的时候虐待更频繁发生。
- 他们与其他人孤立，只有很少几个朋友或亲戚。
- 他们是虐待配偶的施虐者或受害人。
- 他们吸毒或者酗酒。
- 他们在家庭问题、离婚、事业或意外怀孕上经历了压力。
- 他们生活在拥挤的条件下，几乎没有隐私。
- 他们有较低的自我认同感。
- 他们很难控制愤怒。
- 他们对儿童的行为有不切实际的期望。

儿童虐待识别

naeyc

　　家长和早教专业人员都必须学会识别虐待的迹象。如果认为任何形式的儿童虐待都是敌对的，就有可能忽视一些迹象。不过，孩子们说的和做的一些事情都会提醒我们。但通常情况下，只有在虐待被最终确认的时候我们才能回过头去看并且说："是的，我确实看到了一些让我惊讶的事情。"所有的工作人员都应该熟悉一些可能表明一个孩子受到身体、情感或性虐待的迹象。在家长教育的项目里也应该提供相同的信息。州检察长办公室或许可机构或许可以提供一些可疑行为的说明或描述。如果没有的话，以下的总结应该能够有所帮助。

身体虐待

　　在一个孩子身上看到以下伤害的时候可以怀疑身体虐待。
- 烧伤：烧伤的地方（例如腹部、臀部、肩胛骨）不太有可能是因为事故导致。
- 线状痕迹：皮带、腰带或电线的勒痕。
- 瘀伤：不同颜色的多个部位的瘀伤，显示不同的愈合阶段；伤在身体的多个部位，包括生殖器。
- 伤口：在意想不到的部位的多个伤口或多个部位的伤口。
- 口撕裂伤：例如，可能表明一个奶瓶的奶嘴是被塞进婴儿嘴里的。
- 骨折：任何 12 个月以下的婴幼儿骨折都应该怀疑虐待。

物质忽视

　　当发生下列情形时可以怀疑物质忽视。

进一步调查的一个最重要的理由是，当一个孩子说"我爸爸伤害我"或"我妈妈用皮带抽我"的时候，看护人员应该严肃对待这个孩子所说的话。2011 年，全美范围内的 CPS 机构收到了大约 340 万儿童虐待和忽视的推荐病人。超过 675 000 名儿童被确认为儿童虐待和忽视的受害者。70%~80%的受害者包括三个民族或种族——非洲裔美国人（21.5%）、西班牙人（22.1%）和白人（43.9%）。然而，非洲裔美国人、阿拉斯加印第安人以及多种族的后裔的受害率最高。78.5%的受害者是被忽视的，17.6%的受害者受到了身体虐待，9.1%的受害者是性虐待。近 50%的受害者年龄在 5 岁以下，2 岁以下的婴幼儿占据了最大比例。在儿童虐待发生的家庭中，一半以上的家庭还发现有家庭暴力。

来源：卫生和人类服务部门，儿童和家庭管理部，儿童、青少年和家庭管理部，儿童办公室（2012），儿童虐待 2011，http://www.acf.hhs.gov/programs/cb/research-data-technology/statistics-research/child-maltreatment.

- 家庭中或儿童看护场地的卫生条件不合格。
- 供暖不足或者有潜在的不安全条件。
- 食物不足或缺乏营养。
- 儿童缺乏适合天气的衣服，或者衣服不干净。
- 儿童缺乏适当的医疗或牙科保健。
- 任何一段时间幼儿被独自留在家中无人照看。

情感虐待

尽管所有的儿童都会偶尔出现情感虐待的迹象，但是一定的程度、频率或行为的持续时间应该让一个观察者感到警觉。如果以下的任何行为持续很长一段时间，或者这是该儿童唯一的行为方式时，我们就可以怀疑该儿童受到了虐待。

- 该儿童孤僻、抑郁或冷漠。
- 该儿童"行为失常"或者往往是破坏性的。
- 该儿童过于刻板，害怕表现不好或者无法达到预期。
- 该儿童显示出情绪紊乱的迹象，如出现重复性的动作或缺乏与其他人的言语或身体交流。

儿童在评价他们自己的行为时，有时会显示出情感虐待。他们可能会说："我妈妈告诉我，我表现不好。"或者："我爸爸说我不能做对任何事。"重要的是，我们要倾听和认真对待孩子。

情感剥夺

判断情感剥夺是最困难的，但如果观察到以下行为就应该怀疑情感剥夺。

- 该儿童不肯吃饭，或者吃得很少。
- 该儿童无法做一些其年龄水平本应能够做的事——例如，走路或说话。
- 该儿童似乎夸大了恐惧。
- 该儿童频繁地显示出攻击性或者其他的反社会行为。
- 该儿童异常沉默寡言、悲伤，或者不回应他人。
- 该儿童不断地寻求任何成人的关注，甚至是来到学校的陌生人。

性虐待

儿童会有一段时间对自己和别人的身体感到好奇。他们有时会手淫或者问小宝宝是怎么来的。教师和家长常常对这种行为感到尴尬，不想看到或听到它。因此，有时会完全无法识别性骚扰的迹象。看到其他人如何反应后，儿童也学会了对所发生的事情保持沉默。另外，施虐者经常会吓唬儿童，如果他们告诉别人会有可怕的事情发生在他们身上。

性虐待可以被隐瞒很长一段时间。不过，如果以下迹象很明显，就应该怀疑是否有性虐待。

- 该儿童的肛门和生殖器有擦伤或炎症。
- 该儿童的内衣上有分泌物或血迹。
- 该儿童对于性活动有不同寻常的兴趣和意识。
- 有时幼儿在戏剧表演区表演性行为的场景。
- 该儿童对成人有特别的挑逗性，触碰他们的乳房或生殖器。
- 该儿童似乎害怕一个成人或者害怕谈论这个成人。
- 该儿童是其他类型的虐待的受害者。

儿童通过谈话透露出受过性虐待的可能性是最小的。他们甚至可能找不到词语来描述别人施加于他们的行为。如果他们被施虐者威胁，他们更不愿意告诉其他人他们的秘密。如果成年人能让儿童用他们自己的方式来说出事件，可能会获得很多信息。

什么时候报告虐待

naeyc　　教师或其他与儿童亲密接触的人对于识别虐待迹象处于优势位置。因此，他们在报告可疑事件上有法律义务。他们不需要证明虐待，如果没有发现虐待情况，他们也不受任何惩罚。相反，如果受法律强制的个人明明知道有虐待情况，却没有报告，他们有可能会承担罚款或监禁。

法律是明确的，但怀疑有虐待行为的老师所面临的道德困境却并不明确。对于家长或学校的员工来说，涉嫌虐待都是一件极其令人烦心的事。人们对待虐待正常的反应是生气，感到内疚，或者想要施虐者立即受到惩罚。每个人都必须保持冷静。成年人如果反应过度，儿童的伤害可能会加剧。相反的反应也可能会出现。成年人可能会说服自己他们判断错误，什么事也没有发生，因而无所作为——这可能会导致儿童继续受伤。

所以，教师和看护人员何时报告呢？他们不应该在每次看到一些儿童受到干扰的迹象时就报告。很多时候这是一些正常的、暂时性的行为。他们应当在有足够的证据来说服自己、有合理的怀疑值得进一步调查的时候才进行报告。如果有迹象表明，一个儿童的生命有危险，就必须立即报告。

如果出现前一节中出现的任何迹象，园长或老师应该做一个记录。他们应该写下他们所观察到的，儿童所说的，或者家长所说的。如果他们看到一个孩子身上有瘀伤、烧伤或者撕裂性的伤口，就应该拍张照片。只要不是用于其他任何目的，拍摄照片无须家长的同意。

如果有不符合普通虐待标准的伤害，留下记录仍然是很重要的。随着时间的推移，可能会因为同样的伤害再度出现而让事情变得明显，并可能会出现可以报告的虐待模式。

在不确定的情况下，跟其他专业人员交流是有帮助的。教师应该跟园长谈论，园长可以证实教师的观察。该地区的儿童虐待机构或热线或许能帮上忙。当地的儿童保护机构也可以提供帮助。机构的工作人员可以澄清是否有一个值得报告的侵犯行为。

在准备报告时，园长或教师应该致电本地的儿童保护服务所、治安部门和公安部门。这可能会需要如下信息。

- 儿童姓名、地址和年龄。
- 儿童目前所在的地方。
- 观察和描述伤害。
- 让园长或教师相信虐待确实发生的信息。
- 家长的姓名和地址。

如果儿童处在紧急的危险之中，就要让接收报告的人明确这一点。在口头报告之后或许有必要在一段特定的时间内提交书面报告。报告的形式可以从执法部门或保护服务机构获取。

很多教师和园长都问他们是否应该将这个报告告知家长。众说纷纭，有些州要求他们这么做。如果施虐者是家长之外的人，家长可能会因为施虐者被发现而松了一口气。他们会欢迎对他们孩子的支持和关心。如果父母之一是施虐者，报告虐待的人有可能成为巨大愤怒的目标。家长可能一开始就否认，甚至指责虐待发生在学校，不在家里。父母可能会立即让孩子退学。园长应该对这些反应有所准备。

发现儿童被虐待对家长、教师和孩子来说都是一个痛苦的经历。园长不得不保持冷静和同情。这或许能够减少每个人的创伤。作为受害者的孩子，需要其他人的了解和支持。不论家长是不是施虐者，他们在经历所有的事情的过程中也需要支持。家庭在医疗、法律和儿童咨询系统中可以获得支持。员工在处理虐待时可能会需要帮助，但我们必须提醒他们尊重儿童和家庭的隐私。虐待信息永远不得与没有直接参与此事的人员进行讨论。员工们应该尝试着不要去评判父母。

员工可能也需要一个机会来谈论他们的愤怒或内疚感。如果被虐待的孩子仍然在学校，工作人员可能会过度保护。他们应该被提醒，如果儿童遵循常规的例程可能会恢复得更快。对于虐待事件的敏感处理有助于每个人从中恢复。不幸的是，由于发现虐待所造成的动荡原因，大量的儿童虐待案件从未被报告。园长应该鼓励员工意识到，保护儿童是他们的道德义务，也是法律义务。如果案件不被报告，可能还会有其他的孩子成为受害者。

学校的虐待指控

一些园长会面临有员工被指控虐待的情况。报告可能来自家长或其他工作人员。如果报告第一次到达许可机构，它将被转去警察部门。如果警察部门收到第一个投诉，他们会报告许可机构。这两个部门将共同努力完成调查报告。工作人员在接受警方的面谈之前应有合适的法律代表。尽管没有人被要求回答问题，但是提供合作是最好的，这样能更快地解决发生的问题。

虐待预防

学校在预防儿童虐待上扮演着至关重要的角色。

第一，园长可以做很多事来减少员工虐待儿童的可能性，这些包括：

- 制定招聘过程，精心甄选——大多数州要求指纹检查。
- 仔细检查候选人的推荐信。
- 为新员工计划并实施在职培训，为员工提供持续性的发展机会。
- 对员工进行充分的监督，让新员工和经验丰富的员工互相搭配。
- 定期举行员工会议，讨论与儿童和家长相关的问题，或者员工之间的问题。
- 在有关管教儿童的方法上制定明确的人事制度。
- 为员工提供缓解疲劳和倦怠的方式（即充足的休息、合理的师幼比、足够的薪水、正面强化）。

naeyc

第二，学校和员工可以非常有效地帮助家长缓解当父母的压力，而这些压力可能会造成虐待。教师和看护人员可以：

- 成为一个支持性的"大家庭"的一部分。
- 让家长了解对每个年龄阶段的儿童的期望应该是什么。
- 作为榜样，帮助家长找到更有效的方式来与他们的孩子互动。
- 为家长提供出口，表达他们作为父母所遇到的一些挫折。
- 与家长分享关注孩子成长和变化的乐趣。

第三，有很多的措施可以减少造成指控学校进行虐待的误解。园长可以：

- 教给家长有关儿童虐待的知识——造成虐待的原因和虐待的迹象。
- 建立一个开放的制度，欢迎家长在任何没有预约的情况下来访。
- 与家长分享学校的纪律规则。
- 与家长建立一个关爱的关系，通过倾听他们的担忧来回答他们的问题。

第四，教师和看护人员可以教育儿童在成人和孩子之间什么行为可以接受，什么行为不能接受。在最早的 18 个月里，孩子们可以学习身体部位。三到五岁的稍大一点的孩子，可以学习哪些身体部位是其他人不能触摸的。另外，应当鼓励儿童当他们对任何的身体接触感觉不舒服的时候，要对大人说"不"。最后，应该鼓励他们去告诉成人他们遇到了让他们不安的人。

相比报告儿童虐待并惩罚施虐者，防止儿童受到虐待是首选策略。随着越来越多的儿童处在集体活动中，学校在预防虐待方面的作用变得至关重要。园长、员工和家长都必须接受教育。虽然没有办法可以绝对制止儿童虐待，但是儿童看护人员的知识和技能的确可以有所帮助。

自我测验

大卫是一家日托中心看护的一个 3 岁的孩子，他不断地寻求中心的每个成年人的注意力，甚至是来中心与儿童合作的言语治疗师。教师可以怀疑他受过什么类型的虐待：（　　）。

a. 情感剥夺
b. 物质忽视
c. 性虐待
d. 情感虐待

参与完整测验请登录网站 CengageBrain.com

与儿童看护设置有关的法律和议题

下面的章节将讨论对儿童看护机构的园长来说很重要的一些法律和议题。然而，本书不能够彻底解决每一个重要领域的问题。因此，读者应该从本章列出的机构和网站上寻求进一步的信息。

减少你作为一个儿童看护提供者的责任

园长应该：
- 具备儿童法律权益的相关知识。
- 制定一个自我保护的检查单来帮助减少风险。

- 遵守法规。
- 遵循他们自己的书面政策。
- 在招生之前对家长进行筛选。
- 经常与家长进行交流。
- 筛选所有的工作人员。
- 获得所有必要的医疗豁免表格，实地考察许可和家长评估表。
- 报告儿童虐待或忽视，与法规机构交流。
- 维持所有防范重大风险的保险政策：业主，企业财产，企业责任，汽车，医疗储蓄账户和医疗报销计划，残疾，工人补贴，长期看护，伞形责任和生命保险。
- 注意一些法律议题，如监护权纠纷，儿童虐待和价格管制。
- 理解一些合同问题，如滞纳金、终止程序、执法及《美国残疾人法案》的作用。

儿童的法律权益

儿童有法律权益获得保护，免受以下非法情形的伤害：
- 歧视。
- 虐待和忽视。
- 人身伤害。
- 产品责任。
- 物品责任。

人事政策

良好的人事政策，如在第九章讨论的那样，对于确保学校的平稳运行是非常必要的。此外，下面的联邦法律是覆盖某些人事政策法律的一部分：
- 1963 年的《同工同酬法案》（*The Equal Pay Act*）要求从事同样工作的男性和女性获得同样的酬劳。
- 1938 年的《公平劳动标准法案》（*The Fair Labor Standards Act*）（1972 年修订）设定了最低工资、同工同酬和记录要求。
- 1964 年的《民权法案》（*The Civil Rights Act*）的第七条（1972 年修订）禁止性别、肤色、宗教或国籍歧视。
- 1973 年的《康复法案》（*The Rehabilitation*）禁止在就业方面歧视残疾人。它进一步要求在雇用和支付残疾人方面有平权行动。
- 1974 年的《越战老兵重新适应援助法案》（*The Vietnam Era Veteran's Readjustment Assistance Act*）禁止就业歧视，要求在雇用和支付越战老兵上有平权行动。

- 行政命令 1124 和 11375 要求所有的合同额超过 10 000 美元的联邦承包商和分包商有一个平权行动的方案。
- 1967 年的《年龄歧视法案》（*The Age Discrimination Act*）（1978 年修订）禁止在任何雇用实践上歧视 40~70 岁年龄段的人。
- 1993 年的《家庭医疗休假法案》（*The Family Medical Leave Act*）赋予员工每 12 个月有 12 个星期的无薪假期。它可以被用于生育或收养一个孩子，照顾家庭成员，或者因为医疗问题休假。雇主必须维持现有的医疗保险，并在雇员准备好重返工作岗位时恢复他们的职位。

工资程序

一些法律要求或禁止某些与员工薪水相关的程序。

- 《联邦工资扣押法律》（*The Federal Wage Garnishment Law*）限制了一个员工一周内的工资因为扣押程序而被扣除的数额。它还进一步限制了一个被解雇的员工的工资因为被扣押而扣除的数额。
- 1935 年的《社保法案》（*The Social Security Act*）和《联邦保险税法案》（*The Federal Insurance Contribution Act*）为符合条件的雇员提供退休、残疾、埋葬和未亡人的福利。这些福利的来源一部分是从工资中扣除的，另一部分是雇主的相应投入。
- 《联邦收入所得税扣缴法律》（*The Federal Income Tax Withholding Law*）要求雇主收集员工的个人所得税并存入一个联邦储蓄。不遵循这条法律是犯罪行为。

工作中的安全性

联邦法律对任何影响员工安全和健康的条件都有规定。

- 1970 年的《职业安全和健康法案》（*The Occupational Safety and Health Act*）要求雇主维持一个安全和健康的工作环境，符合职业安全与健康标准，将"材料安全数据表"（Material Safety Data Sheets）存放在一个显眼的地方，并为员工提供安全的工作实践。
- 大多数州要求雇主履行工人的赔偿保险，以确保受伤的工人接受必要的医疗护理，并获得损失时间的赔偿。
- 更多信息，请访问 http://www.osha.gov.

张贴雇员信息

某些信息必须张贴在显眼的地方。联邦法律和州法律都规定了必要的信息。律师可以为一个符合某一个州的法律提供建议。联邦法律要求如下。

- 最低工资和最长工时：从美国劳工部下的薪资和工时分局（U.S. Department of Labor，Wage and Hours Division）获得。
- 平等就业的法规：从最近的联邦平等就业机会委员会（Federal Employment Opportunity Commission）的分支机构获得。
- 年龄歧视法律：从最近的联邦平等就业机会委员会的分支机构获得。
- 特定伤害和疾病的年度总结：从美国劳工部、职业安全与健康管理部获得。
- 防火和疏散计划。
- 在工作中的安全和健康保护。

自我测验

在一个日托中心，员工房间里的一张海报列出了一个员工的最长工时。发布此信息的最可能的原因是：（　　　）。

a. 防止员工挣加班补贴

b. 提醒员工，园长关心他们的身体状态

c. 维持员工满意度

d. 遵守联邦法律

参与完整测验请登录网站 CengageBrain.com

作为儿童看护质量监管人的园长

一个早教机构中园长的位置既是动态的又是非常重要的。园长为机构定下了基调，他们的言行代表了机构。园长是标准的旗手，他们所做的一切必须能够激励和启发员工去实现确定的目标和使命。

玛吉·卡特（Margie Carter），一个顾问和早期教育家，说："当被问及如何评估一个机构时，我第一个要寻找的是这个机构的情感和生命力。在这里工作的是什么样的人？他们的希望和梦想是什么？行走其中，是一种什么样的感觉？它来自哪里？这个中心的话语是不是急匆匆的，伴随着各种抱怨、压力和混乱？或者我听到的是不是孩子们在兴奋地玩耍和学习时，工作人员和家长对他们所做的一切大加赞赏的声音？"（卡特，1998）。

每天忙于管理各种危机的园长往往无法满足中心的真正需求。在机构中，我们所需求的是一些能保持希望不灭的领导者，而不是那些给予虚假承诺的人。他们有一个清晰的愿景和一种有组织的文化，反映的是机构自身的最美好的梦想。

自我测验

自我测验

一位园长大部分的时间都忙于管理危机，这位园长：（　　　）。

a. 类似于大多数日托中心的园长

b. 忽视了一个清晰的愿景和一种积极的组织文化的需求

c. 缺乏工作人员来帮助管理问题

d. 可能缺乏如何与儿童一起工作的相关教育

参与完整测验请登录网站 CengageBrain.com。

有远见的领导人

最好的早教机构是由一个富有远见的领导人所带领的。2008 年在 *Exchange* 的一篇文章中，玛吉·卡特写道："愿景需要深入领导者内心，激励其他人员来参与并且扩大它。"使愿景成为现实是一个天天创造有意义的体验的过程（卡特，1998）。这里有一些有用的策略来创造一种能够滋养梦想的组织文化。

策　略

1. 为自己制定领导目标。成为一个有远见的人，开始创建你想看到的改变。跟你周围的人一起来发展这个愿景。

2. 保持你的梦想和愿景。写出来并定期与你的员工和家庭一起分享。人们需要看到你的愿景的一些例子。用照片和文档记下你的进步，让它更真实。在通讯和董事会的报告中分享信息，并邀请其他人来参与建设。

3. 建立一个专业支持的团体。如果在你的区域没有现有的园长团体，开始建立一个这样的团体，用于网络连接、信息共享和支持。不要低估这些团体的价值。有了这种支持，你可以为自己设定目标并扩展你的愿景，建设和提升承担风险的能力。

4. 当你感觉到一些事情确实需要改变的时候，也要愿意去尝试。

5. 有伟大的梦想，并愿意为之工作。

6. 继续学习。我们必须总是为自己的幸福和我们所服务的对象努力去获得更多的知识。参加研讨会，继续参与学院课程，并考虑完成一个行政认证项目。行政认证项目有好几个，每一个都提供了大量有价值的信息。

7. 从兰斯顿·休斯（Langston Hughes）那里学习：他的诗歌《自由的犁》（"Freedom's Plow"）提醒我们："一旦梦想在你的心里生长，你的头脑会找到一个方式让它发生。"他的诗描述了一个梦想是如何通过联合众人的手成为现实的，非常鼓舞人心。

我建议你从休斯的诗选中将这首诗拷贝出来贴在墙上，让它所传达的信息填满你的心、你的目标，还有你对自己机构的意向。

自我测验

对于早教机构的园长来说，如果想要创建一种能够维持梦想的组织文化，可以推荐下列哪种策略：（　　　）。

a. 只接受来自受过教育和关心儿童成就的家庭的孩子

b. 在每一个员工会议上练习瑜伽和冥想

c. 建立一个园长团体

d. 雇用水平统一的员工

参与完整测验请登录网站 CengageBrain.com

小　结

提升机构质量的一种方法是通过认证，这是由美国早教机构学院（National Academy of Early Childhood Programs）所创建的评估过程。这个自愿参与的过程包括自评、专业团队来访和书面评估。当教师和看护人员具备了进一步促进儿童发展的知识时，机构的质量也会增强。早教专业认证委员会（Council for Early Childhood Professional Recognition）为那些完成了一个三阶段项目的学生提供 CDA 认证。这些分级的学习经验让学生进行实地考察，参与研讨会，以及准备书面材料来评估成就。委员会的一名代表也会与学生面谈，并审查候选人所提交的所有文档。

增加儿童看护专业人员的薪资也可以提升机构质量。在工资低的时候，受过良好教育的老师会转向更高收入的工作，造成频繁的人员流动。美国幼儿教育劳动力中心（National Center for the Early Childhood Work Force）和美国幼儿教育协会长期以来一直倡导改善儿童看护员工的工作条件。

一些新闻报道凸显了儿童虐待。儿童虐待有以下几种形式：（1）身体虐待；（2）物质忽视；（3）情感虐待；（4）情感剥夺；（5）性虐待。

虐待可能会造成某些身体伤害或情绪障碍。教师和看护人员应该要能够识别它们，并有必要对这些不寻常的事件保持准确的记录。因为教师在儿童虐待方面会面对很多情绪，所以采取的最一致的态度是冷静客观。

在一个学前教育机构中，要预防儿童虐待有几种行之有效的方法。园长有责任让员工了解这些方法。很多联邦、州和地方都有跟儿童看护机构相关的法律。这些法律有很多来源，本章的结尾列出了其中一些。再次，园长有责任让员工和家长知道这些法律。

对儿童看护机构的运营者和园长来说，确保保险的完全覆盖是非常重要的。

案例研究

茱莉亚是一个儿童看护中心的园长，这是她任职的第一年。她常常为了各种人员编制的问题、家长的担忧和课程实施而感到不知所措。雷瓦是中心的一位老师，负责一个 4 岁儿童的项目。她来到茱莉亚这里表达她对一个孩子的担忧。她怀疑迪伦被父母忽视。迪伦很少洗澡，经常穿着脏衣服来到中心。另外，在他的手臂内侧和大腿上有瘀伤。茱莉亚让雷瓦记录下这些信息，并"随时留意"进一步的事件。雷瓦带着不满离开了园长的办公室，作为一个受强制的报告人，她认为她应该向儿童保护服务机构（Child Protective Services，CPS）报告这些事。她按照被要求的那样保持着记录并继续留意迪伦。

两个星期后，迪伦的脸上带着一大块瘀青来到了中心。雷瓦问他发生了什么事。迪伦的回答是："我爸爸生我的气并推了我。我摔倒在楼梯上。但是他说了'对不起'，然后我就上床睡觉了。"雷瓦将这件事告诉了茱莉亚，然后他们给 CPS 打电话报告了这一事件。该机构联系了迪伦的家庭，该家庭强烈否认有任何不当的行为，并对报告非常恼怒。这个家庭立即退出了中心，甚至没有尊重合同中所要求的提前两周通知。

1. 如果你是园长，你会如何处理这种情况？如果你是教师呢？
2. 你认为应该将这个家庭报告上去吗？这种情况还有没有不同的处理方式？是怎样的？

学生活动

1. 安排一次访问，到你所在地区的一个已被认证的中心采访园长，让园长描述她的认证经历及其对员工和家长的影响。这是一次积极的体验吗？变化结果是什么？

2. 写一篇有关儿童虐待的短文。关注一下媒体对案例引人注目的报道是否改变了早教人员的态度，他们在和儿童互动时是否更加谨慎，他们是否更加意识到中心的儿童虐待的迹象。

3. 访问你所在社区的一个机构，这个机构在虐待发生时是如何跟家庭进行合作的？这个机构通过做些什么来帮助家庭？

复习

1. 三阶段过程的认证步骤是什么？
2. 儿童发展助理认证（Child Development Associate Credential）是什么？
3. 列出 CDA 项目的三个阶段并进行描述。
4. 园长能够做的提升薪酬和质量的 6 件事是什么？
5. 园长可以采取的防止员工虐待儿童的 6 个措施是什么？
6. 造成儿童虐待的原因是什么？
7. 列出 5 种类型的儿童虐待。

8. 描述报告儿童虐待的程序。

9. 讨论学校在预防儿童虐待中的角色。

10. 说出 3 项与儿童看护中心的员工有关的法律并进行描述。

有用的网站

免责声明：本书中所列出的网址旨在为您提供便利，不做推广。

http://www.jan.wvu.edu

http://www.naeyc.org

http://www.dhhs.gov

http://www.dol.gov

http://www.eeoc.gov

更多与管理相关的资源——包括教学资源视频，与每章内容有关的网址，教学测验，词汇卡等——请访问本书的教育伴侣网站 CengageBrain.com。

附录 A 美国幼儿教育协会《职业道德规范》：早期教育行为的指南

编者的话：我们需要帮助所有与儿童相关的人员熟悉美国幼儿教育协会的《职业道德规范》。

可能你已经在思考出现在儿童教育实践中的某个或者更多个职业道德困境——在教职工会议、教师小组会议上，或者与朋友交谈中。你已经使用美国幼儿教育协会《职业道德规范》中的理念与原则去解决你在工作中遇到的道德困境问题。正因为这些经历，当我们修订或增加《职业道德规范》的内容时，你拥有的信息将对美国幼儿教育协会非常有价值。

接下来的《职业道德规范》将带着你回顾以下内容。

- 有没有让你感到困惑的任何一条理念或原则？你将怎样修改这条表述？
- 你有没有发现《职业道德规范》在涉及儿童或家庭方面遇到道德困境时缺少相应的指导条例？为我们描述该情形。

如果你还没有使用我们已经出版的有关职业道德困惑的"案例研究"，我们希望你能尽快在教职工会议上使用并讨论每一个案例。

美国幼儿教育协会的《职业道德规范》是在全国儿童教育协会道德委员会的主持下编写的。该委员会的成员有：斯蒂芬妮·费尼（Stephanie Feeney）（主席），贝蒂·考德威尔（Bettye Caldwell），萨利·卡特莱特（Sally Cartwright），卡里·奇克（Carrie Cheek），若苏厄·克鲁兹（Josue Cruz，Jr），安妮·G.多尔西（Anne G. Dorsey），多萝西·M.希尔（Dorothy M.Hill），莉莲·G.卡茨（Lilian G. Katz），马蒂克（Pamm Mattick），雪莉·A.诺里斯（Shirley A. Norris），苏·莱利（Sue Spayth Riley）。该项目的资金支持来自美国幼儿教育协会、华莱士亚历山大格波德基金会和夏威夷大学。

美国幼儿教育协会真诚地感谢为这个项目研究及其改进工作做出贡献的专家，他们是：夏威夷大学马诺亚校区早期儿童教育专家和教授斯蒂芬妮·费尼（Stephanie Feeney）博士，夏威夷大学马诺亚校区哲学教授肯尼思·基普尼斯（Kenneth Kipnis）。

前　言

美国幼儿教育协会认为，很多日常决定都需要从事儿童教育的工作人员具有专业道德伦理。美国幼儿教育协会《职业道德规范》对负责任的行为提供了指导方针，为解决儿童在早期教育过程中可能遇到的道德两难情境提供了一种普遍的依据。该《职业道德规范》为从出生到 8 岁儿童及其家庭提供教育方案的日常实践，包括：托儿所、儿童看护中心、家庭日托中心、幼儿园、学前班。很多规定也适用于不直接与儿童接触的专业人员，包括项目管理人员、家长教育者、学院教授以及儿童保育资格认证的专家。

儿童早期教育的道德伦理标准，是深植于儿童教育领域历史中对核心价值的承诺。我们承诺：

1. 我们承认儿童期在人的一生发展中是独特的和有价值的阶段。

2. 我们的工作以儿童发展的知识为基础。

3. 重视并支持与幼儿及其家庭之间的紧密联系。

4. 我们承认，只有在家庭文化和社会环境中才能更好地理解儿童。

5. 尊重每一个个体（包括儿童、家庭成员和同事）的尊严、价值和独特性。

6. 在信任、尊重和积极关注的环境当中，帮助儿童和成人实现他们的潜能。

美国幼儿教育协会《职业道德规范》共四部分，每一部分都提到了道德责任这一术语，每一部分都强调我们工作关系中的一个领域：（1）幼儿；（2）家庭；（3）同事；（4）社区和社会。每一部分都包括了幼儿教育工作者在这一领域的主要责任，专业实践的先进理念，以及一组针对必须做的、禁止做的和允许做的行为准则。

理念反映了儿童早期教育者的愿望。美国幼儿教育协会《职业道德规范》中的理念试图为该儿童早期教育领域中的实践者解决他们在工作中遇到的道德困境提供指导与帮助。每一个理念与后面的原则没有一一对应关系。所有的理念与原则都是要指导实践者在面对道德困境时，为负责任地回答与谨慎地决策提供依据。虽然《职业道德规范》为解决一些道德困境提供了具体的指导，但许多时候需要实践者将《职业道德规范》的指导与专业的判断结合起来。

在美国幼儿教育协会《职业道德规范》中，理念和原则提供了一个共同的职业责任的概念，它肯定了我们对儿童早期教育领域核心价值观的承诺。这个《职业道德规范》公开承认我们在这个领域所承担的责任，以及我们在工作中所支持的道德行为。在面对道德困境时，儿童早期教育的参与者可以从该规范中寻找理念支持和使用部分指导。

第一部分：面向幼儿的道德责任

儿童期在人的一生发展中是独特的和有价值的阶段。我们首要的职责就是为幼儿提供安全的、健康的、有教育性的并能得到积极回应的环境。我们有义务支持幼儿的发展，尊重幼儿的个体差异，帮助幼儿学会共同生活与学习，促进幼儿自我认知的发展。

理　念

1.1 熟悉儿童早期保育与教育的基本知识，并通过继续教育和在职培训不断提高专业水平。

1.2 教育实践应基于儿童发展的现有知识、相关原则以及每名幼儿的独特性。

1.3 承认与尊重每一个儿童的独特性与潜能。

1.4 承认儿童是需要被保护的。

1.5 创造并维持一个安全的、健康的环境，促进幼儿社会、情感、智力和身体的发展，尊重儿童的人格和价值。

1.6 在一般早期教育机构中，为特殊儿童的参与提供与其能力水平相适宜的环境。

原　则

1.1 首先，我们不能伤害幼儿。我们不能参与到那些有辱儿童人格的、危险的、剥削性的、羞辱的或恐吓幼儿的，以及对幼儿身心造成伤害的活动中去。这一原则具有优先权。

1.2 我们不能参与到那些因为儿童的种族、宗教信仰、性别、国家或家庭社会经济地位、行为或信念而损害儿童的权利、区别对待儿童、歧视儿童的活动中去（该原则不适用于那些有法律规定的、只为某一特殊儿童群体提供服务的机构）。

1.3 我们应当让那些有相关知识的人（包括员工和家庭）都参与到与儿童相关的决策中来。

1.4 当我们为家庭和儿童做出努力后，儿童仍然没有从教育中获得发展，我们应当以一种积极的方式与家庭交流我们的意见，并为他们找到一个更加适合的教育，从而提供帮助。

1.5 我们需要熟悉虐待和被忽视的特征与危害，了解并遵循社会程序和各州的法律，确保儿童免受虐待和忽视。

1.6 当有证据证明儿童受到虐待或忽视时，我们应当上报相关机构，并持续跟进，直到确信已经采取了适宜的行动。如果可能的话，可以告诉父母或监护人对幼儿的保护行为已经被实施。

1.7 当他人告知我们，她怀疑儿童受到了虐待或忽视但是缺乏证据时，我们需要协助她采取适当的行动来保护儿童。

1.8 当儿童保护机构没有为受虐待或忽视的儿童提供足够的保护时，我们应当通过努力来改善这些服务质量，这是我们共同的道德责任。

1.9 当我们意识到某种行为或情况威胁到儿童的健康或安全，但是以前并不知道而已经这样做了时，我们有责任去告知可以补救这种状况的人和那些可以使别的幼儿免受同样伤害的人。

第二部分：面向家庭的道德责任

家庭是幼儿发展最重要的环境（"家庭"这一概念包括父母之外的人，他们对幼儿发展也负有责任）。因为家庭和早期教育工作者在幼儿福利上有着共同责任，我们的重要职责之一是促进家庭和学校合作，共同促进幼儿发展。

理　念

2.1 与我们所服务的家庭建立互相信任的关系。

2.2 当我们支持家庭承担育儿的任务时，我们应当了解并增强相关的能力。

2.3 尊重每个家庭成员和他们的喜好、文化、语言、传统及信仰。

2.4 尊重家长的教育观和他们为子女做决定的权利。

2.5 用发展的眼光向家长解释儿童的进步，并且帮助家庭理解和欣赏与儿童发展相适宜的早期教育的价值。

2.6 帮助家庭成员提高他们对儿童的理解和增强他们作为父母的教育能力。

2.7 通过为家庭提供与教育机构中的工作人员、其他家庭、社区和其他专业服务机构的互动机会，参与到为家庭构建支持网络的工作中去。

原　则

2.1 我们不应拒绝家庭成员参与到课堂或教育机构中。

2.2 我们应该让家庭明白我们的教育哲学、相关的政策以及园所工作人员的资格等方面的信息，并且解释我们之所以要这样实行教育的原因。

2.3 我们应当让家长介绍相关的政策，并且在适当的时候让他们参与到政策的决策过程中来。

2.4 我们应当通知家长在适当的时候参与到影响幼儿的重大决策中来。

2.5 我们应当告知家长儿童的伤亡情况以及可能存在的风险，如幼儿可能感染的传染性疾病，或者一些可能导致幼儿心理伤害的事件。

2.6 我们不能参与任何可能妨碍儿童教育或儿童发展的研究。家长应当充分了解任何涉及其子女的研究方案，并有权利决定接受或拒绝。

2.7 我们不应当参与到对家庭的利用中。我们不得利用与家长的关系谋取私人利益，不得为了工作而介入家庭关系。这样做，很有可能影响我们对幼儿工作的有效性。

2.8 我们应当建立保护儿童隐私和防止有关儿童记录暴露的书面规定。这些政策性的文件应该发给所有的工作人员和家庭。有保密协议所保护的幼儿的记录，向家长成员、教育机构的工作人员和咨询者以外的人提供时，应当得到家庭的同意（虐待或被忽视案件除外）。

2.9 我们应当尊重和保护家庭的隐私，防止保密信息的泄露和侵扰到儿童的家庭生活。但是，当我们担心儿童的利益受到威胁时，应当允许向那些相关的、能够以幼儿的利益来行动的机构和个人揭露保密的信息。

2.10 在家庭成员之间有冲突的情况下，我们应当公开地对他们进行帮助，分享我们对儿童观察的情况，帮助他们做出明智的决定。教师要避免成为家庭中任何一方的辩护者。

2.11 我们应当熟悉和适当地使用社区资源和专业服务来支持家庭。在提供一次服务后，我们应当继续追踪以确保服务的充足性。

第三部分：面向同事的道德责任

在一个充满爱心与合作的工作场所中，保持和发展积极的人际关系，不仅个人尊严得到尊重，而且专业满意度也会得到提升。在这一领域中，我们的首要责任是与同事建立并保持能支持工作以及满足专业需要的环境和相互关系。

A. 对合作者的责任

理　念

3A.1 与共同工作者建立并保持尊重、信任与合作的关系。

3A.2 与共同工作者分享教育资源和信息。

3A.3 为共同工作者在专业上的需要和职业发展提供支持。

3A.4 承认共同工作者在专业上取得的成就。

原　则

3A.1 当我们对同事的行为担心时，我们应当让他知道我们的担心，然后共同尝试去解决问题。

3A.2 当陈述同事个性和专业行为的意见时，我们要以第一手资料为基础，而且应当是与幼儿和教育机构利益相关的。

B. 对雇主的责任

理　念

3B.1 通过提供高质量的服务以促进托幼机构的发展。

3B.2 忠于自己的托幼机构，维护其声誉。

原　则

3B.1 当我们不赞同托幼机构的制度时，我们首先应该尝试通过组织内有建设性的行动来改变它。

3B.2 只有被授权后，我们才能代表教育机构来讲话或行动。当我们以组织名义说话或表达个人判断时，应当仔细地将要说的话写下来。

C. 对雇员的责任

理　念

3C.1 改善制度和工作条件，以培养员工的工作能力、健康状态和积极的自尊。

3C.2 建立并维持信任与公正的氛围，使得工作人员从儿童、家庭和幼儿教育领域的最大利益来发表言行和做出行动。

3C.3 努力确保工作人员或代表幼儿的人能过上比较富足的生活。

原　则

3C.1 在做出与幼儿和教育机构有关的决定时，我们要有效地利用全体工作人员的培训、经验和专长。

3C.2 我们应当为全体员工提供这样的工作环境，即允许他们去履行他们的职责、有适时的和无威胁的评价程序、有递交书面材料的程序、有建设性的反馈和有机会获得专业上的进步。

3C.3 我们应当建立和维持综合性的、书面的员工管理条例，界定岗位标准，而且适当地说明在实施时员工要在多大程度上为他们在工作场所之外的行为负责。应当将这些条例告诉新员工，并且所有员工都应该人手一份，以方便他们查阅。

3C.4 当有些员工不满足机构用人标准时，应当通知他们所属的部门。如果可能的话，提供帮助以改善他们的行为。

3C.5 我们应当向被解雇的员工说明解雇的原因。如果有的解雇引起了诉讼，我们的辩护应当以对方不充分的或不适宜的行为事实为基础，而且这些行为应当是被准确记录下来的，是这个员工可以查看的。

3C.6 在进行评价和建议时，我们应当基于事实，或以与儿童利益相关的内容为基础。

3C.7 雇用和提升员工要基于该员工的成绩记录和该岗位职责所需要的能力。

3C.8 在雇用、提升和培训时，我们不应该掺杂任何形式的偏见，如种族、性别、宗教、国家、年龄、不利条件或者性取向。我们应当熟悉那些有关职业偏见方面的法律和规定。

第四部分：对社区和全社会的道德责任

早期教育机构立足于社区，该社区由家庭和其他与儿童福利相关的机构组成。我们对社区的责任是提供满足家庭需要的教育活动，与共同对幼儿承担责任的机构和专业人员合作。因为整个社会对幼儿的幸福和对保护幼儿负有一定的责任，以及我们在幼儿发展上具有特殊的专业知识，所以我们有义务为所有幼儿提供服务。

理　念

4.1 为社区提供高质量且具有文化敏感性的教育和服务。

4.2 促进关心幼儿幸福、幼儿家庭和教师的不同机构和专业人员之间的合作。

4.3 通过教育、研究和宣传，为儿童建立一个能够得到充分照顾、衣食充足、没有暴力的安全环境。

4.4 通过教育、研究和宣传，为形成一个所有的儿童都能获得高质量教育的社会而努力。

4.5 增进对儿童及其需要的理解，努力促进社会对儿童权利的承认，并对所有儿童的福利承担更大的社会责任。

4.6 支持推广有利于儿童和家庭福利的法律和政策，反对那些损害儿童和家庭福利的法律和政策。在这些方面，可以与他人和组织合作。

4.7 进一步加深幼儿教育领域的职业化，同时增强对这个章程中所反映出来的核心价值的责任感。

原　则

4.1 我们应该开诚布公地说明我们所提供的服务的性质和范围。

4.2 我们不接受或继续从事个人能力和专业不适应的工作岗位，绝不提供不具专业水准、不具资质、缺乏资源的服务。

4.3 我们在阐述教育实践的时候，陈述应该是正确的、客观的。

4.4 我们应当与从事儿童及其家庭工作的专家合作。

4.5 我们不雇用或推荐任何一个能力、资质或道德不合格的人员来工作。

4.6 如果非正式的解决方法无效，我们应该向领导报告同事有悖职业道德或不适宜的行为。

4.7 我们应该熟悉那些用于保护儿童的法律与法规。

4.8 我们不能参与任何违反保护儿童的法律与法规的活动。

4.9 当我们有证据证明旨在保护儿童利益的机构没有履行其义务时，我们有责任把这些问题报告给机构负责人。如果在合理的时间范围内没有得到改善，我们应该向相关权威机构报告。

4.10 当我们有证据证明一个负责为幼儿、家庭或教师提供各种服务的机构或专业人员没有履行其职责时，我们有责任把这一问题上报到相关的权威机构或向公众揭露。

4.11 如果有机构违反或者要求其员工违反职业道德行为规范，经过对事实的公平评价后，允许揭发这个教育机构。

附录 B 在托幼机构中合理使用技术和互动媒体工具

电视曾经是家庭中最新的技术，然后是录像机和电脑。今天的儿童成长在一个快速变化的数字时代，与他们的父母和祖父母的时代已经有很大区别。在家里、办公室和学校，我们的周围都是各种技术。如果使用得当，技术和媒体可以支持学习和人际关系。愉快的和引人入胜的共享经验可以激发儿童的学习和发展潜力，支持他们与成人和同伴的关系。

互动媒体指的是数字和模拟材料，包括软件、应用程序（Apps）、广播和流媒体、一些儿童电视节目、电子书、互联网及其他形式的内容，旨在促进幼儿积极地、创造性地使用这些材料，并鼓励他们与其他成人和儿童的社交参与。

丰富的研究让我们了解了很多有关儿童如何成长、学习、游戏和发展的知识。在考虑使用尖端技术和新媒体这方面，从未像现在这样强调应用其学习和发展的原则。早教机构中技术和互动媒体的集成是建立在稳固的发展基础之上的，早教专业人员已经意识到它们所带来的机遇和挑战。教育工作者所处的位置，让他们可以为了每一个孩子的利益有意识地利用技术和媒体的潜力来提升机构质量。

该声明的主要目的是为那些在早期教育机构中工作的人员提供指导。虽然本指南不是为了家庭技术和互动媒体的选择而制定的，这里提供的信息或许也可以帮助家长进行选择。美国幼儿教育协会和弗雷德·罗杰斯中心（Fred Rogers Center）不对任何的软件、硬件、课程或其他材料发表意见或做出推荐。

naeyc

2012 年所提出的这份声明反映了不断变化的数字时代，并为早教机构的教育工作者提供了技术和互动媒体的指导，从而优化幼儿的认知、社会、情感、身体和语言发展的机会。在这份声明中，技术工具的定义包含了广泛的数字设备，如电脑、平板电脑、多点触控屏幕、互动白板、移动设备、照相机、DVD 和音乐播放器、音频记录仪、电子玩具、游戏、电子书阅读器，还有一些仍在使用的旧的模拟设备，如录音机、录像机、录像带、磁带和磁带播放器、幻灯片光台、投影仪和显微镜。

在这一声明的研究和写作过程中，我们一直都遵循弗雷德·罗杰斯的遗赠。通过有意地、恰当地使用他那个时代的技术——广播电视——来连接每个孩子及其父母和家庭。弗雷德·罗杰斯展示了基于儿童发展原则的技术和媒体的使用方式的积极潜力。

声明的问题

非互动式媒体包括某些电视节目、视频、DVDs，以及现在各种屏幕上出现的流媒体。本声明所描述和定义的有效恰当地使用并没有包含非互动式技术工具和媒体，除非它们被用于促进积极的参与和互动。非互动媒体可能会导致幼儿被动观看和在屏幕前停留过长的时间，因此并不能替代数字媒体的互动和参与性的使用，或者幼儿与成人和其他儿童的互动。

这里论及的是技术和互动式媒体。幼儿生活在一个互动媒体的世界里。他们很自在地与数字设备一起成长。而数字设备正迅速地成为家庭、学校、工作场所和社区的文化工具（Kerawalla&Crook 2002; Calvert et al. 2005; National Institute for Literacy 2008; Buckleitner 2009; Lisenbee 2009; Berson&Berson 2010; Chiong&Shuler 2010; Couse&Chen 2010; Rideout, Lauricella, &Wartella 2011）。用于沟通、协作、社交网络和用户生成内容的技术工具已经改变了主流文化。尤其是，这些工具已经改变了幼儿父母和家庭管理他们日常生活和寻找娱乐的方式；也改变了幼儿教师在课堂上对材料的使用和与家长交流的方式，以及我们实现教师教育和专业发展的途径（Ride-out, Vandewater, & Wartella 2003; Roberts & Foehr 2004; Rideout & Hamel 2006; Rideout 2007; Foundation for Excellence in Education 2010;Gutnick et al. 2010; Barron et al. 2011; Jackson 2011a, 2011b; Wahi et al. 2011）。变化的速度是如此之快，以至于社会好像正在经历一场中断一样，它的意义正如从口头语言一下子跳到打印识字，而印刷机又一下子扩展到让书籍和印刷文字成为可能。新媒体文化会继续改变这个儿童在其中发展和学习的世界（Linebarger & Piotrowski 2009; Flewitt 2011; Alper n.d.）。

电子媒体在幼儿生活中的流行意味着他们每周在各种屏幕前花费越来越多的时间，包括电视、电脑、智能手机、平板电脑、手持游戏设备和游戏机（Common Sense Media 2011）。由于探测和回应儿童动作的多点触控屏幕和运动激活技术，这些设备的类型、内容和用户体验的区别已经非常模糊。在指导下，这些不同的技术工具可以用于学习和发展；在没有指导的情况下，它们则很有可能被不恰当地使用，甚至干扰儿童的学习和发展。

对于儿童是否应该在早教机构中接触到技术和屏幕媒体有各种担心。几个关注儿童发展和健康问题的专业和公共卫生组织，还有儿童保护组织，都推荐在早教机构中不使用一些被动的、非互动式的技术和屏幕媒体，尤其对婴儿和学步儿不提供屏幕时间。美国幼儿教育协会和弗雷德·罗杰斯中心同样也非常关注儿童的发展和健康，并在制定这份声明时仔细地考虑过这些问题。

美国儿科学会（The American Academy of Pediatrics，2009，2010，2011a，2011b）和

白宫儿童肥胖工作小组（White House Task Force on Childhood Obesity，2010）都不鼓励对 2 岁以下的儿童提供任何数量或类型的屏幕媒体，并推荐提供给 2 岁以上儿童的屏幕时间每天不超过 1~2 小时。幼儿肥胖预防政策（Birch，Parker，&Burns 2011；Institute of Medicine of the National Academies 2011）推荐儿童看护机构对学龄前儿童（2~5 岁）限制屏幕时间（包括电视、视频、数字媒体、视频游戏、移动媒体、手机和互联网），半日制机构对儿童提供的屏幕时间应少于每天 30 分钟，全日制机构少于每天 1 小时。该报告进一步鼓励专业人员与家长合作，将 2~5 岁儿童的屏幕时间限制为每天少于 2 小时。这些限制儿童屏幕时间的推荐与幼儿的两个肥胖致因有关：儿童在看电视或与其他媒体互动时所摄入的食物和饮料，以及他们在屏幕前所停留的总体时长（Brich，Parke，&Burns 2011；Institute of Medicine of the National Academies 2011）。让我们动起来！儿童看护（Child Care）建议不对 2 岁以下的幼儿提供屏幕时间；对 2 岁以上的儿童，则鼓励看护人员将他们在托幼机构的屏幕时间限制在每天 30 分钟以下，同时鼓励家长和看护人员一起合作将儿童的总体屏幕时间限制为每天 1~2 小时（Shepper 2011；White House 2011）。幼儿教育工作者需要意识到所有这些问题，并理解自己在调节儿童的技术和媒体使用以及屏幕时间这一方面的重要角色。

并非所有的屏幕都是相同的。带屏幕的数字设备的激增意味着"屏幕时间"的确切含义变得难以捉摸，不再是一个幼儿看多久的电视、视频或 DVD 了。他们在电视屏幕前所花的时间是需要理解和测量的一个方面。儿童和成人现在能够获得一个不断扩大的屏幕选择范围，包括电脑、平板电脑、智能手机、手持游戏设备、便携式视频播放器、数码相机、录像机等。屏幕时间是在所有这些屏幕前花费的时间总和（Common Sense Media 2011；Guernsey 2011c）。随着数字技术的扩展超出了线性范围，非互动式媒体也包含了互动式媒体，这个事实也变得明显，每个独特的屏幕的最佳使用需要一个特定的标准（Kleeman 2010）。儿童早教工作者所面临的挑战是要做出明智的选择，从而让儿童获得最多的学习机会，但同时又要管理他们的屏幕时间，避免让他们过度和错误地使用屏幕媒体，即便这些设备可以吸引幼儿并增加他们的使用。

对于技术在儿童发展中的价值有互相冲突的证据。教育工作者和家长一直都被告诫电视和被动使用屏幕的负面影响（Kirkorian et al. 2009；AAP 2011b），以及媒体使用和儿童肥胖之间的关系（White House Task Force on Childhood Obesity 2010；Birch，Parker，&Burns 2011；Schepper 2011）。一些可能的负面影响已经被确定，如不规律的睡眠模式、行为问题、专注和注意力问题、学习成绩下降，以及幼儿在屏幕前所花的时间的增加（Cordes & Miller 2000；Appel & O'Gara 2001；Christakis et al. 2004；Anderson & Pempek 2005；Rogow 2007；Vandewater et al. 2007；Brooks-Gunn & Donahue 2008；Common Sense Media 2008，2011；Lee，Bartolic，& Vandewater 2009；Campaign for a Commercial-Free Childhood 2010；DeLoache et al. 2010；Tomopoulos et al. 2010；AAP 2011a，2011b）。

然而，研究发现，人们对这一问题的看法仍然存在分歧，教育工作者和家长们也仍然很迷惑。一些儿童媒体的研究人员发现，没有证据支持屏幕媒体在本质上是有害的这种说法。公共广播的"准备学习"（Ready To Learn）的证据表明，当电视节目和电子资源都经过精心设计来合并有效阅读时，它们可以作为教与学的积极的和强大的工具（Pas-nik et al. 2007；Neuman，Newman，&Dwyer 2010；Corporation for Public Broadcasting 2011）。同样，温赖特和莱恩巴格得出的结论是，尽管批评人士针对电视和电脑对儿童学习的负面影响发表了很多警告，最符合逻辑的结论是来自现有的学术文献，即教育内容才是重要的——而不是表现形式（Wainwright & Linebarger 2006）。简而言之，存在一些有价值的电视节目、网站和其他数字媒体，也有一些价值相对较少的甚至没有教育价值的同类媒体。

儿童在技术和媒体上所花费的时间是很重要的（Christakis & Garrison 2009; Vandewater & Lee 2009; Tandon et al. 2011），但在确定有效性和适宜性方面也要将儿童在技术方面花费的时间考虑在内。技术的影响是由教师在使用印刷材料和其他针对幼儿的学习工具和内容时从中调节的，就像发展适宜性准则和实践一样（Van Scoter，Ellis，& Railsback 2001; Clements & Sarama 2003a; Plowman & Stephen 2005，2007）。

技术的吸引力可能会导致在早教环境中的不恰当使用。技术和媒体只有在被使用恰当时才是有效的工具。技术的吸引力和源源不断的新设备可能会导致一些教育工作者仅仅只是为了技术本身去使用它，而不是作为一种达到目的的手段。技术不应该用于一些与教育无关的、与发展不相适应的或无效的活动（如学龄前儿童的电子工作表）。对于儿童来说，技术或任何类型的屏幕媒体的被动使用都不适合替代活跃的游戏、与其他儿童的接触或与成人的互动。立足于儿童发展理论和发展适宜性实践的教育工作者，掌握一定的数字技术知识，就会用这个知识、技能和经验来选择和使用适宜儿童年龄的技术工具和互动媒体。他们也知道什么时候以及如何将技术有效地融入机构。缺乏技术技能和数字素养的教育工作者会面临着不恰当选择的风险，在使用技术方面也可能对幼儿的学习和发展产生消极影响。

公平和使用权的问题仍然没有得到解决。技术和互动媒体对于幼儿的健康成长和发展的潜在积极影响让早教工作者不得不在他们选择、使用、整合及评估技术和媒体时认真考虑公平和使用权的问题。早教工作者有机会提供指导，确保儿童及其家庭公平地获得技术工具和互动媒体的体验。

在20世纪60年代初，高宽课程和其他早教机构将目标定在减小不同经济背景下的儿童接触到印刷媒体的差异。今天，教育工作者在有关技术工具、媒体和互联网宽带接入方面也面临着同样的问题。生长在富裕家庭的儿童在他们的家中有更多机会接触到技术工具和互联网宽带，开始接触互联网的年龄也更小，而当他们进入学校时，已经发展了高度的技术技能和数字素养。在资源相对较少的家庭中成长的儿童，无论在家中、早教中心、学校还是社区，可能都只有很少的或根本没有机会接触到最新的技术（Becker 2000; Burdette & Whitaker 2005; Calvert et al. 2005; Cross et al. 2005; National Institute for Literacy 2008; Cross，Woods，& Schweingruber 2009; Common Sense Media 2011）。

幼儿需要机会来发展与早期数字素养相关联的早期"技术处理"技能，这类似于早期识字技能和"书本处理"技能之间的关系（National Institute for Literacy 2008）。国际技术教育学会（International Society for Technology in Education，2007）推荐从 5 岁开始培养儿童的技术操作的基本技能和概念。早教机构可以提供机会让儿童探索数码相机、音频和视频记录仪、打印机和没有机会接触到的其他工具。教育工作者也应考虑高质量的互动媒体能够带给儿童的学习和创造优势，尤其是结合熟练的教学和课程资源进行互补，共同加速学习，以及缩小低收入家庭儿童和较富裕家庭儿童的差距。

教育者恰当地将技术和互动媒体整合到他们的教室里，处理公平和使用权的问题就是为所有的儿童提供参与和学习的机会（Judge，Puckett，& Cabuk 2004；Cross，Woods，& Schweingruber 2009）。在一个这样的环境中，会有让有特殊需求的儿童独立使用技术做出的调整（Hasselbring & Glaser 2000），也有支持双语学习者的技术策略。

公平和使用权的问题对早教专业人员和政策制定者也有影响。一些早教工作者在工作中或在家里接触技术工具时也面临着和机构所服务的儿童家庭同样的挑战。儿童早期教育中技术工具和互动媒体价值的认识和研究也需要关心公平和使用权问题的政策制定者的参与。

立 场

美国幼儿教育协会和弗雷德·罗杰斯中心的立场是：当技术和互动媒体被早教工作者有意识地在发展适宜性的框架内使用来支持个体儿童的学习目标时，它们是促进学习和发展的有效工具（NAEYC，2009a）。发展适宜性框架始于有关一个特定年龄和发展状态的儿童群体所呈现出来的典型行为的知识。这方面的知识提供了一个总体概念，包括活动、日常惯例、互动和课程怎样才是有效的。这个特定群体中的每个儿童都被看作一个独立的个体，处在由具体的家庭、社区、语言规范、社会团体和过去经验（包括学习和行为），以及当前条件所组成的这个混合背景中（www.naeyc.org/dap/core;retrieved Februray 2, 2012）。

儿童的技术和互动媒体的经验正逐渐成为他们生活的一个日益增长的部分，因而它必须被视为发展适宜性框架的一部分。为了支持儿童的学习和发展，幼儿教师和工作人员需要技术工具和互动媒体的信息与资源来做出明智的使用决策。

美国幼儿教育协会和弗雷德·罗杰斯中心为早教机构中技术和互动媒体的使用提供以下指导原则。

在托幼机构中合理使用技术和互动媒体工具的指导原则

最重要的是，技术工具和互动媒体的使用不应该对儿童有害。儿童的健康认知、社交、情感、身体和语言发展在这个数字时代一如既往地重要。技术工具和互动媒体的接触不应该排除、减少或干扰儿童与其他同龄人、家庭成员和老师的健康交流、社交互动、游戏及其他发展适宜性活动。技术和媒体的任何使用方式都不应该在情感上有破坏性、对身体有害，不应该无礼、不体面、危险、剥削或者恐吓到儿童。这包括不恰当地接触暴力或高度色情的图片（NAEYC 1994；AAP 2009）。

正如早教工作者始终受到鼓励，并被建议去监察和应用健康和儿童发展等领域的最新研究成果一样，他们也应该继续监测并评估技术方面新出现问题的研究结果，包括 3D 视觉和用眼卫生，手机的磁场和辐射影响（EMR Policy Institute 2011），含铅油漆或电池的毒性，小物件的窒息风险，儿童肥胖，或其他任何潜在的有害影响，生理的或发展上的，以及使用技术的副作用。

在是否以及何时将技术和互动媒体融入早教项目时，必须利用发展适宜性实践进行指导。恰当的技术和媒体的使用可以平衡和增强早教机构中关键材料、活动和互动的使用，并成为日常惯例的一部分（Anderson 2000; Van Scoter, Ellis, & Railsback 2001; Copple & Bredekamp, 2009; NAEYC 2009a）。技术和媒体不应该替代一些对儿童的发展非常重要的活动，如创造性游戏、现实生活探索、体育活动、户外体验、谈话，以及社交互动等。技术和媒体应该用于支持学习，而不是成为一个单独的活动，它应该用来扩大儿童对新内容的接触范围（Guernsey 2010a，2011b）。

对婴儿和学步儿来说，成人和幼儿之间的互动是至关重要的，影响到幼儿的早期大脑发育和认知、社交、情感、身体和语言发展。美国幼儿教育协会和弗雷德·罗杰斯中心加入了公共卫生团体，致力于阻止早教机构中 2 岁以下的幼儿使用屏幕媒体。对婴儿和学步儿来说，在某些情况下也可能会有恰当的技术使用（例如，观看数字照片，与亲爱的人一起参与 Skype 互动，共同阅览电子书，以及使用某些互动程序等），教育者们应该限制屏幕时间的长度，正如其他所有适用于婴儿和学步儿的体验和活动一样，确保技术和媒体的任何使用都作为加强成人—儿童关系的一种方式。幼儿教育工作应该总是利用儿童发展知识和有效实践来有意识地仔细选择并使用技术和媒体，让其服务于儿童的健康发展、学习、创造力，以及与他人的互动和关系。这对于那些婴儿和学步儿周围的工作者来说尤其重要。

要确定一个具体的技术及媒体的使用是否适宜儿童的年龄、个体、文化和语言，需要专业的判断。幼儿教育工作者通过应用他们有关儿童发展和学习的专业知识，并考虑个体儿童的兴趣、社交和文化背景来决定是否、如何、为什么，以及何时使用怎样的技术和媒体。在如何将任何形式的技术和媒体引入和融合到课堂体验这一点上，成人的角色是至关重要的，他们要确保深思熟虑地计划、周密地实施、反思和评估所有的指导决策。为课堂选择适当的技术和媒体类似于选择任何其他的学习材料。教师必须不断地进行反思、回应和有意识地判断来促进每个儿童获得积极的成果（NAEYC，2009a）。

发展适宜性教学实践必须始终引导所有教学材料的选择，包括技术和互动媒体的选择。教师必须花时间进行课堂评估、选择技术和互动媒体，仔细观察儿童对于材料的使用，识别机会和问题，然后做出恰当的反应。在教师有意识地做出选择将新技术引入课堂时，他们必须愿意了解和熟悉这些技术，包括确保其中的内容符合发展适宜性，并传达反偏见的信息。

在为儿童选择技术和媒体时，教师不应该依赖于产品在市场推广材料中无法证实的说法。在选择过程中，托幼机构的园长和老师应该考虑有限的资源和成本效益，包括初始成本、硬件和软件更新和升级的持续费用，以及其他非指定的成本，如使用该产品所需的额外的项目。其他考虑因素包括由于幼儿的频繁使用所造成的使用寿命缩短以及设备被摔或被损坏的修理或更换费用。对供应商激励儿童使用产品或购买更多产品的诱因应仔细审查和考虑。如果技术和媒体的开发商和出版商承诺在开发、营销和推广他们的产品时使用基于研究的信息，技术和互动媒体工具的选择将更少地受到商业化的驱动，教师和家长在进行选择时也会更加容易（Buckleitner 2011a；Fred Rogers Center n.d.）。

技术和媒体的恰当使用取决于每个儿童的年龄、发展水平、需求、兴趣、语言背景和能力。儿童在使用工具和材料时会有一个发展过程，通常是从探索到掌握，再到使用其功能属性（使用工具来完成其他任务）。坊间证据显示，儿童在与技术工具互动时，这一过程也显而易见。儿童在能够使用这些工具进行交流之前需要一段时间来探索技术的功能。正如我们在期待儿童会写他们自己的名字之前会鼓励他们使用蜡笔和纸张，提供技术工具让他们探索和试验也是合情合理的。

当然，大多数的技术和媒体不适合 0~2 岁的儿童（在撰写本文时的观点），并且没有任何的书面文件记录被动的屏幕观看与婴儿和学步儿的具体学习成效有关联（Schmidt et al. 2009）。婴儿和学步儿需要与成人进行回应性的互动。然而移动设备、多点触摸屏幕和新技术改变了我们最小的孩子与图像和声音互动的方式（Buckleitner 2011b）。看护人员必须确保婴幼儿对技术和媒体的任何接触都是非常有限的，而且这种接触是用于探索的，并包含共同的关注和语言互动；它不会减少儿童与看护人员之间的熟悉机会与专注互动。学龄前儿童对技术和媒体的掌握能力可能有不同程度的差别，但在成人作为中介的情况下，他们可以显示出对简单数字设备的掌握，并且将其作为他们装扮游戏的一部分。使用技术更熟练的学龄儿童可以利用这些工具来交流思想和感情，调查环境和查找信息。随着设备和应用程序变得更加人性化，年龄小的孩子可以更加熟练地利用技术工具来完成一项任务——制作图片、玩游戏、记录一个故事、拍摄照片、制作一本书，或进行其他适宜他们年龄的活动。技术工具和互动媒体增加了一个探索的来源。

技术和媒体的有效使用是活跃的、亲身实践的、参与的、授权的，能够给予儿童控制的权利；它能提供适宜的支架让其他任务变得更容易，也可以作为支持儿童学习的众多选择之一。为了将技术和媒体与其他的体验和机会整合到一起，幼儿需要工具帮助他们探索、创造、解决问题、思考、倾听和批判性地观看、做出决定、观察、记录、研究、调整想法、展示学习、轮流使用，以及与其他人共同和相互学习。

有效的技术工具可以联结屏幕上和屏幕外的活动，注重儿童与成人、儿童与同龄人之间的共同观看和参与（Takeuchi 2011）。这些工具有潜力让大人和孩子共同体验一样事物，而不是将他们分开。例如，一个看护人员可能会选择阅读传统印刷形式的一个故事，或者在一个电子设备上使用交互式的电子书，或两者并用。早期书本阅读和其他成人—儿童的联合探索也可以包括共同观看和合作媒体的参与。使用户外探索和记录自然的技术和媒体可以鼓励儿童活动起来，而不是被动地坐在屏幕前，这也可以冲淡人们对于看电视和玩电脑游戏会让儿童远离体育活动和户外游戏的担心。

技术和媒体只是在教室当中能够被有效地和适宜地应用于儿童的许多类工具之中的两个。正如许多事物一样，技术和媒体应被适量使用，并用于加强和融入课堂体验，而不是取代那些必不可少的活动、体验和材料。

如果使用恰当，技术和媒体可以增强儿童的认知和社交能力。 在早教机构中，技术和媒体跟其他材料一样为儿童提供了扩展学习的机会，如积木、手工材料、艺术材料、游戏材料、书籍和书写材料。屏幕媒体可以让儿童接触一些他们无法亲身体验到的事物，如动物、物品、人、风景、活动和场所。技术可以帮助孩子们保存文档、重新查看，并通过图像、故事和声音与其他人分享自己的实际生活体验。

技术和媒体的积极恰当地使用能够以有价值的方式支持和扩展传统材料。 研究指出，技术对儿童在认知和社交方面的学习和发展有积极影响（Haugland 1999，2000; Freeman & Somerindyke 2001; Heft & Swaminathan 2002; Clements & Sarama 2003a，2003b; Fischer & Gillespie 2003; Rideout，Vandewater，& Wartella 2003; Greenfeld 2004; Kirkorian，Wartella，& Anderson 2008; Linebarger，Piotrowski，& Lapierre 2009; Adams 2011）。还需要更多的研究来确认技术工具对儿童产生的积极成效，包括语言和词汇的发展、逻辑数学的理解、解决问题的能力、自我调节和社交技能的发展。

技术和媒体的互动应该有娱乐性并且支持创造性、探索、装扮游戏、活跃的游戏和户外活动。 游戏是儿童发展与学习的核心。儿童与技术和媒体的互动反映了他们与其他游戏材料的互动，包括感觉运动或练习游戏、装扮游戏或有规则的游戏。因此，儿童需要机会以有趣和创造性的方式去探索技术和互动媒体。适宜的技术和媒体的经验可以让儿童控制这个介质以及经验成果，探索这些工具的功能，并想象它们在现实生活中是如何被使用的。越来越多的教育媒体生产商正在探索互动游戏的学习力，以及儿童与家庭成员或老师协作游戏的积极成效。数字游戏成了类似于棋盘游戏或其他自我纠正类的学习活动中的一种，在儿童的发展阶段，为他们提供了同样的机会，但在使用时也需同样谨慎。

技术工具可以帮助教育者形成和加强学校与家庭之间的联系。 随着技术作为一种共享信息和交流的方式变得越来越普及，早教工作者必须与家长建立更紧密的关系，并加强家庭的参与。早教工作者始终有责任通过分享有关儿童发展和学习的知识来支持家长和家庭。技术工具为教育者提供了新的与家长和家庭去建立关系、保持沟通，以及交换信息和共享在线资源的机会。同样，家长和家庭也可以使用技术来提出问题、寻求建议、分享有关他们孩子的信息，并感受更多地参与到机构中和幼儿在那里的体验。

技术工具如智能手机、移动设备和应用程序，为忙碌的家庭成员提供了新的和更实惠的方式去进行沟通，连接到互联网，就可以通过社交媒体工具获取信息，与家人以及孩子的老师和看护人员保持联系。在无法进行面对面的会议时，基于互联网的通信工具提供了让人们进行视频通话和视频会议的机会，这些相同的技术工具也可以连接儿童和他们相隔一定距离的家庭成员。如同对待幼儿一样，教育工作者也有责任为家长和家庭树立榜样，合理、高效和积极地使用一些安全、健康、可接受的、负责的和符合道德的技术、媒体、沟通方法和社交媒体。

技术工具可以支持教育工作者测量和记录儿童的发展和成长，帮助他们计划活动，与家长、家庭和社区共享信息。教师可以使用包含照片、视频和音频的数字文件包来记录、归档儿童的学习和发展过程，并通过面对面的会议或沟通以及社交媒体工具与家庭分享这些记录。展示一些教室里有儿童的画作或积木建筑的图片，加上孩子们的口述记录或者解释，可以帮助家庭理解游戏在儿童早期发展中的关键作用。每周、每月，甚至每天，通过社交媒体或电子邮件进行更新，可以帮助家庭感到与他们离家在外的孩子联系得更紧密。邀请孩子们拍一张他们完成的任务的照片，并帮助他们将照片上传到一个可以通过电子邮件发送的文档，可以提升儿童对与其他人沟通方式的理解，同时也能让他们更加了解到阅读和写作的功能。

大多数的教育工作者能理解一个孩子可能想记录或保留下来给父母看的内容的价值。使用电子邮件、教育短信或其他通信工具可以演示同样的沟通概念，还可以帮助儿童建立数字技能。如果信息存储在电脑上，可以打印照片和文件寄送给那些不使用技术来收发信息的家庭（Edutopia 2010）。

为了与家长进行沟通，树立技术和互动媒体的有效使用的榜样同样可以创造机会帮助家长们获得更多信息，在技术使用和屏幕时间的提供上使他们在家里做出负责任的选择，让他们成为将课堂学习活动带进家庭的老师，并鼓励家长和孩子之间的共同观看和共同的媒体参与（Stevens & Penuel 2010; Takeuchi 2011）。

当技术和媒体与环境、课程和日常惯例结合在一起时，就能够增强早教实践。在早教机构中，技术和媒体的成功融入涉及一些资源的使用，如电脑、数码相机、应用软件，以及日常课堂实践中的互联网（教育乌托邦 2007；技术和幼儿兴趣论坛 2008；赫兹 2011）（Edutopia 2007; Technology and Young Children Interest Forum 2008; Hertz 2011）。当技术和媒体的使用使日常惯例变得透明时，才真正融合进来——当一个儿童或教育工作者的焦点是在活动或探索本身而非使用的技术或媒体时。当技术和媒体的使用能够支持教育工作者和机构为儿童制定的目标，为儿童提供学习和交流的数字工具并帮助提升成效时，技术的融合才是成功的（Edutopia 2007）。

在早教机构中，材料的仔细评估和选择至关重要。例如，早教机构中最早也是最熟悉的一个技术是福禄贝尔积木块的用法。蒙台梭利材料是我们认为的另一个传统早教材料的例子。毡头马克笔为儿童带来了一种新的去探索图形化的表达的方式，它的使用感介于画笔和蜡笔之间。

儿童、家长、家庭和教育工作者们的生活都与技术和媒体密不可分，早教课堂也通过明智地使用这些工具来扩展儿童的学习，并从中受益。作为整个教学计划的一部分，技术和媒体工具应该用于支持现在的课堂发展和教育目标，而不是扭曲或取代它们。例如，在一个触摸屏上画画可以增加儿童的图形表达体验；在一个光台上操纵各种颜色的乙酸纤维图形可以让孩子们探索颜色和形状。这些做法不应该取代颜料、马克笔、蜡笔或其他图形艺术材料，而是应该提供额外的自我表达机会。

专注于作为工具的技术和媒体——而不是它们本身——教师可以避免被动的和可能有

害的非互动式使用，线性屏幕媒体不适合早教机构。意向性是发展适宜性使用的关键。我们必须考虑的是使用传统的教学材料更容易实现目标，还是使用特定的技术和互动媒体工具可以扩展学习和发展，而这种扩展无法通过其他任何的方式达成。

在今天科技丰富的世界当中，有着令人兴奋的新资源，如 3D 渲染协同游戏和身临其境的世界环境，代表了我们最年轻的公民在数字学习中的下一个前沿。让优秀的教育工作者和关爱儿童的成年人去更好地利用每个新技术，让它成为符合发展适宜性的学习机会。材料的仔细评估和选择对早教机构中技术和媒体的恰当整合是非常重要的。

为了让有特殊需求的儿童获得公平的接触机会，辅助技术是必需的。技术已经被证明对有特殊需求的儿童有很多潜在的益处。技术可以成为一个增强感官输入或减少干扰的工具，它可以为认知处理或增强记忆和回忆提供支持。适应性和辅助性的技术多种多样，包括带简单开关的低技术含量的玩具，也有能够管理复杂环境的高科技系统。当被谨慎地使用时，这些技术可以增强幼儿的独立性，支持他们融入同龄人的课堂。借助一些适应性的材料，残疾儿童可以参加一些他们曾经无法参与的活动。通过使用辅助技术，教育工作者可以增加儿童学习、移动、沟通和创造的可能性。

在早教环境中，技术可以让残疾儿童更充分地参与到活动中，从而支持包容性的实践。强化的通信设备、交换机和其他辅助设备已经成为课堂上服务于有特殊需求儿童的主要用具。然而，即便有这些增强的功能，将这些技术融入早教课程中仍然需要深思熟虑的计划和安排。教育工作者必须将技术匹配每个儿童的独特需求、学习风格和个人喜好（Behrmann 1998; Muligan 2003; Sadao & Robinson 2010）。非常重要的一点是，所有的幼儿教师要理解并能够使用在教室中提供给有特殊需求儿童的辅助性技术，并为教室里其他的儿童提供类似的技术和机会。

技术工具可以通过为一个家庭提供母语及其文化的接触机会有效地支持双语学习者，同时支持英语学习。研究表明，接触母语信息有利于儿童在母语和英语两方面的进步（Espinosa 2008）。在没有其他途径来获得资源的情况下，技术工具可以让教师为每个儿童找到适宜文化和语言的故事、游戏、音乐和活动（Uchikoshi 2006; Nemeth 2009）。因为每个孩子都需要在语言学习的四个领域内积极实践（听、说、读、写），技术资源应该支持主动学习、对话、探索和自我表达。技术应该作为一个提升语言能力的工具，而不是取代个体互动。在为不同的课堂制订技术计划时，也必须考虑语言在提升自尊和发展社交技能方面的作用。

在机构缺乏资金购买语言学习材料或者当这种语言的材料很难找到的情况下，可以通过使用数字技术创建故事和活动来支持儿童母语的学习。技术可以用来探索每个孩子的背景文化和成长环境，它能让儿童与不同国家或出身的人交流。技术可能需要适应现有的材料，例如，为课堂标签增加新的语言，翻译书籍或游戏的关键词，或者为写作区域提供模版。借助技术，成人和儿童可以听到和实践准确的发音，这样他们就可以学习彼此的语言。如果教师不说一个孩子的语言，他们可以使用技术来记录这个儿童的话语，为他以后的进步进行翻译或保存文档。由于语言和文化的多样性在不断增加，早教工作者会遇到一系列经常变化的语言。恰当而敏感地使用技术可以提供每个孩子所需的灵活性和回应，并确保作为双语学习者的儿童对信息和资源的公平接收（Nemeth 2009）。

数字素养在指导早教工作者和家长对技术和互动媒体的选择、使用、整合和评估方面非常重要。技术和媒体素养对于与幼儿一起工作的成年人来说非常重要。在幼儿及其家庭的生活中，技术和媒体已经相当普及，在他们的学习和工作中也是一样，并且将继续增加并以我们可以预测的方式不断扩展。早教工作者需要意识到技术和基于媒体的材料在质量上参差不齐，而他们必须能够有效地识别那些帮助儿童学习而不是阻碍早教的产品（NAEYC 2009a）。

对于与幼儿一起工作的成年人来说，数字素养包括知识和能力。教育工作者需要理解、掌握并能够使用技术和互动媒体去获得信息、与专业人士交流，并参与专业发展以提升学习，让幼儿做好准备以面对长达一生的技术使用。教育工作者的数字和媒体素养意味着他们有足够的知识和经验去批判性地思考针对幼儿的技术和媒体的选择、分析、使用和评估，从而评估其对幼儿的学习和发展的影响。儿童的数字和媒体素养意味着他们可以批判性地观看、倾听并具备浏览网络的技能。儿童要学会过滤他们获得的信息，有效地使用技术和基于媒体的信息做出明智的选择并获得技能（NAMLE 2007; Rogow & Scheibe 2007; ISTE 2008a，2008b；Center for Media Literacy 2010；Hobbs 2010）。这些调查习惯可以转移到所有的课程领域以及终身的学习上。

使用技术来支持实践并加强学习需要专业地判断什么是发展适宜性和文化适宜性（Hobbs，2010）。有意向的、明智的并懂得反思的早教工作者，会使用技术和互动媒体作为增强学习环境的补充工具。他们选择技术及技术支持的互动和媒体让其服务于他们的教学、教学目标和需求。他们将技术和媒体与课程目标进行匹配，应用以儿童为中心、以游戏为导向的方法，实践探索，建立积极的意义和关系（技术和幼儿兴趣论坛 2008）（Technology and Young Children Interest Forum 2008）。他们确保所有的孩子都可以公平参与。他们使用技术工具来评估儿童，并认识到这些工具对于家庭沟通和家庭参与的价值。他们将技术和互动媒体作为职业资源与同事建立联系，并继续自己的教育和专业发展。

数字公民资格是幼儿数字素养的一个重要组成部分。早教机构背景下的数字公民资格，是指成人和儿童通过理解技术的使用、滥用和错用，以及与在线权利、角色、身份、安全及沟通相关的恰当的、负责任的和符合道德的行为标准，成为负责任的公民。成年人有责任保护和帮助儿童——保护他们，在他们的成长过程中帮助他们发展最终能够保护自己所需的技能——并帮助儿童学会提问和批判性地思考他们所使用的技术和媒体。成年人有责任让儿童接触数字工具、媒体和沟通方法，并为他们树立榜样，去积极地使用，以一种安全、健康、可接受的、负责任的和亲社会的方式学习。

> 数字公民资格这个词指的是成人和儿童通过理解技术的使用、滥用和错用，以及与在线权利、角色、身份、安全及沟通相关的恰当的、负责任的和符合道德的行为标准，成为负责任的数字公民。

幼儿需要获得将技术和媒体作为工具的知识和经验，以区分恰当和不恰当的使用，并开始了解不恰当使用的后果。网络安全问题——在互联网上需要保护而不是分享个人信息，并有一个信任的或可以寻求帮助的成年人——是幼儿早期作为数字公民体验技术和媒体的所有方面。教育工作者和家长需要保护儿童免受商业目的的广告推销。一个儿童的形象在没有经过家长同意的情况下绝不能被在线使用（ISTE 2007）。数字公民资格还包括学会判断数字媒体的恰当使用，儿童和成人需要能够找到并选择任何一个合适及有效的来源、资源、工具和应用程序，寻找信息，进行学习和娱乐。

早教工作者需要经过培训、职业发展机会和成功实践的例子来提升所需的技术与媒体的知识、技能和经验，来满足这一声明中的期待。近年来，智能手机、平板电脑、应用程序、游戏机和手持游戏设备、流媒体和社交媒体已经进入了早教工作者的个人和职业生活，进入了服务于幼儿及其家庭的早教机构和幼儿的家庭（Donohue 2010a，2010b; Simon & Donohue 2011）。早教工作者、家长和家庭需要指导以做出明智的决定，如怎样支持技术和互动媒体，了解哪些技术和媒体是合适的，什么时候将技术和媒体融入早教机构和家庭中，如何使用这些工具来加强与家长和家庭的沟通，以及如何支持家长及幼儿的数字和媒体素养。

要实现本声明中的原则和建议，早教工作者必须有足够的素质准备和职业发展支持。早教工作者需要获得最新的技术工具和互动媒体的有效的、负担得起的专业发展机会（Appel & O'Gara 2001; Guernsey 2010b，2011a; Barron et al. 2011）。教育工作者必须有足够的知识和准备来做出明智的决定，有关如何以及何时恰当地选择、使用、整合以及评估技术和媒体来满足幼儿的认知、社交、情感、身体和语言的需求。教育工作者也需要有足够的知识来回答家长的问题，并引导儿童去体验对他们的发展有潜在积极影响的技术和媒体（Barron et al. 2011; Guernsey 2011b，2011c; Takeuchi 2011）。

数字学习时代的教学对幼儿教师也有影响，例如，他们如何将技术工具和互动媒体融入实践的和在线的课程，他们如何恰当地在课堂上使用技术和媒体，以及未来的教师怎样接受他们面对家长和家庭的角色（NAEYC 2009b; Rosen & Jaruszewicz 2009; Barron et al. 2011）。教育工作者需要提供技术介质的在线学习经验，并且是有效的、吸引人的，能够在课堂上对儿童产生更好的成效。这需要有关成人如何学习、技术如何被高效地使用的知识（NAEYC 2009b; Barron et al. 2011）。

当前和未来的早教工作者也需要积极的例子，涉及技术在早教机构和课堂如何被成功地选择、使用、整合及评估。为了实现这一声明中包含的原则和建议实践，教育工作者需要接触到资源和在线链接、视频，以及专业社区的实践，在其中新兴技术和新媒体的例子和应用可以被演示、共享和讨论。

需要研究才能更好地理解幼儿如何使用和学习技术与互动媒体，同时也更好地理解它们的短期和长期影响。电视和屏幕时间对幼儿影响的研究和文献都是很基础的，不能够充分让教育工作者和家长了解多类屏幕数字设备的影响。随着多点触摸技术以及其他新兴的用户界面变得更加可以负担且能够买到，需要新的研究来发现如何将这些工具和媒体融入课堂，以及幼儿可以用这些做什么。针对幼儿的高质量的技术和互动媒体，需要有基于研究的证据来指导政策和实践，以确保技术和媒体工具在早教机构中被有效地、充分地、恰当地使用。

推　荐

美国幼儿教育协会和弗雷德·罗杰斯中心建议早教工作者：

1. 以一种有意识的和发展适宜性的方式选择、使用、整合和评估技术和互动媒体工具，认真关注内容的适宜性和质量，儿童的体验以及共同参与的机会。

2. 在早教机构提供活动的平衡，认识到技术和互动媒体可以成为有价值的工具，当它们被有意识地与儿童一起使用时，可用于扩展和支持与他们周围的世界进行活跃的、亲身体验的、创造性的和真正的参与。

3. 在早教机构中，对 2 岁以下的幼儿禁止电视、视频、DVDs 和其他非互动式技术和媒体的被动使用；对 2~5 岁的幼儿，阻止被动的和非互动式的使用。

4. 在早教机构中，对 2 岁以下的幼儿限制任何的技术和互动媒体的使用，除了那些能够适宜地支持看护人员与儿童之间回应性的互动，并增强成人与儿童关系的技术和互动媒体。

5. 在早教机构中，确定适当地限制技术和媒体的使用时，仔细考虑公共卫生组织对于 0~5 岁儿童的屏幕时间的建议。对屏幕时间的估计应该包括在早教机构中的屏幕时间，幼儿与父母和家人在一起观看屏幕的时间，在家里或其他地方使用屏幕的时间。

6. 提供指导确保早教机构中的儿童及其父母和家庭能够公平地获得技术和互动媒体的体验。

小　结

　　这个声明为教育工作者在技术和互动媒体的发展适宜性实践上提供一般性的指导。在是否、如何以及何时在 0~8 岁的早教课堂使用技术和媒体方面，教育工作者的角色和责任是做出明智的、有意向的和适宜的选择。技术和互动媒体不应取代早教机构中其他有益的教育活动，如创造性的游戏、户外体验和儿童与同伴及成人的社交互动。教育工作者应该为早教机构中的幼儿提供活动的平衡，技术和媒体应该被视为有价值的工具，并被有意地用于儿童去扩展和支持他们与周围的世界进行活跃的、亲身体验的、创造性的接触。教育工作者在评估和使用技术和媒体时应使用专业的判断，正如他们对待其他任何的学习工具或体验一样，他们必须强调积极的参与，而不是被动的、非互动式的使用。要在机构和课堂上实现平衡，他们应衡量技术、媒体以及其他学习材料相对机构资源的成本，以及技术和电子材料相对自然的和传统材料的使用。

　　对早教专业人士的支持是非常重要的。教育工作者需要可用的、可负担的和便利的技术和媒体资源，也需要接触到研究结果、在线资源和链接，以及实践的专业团体。职前和专业发展机会应包括深入的、亲身参与的技术体验，持续的支持，并接触最新的技术工具和互动媒体。为了改善和增强早教机构中技术和互动媒体的使用，教育工作者也需要学习在早教机构和课堂中技术被成功地选择、使用、整合及评估的案例。我们还需要更进一步的研究才能更好地了解幼儿是如何使用技术和互动媒体的，也更好地了解它们的短期和长期影响。在关于早教机构中技术和互动媒体工具对幼儿学习和发展的有效性和适宜性方面，同样还需要基于实证的研究来支持实践。

术语表

认证（accreditation）　　　　　　　鉴定早教机构质量的国家项目

反歧视（anti-bias）　　　　　　　　对反歧视行为的承诺

反歧视课程（anti-bias curriculum）　接纳不同文化、性别、生理能力的包容性课程

评估（assessment）　　　　　　　　对教育目标完成情况的鉴别

依恋（attachment）　　　　　　　　将一个人与另一个人联结在一起的情感纽带

预算（budget）　　　　　　　　　　一份用财务术语表述的年度目标声明

预算日历（budget calendar）　　　　编制预算的时间表，包含预算制订过程中的每个节点

商业计划（business plan）　　　　　一份详细描述商务提案的书面文件

儿童虐待（child abuse）　　　　　　对儿童以身体、情感或性虐待形式造成的严重伤害

儿童及成人关怀食品
项目（Child and Adult Care Food
Program，CACFP）

美国农业部为早教机构中低收入家庭儿童提供食品的项目，类似于美国国家午餐项目，后者为学龄儿童提供食品

儿童看护健康顾问（child care
health consultant）

为早教机构的幼儿健康和安全提供协助的护士或其他职业医护人员

儿童看护资源和推荐机构（child
care resource and referral
networks）

为家长、服务提供者和政策制定者提供信息和服务的机构

儿童发展助理证书
（Child Development
Associate，CDA）

证明持有者已经达到了一定水平的证书

教会赞助的托幼机构（church-
sponsored program）

作为教会的教育项目延伸的儿童看护中心或学前机构

小团体（clique）

由学龄儿童组成的排外团体，目的是为了加强同龄人之间的联系

代码转换（code-switching）

在不同的情况下转换不同的语言形式，例如在与同龄人说话时使用俚语，在跟教师说话时使用正式语言

能力（competence）　　　　　　　　具备成功或者高效完成某事的能力、知识或技能

具体材料（concrete materials）　　　儿童可以触摸、品尝、闻、听和看的物件

连续性看管（continuity of care）　　儿童从同一个人那里得到长时间的看护

合同（contract）　　　　　　　　　关于雇用的书面协议，由法律强制执行

合办的托幼机构（cooperative
school）

由在园儿童的家长所有的非营利性机构

企业型的托幼机构（corporate child care center）	这类儿童看护中心属于一个商务企业，在不同的地点有多个学校
创造力（creativity）	应对某种情况的独特方式，不只是模仿他人
关键工作要素（critical job elements）	重要的事务，如果没有完成，将会严重阻碍整个教学过程
文化（culture）	人类行为的内置模式，包括风俗、信仰、价值观、民族团体、种族、宗教或社会组织
文化能力（cultural competence）	欣赏、理解不同文化背景的人并能和他们彼此尊重、互动的能力
课程（curriculum）	涉及机构计划各个方面，包括目标、过程、内容以及教师行为，帮助学习者获得知识、技能和价值
发展适宜性实践（Developmentally Appropriate Practice，DAP）	基于儿童普遍成长模式和个体儿童成长模式相关知识的实践
多元化（diversity）	承认个体的诸多差异，包括民族、种族、年龄、性别、性取向、社会经济地位以及宗教信仰
自我中心（egocentric）	儿童只能从他们自己的角度去看待事物
雇主赞助的托幼机构（employer–sponsored programs）	由公司或企业提供支持的现场或非现场的儿童看护设施
主要设备（equipment—major）	使用时间超过两年，或者价格为500美元及以上，任何可能折旧的设备（冰箱，烤炉，多用途固定设备），操场设施等
次要设备（equipment—minor）	价格低于500美元的设备，并且时常更换（CD播放器，微波炉，照相机）
伦理（ethics）	关于对与错、责任与义务的研究
评定（evaluation）	确定早教机构目标是否达成的过程
消耗类物资（expendable supply）	能被消耗并需要补充的物品，如粉笔或打印墨水
家庭儿童看护（family child care home）	在私人住宅提供的儿童看护服务
家人、朋友和邻居看护［family, friends, and neighbors (FFN) care］	由家人、朋友或邻居所提供的儿童看护
混龄小组（family group）	儿童看护中一种对儿童的分组方式，通常儿童的年龄有较大差异，有时相差几岁
固定支出（fixed expenses）	随时间改变数额不变或较少变化的支出
附加福利（fringe benefits）	增加到人员支出中的强制性或自愿性福利
勤奋VS自卑（industry versus inferiority）	埃里克森划分的儿童发展阶段（小学），在学校接受教育，顺利完成学习，则获得勤奋感，以后更加有信心，反之，则自卑
实验幼儿园（laboratory schools）	所属于大学或学院的早教中心

无许可证的家庭看护（license-exempt family child care）　缺乏规章或法律允许的儿童看护家托

医疗之家（medical home）　一个儿童及其家庭持续接受医疗看护的场所

导师（mentor）　对有较少经验或知识的人的榜样、顾问或指导角色

使命陈述（mission statement）　一份解释儿童看护机构目的或打算的陈述

道德（morality）　对于什么是对的或正确的看法，和人们应该如何表现，以及一个人对另一个人的义务

多元文化（multiculturalism）　着重于将儿童引入不同文化和种族的相似和差异的一种哲学

多用途设备（multipurpose equipment）　有超过一种以上用途的设备

非消耗类物品（nonexpendable items）　可以使用较长时间的设备或玩具

运营成本（ongoing costs）　运营一所学校的预期成本

家长会议（parent conference）　教师与家长一对一地探讨儿童的进步或需要解决的问题

家长教育（parent education）　为家长提供资源的一种活动，让他们在幼儿抚养和家庭生活上获得更多信息

家长参与（parent involvement）　家长通过参与学校活动分担对儿童的教育

同龄小组（peer group）　在儿童看护机构对儿童按年龄的分组办法

试用期（probationary period）　初聘期，用于确保申请人有能力执行工作并达到平均水平

自我概念（self-concept）　儿童对自我的理解

感觉运动时期（sensorimotor period）　从出生到两岁的皮亚杰阶段，在这个时期儿童用他们的各种感官探索周围的环境

技能（skill）　能最大限度地带来成果的某种学到的能力

启动成本（start-up costs）　在一个儿童看护中心开放并获得收入之前的阶段的必须支出

人事政策声明（statement of personnel policies）　一份涵盖雇主与雇员关系的书面文件，它阐明了雇用条件

监督(supervision)　在工作期间对员工表现的监督和评价

专题网页(topic web)　可视化地探索一个话题的概念地图

信任VS不信任(trust versus mistrust)　埃里克森指的从出生到一岁，儿童在此期间学着去相信自己和他人的阶段

价值观(values)　我们内在所相信的品质，是"你想要的，我们努力去实现的"

可变支出(variable expenses)　园长有一定控制的变动支出

愿景声明(vision statement)　解释儿童看护机构未来发展方向的一份声明